ギフト

エロスの交易

ルイス・ハイド
井上美沙子・林ひろみ訳

法政大学出版局

Lewis Hyde
THE GIFT
Imagination and the Erotic Life of Property

Japanese translation published by arrangement
with Lewis Hyde c/o Georges Borchardt, Inc.
through The English Agency (Japan) Ltd.

目次

序論

芸術家は私たちの存在のある部分に訴える……ギフトであって修練で身につけたのではない部分に――そして、だからこそその影響力は半永久的に持続するのだ。

ジョーゼフ・コンラッド(一)

角のドラッグストアで、私や隣人は今では市場調査により開発された公式に従って書かれたシリーズもののロマンティックな小説を買うことができる。広告代理店が女性読者たちに意見を聞いた。ヒロインの年齢は何歳にすべきか？（十九歳から二十七歳）、ヒロインが出会う男性は既婚者であるべきか、独身であるべきか？（妻をなくしたばかりの男性がベスト）、ヒーローとヒロインは結婚するまでベッドインを許されない。小説の長さは百九十二ページ。シリーズ名や表紙のデザインさえも市場の要求に合うものが選ばれた（ベラドンナ、サレンダー、ティファニー、マグノリアなどよりもシルエットというシリーズ名が好まれ、表紙の縁飾りには金の渦巻模様が選ばれた）。毎月六種類の新しい表題が生みだされ、それぞれ二十万部ずつ印刷される。

けれども、われわれはシルエット・ロマンスのシリーズが(二)、不朽の名作として残るとは思わない。それはなぜだろう。芸術作品を、市場での売買に際してさえ、このような純然たる商品と区別するものは何か？

この本は、芸術作品はギフトであり商品ではない、ということを前提としている。さらに詳しく現状を述べると、芸術作品は同時に二つの「経済」――市場経済と贈与《ギフト》経済――に属している。しかしながら、これらのうちで欠くことのできないものは一方だけである。芸術作品は市場がなくとも生き残るが、才能《ギフト》のないところに芸術はないからである。

このような考えの背後には、「ギフト」のいろいろな意味が隠れているが、共通しているのは、ギフトは努力によって得られるものではないという考えだ。われわれはギフトを買うことはできない。意志の力で獲得することもできない。それは与えられるものなのだ。「才能《タレント》」を「ギフト」と呼ぶのは正しい。才能は強い意志をもって努力することにより磨かれるが、いかに努力をしても才能を生むことはできない。モーツァルトはハープシコードで四歳の時に作曲をしたが、彼は才能に恵まれていたのだ。

われわれはまた直観や霊感を天賦の才《ギフト》と呼ぶが、これは正しい。芸術家が仕事をしているとき、作品のある部分が彼に贈与されるのだ。あるアイディアが突然頭に浮かび、旋律が鳴りはじめ、フレーズが心に浮かび、色彩がキャンバスのしかるべき場所にはまる。実際、通常、芸術家は、この無償で与えられる要素の出現までは、気がついてみると夢中で創作していたとか、鼓舞されたというようなこともなく、本物の作品だとも感じない。だから、本物の創造には常に芸術家である「私」が作品をつくったのではないという、神秘的な感じがつきまとう。「私ではない、私ではない、私を通りぬけた風」がつくったのだとD・H・ロレンス[三]は言っている。芸術家がすべて彼らの創作の過程における「贈与」の様相を、ロレンスのように強調するとは限らない。しかし、彼らはみなそう感じているのだ。

ギフトのこれらの二つの意味は作品の創造――すなわち、芸術に内在する生命と呼ぶべきもの――に言及しているだけである。けれども、同様のことを、創作者の手を離れてからの作品――芸術に外在する生命――にも拡大すべきであるというのが私の前提である。われわれにとって大切な芸術――その体験を表現すると、心を動かされる、魂を生き返らせる、感覚を喜ばせる、生きる勇気を与えてくれる、といったことになるが――われわれはそのような感動を与えてくれる芸術作品を贈り物を受け取るように受け取っているのだ。われわれが美術館やコンサート・ホールの入口で料金を払ったとしても、作品に感動した場合には、料金とはなんら関係のないあるものが、われわれに伝わってくる。私はある風景画家の作品を見に行ったが、その晩、家の近くの松林を歩きながら、私は前には見ることのできなかった形象や色彩を見ることができた。芸術家の才能《ギフト》にやどる霊《スピリット》が、われわれの霊を目覚めさせるのだ。芸術作品はジョーゼフ・コンラッドが言っているように、われわれの存在のある部分、贈り物であって習得したのではないある部分に訴える。われわれの音感は、モーツァルトが聴いたハーモニーをとらえることができる。われわれは芸術家とは異なり才能を表現するだけの力量は持っていないかもしれない。しかし、芸術家の創造物という媒介を通して、われわれの天分を認識し、ある意味で享受するのだ。われわれは幸福になり、贖われたような気分さえ味わう。われわれの生活の日常の交易――ブルースの歌詞を借りれば「砂糖には砂糖を、塩には塩を」――はそれなりに一定のレベルで続くが、ギフトは魂を生き返らせる。芸術に感動したとき、われわれはその芸術家に出会えたことに感謝する。芸術家がその才能に汗水たらして奉仕してくれたことに感謝する。

芸術作品が制作者のギフトの流出であり、鑑賞者がそれをギフトとして受け入れるならば、芸術作品そのものもギフトといえるだろうか？　私は肯定的な答えをほのめかしながらこの質問をしたが、断定していいのだろうか。いかなる品、いかなる取引の品目であっても、その使い方によって、それがどのような所有物になるかが決まるのではないだろうか。芸術作品が芸術家の才能に宿る霊を含んでいても、だからといって、その作品がギフトとなるわけではない。われわれがそれをどう取り扱うかによってそれは決まるのだ。

そうはいっても、われわれの物の取り扱い方が、ときに、その物の性質を変えてしまうこともありうることをつけ加えねばならない。たとえば、宗教はしばしば聖なる品の売却を禁じているが、それは売買により神聖が失われるという考えのためだ。芸術品となるとさらに一層複雑である。芸術品は市場で売却されながら、いぜんとして芸術品として取り扱われる。けれども、芸術の本質的な交流においては、ギフトが作品を通して芸術家から鑑賞者に伝わるというのが真実ならば、さらに、ギフトがないところに芸術はないというのが正しいならば、単なる商品として扱うことによって、芸術作品を破壊することも可能であろう。少なくともそれが私の見解である。私は芸術は売買できないと主張しているのではない。作品のギフトの部分が、われわれの取引にある種の束縛を与えるということを主張しているのだ。

以上のような見解を詳しく説明するには、なぜ私がこの話題を取り上げたかを述べると話が早い。私は現在まで相当長い間、詩人、翻訳者、そして「学会に所属しない学者」として名を成そうと努力してきた。金銭問題が必然的に生じたが、私のような労働には報酬が伴わないことで有名だ。しかも家主は、家賃の支払い日には翻訳などには関心を示さなかった。すでに、芸術作品はギフトであるか否かという命題に結論が出たようだ。芸術の仕事そのものに、自動的に報酬が伴うことはない。事実はまさに正反対だ。私はこの点をこれから本文で詳述するつもりなので、ここでは、ギフト労働を選んだ現代の芸術家は、一様に、市場経済に支配された社会でどのように生き抜いていくか早晩迷うだろうとだけ言っておく。しかも、ギフトの結実《フルーツ》がそれ自体ギフトであるなら、市場価値が支配し、交易は商品の売買にもっぱら依存している時代に、芸術家は物質的にも精神的にもどのように自身を養うのだろうか。

あらゆる文化は実力者とはどういうものかのイメージを持っている。贈り物を分配することによって人が社会的に認められた時代や場所があった。「大物の男」「大物の女」は最も多くの贈り物をあふれるように与えた人たちであった。市場社会の神話が状況を逆転させた。今では与えるのではなく得ることが実力者の印であり、ヒーローとは「冷静」で「立身出世」した男のことなのだ。このような思いこみが支配する限り、ギフトに奉仕して労働し、その作品が商品としては十分でない男女は、自分はつまらない人間であり、価値がないという不安感にしつこく苦しめられるだろう。人の中身をその者の獲得物によってはかる場合には、天賦の才のある人の才能《ギフト》は、その者を重要人物にする力がない。

さらに、私が第一章で論じるように、与えることのできないギフトは、ギフトではなくなるということがある。贈与の霊は不断の贈与によって生き続けるのだ。そうであるならば、内的世界のギフトは、その活力を維持している限り、外的世界でもギフトとして受け入れられるべきではないか。ギフトが公に流通していず、それゆえ、財産の一形態としてギフトが認められも尊ばれもしていない所では、われわれの内なるギフトは、滋養物である交易から締め出されてしまっている。別の見方をすれば、交易が商品の売買に限られている所では、天賦の才のある人は、彼らの魂の存続を保証するギフト・アンド・テイクに参加することができないと言えよう。

この二つの思想の系列——芸術をギフトとする考えと市場の問題——は、ギフトを一種の財産とし、ギフト交換を一種の交易とする人類学の本を通読したとき、私のなかで初めて重なった。多くの部族は物質的な富のかなりの部分を、贈り物として流通させている。たとえば、部族民が食物の売買を禁じられているのは象徴的である。そこでは、たとえ「私のものとあなたのもの」という強い意識があろうとも、食物は常にギフトとして与えられ、取引は物々交換や現金購入の倫理によってではなく、贈与交換の倫理によって支配されている。驚くにはあたらないことだが、自分の富の一部をギフトとして取り扱っている人たちの生き方は通常の人たちとは異なる。まず第一に、ギフトの贈与は商品の販売とは異なり、関係者の間にある関係を樹立する。[1] さらに、ギフトがグループ内で流通しているとき、流通後には一連の相互に結ばれた関係ができ、ある種の分散化した結合が発生する。贈り物の流通に関して、これから見ていくが、これに関連した観察結果が数種認められるだろう。人類学の文献を通読して、私はギフト交換の描写が、創作芸術家の状況を説明する言語、語り方、を私に提供してくれるだろうということに気づきはじめた。しかし、人類学は内面的なギフトをあまり取り扱わない傾向があるので、まもなく私はギフトにかかわる民話も見つけ次第、すべて読むことにした。民話の知恵は部族の知恵と、ギフトとは何であるか、また何をするか、という認識において著しい違いはない。しかし、民話はより内面的な言語で語られる。すなわち、おとぎ話の贈り物はあるレベルでは本物の資産に言及しているが、他のレベルではそれは心《サイキ》のなかのイメージであり、そのストーリーはわれわれのために精神的ないしは心理的な交易を描いているのだ。私は実社会での贈与交換の例も数多く紹介するつもりであるが、実のところ、私はそれらの記述もまた、いろいろなレベルで読まれ、それらの現実の取引が、才能のある者が公にしたギフトをわれわれが享受するといった、目に見えない交易の証《あかし》になるようにと願わずにはいられない。

贈与交換の古典は一九二四年にフランスで出版されたマルセル・モースの[四]『贈与論』[五]である。エミール・デュルケームの甥で、サンスクリット学者で、有能な言語学者、宗教史家でもあるモースは、哲学や歴史に深く根ざした仕事をしている初期の社会学者たちのグループに属している。彼の論文は世紀の変わり目の民族誌学者（特にフランツ・ボアズ（六）、ブローニースラーフ・マリノフスキー（七）、エルスドン・ベスト）のフィールド・レポートで始まるが、それのみにとどまらず、不動産に関するローマ法、ヒンドゥー叙事詩、ドイツの結婚持参金の風習等を網羅している。この論文は数々の不朽の洞察に満ちている。その一例として、モースが贈与経済は三つの関連した義務、すなわち、与える義務、受け取る義務、返礼の義務によって特徴づけられる傾向があることを発見したことがあげられる。彼はまた贈与交換が「全体的な社会現象」としてとらえられなければならないことも指摘した。すなわち、その取引は経済的、司法的、道徳的、審美的、宗教的、神話的な現象がからみあったものであり、それゆえ、その意義は一つの分野の視点からでは十分に説明できないのである。

ここ五十年間に交換の問題に取り組んだ人類学者は、ほとんど全員、モースの論文を出発点としている。レイモンド・ファース（八）、クロード・レヴィ＝ストロース（九）など多くの名前が頭に浮かぶが、私の見るところではシカゴ大学の経済人類学者であるマーシャル・サーリンズ（一〇）の仕事が最近のものでは傑出している。特に彼の一九七二年の『石器時代の経済学』には「贈与の霊」に関する秀れた章がある。サーリンズはモースの論文の資料に精密な分析を施し、モースを政治哲学の歴史のなかに位置づけている。また、私がこの仕事の可能性を初めて見いだしたのはサーリンズの著作を通してであり、本書は彼に多くを負っている。

贈与交換に関する最初の研究は人類学でなされた。それはギフトが素朴で原始的な財産の一形態（一一）であるからではなく――ギフトは財産の一形態などではない――贈与交換が小グループや、拡張家族、小さな村、団結が堅い共同体、仲間うち、部族などの経済となる傾向があるからであると思われる。ここ十年間というもの、別の学問分野で、異なる理由から、贈与の研究が始められた。医療社会学者が贈与交換の問題に目をつけたのである。贈与の倫理は、いわゆる「聖なる物」――この場合には人体の一部であるが――の移植にふさわしい取引の一形態を実現していることを彼らは理解しはじめたのだ。この分野での最初の研究は、イギリスの社会行政学の教授であるリチャード・ティトマス(一二)によってなされた。彼は一九七一年に、輸血用血液の取り扱いに関する『贈与の関係』を著した。ティトマスはあらゆる血液をギフトとして分類する英国の制度と、献血と売血からなるアメリカの混合経済(一三)を比較している。ティトマスの本の出版後、実際の体の臓器、特に腎臓、の移植技術の進歩により、「生命の贈り物」の複雑さや倫理に関する本が数冊編まれた。

贈与交換に関する研究のこのような簡単な要約さえも、われわれがいまだに贈与に関する包括的な理論を欠いていることを明らかにしている。モースの著作が、いまだに、唯一の一般的なものであるわけだが、この本でさえも、その題名から明らかなように、今後の研究への提案を含む初期の所見集であり、試論なのだ。モース以降の研究の大部分は、人類学、法学、倫理学、医学、社会政策などの特定の問題を扱っている。私自身の研究も例外ではない。この本の前半は贈与交換の理論を、後半はこの理論の術語を芸術家の生涯にあてはめる試みを扱う。明らかに後半の問題への関心から、私は前半の解釈や理論づけを行なったのである。私は多くの問題に触れたが、何も触れずにそのままにしたものも多い。たとえば、二、三の簡単な例外を除いて、贈与交換の否定的な側面――恩義を施すといった重苦しい感じを残す贈り物、人を操ったり恥をかかせたりする贈り物、階級制を確立し維持する贈り物など――は取り上げない(2)。これは何を優先するかの問題でもあるが（贈り物の価値と働きの描写は、贈り物の誤用の説明に優先すべきであると私は思う）、私の選んだ主題によるところも大きい。私は創造的精神による経済活動を書きたかったのだ。すなわち、われわれが労働の目的として受け取る内面的な贈り物や文化の媒介物となる外に向かって開かれた贈り物のことを語りたかった。私は悪意や恐怖のために与えられる贈り物や、奴隷根性や義理で受け取られる贈り物には関心がない。私が扱うのは、われわれが切望する贈り物、手に入れたときに圧倒するほど魂に語りかけ、いやおうなくわれわれを感動させる贈り物である。

原　注

（1）この関係の要素から、私はギフト交換を「愛（エロス）」の交易と呼ぶようになった。この場合、「エロス」（ひかれあう結合の原則、互いを拘束しあう強い感情）は「ロゴス」（理論と論理一般、特に区別の原則）に対立するものである。市場経済は「ロゴス」の産物である。

（2）この省略ゆえに私の著作は時として楽天的な印象を与えるが、そのための強壮剤として二人の著者の作品をおすすめしたい。贈与と恩義の問題に関して一連の秀れた論文を書いたミラード・シューマーカーと、『サイエンス』に掲載された論文「共同食卓の悲劇」（一九六八年）が近年利他主義の限界について思慮深い論議を呼んでいるガラット・ハーディンである。

訳　注

（一）コンラッド（一八五七—一九二四）ポーランド人を両親に生まれた英国の海洋小説家。『ナーシサス号の黒人』（一八九七）。

（二）大衆向けの通俗ロマンス小説のシリーズ。

（三）ロレンス（一八八五—一九三〇）英国の小説家・詩人。『息子と恋人』（一九一三）、『虹』（一九一五）他。

（四）モース（一八七二—一九五〇）フランスの社会学者、社会人類学者。特に未開社会における互恵主義の原理を提唱した。主著『贈与論』。
（五）デュルケーム（一八五八―一九一七）フランスの社会学者。
（六）ボアズ（一八五八―一九四二）ドイツ生まれの米国の人類学者。
（七）マリノフスキー（一八八四―一九四二）ポーランド生まれの英国の人類学者。
（八）ファース（一九〇一― ）イギリスの社会人類学者。ロンドン大学名誉教授。ブリティッシュ・アカデミー会員（一九四九）。
（九）レヴィ＝ストロース（一九〇八― ）フランスの社会人類学者。構造主義の代表的論客。
（一〇）サーリンズ（一九三〇― ）米国の人類学者。シカゴ大学教授。太平洋諸島住民の視点から社会の進化、経済、歴史を研究。『ポリネシアの社会成層』（一九五八）。
（一一）核家族のほかに近親を含むもの。
（一二）ティトマス（一九〇七―七四）イギリスの社会政策学者。
（一三）資本主義と社会主義の両要素を取り入れた経済。

ああ素晴らしきかな！　ああ素晴らしきかな！　ああ素晴らしきかな！
我は食物！　我は食物！　我は食物！
我は食物を食す！　我は食物を食す！　我は食物を食す！
我が名は決して死なず、決して死なず、決して死なず！
我は世々の初めに最初に生まれたり、神々よりも前に、死のない腹から！
我を与うる者は皆、我をもっとも助くる者である！
我、食物である我は、食物を食する者を食す！
我はこの世を征服したり！

そを知る者は日輪のごとく輝けり
神秘の法則《ことわり》とはかくなるものぞ！

タイッティリーヤ・ウパニシャッド（一）

あなたは私から贈り物を受け取った。それらは受け入れられた。
けれども、あなたは死者にいかに思いをはせるべきかを知らない。
冬りんごや、霜や、リネンのにおい。
この貧しい、貧しい地上には贈り物の他には何もない。

チェスラーフ・ミウォシュ（二）

訳注

（一）ウパニシャッドは古代インドの一群の哲学書。通常成立年代も古く、かつ内容的にも重要な十四篇を「古代ウパニシャッド」（『タイッティリーヤ』はこちらに含まれる）、それ以外のものを「新ウパニシャッド」と言う。

（二）ミウォシュ（一九一一―　）ポーランドの詩人、随筆家。一九八〇年ノーベル文学賞受賞。

第一部　ギフトの理論

第一章　食べることのできない食物

I　動きつづけるギフト

清教徒が初めてマサチューセッツ州に上陸した際、彼らはインディアンの所有物に対する意識が独特のものであると感じ、それを指し示す用語の必要性を感じた。一七六四年にトマス・ハッチンソン（一）が植民地の歴史を書いたときには、すでに、「インディアン・ギフト」という用語は広く使われていた。彼は「この用語は、同等の返礼を期待したプレゼントを表わす言い回しである」と書いている。いうまでもないことだが、われわれは依然としてこの用語を使っている。より広い意味で使い、一度与えた物を取り戻そうとするほど野蛮《やぼ》な友達を、インディアン・ギバーと呼んでいる。

次のような場面を想像してみよう。あるイギリス人がインディアンのテントにやって来た。主人は客を歓迎して、パイプ煙草の回し飲みを勧めた。軟らかい赤石を刻んでつくったそのパイプは、伝統に基づいてその地域の部族間を循環している友好のための捧げ物であり、テントにしばらく置かれた後、いずれ、かならず、また贈られるものである。そこでインディアンは、部族間で儀礼上するように、客が去るときにそのパイプを贈った。イギリス人は大喜びだった。本国の大英博物館に送るのにぴったりの品だ！　彼はそれを家に持ち帰り、マントルピースの上に飾った。しばらくして、近隣の部族のリーダーたちがその入植者の家を訪れた。彼は客たちがパイプをあてにしていることを知り、びっくりした。最後に通訳が、彼らに好意を示したいならば、一服を勧めパイプを贈らなければならないと説明した。仰天したイギリス人は、私有財産という概念がほとんどないこのような人たちを言い表わす用語をつくったというわけだ。「インディアン・ギバー」の反対語は「ホワイトマン・キーパー」（あるいは「資本主義者」）といったところだろうか。つまり、所有物を循環させることを本能的にやめ、倉庫や博物館にしまいこむ（資本主義的にいうならば、生産に使うために蓄えておく、というべきだろう）人たちという意味だ。

インディアン・ギバー（少なくとも、その初期の頃の）は、贈与の根本的な特性を理解していた。すなわち、贈られた品はかならず再び贈られなければならず、しまいこまれてはいけないということだ。取って置きたいならば、等価値の物をかわりに循環させねばならない。それはたとえて言えばビリヤードの玉が止まるときには、その動きが他の玉に移り、その玉がフェルトの上を転がりだすようなものだ。クリスマスプレゼントはもらっておいてもよいが、代わりの品を贈らなければ、それは本当の意味での贈与ではなくなる。贈り物が渡っていく間に、最初の贈り主に戻ってしまうこともあるかもしれないが、それはたいしたことではない。贈り物が戻らず、新しい第三者に贈られたならば、そのほうが望ましいことはもちろんであるが。唯一、大事なことは、贈り物は常に動いて*い*な*け*れ*ば*な*ら*な*い*ということだ。境界を示したり、動きに抵抗して静止という形態をとる財産もあるが、贈り物は動き続ける。

部族民は贈与と資本を区別するのが普通だ。彼らは通常インディアン・ギフトの概念に暗示される感情を明示した掟を持っている。「ある者の贈与が、他の者の資産となってはならない」と彼らは言う。

イギリスの文化人類学者のウェンディ・ジェイムズは、北東アフリカのウダク族の間では「ある氏族から他の氏族に渡った富は、動物であれ、穀物であれ、金銭であれ、贈与の性質を帯びており、消費されるべきであって、増やすために投資されてはならない。万一、渡ってきた富を資本［この場合は畜牛であるが］とし、増資や投資のために所有するならば、その氏族は、元来のギフトの贈り主たちに対して、倫理に反する債務の関係にあるとみなされる」と述べている。仮に、贈与として受け取ったつがいのヤギを繁殖のため、あるいは畜牛を買うために飼育するとしよう。「誰それは、他の者の犠牲で金持ちになるつもりだと広く不平の声があがるだろう。贈り物をためこみ投資するという、倫理に反する行為をしているのだから、彼らは非常な債務を負うことになる。いずれ彼らは取り返しのつかない損害を蒙るにちがいない……」。

このヤギは、私の想像では、石のパイプが人から人へ渡ったと同様、氏族から氏族へと渡る。それから何が起こるだろう。品物が贈与である場合、動き続けるはずだ。ということは、この場合、ヤギを受け取った人は盛大なパーティーを催し、皆に振る舞うということを意味する。ヤギを返す必要はないが、乳を搾るため、子を産ませるために、取って置くことはできないのだ。ここに、新しい含みがつけ加えられた。贈与が贈与として扱われず、ある所有の形態が、他の所有の形態に取って代わったならば、なにか恐ろしいことが起こるという予感が。民話では、贈り物を手放そうとしない者は通常死ぬが、この逸話では、「取り返しのつかない損害」を蒙る（実際に大部分の部族に起こることは、取り返しのつかない損害どころではない。ある者が部族間の贈与関係を営利化してしまった場合、そのグループの社会組織はかならず破壊されてしまうのだ）。

ここで民話を見てみよう。これらすべてを違う角度から見ることができるはずだ。民話は集団の夢のようなものだ。人生の現実を霊魂のイメージで包んで、眠りから醒めるときに聞こえる声のようなもので語られる民話。私が選んだ最初の民話は、十九世紀中頃にスコットランドの女性から収集したものである。

娘と死んだ男

昔、一人の老女がいた。彼女には三人の娘がいた。ある日、長女が母親に言った。「私も世に出て、運だめしをする時がきました」。母親が答えた。「お前が持っていくパンを焼いてあげよう」。パンが焼きあがったとき、母親は娘に尋ねた。「お前は小さなパンと私の祝福をとりますか、それとも、大きなパンと私の呪いをとりますか」。娘は答えて言った。「私は大きなパンとあなたの呪いをとります」。

娘は出かけた。夜のとばりが降りる頃、娘はパンを食べようと壁にもたれて座った。地上のウズラと十二羽のひなが寄ってきた。空飛ぶ小鳥たちも。彼らは頼んだ。「パンを少しくださいな」。娘が答えた。「やるものか。この醜い畜生め。私にだって足りないのだもの」。ウズラが言った。「お前に私の呪いがふりかかりますように。私の十二羽のひなの呪いも。一番恐ろしいお前の母親の呪いも」。娘は立ち上がり歩き続けた。パンは到底足りなかった。

まもなく小さな家が見えた。家はとても遠く思えたが、娘はほどなくその家の戸口に着いた。娘がノックすると「誰？」と叫ぶ声がした。「奉公先を探している善良な家政婦です」と娘が答えると、「ちょうどよかった」という声がして、勢いよくドアが開いた。

娘に与えられた仕事は、毎夜、死んだ男を眠らずに見張ることだった。この男はこの家の主婦の弟だったが、その骸《からだ》が死にきれないのだった。娘の仕事の報酬は、一ペック（二）の金と、一ペックの銀ということだった。そして、その家にいる間、好きなだけ木の実を食べていいし、縫い針も、指ぬきも、縫い糸も、ロウソクも好きなだけ使ってよいということだった。娘は昼間は緑の絹の掛けぶとんと緑の絹の敷きぶとんのベッドで眠り、夜は起きて見張りをすることになった。けれども最初の夜に、娘は腰かけたまま眠ってしまった。主婦がやって来て、娘を魔法の棍棒で殴り殺し、勝手口の台所のゴミの山の上へ放り出した。

それからしばらくして、次女が母親に言った。「私もお姉さんのように、運だめしをする時になりました」。母親はパンを焼いたが、この娘もまた大きなパンと母親の呪いを選んだ。姉に起こったことが、この娘にも起こった。

それからしばらくして、末娘が母親に言った。「私もお姉さんたちのように、運だめしをする時になりました」。母親が答えた。「パンを焼かなくては。お前は小さなパンと私の祝福をとりますか、それとも、大きなパンと私の呪いをとりますか」。末娘は答えて言った。「私は小さなパンとあなたの祝福をとります」。

娘は出かけた。夜のとばりが降りる頃、娘はパンを食べようと壁にもたれて座った。地上のウズラと十二羽のひなが寄って来た。空飛ぶ小鳥たちも。彼らは頼んだ。「パンを少しくださいな」。娘が答えた。「どうぞ、可愛らしい小鳥さんたち。そのかわり、お友だちになってくださいね」。娘はパンを分け与えた。みんなはたらふく食べた。鳥たちは娘が暖まってここちよくなるまで、娘のまわりで羽ばたき続けた。

次の朝、娘ははるかかなたに家を見た……［ここで仕事とその報酬についての説明が繰り返される］。

娘は死体を見張るために寝ずにいて、暇つぶしに縫い物をしていた。真夜中に死んだ男は上体を起こし、苦痛で顔を歪め歯をむいた。「ちゃんと寝ていないと、棒で打ちますよ」と娘は叫んだ。男は横になった。しばらくして、男は片ひじをついて、上体を起こしかけ、顔を歪めて歯をむいた。三度目には男は完全に上体を起こし、顔を歪めて歯をむいた。

その時、娘は男を棒でひどく殴った。棒は死んだ男にくっつき、娘の手は棒にくっつき、そのまま彼らは出ていった！　森中、男は娘をひきずった。男が高くなると娘が低くなり、男が低くなると娘が高くなりながら。二人が共に森を抜けるまで、木の実は彼らの目にあたり、野生のプラムは彼らの耳を打った。それから彼らは家に帰った。

娘は一ペックの金、一ペックの銀、一びんの強心剤をもらった。娘は二人の姉を見つけ、強心剤を塗り、マッサージをして生き返らせた。こうして彼女たちは、ここに座っている私のもとを去って行ってしまった。娘たちが元気に暮らしているならそれでよし、もし、そうでなかったら、どうか元気に暮らせますように。

この話には少なくとも四つの贈り物がある。いうまでもなく第一の贈り物はパンである。母親が娘たちに与える餞別のプレゼントだ。これを末娘が鳥たちと分け合ったとき、パンは第二の贈り物となる。娘は贈り物を動かし続ける——これがこの民話の道徳的に重要な点だ。娘の命が助かることに加えて、さまざまな恩恵にあずかるのも、娘が贈り物を正しく扱った結果なのである。次にあげるものが、贈り物の結実《フルーツ》である。まず第一に、娘と鳥たちは飢えから救われる。第二に、鳥たちが友達になる。そして第三に、娘は一晩中起きていて、課せられた仕事を成し遂げることができるのである（これから見ていくが、これらは偶然の結果ではなく、贈り物の典型的な結実なのだ）。

朝、第三の贈り物、一びんの強心剤《コーディアル》が現われる。「コーディアル」は、元来、心臓を活気づけるために飲まれる酒《リキュール》を意味した。この民話のゲール語の原典では、*ballen iocshlaint* という語が用いられているが、これを逐語訳すると、「イコルの乳首」または「健康の乳首」となる（「イコル」とは神々の体内を血液の代わりに流れていると信じられていた霊液である）。すなわち、娘に与えられるのは、びんに入った癒しの液体であり、世界の民話に出てくる「命の水」のようなものである。この液体には霊力があり、娘は姉たちを生き返らせることができる。

この液体は、仕事を立派に成し遂げたことに対する褒美として付け加えられている。この贈り物は、娘たちに示された素晴らしい賃金リストのどこにも見あたらない。それがどこからやってきたかはさておいて、さしあたり、この贈り物が与えられてからの娘の行動を見てみよう。娘は今回も賢くふるまった――贈り物を動かし続け、姉たちに与えて、彼女たちを生き返らせたのである。これが、この民話の四番目であり、かつ、最終的な贈り物であると言えよう。(1)

この話は、贈り物が動き続けることができないときに、何が起こるかということをも、教えている。動くことのできない贈り物は、贈り物としての特性を失う。ウェールズでは、妖精が貧しい人にパンを与えたときは、その日のうちに食べなければ、パンは毒たけに変わってしまうと昔から信じられている。贈り物をたえず流れる川とするならば、この民話の娘は、流れのための水路にみずからがなることにより、贈り物を正しく扱ったのである。流れをせき止めようとすると、次の二つのうち、どちらかが起こるだろう。すなわち、川がよどむか、川の水が流れをせき止めようとした者の体に流れ込み、その者が破裂してしまうかのどちらかだ。この民話で二人の姉娘が受けるのは、母親の呪いだけではない。夜の鳥たちは娘たちに二度目のチャンスを与えるが、娘たちが気前よくふるまえば、母鳥は母親の呪いを繰り返さなかっただろう。けれども姉娘たちは、大事なのは所有権と大きさであると考えて、流れをせき止めようとした。その結果は明らかだ。すなわち、贈り物を手放さないために、娘たちはさらなる贈り物を手に入れることができないのだ。娘たちはもはや流れのための水路ではなくなり、流れの結実を享受することができない。そのうちの一つは娘たち自身の命であるというのに。母親のパンが、娘たちの内部で毒たけに変わったのだ。

　別の言い方で贈り物の動きを述べると、贈り物は常に使い尽くされ、消費され、食べられなければならないということだ。贈り物とは消滅する財産である。これまでにあげた二つの話の贈り物が食物であったことも偶然ではない。食物は贈り物のイメージとしては最も一般的だ。なぜなら、食物は明らかに消費されるからである。贈り物が食物ではなく、耐久財であるような場合でも、しばしば食物として言及される。貝殻のネックレスとアームバンドはトロブリアンド諸島[三]における儀礼上の贈り物であるが、グループからグループに渡されるとき、外交儀礼に則って贈る側がそれらの品を地面に投げ、「ここに、食べることのできない食物がある」と言わねばならない。別の例をあげよう。ウェンディ・ジェイムズが研究した別の部族の男性は、娘の結婚に際して受け取った金を、自分のことに使うよりも、次の人に渡したいと言う。彼はそれを次のように表現する。「神が私に与えたもうた子どもゆえに金銭を受け取るのであれば、私はそれを食べることはできない。他の者に与えなければならない」。

　われわれが知っている最も有名な贈与の制度の多くは、食物を中心にすえ、耐久財をも食物であるかのように扱う。北太平洋沿岸のアメリカ・インディアンのポトラッチ(四)はもともと「大御馳走」ということだった。ポトラッチの最も単純な形態は、グループ内で自分の地位をおおやけに認めてもらいたい部族の一員が、数日間にわたって催した宴会であった。マルセル・モース(五)は「ポトラッチ」という動詞を「養う」とか「消費する」というふうに訳している。名詞として用いた場合、「ポトラッチ」は「食べさせる人」あるいは「食欲が満たされる場所」という意味である。ポトラッチは耐久財をも含むが、祭りの主眼はそれらをあたかも食物であるかのように消滅させることにある。家は焼かれ、儀式に使われた品は壊されて、海に投げ捨てられる。ポトラッチの習慣のある部族の一つであるハイダ族(六)は自分たちの宴会を「富殺し」と呼んでいる。

贈り物が使い尽くされた、消費された、食されたというとき、この最後の例のように、実際に破壊されることも時にはあるが、より端的かつ正確に言うならば、それは贈り物がそれを贈った者にとって消滅したということだ。贈与交換においては取引そのものが物を消滅させるのだ。ギフトを贈ったときに何かが返ってくることがしばしばあることは事実だが、それを明らかな交換の条件とするならば、それは贈り物ではなくなる。もし、あの民話の娘が鳥にパンを売ろうとしたならば、話全体の調子が違うものになっただろう。しかし、娘はそうはせずにパンを捧げた。すなわち、母親の贈り物は娘の手を離れたときに失われ消滅したのだ。娘はもはやその贈り物を支配せず、返礼も約束されていない。娘にとって、贈り物は消滅したのだ。このようなとき、私は贈り物が「消費された」と言う。すなわち、人から人へ、なんら返礼の保証もなしに贈り物が渡るとき、それは消費されたのである。だから、贈り物の消費とその移動はほとんど同義である。市場取引は平衡あるいは静止状態を保つ。すなわち、てんびんを釣り合わせるために人は代金を支払う。しかし、ギフトを贈る際には勢いが生じ、その重みは人から人へと伝わる。

消費するとはどういうことかについて私はもう一言つけ加えなければならない。というのも西欧産業社会は「消費財」で有名であるが、ここで使われている消費は私の意味するものとはまったく違うからである。ここでも違いは取引の形態にあり、品物そのものの形態にもっとも具体的にあらわれている。私は初めて珍本市に行き、ソーロー(七)、ホイットマン(八)、クレイン(九)の初版本が値札を内側に、非常に厳重に熱収縮プラスチックで包装されているのを見たときのことを覚えている。なぜか、単に空気を通さないプラスチックの袋を加えただけで、本が生き生きとした伝達手段から商品に変わってしまっていた。それはまるで腐らないように薬品を入れてつくったパンのようであった。商品取引においては、このようにたとえて言えば買い手も売り手もプラスチックの袋の中に入っていて、贈与交換のような触れ合いも、動きも感情もない。それは商品取引で重要なのは平衡を保つことであり、取引そのもののために、何かを消費したり、人と人とがかかわりあうようなことがあってはならないからである。すなわち、消費財はその所有者によって消費されるのであって、取引によってではない。

消費は一種の欲望である。われわれは空気や食物と同じように、世界を自分の体内に取り込みたいと願う。われわれは体内に取り込むことができるものに対してのみ、渇きや飢えを感じる。だが、消費財は欲望をあおるだけで、これを満足させることはできない。商品の消費者は情熱のない食事に招かれるようなものだ。充足や活気に通じることのない消費である。彼は他人の資本のしずくを、内なる滋養という利益もなしに、たぶらかされて食べる客であり、食後でさえも飢えている。欲望のためにわれわれが家からひきずり出され、結局、なにも得るものがなかったときのように、彼は意気消沈して疲れてもいる。

後に例証するが、贈与交換には多くの結実がある。しかも、贈り物の結実はわれわれの必要を満足させてくれるので、所有物を贈与として取り扱うようにとの圧力が常にかかるほどだ。この圧力が、ある意味で、贈り物を動かし続けているのである。贈り物の移動を止めようとする者があると、嵐が農作物を台なしにしてしまうだろう、とウダク族が警告するときに、その嵐は、実は、彼らの贈り物に対する欲望によって引き起こされるのだ。贈り物を食べることができないときには、たえざる飢えが生じるのである。グリム兄弟は「恩知らずの息子」と呼ばれている民話を発見した。(一〇)

昔、ある男とその妻が玄関先に座って二人で前に置いたロースト・チキンを食べようとしていた。その時、男は自分の年老いた父親がやって来るのを認めて、すばやくチキンを手にとって隠した。少しでも父親に食べさせるのが惜しかったからだ。老人はやって来て、飲み物を飲んで帰った。そこで、息子がロースト・チキンをテーブルの上に戻そうとして手をのばすと、それは大きなヒキガエルに変わっていて、彼の顔に跳びつき、しがみついて、再び離れることはなかった。ヒキガエルを離そうとする者があると、ヒキガエルは意地の悪い目をむけ、その者の顔に跳びうつりそうな気配をみせるので、誰もあえてヒキガエルに触ろうとはしなかった。そのため、恩知らずの息子は毎日そのヒキガエルにエサを与えなければならなかった。さもないと、ヒキガエルは彼の顔を食べはじめるからだ。このようにして、彼は世界のあちこちを絶え間なくさまよい歩いた。

このヒキガエルは贈り物が動きを止めるとき、すなわち、ある者の贈り物が他の者の資本となるときに、常に生じる飢えをあらわす。私たちが贈り物の結実を欲する程度に応じて、それが隠されたときの怒りの度合いが決まるのである。所有物が死蔵されると、泥棒や乞食が金持ちの妻から生まれ始める。このような話は贈り物が動き続けることを求める力が存在することを述べている。ある所有物は消滅しなければならない——その保存はわれわれの力を超えている。われわれに選択の余地はないのだ。というよりはむしろ、われわれには贈り物を動かし続けるか、贈り物とともに食われるかの選択しかないのである。われわれにはヒキガエルの愚かな強欲をとるか、贈り物が消費されると同時に飢えも消える、あのより祝福にみちた消滅をとるか、の選択しかないのである。

II　環

贈り物は贈与者へ、その大部分が戻ってくる——まちがいなく……
ウォルト・ホイットマン

「娘と死んだ男」というスコットランドの民話には謎が少し残っている。強心剤のびんはどこからでてきたのだろうか。私には母親か、少なくとも母親の霊魂からだと思われる。贈り物は動くだけでなく、環をなして動くのだ。母親が娘にパンを与え、娘が次にそれを鳥たちに与える。私は鳥たちを母親の領域に位置づけるが、それは娘に話しかけるのが母鳥であるという理由からだけでなく、イメージのつながりという点からもそう考えるのである（母親には「三匹の娘《リーシュ》」があり、母鳥には「子犬たち《パピィ》」がいる）。強心剤のびんもまた母親の領域に入る。というのは、覚えているだろうか。ゲール語の原典では強心剤とは「イコルの乳首」または「健康の乳首」という意味だからである。確かにレベルは違う。

神々の血を乳房に満たした母親ではない。だが、そうであっても、いぜんとして母親の領域に属している。とすれば、構造上は、贈り物は母から娘へ、また母へ、また娘へと動いていることになる。このようにふた回りする間に、贈り物そのものがパンから命の水へ、すなわち、肉体を養う食物から精神を養う食物へと質を高めている。この時点で、娘が贈り物を姉たちに与えて生き返らせるので、贈与の環も拡大する。

　この贈与の環の形態は民族誌学のある例に、よりはっきりと表われている。贈与制度は、部族民の間で広く行なわれており、そのうちの少数の例をわれわれは熟知しているが、それは、世紀の変わり目に西洋の民族誌学者が研究したものである。そのうちの一つはクーラ（二）で、これはニューギニアの東端近くの南太平洋諸島に住むマシム族にみられる交換の儀式である。ブローニースラーフ・マリノフスキーは第一次大戦中数年間この諸島に住んだ。彼が滞在したのは、主として、最北西に位置する島々であるトロブリアンド諸島であった。その後に書いた『西太平洋のアルゴー号の乗組員』という本の中で、マリノフスキーは英国に帰国後、スコットランドのエディンバラ城で戴冠用宝玉を見て、クーラを思い出した様子を述べている。

　番人は多くのことを語ってくれた。しかじかの機会に、これこれの王や女王がこれらの［宝玉］を使用したということや、それらのあるものはスコットランド人がみな激しく憤慨したことにはロンドンに持っていかれたが、さいわい取り戻されて、現在は誰も手にふれることができない鍵のかかったケースに安全に保管されているので皆喜んでいるということなどをことこまかに語ってくれた。私はなんと醜く、役立たずで、不格好で、けばけばしい品物だろうと思いながらそれらを眺めていたが、最近、似たような話を聞いたり、同じような印象を与えるこの種の品物を、他にもたくさん見たことがあるような気がした。

するとその時、私の目の前にサンゴ礁の島にある原住民の村と、タコノキの葉でふいた屋根の下に設けられた小さなぐらぐらする演壇の幻が現われた。そのまわりを大勢の裸の男たちが取り囲んでいたが、そのうちの一人は、細長い赤ひもや、白い使い古しの品々を私に見せてくれた。それらは不格好で、さわると脂でベトベトした。崇敬の念を込めて、彼はそれらの名称を述べ、その歴史や、いつ誰によって身につけられたか、持ち主はどのように変わったか、一時的にそれらを所有することが、村の勢力と栄光のいかに偉大な印であるかなどを語った。

クーラの交換の中心となるのは、二つの儀礼的贈り物、アームシェルとネックレスである。マリノフスキーによれば「アームシェルは、大きな円錐形の貝殻の細いほうの先端を砕いて取り去り、残った環状の輪にみがきをかけてつくる」。ネックレスは小さくて平らな赤い円盤状の貝殻を糸に通して長い鎖にしてつくる。アームシェルもネックレスも、家から家へ島中をぐるぐる回る。これらの贈り物がひとつでも家にあると、その家の者は「非常な名声を得、その品を陳列し、それをどうやって手に入れたかを述べ、次に誰にそれを与えるか予定を立てることができる。こういったことすべてが、部族の会話とうわさ話の格好の材料となるのである……」。

マリノフスキーはクーラの品物を、その社会的効用が実用性をはるかにしのぐということから、「儀礼的贈り物」と呼んでいる。私の友達は、大学時代たえず空気の抜けたバスケットボールをグループの友達の間で循環させていたと語った。ボールを友達の部屋に相手に気づかれぬように置いてくるという冗談だ。役に立たないボールという実用性のなさゆえに、ボールは容易にグループの精神の媒介手段となりえたのだ。また、別の男性は幼い頃両親が親友たちと、これも冗談でだが、蒸気ショベルを修理するための特注品であるのが明らかな、取っ手の太い巨大なスパナを行き来させていたと私に語った。この二家族はある日のピクニックでそのスパナを見つけたのだが、以来、そのスパナは一方の家に現われたかと思うと、次にはもう一方の家のクリスマスツリーの下や、傘立ての中に現われるということが何年も続いたのだった。たとえこのような交換の経験がない人でも、周囲の人に聞いてみるだけで、似たような話をたやすく掘り出すことができる。それほど「役に立たない」贈り物の自発的なやりとりは、ありふれている。とはいっても、マリノフスキーがマシム族の間で見いだしたような、深さと優雅さに達したものはまれではあるが。

アームシェルとネックレスのクーラ・ギフトは、マシム群島の島々の間を大きな環をなしてたえず動いている。おのおのの品は環状に動く。赤い貝殻のネックレス(「男性」と見なされ、女性が身につける)は時計回りに動き、アームシェル(「女性」と見なされ、男性が身につける)は逆回りに動く。クーラに加わっている人は、近隣部族に贈り物のパートナーを持つ。円の中心を向いている人の左右にパートナーがいると仮定すると、その者は常に左のパートナーからアームシェルを受け取り、右のパートナーに渡す。ネックレスは反対方向に動く。もちろん、これらの品は、実際には手から手へ渡るわけではない。それらの品は大変な準備の後に何百マイルにも及ぶカヌーの旅で、島から島へと運ばれるのである。

これらの二種類のクーラ・ギフトは交換されることがある。ある者が私にネックレスを持ってきた場合、私はお返しに等価のアームシェルを与えるであろう。私はすぐお返しをしてもよいし、一年先にの

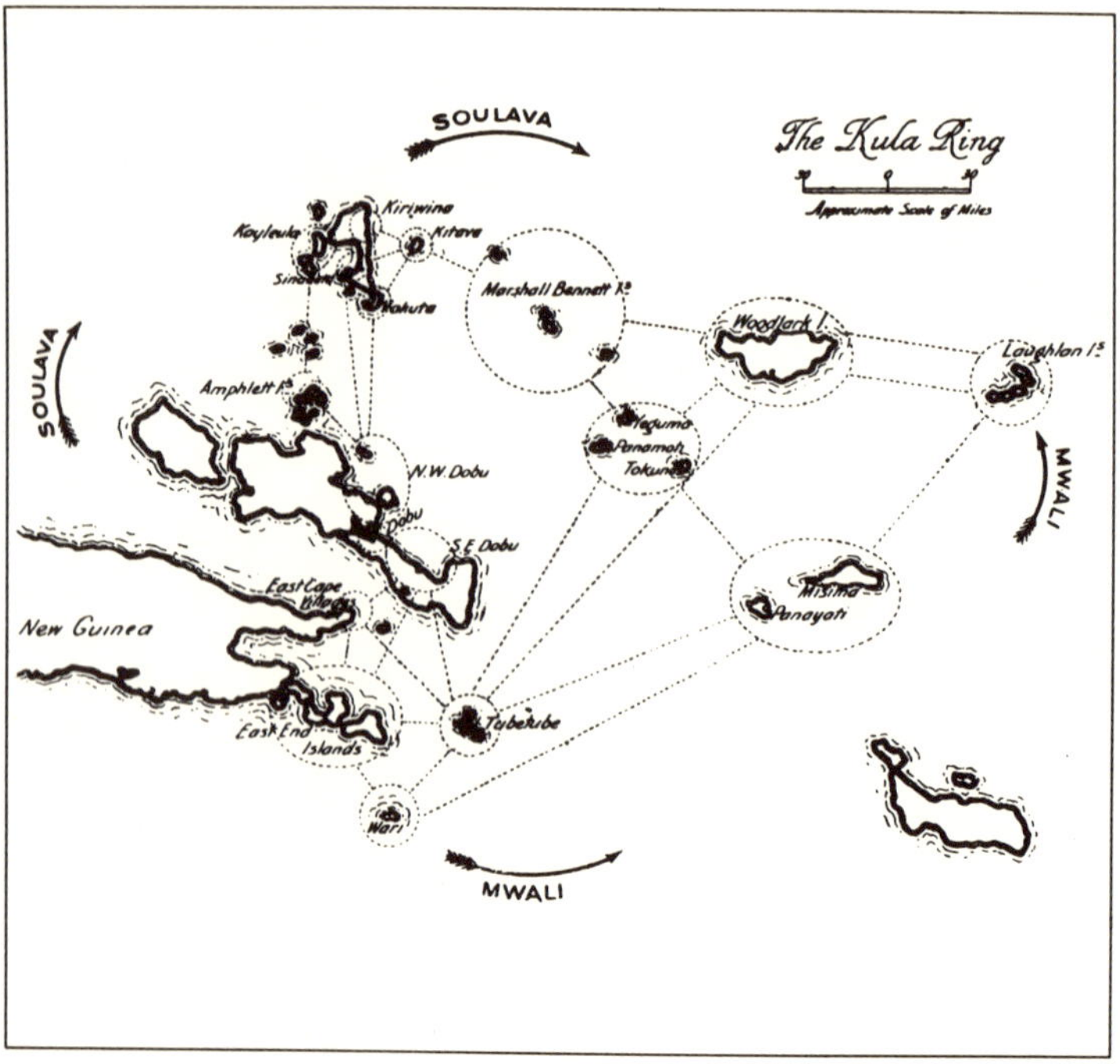

クーラの環
“Soulava” はネックレス，“Mwali” はアームシェルである。

ばしてもよい（だが、もしそれほどのばすのであれば、私はその間に、誠意を示してちょっとした贈り物をするだろう）。それぞれのクーラの品が、島々を完全に回りきるには通常二年から十年を要する。

これらの贈り物は交換されるので、私が最初の項〔動きつづけるギフト〕で述べた、ギフトは均衡を保つことを求めないという原則に、クーラはあてはまらないように思われる。しかし、さらに詳しく調べてみよう。われわれは、まず、クーラが動きつづけていることに注目しなければならない。おのおのの品はしばらくとどめおかれるが、ある者があまりにも長くその品を所有していると、その者はクーラで「のろのろしている」とか、「けちだ」とかうわさされる。贈り物は「決して止まらない」とマリノフスキーは書いている。「最初はほとんど信じられない……だが、誰もクーラの品を長い間とめておかないというのは事実だ……だから、クーラの〈所有権〉はかなり特殊な経済関係だ。クーラにかかわっている人は、どのような品でも、決して、まず一、二年以上とめておかない」。マリノフスキーがこの点を詳述した際、彼はクーラと戴冠用宝玉との類似を放棄せざるを得なかった。トロブリアンド諸島の島民は、物を所有することがどういうことであるかは知っているが、彼らの所有の観念はヨーロッパ人とは完全に異なる。「社会の掟は……所有することは偉大であり、富は社会的地位に欠くことができない属性で、個人的徳の象徴であると規定している。しかし、重要なことは、彼らにとって所有することは与えることであり、この点で彼らはわれわれと著しく異なるのである。物を所有している者は、それを分け合い分配する保管人かつ分配者となることを、当然のこととして期待されているのだ」。

クーラ・ギフトの動きそのものが、ギフトに均衡がないことを保証するとは言えない。というのも、今まで見てきたように、贈り物は動くが交換もされるからだ。しかし巨視的に見れば均衡はあるにしても、二つの倫理がこの交換を支配しており、そのどちらもが、個人のレベルでは不均衡の感覚、つまり贈与交換の特徴である重さが移るという感覚があることを証明している。最初の倫理は話し合いを禁じている。マリノフスキーは書いている。「クーラは儀礼的ギフトを贈ることから成り立っている。この贈与に対しては、しばらくの後等価の返礼をしなければならない……だが［これが大事な点なのだが］二つの品物の均衡を論議し、駆け引きして、電算機で計算し、手から手へと渡すことは決してできないのだ」。贈り物のお返しに何がくるだろうと思うことはあっても、それを口にしてはいけないことになっているのだ。贈与交換は、物々交換の一形態ではないのである。「クーラ交換の作法は厳重に守られ、非常に重んじられている。原住民はクーラと、彼らがはっきりとした考えを持って大規模に行なっている物々交換とを、区別している……しばしば彼らはクーラの正しくない、あまりにもせっかちで無作法な手続きを批判して「彼はクーラを「物々交換」であるかのように取り扱っている」と言う。物々交換のパートナーは均衡を見いだすまで徹底的に話し合うが、ギフトは沈黙のうちに贈られる。

二番目の重要な倫理は、マリノフスキーが言うには、「返礼が等価であるかどうかは贈る側に任されていて、いかなる強制もしてはならない」ということだ。ある者が素晴らしいアームシェルのセットのお返しに、月並みのネックレスを贈った場合、人々はうわさはしても、なんらそのことについてなすべを持たない。物々交換は取引であるから、約束の履行を怠る者がいれば、その者を追求できるが、贈り物は贈り物でなければならないのだ。それはあなたがあなたの実質の一部をギフト・パートナーに与え、それから静かに彼が彼の実質の一部をあなたに与えるのを待つようなものなのだ。あなたはあなた自身を彼の手の中にゆだねるのである。贈与制度に典型的にみられるこれらの規則が、交換の関与にもかかわらず、動きの感覚を保つことを可能にしている。取引はある、しかし、取引されるものは商品ではないのだ。

われわれは通常贈り物は二人の人間の間で交換され、感謝の念は実際の贈り主に向けられるものであると考えている。返礼をすることを社会科学の術語では交互作用（Reciprocity）というが、この術語には人々の間を行きかう様子が表われている（語根は *re* と *pro* であり、往復運動をする機関車のように行ったり来たりする意味である）。スコットランドの民話の贈与は相互的で、母と娘の間を（最後の最後まで）行ったり来たりしている。

相互的な贈り物は贈与交換の一形態ではあるが、最も単純な形態である。贈り物は環状に動くが、二人の人間ではたいした円にならない。二点は線を決定するが、円は平面上にあり、少なくとも三点を必要とする。これから見ていくが、これが贈与交換の話の大部分に、少なくとも三人は登場する理由である。私はここで非常に適切な例として、クーラ・サーキットを紹介した。クーラ・ギフトが動くためには、おのおのが少なくとも二人のギフト・パートナーを持たねばならない。この場合、もちろん環はもっと大きいが、最小限三人が必要だということだ。

環状贈与は相互贈与といくつかの点で異なる。まず第一に贈り物が環状に動くとき、自分がギフトを贈った人から贈り物を受け取ることはない。私は西方のパートナーにたえずアームシェルを贈るが、二人の人間の間でのやりとりと違って、彼が私にお返しにアームシェルを贈ることは決してない。全体的に雰囲気が異なる。構造上、円は話し合いの禁止に相当する。私がその人から贈り物をもらうはずのない(といっても私はほかの人からもらうのであるが)人に贈るとき、それは贈り物が戻ってくる前にひと回りしてくるようなものだ。私は何もわからずに贈らなければならない。しかも私は一種の目に見えない感謝をも感じるだろう。円が小さければ小さいほど——特に、二人きりの場合はなおさらであるが——品物を監視することがますます可能になるため、その者たちはセールスマンのような考え方をしはじめてしまいそうだ。しかし、品物が見えないところに渡ってしまえば、一人の人間や一組のギフト・パートナーがそれを操ることなどできない。贈り物が環状に動くとき、その動きを個人の自我が支配することは不可能である。媒介者一人一人がグループの一部とならなければならず、したがって、それぞれの贈与は社会的誓約の行為となる。

この環の大きさはどれくらいか? この問題を扱うに際して、私は贈り物がその中で動く容器である環を、贈与の「集合体《ボディー》」ないしは「自我《エゴ》」と考えるようになった。心理学者は時には自我を他のほかのものように観念複合体として語る。たとえば「母性」(the Mother)「父性」(the Father)「私性」(the Me)などとして。これらすべては、われわれの成長につれてイメージやエネルギーが星座を形づくる星たちのように群がる、精神の分野でも重要な場所なのだ。あらゆることを個人的に受け取る精神の領域である「私性」がわれわれの個人史——すなわち、他人がわれわれをいかに取り扱ったか、いかにわれわれは見、感じるかなど——を記憶するにつれて、自我コンプレックスが形と大きさを持つようになるのである。

私は自我コンプレックスを、征服されるべきものとか、取り除かれるべきものとしてではなく、拡大しつづけるものとしてとらえることが有益であることを知った。自我はわれわれの大部分が青年期に達する頃までに形成され強固になるが、これはまだ小さい一人だけの自我である。それから、たとえば、われわれが恋におちると、アイデンティティーは拡張し一人の自我が二人の自我となる。若い恋人たちはしばしば「私」というかわりに「私たち」と言っている自分たちに気づいてびっくりする。われわれは成熟するにつれて、一人ひとりがより広い共同体と自己を同一視し、最終的には君主や賢い長老が使う「われわれ」に表わされるようなグループ・エゴ(贈与民話の大部分では部族の自我)をもって考え行動するようになる。もちろん、自我が大きくなればなるほど、われわれが通常自我という言葉で意味するところのものからは遠ざかっていく。けれども完全に違うものとなるわけではない。若者が自分自身のことを考えるにしろ、民族が民族のことを考えるにしろ、部外者には依然としてそれはエゴイズムと感じられる。依然として境界はあるのだ。

しかしながら、自我がさらに拡大すると、実際にその性質が変わり、もはやわれわれが自我と呼ぶことができないものとなる。人類よりもさらに大きな物の一部としての意識を持って私たちが行動することがあるのだ。私はこのことを思うたびに、「私自身の歌」の最後の、ホイットマンが空中に流出する場面を思い浮かべる。

私の肉体はつむじ風となって流出し、レースの切れ端のように漂流する。
私はちりとなって、私の愛した草を育てたい。
あなたが私に再び会いたくなったら、あなたの深靴の下を探して下さい。

ここでは「私」を主張する部分は四散してしまっている。私の外側となるべき境界がないのだ。もっとも宇宙そのものに境界があれば話は別であるが。

これらすべての場合に、われわれは「自我」を「肉体」という言葉で置きかえることができる。原住民は、われわれが結婚式で「一心同体《ワン・フレッシュ》」というように、自分の属する氏族を「私の肉体」と呼ぶ。肉体もまた個人の皮膚を超えて拡大することができ、最終的な膨張においては完全に消滅する。われわれが贈与の精神を発揮しているとき、肉体が外に向かって開かれているという感覚を楽しむ。自我が堅固であるということにはそれなりの美徳がある。しかし、ある時点でわれわれは自我のゆっくりとした膨張を求める。ホイットマンの別の表現を借りれば、自我は膨張することによって世界とのギブ・アンド・テイクの拡大を楽しみ、成熟して、最終的には捨て去られる。

贈り物を自我のあらゆるレベルで循環させることができる。たとえば一人の自我に関して語ろうとすると自己満足の話になる。それが強制されたものであれ、選ばれたものであれ、美徳であれ、悪徳であれ、自己満足の印は自我の孤立である。相互贈与、すなわち二人の自我の場合は、もう少し社会的である。われわれはたいてい恋人たちを思い浮かべる。彼らの環のそれぞれは拡大していくので気分を爽快にする。恋人たちの間で交わされるちょっとした贈り物は、彼らがより大きな環に足を踏み入れたことを示すので、われわれに感動を与える。しかし、一方、交換が延々と続き、他人を除外するほどになると、まもなく腐臭を放つようになる。D・H・ロレンスは非常に多くの夫婦に見られる二人のエゴイズムについて語った。彼らの自我の拡大は二人のレベルでとどまっていて、以後生涯にわたって子供に対しても、グループに対しても、神々に対しても閉ざされたままである。カシミールの民話に互いの間だけで施し物を行ったり来たりさせることで、貧者への施しの義務を免れようとした二人のバラモンの婦人の話がある。彼女たちは施しの精神をまったく理解していなかったのだ。彼女たちは死んで塵に還ったが、二つの井戸はあまりにも毒されていたので、誰もそこから水を飲むことができなかった。他の者は二人の自我から飲むことはできないのだ。二人の自我はわれわれの成熟の一過程ではあるが、贈与の環としては初期の形態である。

クーラにおいて、われわれはすでにより大きな環の秀れた例を見たが、ニュージーランドの原住民のマオリ族(二二)はもう一つの例を提供している。それはある意味でクーラに似ているが、環が部族という肉体を超えて拡大したときに、贈与交換がどのようなものとなるかのあらたな詳細とヒントを提供している。マオリ族には「ハウ」という言葉がある。それは「霊《スピリット》」と訳され、主として贈与の霊や食物を与える森の霊を指すが、これらの部族ではハンターは森から持ち帰って殺した鳥の一部を祭司に捧げる。祭司はその鳥を聖なる火で料理する。祭司はそれを少量食べた後、一種の護符である「マウリ」——これは森の霊の物質的体現である——の準備をする。このマウリというのは祭司が森に返す贈り物であり、マオリ族の賢人がかつてあるイギリス人に説明したところによれば、森には「鳥が満ちあふれるようになり……人々は鳥を殺して食べることができるようになる」ためのものだ。

この狩猟の儀式には三つの贈与がかかわっている。森はハンターに与え、ハンターは祭司に与え、祭司は森に与えるのだ。最終的には贈り物は第三のグループから第一のグループに戻っている。祭司が行なう儀式は「ワンガイ・ハウ」と呼ばれるが、それは「ハウを養う」つまり霊に供犠を捧げるという意味である。祭司の活動にそのような名称をつけるということは、第三者が加わることで贈与の霊が生き続けるということを表わしているが、逆の言い方をすれば、祭司なしでは贈与の動きが失われてしまう恐れがあるということだ。ハンターに獲物を殺すことと、贈り物を森に返すことの両方を求めるのは無理であると思われる。クーラの話をしたときにも述べたが、贈与交換は二人のエゴに陥ってしまったとき、物々交換に変わってしまいがちである。また、単なるギブ・アンド・テイクだけでは、ハンターは森を利益をあげる場所として考え始めるかもしれない。だが、祭司がかかわることによって、贈り物は森に帰る前に、ハンターの視界から消えなければならないのだ。祭司はハンターと森とのそれだけでは豊かになりえない二項関係を避けるための第三者の地位を引き受け体現している。祭司は、単に存在するだけで霊を養っているのだ。

あらゆる贈り物は返礼を求める。したがって、贈り物を森に返すことによって、祭司は鳥を自然からの贈り物として取り扱っているのだ。われわれは現在これを生態学的(二三)に理にかなったものであると考えている。科学としての生態学は高まる進化への関心の副産物として十九世紀末に始まったが、そもそも、動物がその置かれた環境でいかに生き残るかを研究することによって、自然のすべての変化の根底には、循環に特徴づけられる不変の状態があるということを生態学は初めて明らかにしたのだった。この循環に参加しているあらゆるものは、唯一のエネルギーの源であり、卓越した存在であるところの太陽の恵みを受けて、文字どおり他を食べて生きている。生態学の研究の領域を広げて人間をもその研究対象とすることは、われわれ自身を自然を支配する者としてではなく自然の一部として見直すことを意味する。われわれも自然の循環にかかわっていることがわかりさえすれば、自然がわれわれに何を与えるかは、何をわれわれが自然に与えるかによって影響されるということが理解されるだろう。環は贈与交換だけではなく生態学的深慮の証でもあるのだ。われわれは自分たちが自動制御装置の一部であると感じるようになる。返礼である「滋養となるハウ」は、サイバネティックス(二四)でいうところの文字どおりのフィードバック(二五)である。このフィードバックなしには（すなわち、貪欲や傲慢な気持が少しでもあると）、循環はこわれてしまう。われわれは皆、鳥をあふれさせるのは実際には森に置かれたマウリではないことを知っている。だが、しかし、視点を変えてみると、鳥をあふれさせているのはマウリであるとも言える。贈与の環が自然の循環に参加することによって、自然の循環を中断したり、人間をその循環の外に置くことを防いでいるのだ。森の豊饒は、実際、人間がその富を贈与として取り扱った結果もたらされるものなのである。

マオリ族の狩猟の儀式は、ギフトが二方向に動く贈与の環を拡張する。まず第一にそれは自然を含んでいる。第二に、これはさらに重要な点であるが、神々をも含んでいる。祭司は神々との贈与関係を演出し、神々が部族に与えてくださったものに対して礼を述べ供犠を捧げる。旧約聖書の物語は同じことを、われわれにとってより一層なじみ深い慣習によって示しているが、その構造はまったく同じである。

モーセの五書では、最初の結実は常に主のものである。出エジプト記の中で主はモーセに言われた。「私にすべての長子を捧げなさい。イスラエルの民の中で子宮を最初に開いたものは、人であれ獣であれ、私のものである」。主が部族にその富を与え、その富の種は再び主に返されるのだ。多産は神からの贈与であり、その継続を願って、最初の結実は神への返礼とされたのだ。異教の時代には長男を供犠として捧げることも明らかにこの中に含まれていたが、イスラエル人はアブラハムとイサクの物語に見られるように、早くから子供のかわりに動物を用いることを許されていた。また、不浄の動物の長子のかわりには子羊が用いられた。主はモーセに言われた。

すべて子宮を開くものは私のものである。すべてのあなたの家畜の初産のオスは、牛も羊もそうである。ただし、ロバの初産の子は子羊で贖いなさい。それをしないならば、その首を折らねばならない。あなたの息子たちの第一子をすべて贖いなさい。

ほかの箇所でも、主はアロン(二六)に初産の子をどうすべきか説明している。アロンとその息子たちは聖職の責任を負っており、祭壇で儀式を執り行なう。子羊、子牛、子ヤギは供儀として捧げられねばならない。「あなたはその血を祭壇にまき、その脂肪を主を喜ばせる芳香として捧げるため、火で燃やさねばならない。だがその肉はあなたのものである……」。マオリ族の場合と同様、祭司は贈り物の一部を食べる。しかし、その本質は焼かれ、煙として主のもとに返されるのだ。

この贈与の循環は三つの拠点――家畜の群れ、部族、祭司――とそれ以上のもの、つまり主、を持つ。環の中に主を加えたことが――これが私が先ほどから述べていることの要点なのだが――自我を変え、他のものを加えたときとは違う方法で贈り物が動くようにしたのだ。自我は部族の自我を超えて拡大し自然をも超える。今や、私が初めにこのイメージを紹介したときに述べたように、われわれはもはやこれをどうみても自我とは呼べないだろう。贈り物はあらゆる境界を離れて神秘の環の中に入っていったのだ。

神秘への道は常にわれわれをさわやかな気分にする。仮に、労働していて、一日に一度、神秘的な景観を見ることができるならば、労働はわれわれを満足させるだろう。贈り物が、測ることのできない深い淵から浮かび上がるとき、われわれは慰められる。そのとき、われわれはその贈り物が個人の利己主義などではなく、したがって尽きることがないのを知るのである。境界内に含まれるものはすべてそのもの自体の枯渇をも含まねばならない。最も完璧にバランスのとれた回転儀も〔一七〕、回転がゆっくりとゆるみ止まるのである。しかし、贈り物が視界から消え去り、その後戻ってくるときには、われわれは活気づく。物質財産は、その脂肪が時折焼かれない限り、われわれを徹底的に弱らせてしまう。世界が周辺視野でかすかに燃え立つとき、われわれは憂鬱ではなく歓喜をおぼえるのだ。われわれはかがり火の前〔一八〕だけでなく、燃えている家の前に立つときでさえも、木々が葉を通して得たものを太陽に返すことができるかのような、奇妙な解放感をおぼえる。だが、いかなる所有物も動くことができないときには、モーセのファラオ〔一九〕でさえも飢えたヒキガエルに悩ませられるのだ。どうしても贈り物を動かそうとしないその男の長男を捜すために剣が現われる。だが、ファラオその人は長男が連れ去られるずっと以前に死んでいたのだ。なぜなら、われわれは自分自身を感動させる〔動かす〕ことができる程度に比例して、その度合いだけ、生きていると言えるのだから。しかも贈り物が循環しながら神秘の環の中に入っていくとき、われわれの活力は持続する。なぜならそれは、最初の結実が炎の上でつむじ風となって流出し、レースの切れ端のように漂流するときの「主を喜ばせる芳香」でもあるからだ。

私は先にこの章で、贈り物は常に使われ、消費され、食べられるというふうに贈与の仕組みを述べた。われわれはこれまでに環の形態を見てきたので、贈与交換のパラドックスと思われがちな——贈り物が消費されるとき、消費され尽くすことはない――ということを理解できる。もっとはっきり言えば、消費され尽くすどころか、まったくの逆で、人から人へ渡り続ける贈り物は豊かなままだが、消費されない贈り物は失われるのである。スコットランドの民話では、自分のパンを死蔵した娘たちは、食べている間食物を得ただけだ。彼女たちは大きいほうのパンを食べたのに、食事を終えても飢えが残った。しかし、自分のパンを分け与えた娘は満足した。贈与されたものは何度でも養うことができるが、取って置かれたものはたった一度養うだけで、われわれを飢えたままにする。

この民話はたとえ話であるが、クーラの環では、われわれは全く同じ恒久性を社会的事実として見た。ネックレスやアームシェルは使用によって減ることはなく、かならず満足をもたらす。外国人が自分のコレクションとして買うために割りこんでくるときにのみ、それらは売買によって「消費され尽くす」のだ。マオリ族の狩猟の話は、寓話に出てくる食物だけでなく、自然界の食物も贈り物として扱われるとき――つまり、われわれがハンターや搾取者として傍観するのではなく、動く環に参加するとき――豊かであり続けることを示している。贈り物は使われて初めてその真価を発揮する所有物であり、たえず消費されることなしには贈り物として存在しなくなる。贈り物が売られるとき、水が凍るとその性質を変えるように、贈り物も性質を変え、元素構造の不変について語る合理主義者でさえも、失われたという感情を癒すことはできない。[二〇]

E・M・フォスターの小説『インドへの道』の中で、イスラム教徒の医師アジズと英国人のフィールディングは短い対話を交わし、贈り物と商品に関する典型的な議論をしている。フィールディングは言う。

「アジズさん、あなたの感情の大きさは、まったく対象とつりあっていないようですなあ」。

「感情はじゃがいも一袋と同じで何ポンドと計り分けるものなのですか？　私は機械ではありませんよ。あなたは、今にも、感情は使うことによって、使い尽くすことができるとでも、おっしゃりそうですな」。

「いやあ、先を越されてしまいました。あなたに言われる前にそう言いたかったなあ。なぜって、そのほうが理にかなっていますからな。いくら精神の世界のことだといっても、ケーキを食べたら取って置くことはできませんよ」。

「あなたのおっしゃる通りでしたら、いかなる友情にも意味がありませんな……私たちはこの欄干を乗り越えて自殺したほうがよさそうですな」。


贈与の世界では、スコットランドの民話に見られるように、ケーキを食べ、かつ取って置くことができるだけでなく、ケーキを食べなければ取って置くことはできないのだ。贈与交換と愛の生命はこの点でつながっている(二二)。贈与はエロスの流出であるから、使用後もなくならない贈り物のことを語ることは、リビドーは与えてもなくならないという自然の理を述べることでもある。エロスは決して恋人たちを消耗させない。われわれが愛の神のいぶきに身をゆだねるとき、愛の神はやさしく見守ってくれる。愛の神が隠れたままで誰も満足しないのは、われわれが打算的になった場合のみである。満足は単に満たされることによって得られるのではなく、とどまることのない流れに満たされることによって得られるのである。贈り物に関しても、愛におけると同様に、われわれは満足してくつろぐ。なぜなら、われわれは贈り物の使用はなぜか直ちにその豊かさを保証することを知っているからである。

欠乏しているか豊富にあるかということは、手元にいかに多くの物質的富があるかということと同じくらい、交換の形態にも関係がある。欠乏は富が流れることができないときに現われる。『インドへの道』の別の箇所で医師アジズは言っている。「金は出れば入ってきます。金がとどまると死がやってきます。あなたはこれまでにかの有益なウルドゥー語[二二]のことわざを聞いたことがおありかな？」。フィールディングは答えて言う。「私の信条としていることわざは、一銭の節約は一銭のもうけ、今日の一針明日の十針、ころばぬ先の杖、といったものです。大英帝国はこのような考えに支えられているのです」。彼の言っていることは正しい。帝国は元帳と時計を持った事務員たちが規則正しく小銭をためることによって支えられている。問題はあらゆるものが計算され値踏みされたときに、富は自由に動くのを止めるということだ。富は大きな山をなして蓄積するかもしれないが、それを楽しむ余裕のある人はますます少なくなる。バングラデシュでの戦争の後、何千トンもの寄贈された米が倉庫内で腐ってしまった。なぜなら、市場が唯一の周知の流通様式であったのだが、貧しい人たちは当然のことながらそれを買う余裕がなかったからだ。マーシャル・サーリンズは現代の欠乏に関する論評をハンターや採集民は「豊富な収穫がありながら、それにもかかわらず、極度に貧しい」という逆説的な主張で始めている。彼は書いている。

> 現代資本主義社会には、いかに豊かに物があふれていようとも、欠乏の問題がつきものである「ポール・サミュエルソン[二三]もミルトン・フリードマン[二四]もその経済学を「欠乏の法則」で始めている。欠乏については第一章の終わりまでに、あらゆるところでふれている」。経済手段の不備が世界で最も裕福な諸国民の第一法則[二五]なのである。経済の目にみえる物的状況はその解決への糸口ではない

らしい。そこで経済機構の様式に関して一言述べなければならない。

市場産業制度は欠乏を引き起こす。それも前代未聞の方法で、どこにも見られなかったほどの欠乏を。生産と流通が価格の変動で手配され、暮らしのすべてが収入と支出によって決まる所では、物質的富の不足が、あらゆる経済活動の明白に計算されうる出発点となる。


物質的豊かさに恵まれているからには、欠乏が起こるのは境界があるからに相違ない。たとえ世界に豊富な空気があっても何かが肺への空気の通り道をふさいだら、肺が欠乏を訴えてももっともだ。市場取引の約束事がかならずしも境界を導くとは限らないが、現実に境界が出現しているのだ。取引が「公正」で人々にかかわりをもたらさないとき、商人が好きなときに好きな場所で売ることができるとき、市場が主として利益を求めて動き、支配的な神話が「与えるために所有する」のではなく「適者生存」であるとき、富は動きを失い個々の企業連合に集中するだろう。為替取引の取り決めのもとでは、所有物の質は低下し、富は増加しているにもかかわらず欠乏するということが起こりうる。

商品は売られたとき、実際に「使い果たされる」。なぜなら取引には返礼を保証するものは何もないからだ。島を訪れた船長はクーラ・ネックレスに気前よく金を払うかもしれない。だが売却によってネックレスは環からはずれてしまうので、売却の値段のいかんにかかわらず、無駄に使われたことになる。贈与でありつづける贈り物は、たとえ数量的には豊かではなくとも、あふれるばかりの満足をもたらすことができる。生産過剰国の金持ちがいだいている、貧民は満足の秘訣に通じているという神話――黒人のもつ「魂《ソウル》」、ジプシーの「魔力」、高潔な野人(二六)、純真な農夫、剛健な猟場番人――は現代資本主義のもたらす貧困の苛酷さを覆い隠す。けれども、この神話にも根拠がある。なぜなら、自発的に貧乏に甘んじている人や、資本集約的でない人は、心身を疲れさせることもなく、品物が枯渇することもない、消費することによりますます豊かになることが確実なエロスの取引形態により近づきやすいからである。

商品が利益をあげるために動くならば、贈り物はどこに向かって動くのだろう。贈り物は何もない所に向かって動くのだ。贈り物がその環の中で動くとき、最も長い間空手であった人の所へ向かう。そして、どこかにより必要とする人が現われたならば、贈り物は昔からの経路を離れて、その人のほうへと向かう。われわれの気前のよさはわれわれを空《から》にするかもしれないが、われわれの空の状態が静かに全体を引き寄せ、ついにはその動き続けている品物はわれわれのもとに戻ってきて、われわれを再び満たすのである。社会というものは空白を忌み嫌うものである。神秘主義者のマイスター・エックハルト(二七)は「空のうつわを借りよう(2)」と助言する。贈り物は自分のものではない空のうつわを持って立っている人に引きつけられるのだ。

ブッダの托鉢《たくはつ》の鉢は、トマス・マートン(二八)によれば、「施しを乞う権利だけでなく、すべての人間の相互依存の表現として、あらゆる人間の施しを受け入れるという仏教思想の根本をなす教義を表わしている。憐れみの観念は、大乗仏教の中枢をなすものだが、これはあらゆる生物の相互依存の自覚に基づいている……したがって、僧侶が俗人に乞食《こつじき》をし、俗人から施しを受けるのは、利己的な人間が他の人間から何かを得るのとは異なる。僧侶は単に自分の身をこの相互依存に解放しているのだ」。歩き回る托鉢僧は空の鉢をもって一軒、一軒回ることを自分の勤めであると考えている。利益は何もない。贈り物が彼のほうに動いてきても、僧は生きていくのがやっとである。彼は贈与の霊がわれわれの目に見えるようにしているのだ。僧の健康は贈与の霊が健康な印であり、僧の飢餓は贈与の霊の撤退の印である。英語の「乞食《ベガー》」は十三世紀のフランドルに起こった托鉢修道士の会であるベガード（男子ベギン会(一九)）からきている。東洋のある所ではいまだにさまよい歩く托鉢僧が托鉢によって生活している。けれどもヨーロッパでは中世の終焉とともに、そのような托鉢僧は姿を消した。

空《から》の場所を運ぶ人として、宗教的托鉢僧は自分のための懇願を超えた積極的な勤めを持っている。僧は豊かさという流動性の媒介者なのである。グループの富は、スポークが集まる車輪の中心のように、あらゆる面から彼の鉢に触れる。贈り物はそこに集まり、托鉢僧は空の人に会うと、その贈り物をふたたび与えるのだ。ヨーロッパの民話では、乞食はしばしばその土地の本当の「所有者」であるヴォータン(三〇)であることがわかる。ヴォータンが動いているのは彼自身の富の中でなのだが、彼は施しを求め、また欠乏に対しては贈り物で満たして応えるのだ。ヴォータンは貧しい人の代父《ゴッドファーザー》なのである。

民話はしばしば乞食のモティーフで始まる。ベンガルのある民話では、王には妃が二人いるが双方ともに子宝に恵まれない。その城門に、さまよう托鉢僧であるヒンドゥー教の苦行僧がやって来て布施を乞う。妃のうちの一人が、一握りの米をもって彼に歩みよる。けれども、彼は彼女に子がないことを知ると、米は受け取れないが、かわりに、彼女の不妊を治す水薬をあげようと言う。その特効薬をザクロの花の汁とともに飲むならば、やがて時満ちて彼女は男の子を産むであろう、その子はザクロの子と呼ばれなければならない、と彼は告げた。これらすべての予言は成就し、民話は先へ進む。

このような話は、贈り物が豊かにある所から空の所へ動くことを物語っている。贈り物は不妊の者、不毛の者、苦境にある者、貧しき者を捜し求める。主は言われる。「すべて子宮を開くものは私のものである」。なぜならば主こそが、供犠の火のそばや城門に前もって乞食として立たれ、空の子宮を満たしてくださったからである。

原注

（1）この民話には贈り物のほとんどすべての主要な特徴がみられるので後にまた言及するが、今のところは、余談として、この民話の意味をさぐるにとどめる。私はこの民話は、父がいない娘が世間をうまく渡るには、母親とよい関係を保つべきだということを言っていると思う。鳥たちは母親の霊魂であり、現代的な言い方をすれば娘たちにとっての精神的な母親である。贈り物を精神上の母親に返した娘は、その結果、最後まで母親の分別に守られることになる。話のなかには、死んだ男を娘の父親と結びつけるものは何もない。しかし、母親は未亡人のようであるし、少なくとも、物語の初めにおける父親の不在は、問題は男性に関するものであるかもしれないとのヒントを与える。それは明確なものではない。しかし、娘が出会う最初の男性が、死んでいるだけでなく扱いにくい人でもあることに、われわれが驚くのも無理はない。

男は死んでいる。しかし死にきれない。娘が男を棒で打ったとき、われわれは実際には娘が男を慕っているのを知る。重要な点はこうだ。すなわち、父親のいない女性が家を出る際には、死んだ男に首ったけになるという出来事に対処しなければならないだろうということだ。これは危険な状況である――二人の姉は最後には死ぬ。

森を荒々しく疾走する場面では、双方共に打撲傷を受けるということを除いては、たいしたことは起こらない。しかしながら、娘はどうにかずっと目覚めていることができる。この力はたぶん鳥たちが授けたものだ。というのは、彼らは夜活動する鳥だからだ。母親とのつながりは娘に試練を避けさせることはできないが、娘を生きのびさせることはできる。すべてが終わったとき、娘の体は死んだ男から離れている。それゆえわれわれはこの問題は二度と起こらないだろうと考えることができる。

この話のジレンマは贈り物とは関係がない。しかし、すべての心理的な課題は、贈与交換を通じて達成されている。

（2）民話がこの主張の根拠として私が提出できる唯一のものだ。その要点は社会的というよりも、むしろ精神的なものである。すなわち、精神の世界ではすべてを捨てた人に新しい生命がもたらされるのである。

訳注

(一) ハッチンソン(一七一一―八〇) アメリカ植民地行政官。マサチューセッツ州知事(一七六九―七一)。一七七四年英国へ追放された。
(二) 約九リットル。
(三) ニューギニア東端の北方にある群島。オーストラリア領パプアの一部。人口十万(一九六一推定)。面積四百四十平方キロメートル。
(四) 北米北西海岸のインディアンの間で、自分の富を誇示し地位を高めるために、多くの財産を消費して大盤振る舞いをし、参加者全員に豪勢なみやげや贈り物を与えること。客は後に返礼としてそれ以上のことをしなければ名誉や地位を失う。
(五) モース。前出、xvページ、訳注(四)を参照。
(六) カナダのブリティシュ・コロンビア州のクイーン・シャーロッテ諸島、および米国アラスカ州のプリンス・オブ・ウェールズ島に住む北米インディアン。
(七) ソーロー(一八一七―六二) 米国の超絶主義者・著述家。『森の生活』(一八五四)。
(八) ホイットマン(一八一九―九二) 米国の詩人。『草の葉』(一八五五)。
(九) クレイン(一八七一―一九〇〇) 米国の小説家、短編作家。『勇気の赤い記章』(一八九五)。
(一〇) グリム兄弟 ヤコブ(一七八五―六三)、ウィルヘルム(一七八六―五九) ドイツの言語学者、民間伝承研究家。
(一一) 南太平洋の島民間の儀礼的な贈り物の交換。
(一二) ニュージーランドのポリネシア系原住民。
(一三) 人間を含めた生物とその環境との相互関係を研究する学問。
(一四) 制御と通信を扱う学問。特に生物体の通信・制御機構と電子機器のそれとを比較研究する。
(一五) 出力側のエネルギーの一部の入力側への返還操作。
(一六) モーセの兄。ユダヤ教最初の祭司長。

（一七）回転体の慣性を利用して船舶・飛行機の方向を決定し、平衡を保つのに用いる。
（一八）視野のすぐ外側の範囲。
（一九）古代エジプト王の称号。出エジプト記　第八章一―一四。
（二〇）フォスター（一八七九―一九七〇）英国の作家。『インドへの道』（一九二四）は、インドに数度滞在したことのあるフォスターが植民地における支配者の問題を扱ったもの。
（二一）愛欲。
（二二）ヒンドスタン語の一つ。パキスタンの公用語。
（二三）サミュエルソン（一九一五―　）米国の近代経済学者。ノーベル経済学賞（一九七〇）。
（二四）フリードマン（一九一二―　）米国の経済学者。ノーベル経済学賞（一九七六）。
（二五）理論・思想などの体系でもっとも根本的な原理・公理・公準など。
（二六）ロマン主義文学の中の理想化された原始人像。
（二七）エックハルト（一二六〇？―一三二七？）ドイツのドミニコ会士。ドイツ神秘主義の創始者。
（二八）マートン（一九一五―六八）米国のトラピスト修道士、作家。
（二九）十三世紀にフランドルに起こった半俗半僧の修道会。博愛的奉仕を目的とした。
（三〇）ゲルマン神話の主神。アングロサクソンのウォーディン、北欧のオーディンに相当。

第二章　死者の骨

第一章をしめくくったベンガルの民話の贈り物——乞食が妃に与えた贈り物——は妃に受胎能力をもたらし、彼女は子を産む。肥沃と成長は、少なくともこれらの物語では、贈与交換の共通の結実である。われわれがこれまでに見てきたすべてで——スコットランドの民話、クーラ・リング、最初の結実の儀式、森の神を養う儀式などで——肥沃はしばしば関心事であり、贈与の循環の結果、贈り物の運搬人ないしは贈り物そのものが、かならず成長している。

　われわれが贈り物として分類する生物は、もちろん実際に成長する。しかし、クーラの品のような自動力のない贈り物でさえも、人から人へと渡っていくにつれ、価値も生気も増すと感じられる。生きているか、それとも、自動力がないか——この違いはかならずしも有効ではない。なぜなら、贈り物が生きていないときでさえも、あたかも生きているかのように扱うと、そのような扱いを受けた物はすべて、生命を帯びはじめるものだからだ。その上、生命を帯びた贈り物は、次には生命を授けることができる。スコットランドの民話の最後の贈り物は、死んだ姉たちを生き返らせる。このような奇跡はまれであっても、贈り物がわれわれのほうへやってくるとき、魂が活気のない状態から脱するということは、やはり事実である。これは贈り物の特性が上向きの力、善意ないしは自然の徳、魂、集合体として作用するからである（私のいう芸術作品は贈り物《ギフト》であるという意味にはこのことも含まれる。才能《ギフト》のある芸術家が作品に彼の才能をふきこむことによって、その生気を他の人も利用できるようになるのである。さらに言えば、われわれが宝物のように思う作品は、生気を伝え、魂を生き返らせる作品である。そのような作品はわれわれの間を利用できる生命、ホイットマンのいう「魂の味のない水」、の宝庫として循環するのである)。

この章では後に、循環するにつれて価値が増すように感じられる純然たる文化的工芸品についても述べるつもりだが、ギフトの増殖の分析を始めるにあたって、乞食と妃の話に見られるような、自然の肥沃と成長が問題である状況を背景とした贈与制度をまず見てみよう。

ポトラッチで有名になったアメリカ・インディアンの部族、すなわち、クワキウトゥル族、トリンギット族、ハイダ族などは、かつてカリフォルニア州のメンドシノ岬から、アラスカ州のプリンス・ウィリアム・サウンドにいたる北アメリカの太平洋岸に住んでいた。これらの部族はすべて主要な栄養の供給源としての海にたよっていた。すなわちニシン、ユーラカン、クジラ、とりわけ、毎年沿岸河川をさかのぼって産卵するサケを食していた。マオリ族や旧約聖書のユダヤ人のように、北太平洋の部族は贈与の循環に基づく豊かな自然環境との関係を発展させた。インディアンはあらゆる生物は自分たちと同じように部族をなして生活している、とりわけ、サケは海の下の巨大な小屋に住んでいると信じていた。その神話によると、サケは小屋でくつろいでいる間は人間の姿をして歩き回るが、年に一度だけ、魚の姿に変わり、サケの衣を着て、河口に泳いできて、陸の仲間が冬の食糧にこと欠くことのないように自発的にわが身を犠牲にするのである。

最初に川に現われたサケは、常に盛大な歓迎を受けた。祭司またはその助手が魚を捕え、祭壇までパレードし、グループの前に置く(この時、残りのサケが流れをさかのぼり続けることを奨励するために、サケの頭を内陸の方へ向ける)。最初の魚は近隣の身分の高い酋長の訪問の時のようなもてなしをうける。祭司は魚の身にワシの綿毛や対赭石《たいしゃ》を振りかけ、正式な歓迎のスピーチをし、失礼にならない程度に、いかにこの産卵期の遡河が続き、豊漁となることを部族の者が願っているかを述べるのである。それから参加者たちは貴賓を歓迎する歌をうたう。儀式の後、祭司は参加者全員に魚を一切ずつ食べるように与える。最後に——この点がこの祭りを明らかな贈与の環とするのだが——最初のサケの骨は海に帰される。水中に戻されたサケの骨は、海に押し流されるやいなや、再び元のように組み立てられ、魚は生き返り、家に帰って、人間の姿に戻ると信じられていた。だから、最初のサケの骨格は完全な状態で水中に戻さねばならない。後の魚は切り離すことができるが、それでも骨はすべて水中に戻さねばならない。さもなければ、サケは腹を立て、次の年、冬の食糧という贈り物をたずさえて戻ってこないかもしれないのだ。

この儀式の主な要素は、われわれがみてきた他の初めての収穫の儀式と全く同じで、贈り物の一部を食して、一部を戻すというものだ。そしてここでも神話は、儀式の対象物はギフトとして取り扱われるゆえに、豊かであり続けるだろうと言っているのだ。贈与の儀式を廃止し、サケを商品として扱うことが、魚を本当に「怒らせ」てしまい、豊かさを減少させるということを例証するのは困難であろう。だから、要点は肯定的な形で述べたほうがよいかもしれない。すなわち、初物のサケの儀式は、自然との贈与関係、すなわち、自然の増殖へのわれわれの参加と依存を認める正式なギブ・アンド・テイクを確立するのだ。このような関係を確立した場合、われわれは自然に対して、かかわりを持たない者ないしは搾取するよそ者としてではなく、われわれ自身の一部として反応する。だから、贈与交換はその対象物の破壊防止の役割をも、本来同時に備えていると言える。贈与交換においては、われわれが意識的にわれわれ自身をも破滅させる場合を除いて、自然の再生の富を破壊することはない。自然の増加を維持したいと願う場合、だから、贈与交換は理想の交易である。なぜなら、自然の増加の過程と調和し、それに参加する交易であるからだ。そしてこれが、われわれの民話が、贈与交換と増殖した価値、肥沃、生気を関連づけていることに対する、私の第一の説明である。真の有機的な増殖が問題となる場合、贈与交換はその増殖を守る。贈り物は育つ。なぜなら生きているものは育つからである。(1)

さて今述べたような観点を、実際には生きていない贈り物の成長を含むほどに拡大できるか否かみてみよう。ここでは文化のレベルでの贈り物――明らかに無機物で食用に適さないもの――に目を向け、その増殖を自然との類似に頼ることなく説明することを試みてみよう。

初物のサケを歓迎するあの北太平洋の部族はまた、部族内で儀式用の贈り物として大きな装飾を施した銅板をも循環させている。〔次頁の〕図版を見てわかるように、銅板の上半分はよくあるように動物や精霊の非常に幾何学的な類型が彫られ、下半分はT字形の二本の隆起を除いて無装飾である。銅板には名前がついており、時にはそれは動物や精霊に言及するものであったり、時には贈り物の偉大な力に言及するもの（例をあげると「あらゆる財産を家から引き出すもの」）であったりする。

銅は常にポトラッチで分配される財産と関連づけられていた。第一章で指摘したが、マルセル・モースは「ポトラッチ」を滋養や飽食と訳している。しかしながら、この言葉は「ギフト」ないしは「施し物」、動詞で使われた場合は「与える」を意味するという解釈のほうがより一般的である。ポトラッチは重要な出来事――婚礼や、非常にしばしば、部族のメンバーの昇格など――を記念して催された。最も古くからある一般的なポトラッチの機会は、酋長が死に、空白となった地位や称号に後継者が昇進する場合である。ポトラッチはほとんどいつもある部族が他の部族に対して催したもので、贈られるギフ

クワキウトゥル族の祭式銅板

トの順序と価値が、主客を問わずすべての参加者の地位を確定した。いかなる者も財産を分配することなしには、地位ある人になることはできなかったのである。

十九世紀末にアメリカの民族誌学者たちが初めてポトラッチを研究したときには、白人との百年を超える取引が徹底的にポトラッチを変えてしまっていた。だから、われわれはポトラッチに関する文献を注意深く検討し、何が本当に原住民のもので、何が新しい経済への適応なのかを見極める必要がある。たとえばヨーロッパ人が現われる前は、酋長は一生に一度だけ正式なポトラッチを酋長の地位に就任するときに催すことが普通だった。部族の者はその儀式にそなえて、銅だけでなく、ラッコやマーモットの毛皮、ユーラカン油、ツノガイの殻、アルビノ鹿の皮、シロイワヤギの毛とアラスカヒノキの樹皮のひもで織った高位の人のための毛布などの分配する宝物を集めるだけでも、一年またはそれ以上の準備をした。しかし、ポトラッチを研究した最初の民族誌学者であるフランツ・ボアズが、一八九〇年代にクワキウトゥル族のもとに滞在したときには、贈り物は簡単に大量生産ができ、安く手に入る取引品目に変化しており、ポトラッチはいつも開かれていた。

　贈与交換の微妙な点は、商品市場との比較でより明白になるのが常であるので、この変化の話はもう少し掘り下げる価値がある。アメリカの北太平洋沿岸は、アメリカ革命(一)の頃、クック船長(二)によって、初めて白人の商人に開かれた。次の世紀には動物の毛皮の取引は着実に増加した。ハドソン湾株式会社(三)は一八三〇年代にこの地域初の辺境居留地を設立した。後の宣教師と異なり、会社は魂ではなく毛皮を欲していたので、インディアンには干渉しなかった。しかし、それにもかかわらず、彼らとともに火器や帆船や酒がもたらされたので、彼らは駐留するだけで影響を与えた。インディアンは会社の倉庫の近くで冬を過ごし始め、その土地に群がり、彼らがコントロールするのではない市場にますます依存するようになった。交易の品として、ハドソン湾会社の毛布が、伝統的な高位の人のための式服にとって代わった。以前は数枚の念入りに織られた式服がポトラッチや宴会を美しく飾ったものだが、今や文字どおりに何千もの交易で得られた毛布が、銅のお返しの品として浜辺に積み重ねられることもあるだろう。

　十九世紀の末近く、白人はサケ釣りを商業化しはじめた。その頃はどの国もインディアンを正式の人民とは認めていなかったので、彼らは土地の権利を主張する訴訟を起こすことができなかった。一方、白人は誰でも請求すれば百六十エーカー持つことができた。だから、缶詰め工場が欲しい企業家は、ただ河口の両側の八十エーカーに杭を打って区画し、仕事を始めさえすればよかった。必要以上のサケが捕れたときには、インディアンを入れてやり魚を捕らせることもあれば、そうしないこともあった。よくある話だが、インディアンの日常食を補うために食糧品を購入することが必要となり、その食糧品を買うために現金が必要となり、現金を得るために彼らは工場で働いて賃金をもらった。インディアンは釣りをして日給をもらい、店でクレジットで食糧品を買い、文明化した債務者となって、次のシーズンも働きにやって来るのだった。

あたかもこれらの変化だけではまだ足りないかのように、十九世紀の間にインディアンの人口は戦争や病気によって減少し、その上、土地保有制度も大きく変化して、ヨーロッパの主導権に刺激された大部族連合が出現した。これらすべてが、ポトラッチの元来の役割の一つであった各部族の階層を区別するということを、限りなく複雑にした。大衆文学にみられるポトラッチの二つのよく知られた特色——ローンの高利性や競争、すなわち「財産くらべ」——は、裏づけのとれる原住民の動機に基づいてはいるが、実をいえばヨーロッパの影響を受けたあとのポトラッチの複雑化の結果なのである。ボアズが研究を始めた頃、これを見抜くことは不可能だった。また、彼には「対抗するポトラッチ」の敵意や反目が頂点に達していたフォート・ルーパート（ハドソン湾株式会社の初の辺境居留地の一つ）近くの地域で研究をするという、ある意味での運の悪さがあった。モースがボアズの出版されたフィールド・ノートを通読したとき、彼はポトラッチは「贈与制度の奇形児」であると断言したが、実際その通りであった。最初に検討したように、ポトラッチはヨーロッパの資本主義が原住民の贈与経済と結合した結果、奇妙な産物となってしまっていた。ミシンは海に投げ捨てられ、人々は当惑して魚油で火をつけた家に座りこみ、インディアンはピンクの絹のパラソルを手にして踊ったり、何枚もの安いウールの毛布の重みで身をかがめていたりした。そして、太陽が沈む頃にはカナダ・ロイヤル騎馬警察隊が、政府が違法なほど浪費的であると断じたポトラッチを弾圧するために、銅やその他の儀式の品を奪って駆け去るのであった。

これらの警告の言葉を念頭において、フランツ・ボアズの銅の儀礼的交換の記述の一つに目を向けてみよう。初期の贈与交換のイメージがぼんやりとではあるがつかめるかもしれない。ボアズのリポートによれば、クワキウトゥル族のある部族はマックストソレム（＝他のすべての銅は恥じてこれを見ようとしない）という名の銅を持っている。その部族は第二の部族を宴会に招き、贈与を申し出る。第二の部族はこれを受諾し、返礼をする義務を負う。交換は次の日に浜辺で行なわれる。第一の部族は銅を持って現われ、第二の部族のリーダーは返礼として千枚の取引の毛布を置く。

しかしこれはほんの始まりにすぎず、ある意味では本当の贈り物はまだ現われていない。銅を贈ろうとしている酋長たちは返礼が十分ではないと感じているらしい。というのも彼らは返礼の贈り物を受け取らず、銅のこれまでの変遷の歴史をゆっくりと繰り返すからである。まず最初にある男が、これよりも二百枚多い毛布が銅に対して贈られたときのことを回想し、次に別の男が、さらに八百枚追加するのがふさわしく思われると述べる――その間、銅の受領者は彼らに、「わかりました。喜んでそうしましょう」と述べるか、次々と毛布を足して慈悲を乞うというような反応を示す。五回酋長たちは毛布の追加を求め、五回毛布は追加され、ついには三千七百枚が浜辺に一列に積み重ねられる。おのおのの段階で毛布は数えられ、双方が彼らの伝統や権力、父、祖父、そしてこの世の初まりからの祖先について詳細な演説をする。

歴史が語られてしまうと、演説は終わる。今や、本物の返礼の贈り物が現われる。これまでの形式的なやりとりは、取引をこの銅の価値という漠然とした領域にまで高めたにすぎない。今度は受け取る側の酋長が、自分から、客人たちを「飾りたい」と申し出る。彼はさらに二百枚の毛布を持ち出し、それらを訪問客の一人一人に贈る。それから彼は「あなたは私をよく思っていないだろう」と言いながらさらにまた二百枚を加え、自分の祖先について語る。

これらの四百枚の毛布は、儀式の最初の部分を特徴づけた対話なしに贈られる。この部分で銅の受領者は気前のよさを示し、銅も価値を増すのだ。次に銅が贈られるときには、人々は前回、銅が四百枚の毛布によっていかに育ったかを思い出すことだろう。

この交換についてコメントする前に、銅の価値が増したと感じられる第二の例について述べなければならない。儀式用の銅を実際に破壊することが要求される場合がある。たとえば、チムシアン族は逝去した酋長を悼み、その後継者を承認するポトラッチを催した際に、銅を破壊したものだった。この「死者のための宴会」の際に、仮面をかぶったダンサーが銅を持って進み出て、新しい酋長にそれを粉々に砕き、破片を客人に贈るように指示する。酋長はのみを手に取り、銅をばらばらに割る。ボアズが調査したときには、クワキウトゥル族の中には、男性が時に銅を割り、その破片をライバルに与えることもあった。するとそのライバルはそれと等価値の銅を見つけようと努め、見つけた銅を割り、両方の破片を返す。そうなると、交換を始めた男性は、ポトラッチを催すことを余儀なくされ、少なくとも彼が受け取った新しい（砕けた）銅に等しい食物と貴重品を分配する。時として、砕けた銅の最初の受取人は、第二の銅を見つけ、それを砕き、それから両方の銅の破片を海に投げるのだった。この行為はその者に非常な名声をもたらした。しかしながら、大部分の銅は水中で最後を迎えるのではない。割れてからも、破片は拾われ、循環しつづける。そしてもしある者がばらばらの銅の破片を集めることに成功したならば、それらは「リベットで留められ、銅は……ますます価値を増した」と、ボアズは報告している。

文学において、銅は割れると価値が増すのは明らかだが、私にはそのはっきりした理由がわからない。

一つの説明として、まったく異なる文化の持つ切断と増加のイメージを紹介したい。神話には、思い浮かべただけでも、エジプトのオシリス、(四)クレタ島とギリシアのディオニュソス、(五)ローマのバッカスなど、ばらばらにされてから生き返ったという古代の神々の記述がみられる。私はここで例としてディオニュソスを取り上げてみたい。

ルーマニアの宗教史家のカール・ケレーニイはディオニュソスについての本を、葡萄酒の神に関する最初のひらめきは、葡萄園で浮かんだと述べることで始めている。彼は葡萄の蔓そのものを見ていたのだが、それは「不滅の生命のイメージ」に思えた。神殿は廃墟となっていたが、蔓はいぜんとして倒れた塀をおおっていた。このイメージを説明するために、ケレーニイは「生命」に相当する二つのギリシア語 *bios* と *zoë* を区別した。ビオスは限りある生命であり、特性を与えられた生命であり、死すべき生命である。ゾーエーは永遠の生命であり、ビオスの生命を貫いている糸であり、個体が滅びても切れることのないものである（今世紀、われわれはこれを「遺伝子プール」と呼んでいる）。ディオニュソスは永遠の生命の神である。

最も初期のミノス文明(六)では、ディオニュソスは蜂蜜や蜂蜜酒《ミード》と結びつけられた。蜂蜜も葡萄果汁も発酵することから、この神の表象となったのだ。ケレーニイは「自然現象がゾーエーの神話（腐っても……滅びない生命に関する叙述）の霊感となった」と書いている。蜂蜜が発酵するときには、腐ったものが生き返る――あわ立つ――のみでなく、その「霊」は生き続ける。さらに、発酵した液体を飲むと、霊は新しい肉体の中に生き返る。蜂蜜酒を飲むことは、神を復元する聖餐《サクラメント》なのである。

ディオニュソスと蜂蜜の関連は非常に古い。まもなく葡萄酒がスピリット・ドリンクとしての蜂蜜酒にとって代わったが、基本概念は変わらなかった。後の世紀になると、ギリシアのディオニュソス祭の参加者たちは、葡萄を葡萄絞り器でつぶしながら、彼らの神の手足の切断を歌ったものだ。

ディオニュソスは砕かれるとより高度の生命を得る神である。彼は切断された後、前と同じであるか、それ以上に強くなって、戻ってくる。葡萄酒が葡萄のエキスであり、より強力なものだからである。チムシアン族は葬儀のポトラッチで贈られる銅の破片を「死者の骨」と呼んだ。それらは肉体が朽ち果てても、腐らないものを象徴している。酋長の死後、銅を切断し、その破片ないしは再び組み立てた銅を、価値が増したと断言することは、人間の生命は永遠の生命につながっていて、その精神はたとえ肉体が滅びても、いやむしろ滅びるからこそ、成長するものであることを明言するものである。[2] 贈り物という言葉を使って言えば――贈り物の肉体が消費されるので、贈与の霊が増殖するのである。銅が毛布と交換されるときには、増殖は一種の投資の結果であるが、銅が割られたときには増殖は事実上消費を通してもたらされたのだ。人々は贈り物が消費され尽くしたというまさにそのことによって、贈り物の価値が増すと感じている。ボアズはポトラッチについて議論する際に、ごちそうを食べることと、銅の粉砕を同じ段落でひとまとめにして扱っている。どちらも財産の破壊であると同時に、「贈り物を食べることと」でもあるからだ。

けれども私はここでこの話はやめなければならない。というのも、私はすでに贈り物の増殖を自然のメタファーで説明するという方向に、また迷いこんでしまったからだ。だが、このような話し方をすることが正確さに欠けるというわけではない。無機物の贈り物も、われわれがそのものに永遠の生命を注ぎ込むことを選んだとき、永遠の生命の媒介物となりうるのだ。[3] しかし、違う種類の投資――生命を吹きこむ神々を呼び出すことなしに説明されうる投資――がボアズがわれわれのために記録した銅の交換に見られる。まず第一に、銅があるグループから他のグループに渡るたびに、いわば、さらに多くの毛布が銅に積み重ねられる。この増殖は神秘的なものでも、比喩的なものでもない。各自が銅が自分のところにやって来たときに、実際に銅の価値を追加するのだ。しかし、投資そのものが贈与であり、それゆえ、増殖が具体的（毛布）であると同時に、社会的ないしは感情的（気前のよさの精神）でもあることを覚えておくことは大切である。おのおのの取引において、具体的な増殖（「飾り」）は感情の増殖の証明である。このようにして、人々は取引のことを毛布ということで記憶しているかもしれないが、銅は社会感情、気前のよさ、物惜しみのなさ、好意といったもので豊かになったのである。

ここで銅がよい例となっているのは、感情をあらわにする具体的な増殖があるからだが、これは不可欠なものとはいえない。贈り物の単なる受け渡しや寄付の行為にも感情は含まれており、それゆえ、受け渡しだけでも投資になるのである。民話ではギフトはしばしば見たところ価値のないもの——灰、石炭、葉、わら——を、当惑しながら受け取った人が、家の戸口までそれを運ぶと、それが金に変わっていることに気づくのである。このような民話は、贈り物が寄贈者の領域から、受領者の敷居まで動くだけで、それがガらくたから金に変わるに十分であることをはっきりと示している。(4)典型的な例では、増殖は贈り物が贈り物として扱われる限りにおいてのみ、贈り物に内在する。その人間が嬉しさのあまり勘定をしはじめたり、手押し車を持ち出して、もっとたくさんもらおうと戻ったりすると、金はわらに戻ってしまう。増殖は感情的なもので、はかりにのせることはできないのだ。

北太平洋文化の初期の解説者であるH・G・バーネット(七)は、ポトラッチを理解しようと悪戦苦闘して、配られる財産はわれわれの通常の意味でいう経済的なものではなく（投資は資本の投資ではなく）、労働に対して支払われるのでもなく（客は時として労働することもあるが）、ローンでもないと結論を下した。マリノフスキーを思い出させるような記述で、彼はそれは贈与としか言い表わしようのないもので、「この地域に顕著な気前のよさと物惜しみのなさ（ないしはこれに類するもの）の重視と完全に調和している」と結論づけている。「美徳は富を単に獲得し蓄積することにあるのではなく、おおやけの場で富を処分することにある。事実、ただちに再配分するという目的のためでなければ、借りたりその他の方法で富を蓄積することは、いかなる量であっても想像もできない」と述べている。(5)

ポトラッチはまさしく親善の儀式と言えよう。ボアズが目撃したポトラッチで、宴会を催した男性の一人は、食事の前に「この食物は私たちの祖先の好意です。そのすべてを配ります」と言った。贈与行為は好意の表現である。これらの部族のうちのある者が誤解から侮辱されたとき、その者の反応は名誉毀損で弁護士をやとって訴えるというようなものではなく、侮辱した男性にギフトを贈るというものであった。かりに本当にその侮辱が誤解から生じたものであった場合、侮辱した男性は好意を示すために多めに返礼のギフトを贈るが、この一連のやりとりはまさにポトラッチの構造（増殖しながらのやりとり）そのものである。贈り物がこのような精神をもって、人から人へと渡っていくとき、贈り物は多くの人の気持を一つにする。贈り物に集まるのは気前のよさの感情だけでなく個人の好意の証であり、ばらばらの部分を、全員一致の心（スピリトゥス・ムンディ）にする。すなわち、皆の意志がギフトのレンズを通して焦点の合った一団となるのだ。このようにして贈り物は社会的結合の媒介をし、そのことがまた、贈り物は人から人へ渡るたびに価値を増すという印象をあたえる。というのは少なくとも社会生活においては、部分部分の合計よりも全体のほうが実際より重要だからだ。贈り物がグループを結び合わせるならば、贈り物はその最初の循環でただちに価値を増し、以後、貞節な恋人のように忠実に育ち続ける。

私はこれらの説明によって、銅の増殖は単に比喩的なものであるとか、グループがその生命を銅に投影していると言うつもりはない。というのは、もしそうであれば、グループの生気は贈り物から切り離すことができるはずだが、それができないからだ。銅が消えるならば、生命も消える。歌がわれわれを感動させるとき、われわれは感情をメロディーに投影したとは言わないし、恋人は異性の隠喩であるとも言わない。同様に、贈り物とグループは別個のものであり、どちらも他方を表象しない。けれども銅はグループの生命のイメージであると言うことはできる。なぜなら、本当のイメージはそれ自身の生命をもっているからだ。あらゆる神秘はイメージを必要とする。耳と歌、彼と彼女、魂と言葉など二つのものを必要とする。部族とその贈り物は別個のものであるが、また同じものでもある――それらの間にはほんのわずかの隙間があるので、それらは互いに息を吹きこむことができるかもしれないが、それにもかかわらず隙間はまったくない。というのは、それらは二つで一つの息と一つの食事を分かち合うからである。贈与感覚をそなえた人は、贈り物を、食べるための食物と述べるだけではなく、養いもする（マオリ族の儀式は森の「ハウ」を「養う」）。滋養は相互に流れるのだ。われわれが労働と気前のよさで贈り物を養うとき、贈り物は育ち、返礼としてわれわれを養う。贈り物とその所有者は相互のそのような動きによって生き続ける霊を分かち合い、そして次には霊が贈り物と所有者双方を生き続けさせる。アグララ・スー族の聖者ブラック・エルクがスー族の「聖なるパイプ」の歴史をジョーゼフ・エペス・ブラウンに語り、このパイプを初めてもらったときに、古老が彼にパイプの歴史は永遠に語り伝えられなければならない、「なぜなら、歴史が知れわたり、パイプが使われている限り、その部族は生きるが、歴史が忘れさられるやいなや、部族は中心を失い滅びるからだ」と述べた、と説明した。

　増殖は贈与の核心であり、仁《じん》である。この本で私は品物とその増殖を贈り物《ギフト》と呼んだが、時には、増殖だけが贈り物であって、かかわりのある品物は、もっと控えめに贈与の媒介物あるいは器として扱うほうがより正確であるように思われることもある。クワキウトゥル族の銅は贈り物であるが、それに伴う感情——取引のたびごとの好意——は超過、すなわち最後に新しく所有者となる人が加えた余分の毛布に、より具体的に体現されている。贈り物の品が供犠となるような場合、増殖が本当の意味で贈り物であるということは確かに納得がいく。なぜなら、消失にもかかわらず（いや、むしろ失われたからこそ）増殖は続くからだ。増殖は使用によって消費されることがないので、循環の中で絶えず続く。森の神について語ったマオリ族の長老は、このようにして品物と増殖、すなわち森に置かれたマウリと獲物が増えるようにする霊を区別した。循環のなかで、霊は養われ、次々と伝えられていくが、贈り物の品（鳥、すなわちマウリ）は消滅するのだ。

マーシャル・サーリンズは、マオリ族の贈与物語の論評をしたときに、「ハウという言葉が話のどこに出てくるか注意してほしい」と述べた。「[ハウ]が贈与の霊であるならば、第一のグループから第二のグループへの最初の贈与の際に出てくるべきであるが、実際には、第二のグループと第三のグループのやりとりの際に出てくる。しかし、もしハウが贈与報酬であるならば、このことは論理的にも納得がいく。〈利益〉という言葉はマオリ族には経済的にも歴史的にもふさわしくないのだが、今問題となっているハウの訳語としては、〈霊〉よりも、適切であったのではないだろうか」。

サーリンズの語句の注解は、われわれがはっきりと述べたわけではないがこれまでに暗示してきたこと——増殖は贈り物が第一のグループから第二のグループに贈与されるときにではなく、第二のグループから第三のグループに贈与されるときに生じるということ——を強調している。増殖はギフトがある者を経由して贈与されたとき、すなわち、環が生じたときに始まるのだ。だが、サーリンズも感じているように、「利益」という言葉はふさわしくない。資本は利益をかせぎ、商品の販売は利益をあげる。

だが、贈与のままの贈り物は、利益をかせぐのではなく、増殖をもたらすのだ。この差は増殖の方向《ベクトル》と呼ぶべきものに見いだされる。贈与交換においては、増殖は動き続け品物の後を追うが、商品交換においては、増殖は利益として後に残る（これらの二者択一は、積極的《ポジティブ》交換と消極的《ネガティブ》交換としても知られている）。

このことを心にとめたうえで、われわれは第一章で展開した格言――ある者の贈り物は他の者の資本となってはならない――に戻ることができる。また、そこから――贈与交換から生じる増殖は贈り物のままでなければならず、個人の資本の収益であるかのように取って置いてはならない――ということわざを結論として引き出すことができる。ミラノの聖アンブロシウス[八]は申命記の注釈において「神は資本のいかなる増殖をもお許しにならない」とはっきりと述べている。贈与社会の倫理とはそういうものなのだ[6]。

私は本章で贈り物の増殖を三通りに説明した。すなわち、自然の事実として（贈り物が実際に生きている場合）、自然的精神的事実として（贈り物がその個々の体現〔＝ギフトの品〕の消費の後も生き残る霊の媒介物である場合）、社会的事実として（贈り物の循環が個人の好意の表現によって共同体を形成する場合）、である。これらのいずれの場合も、増殖はいかなる個人の参加者よりも、より大きな自我や集合体に属している。かくして、贈り物の増殖について語ることとは、同時に、物質的であり、社会的であり、精神的であるあるものについて語ることと言える。物質的富は贈与取引の過程で生じるかもしれないが（卑近な例をあげれば、食糧は集められ、冬にそなえて保存され、カヌーは建造され、小屋は建てられ、毛布は織られ、宴会は準備されるなど）、いかなる物資も霊（サケや部族や種族の）を同時に養わなければ、贈与取引の品目とはならない。増殖の方向を逆にしても、その物質的部分を破壊することにはならないだろうが（増殖することさえあるだろう）、社会的精神的部分は落ちてしまう。消極的取引はハウを養わない。であるから、贈り物の増殖はそれ自体贈り物でなければならない。すなわち、われわれはより個人的で、より明白な物質的増殖を望むあまり、全体としての増殖を捨てることのないように注意しなければならない。

この選択を少し違った言葉で言い換えると、贈与の循環は、われわれの精神でも完全に個人的であるとは言いきれない部分、すなわち、自然、グループ、種族、神々に由来する部分を養うと言える。さらに言えば、これらのより広い精神はわれわれの一部ではあるが、「われわれのもの」ではない。それらはわれわれに授けられた贈り物である。それらがもたらした増殖を分配することによってそれらを養うことは、贈与の循環へのわれわれの参加がそれらの活力を維持する責任をも伴うことをわれわれが受け入れることを意味する。また、一方、増殖の方向を逆にするとき――交換で利益を得たり、「ある者の贈与を他の者の資本」にかえるとき――われわれは、われわれの存在（あるいはわれわれのグループ）の、他者とは異なり別個である部分を養うのだ。消極的交換は個人主義や氏族主義の精神――建設的であれ破壊的であれ――を強化する。

今世紀には、消極的交換と積極的交換の対立は、「資本主義者」と「共産主義者」、「個人主義者」と「社会主義者」の間の討議という形をとっている。だが、対立はそれよりもはるかに古いものである。なぜなら、これは部分と全体、一人と多数の本質的な対立だからだ。あらゆる時代が二つの間のバランスをみいださなければならず、あらゆる時代がどちらかの優勢により正反対のものを求める。というのも、大衆とは異なる自己のアイデンティティーを主張する方法も、個人的な利益をあげる機会もない所では、われわれは市場社会のよく宣伝されている利益――個々の自由、個々の革新性、個人的・物質的多様性など――を失う。が、他方、市場だけが支配し、特に市場の利益が贈り物が商品に転換することにより得られるような所では、贈与交換の結実は失われてしまう。そうなった時点で、通商は共同体の分裂や、生気、肥沃、社会的感情などの抑圧とまさしく関連づけられる。というのも、積極的交換の制度を持たない所では、われわれはこれらの「より広い精神」に参加できないからだ。私は単に述べるだけで――現実には私は祝福に充ちて自然の中に入っていくこともできず、大衆から共同体を引き出すこともできず、われわれが文化や伝統と呼んでいる共同の宝物を受け入れることも、それに寄与することも、それを伝達することもできない。贈与の増殖がギフトと共に動くときにのみ、われわれの精神の中の蓄積された富は、われわれのなかで育ち続け、その結果、われわれ一人ひとりが個人の孤独な力を超えた生命体に入りこみ、生き返ることができるのではないだろうか。

原注

(1) 一九八〇年の秋、オーストラリアの原住民のグループは、ジュネーブの国連人権委員会に、彼らの土地を商業開発から守ってほしいと訴えた。通信社の報道によると、「グループの大きな心配事の一つは、原住民のトカゲの神グレイト・ゴウアナの聖地が、ウェスタン・オーストラリア州政府と採油のためのボーリング契約を結んだアメリカの石油会社アマックスによって穢されるというものであった。ヌーンカンバー牧羊場のユングナラ族は、ゴウアナの平安を乱すと、怒ったゴウアナは原住民の食糧源である六本足のオオトカゲに交尾を止めるように命令し、かくしてついに食糧不足が起こると信じている」。

欠乏と開発の間に必ずしも関連があるとは限らないかもしれないが、そのような関連が知られていないわけではない。北太平洋では、ヨーロッパからの入植者が利益を得るための商品としてサケを扱いはじめるやいなや、実際にその数が減ったのである。十九世紀末までには、サケ缶詰め工場がアラスカ沿岸のあらゆる主要な河口にできた。その多くはさかのぼるサケを乱獲し、廃業に追いこまれた。東海岸では、かつてはメリマック川沿いの工場地区の織工の定食の基本食品であったほど豊かであったサケは、完全に姿を消した（一九七四年の夏にコネチカット川でサケが一匹発見された。このサケは死んでいたが、この川にサケが現われたのは百五十年ぶりであった）。

（2）銅が永遠の生命を象徴するということが、銅の交換になぜ歴史と家系の吟唱が伴うかを説明している。クーラの品と同じように、これらの贈り物の経過も、歴史を生きたものにし続け、その結果、個人が個人を超えた生命に参加しているということを目撃し確認するのである。

また葬儀のポトラッチと、私がこの章の初めに述べた初物のサケの儀式との関連にも注目してほしい。そこにも、また、死者の骨、その骨の想像上の再構成、増殖の感覚といったものが含まれているのである。

（3）有機物の生気と、文化的ないしは精神的生気の混同は、贈与交換の議論につきものである。モースが最初に指摘したように贈与交換においては「品物は……ある程度まで人の一部であり、人は……ある程度まであたかも彼らが品物であるかのようなふるまいをする」。葬儀のポトラッチの場合、品物は生物学上の真理――個人の死にもかかわらずグループは生き残る――を象徴する。しかし、これらの「生物学上の」真理を象徴的に表現できないならば、グループはグループとして（そして、その時には個人の生命も生き続けることはできないのだが）生き残ることはできないかもしれない。私たちは社会的かつ精神的存在であり、ある段階においては、生物的、社会的、精神的生命を分離することは不可能なのである。

（4）ロシアの民話集の中の典型的な例をあげよう。森を歩いている婦人が、森の魔神の赤ん坊が「地面に裸で横たわり激しく泣いている」のを見つけた。「そこで彼女は赤ん坊に自分の外套をかけてやった。しばらくして母親である女性の森の魔神がやってきて、婦人に褒美としてつぼ一杯の燃えている石炭を与えるが、後にそれは輝く金貨に変わる」。

婦人はかわいそうに思ったので、赤ん坊に外套をかけたのだが、これは無報酬の社会的な行為である。すると、贈り物が彼女のところにやってくる。この贈り物は森の魔神の領域から彼女の小屋に移るだけで、価値を増すのである。

（5）バーネットが贈与交換に関して用いている言葉は、その語源を調べると生殖という意味をもっている。気前のよさ《ジェネロシティ》という語はジェネレ（古代ラテン語で父親が子をこしらえる、生産するという意味）という語に由来し、世　代《ジェネレーションズ》は、父系氏族《ゲンス》、母系氏族《クラン》と同じく、その結果である。物惜しみのなさ《リベラリティ》の語源はギリシア語でもサンスクリットでも欲　望《ディザイア》ということであり、これに類する現代語が性欲《リビドー》である。美　徳《ヴァーチュー》の語根は性《セックス》　（男性《ヴィル》）であり、男らしさ《ヴィリリティ》がその行動である。美徳は、贈り物と同様に、人を通して動き、産む力ないしは癒す力を持っている（イエスの衣に触れると癒されると信じている女性がその衣の縁に触れると、「イエスはすぐに美徳が彼から出ていったのを感じ、群衆のなかで振り向かれ、『私の衣に触れたのは誰か』と言われた」という聖書の挿話がその例である）。

（6）資本主義は余剰の富を循環させず、さらなる富を生みだすように取って置くことを求めるイデオロギーである。資本主義から離れるということは、所有権の形態を数人から多数に変えるということではなく、あまりにも多くの余剰を資本に変えることをやめること、すなわち、増殖の大部分を贈与として扱うということである。スターリンがしてみせたように、国家がすべてを所有しながら、あらゆる贈与を資本に変えることは確かに可能である。彼が「生産方式」――資本財に徹底的な投資をすること――に賛成したとき、彼は資本主義者として行動したのであり、所有権の所在はそのこととはなんら関係がない。

訳　注

（一）一七六三―八三年のアメリカ植民地の反英闘争。
（二）クック（一七二八―七九）　英国の航海家、通称キャプテン・クック。
（三）インディアンと毛皮取引をするために一六七〇年に認可された英国商社。
（四）古代エジプトの主神の一人。冥界の神。
（五）ギリシア神話にでてくる酒の神。
（六）三〇〇〇―一一〇〇BC頃のミノア文明。クレタ文明。
（七）バーネット（一九〇六―　）　米国の人類学者。米国西部のインディアンの間で実地調査を行なった。

（八）　聖アンブロシウス（三四〇?—三九七）イタリア、ミラノの主教（三七四—三九七）。

第三章　感謝の労働

私の天職［子供のころ、作家になろうと思ったこと］はすべてを変えた。剣の一撃は飛び去り、書くことが残った。私は純文学においては、贈与者は自分自身への贈り物《ギフト》、つまり、純粋な客体《オブジェクト》となりうることを発見した。偶然により私は成功したが、人々と考えを分かち合いたいという気持《ジェネロシティー》が私に本を書かせたのだった。

ジャン＝ポール・サルトル（一）

ここ〔六一頁〕に再現した古い版画は、葬式で供物が配られる場面だが、これは、百年ないしはそれ以上前にウェールズでよく見られた風習である。棺は家の外の戸口近くの棺架の上に安置され、死者の縁者の一人が、棺ごしに手渡すように注意しながら、貧しい人々にパンとチーズを配るのだった。時としてパンやチーズの中にお金が入っていることもあった。供物を期待して、貧しい人々は棺を飾る花やハーブを前もって摘み集めたのだろう。

葬式の供物は大きく分けると私が「敷居の贈与」と呼ぶ部類に属する。この贈与はある場所や状態から、他の場所や状態への移動をしるす贈与である。棺ごしに渡された供物は、この場合、死ぬとはどういうことであるかを特有のイメージで表わしている。肉体の死は最終的な死ではなく、ある変化——贈与交換による庇護から恩恵をこうむる移動——であるということだ。ウェールズ人は安らかに眠ることができるように正しく安置されることのなかった死者は、取り残されて地上を絶えず歩き回ると信じた。彼らは眠ることのできない死者となり、民族の霊と一体となることは決してないのだった。似たような神話は世界中いたるところで見いだされる。ハイダ族[二]は死者は霊の村に住むので、その村まで旅しなければならないと信じていた。そのため、死体は魂の旅路を助ける目的の贈り物と共に埋葬された。この想念は、煉獄の魂は生者の浄財とミサの供犠によって救われるとするカトリック教の信条に類似している。いずれの場合も、死は魂が霊の世界、ないしは部族の祖霊（ユダヤ人にとっては「アブラハムの胸[三]」）と合体するための旅の始まりである。

この敷居の贈与は「通過の贈与」と呼ぶことのできる、より広範囲のグループに属する。私はこれらの用語をアーノルド・ヴァン・ジュネップの名著『通過儀礼』から借用した。ヴァン・ジュネップは通過儀礼を、分離儀礼、境界状態儀礼、再統合儀礼の三つのグループに分類している。彼はまたこれらを「敷居前の」「敷居の」「敷居後の」とも呼んでいる。すなわち、玄関前で、敷居の上で、家の中でという意味である。分離儀礼が贈与によって特徴づけられることはあまりないが、他の二つの範疇の儀礼は贈与によって特徴づけられることが、ヴァン・ジュネップの著作をざっと見ただけでも明らかである[1]。敷居の贈与は最も一般的で非常によく知られているから、ここで詳しく説明する必要はほとんどない。それは移行の際や、大きな変化の機会に贈られる。この贈与は人生のあらゆる段階に見られる。出産のお祝品贈呈パーティーから若者の誕生パーティー、卒業祝の贈り物（や昔の成人式の儀式）から結婚祝の贈り物、新来者や病人に差し出される食物から棺の上に置かれた花まで、すべてがふくまれる。かつて私は本を読んでいて、子供の永久歯が生えたことを祝ってギフトまで贈る世に知られていない社会を

棺ごしの食物の分配

見つけた——著者は歯の妖精のことを言っているのだということに後になって私はもちろん気づきはしたのだが！

敷居の贈与は個人の変容を記念したり、また実際にその助けをすることもある。トロブリアンド諸島に関する最近の著作の中で、アネット・ワイナー[四]はライフサイクルの諸段階を記念するこれらの贈り物について、興味深い考えを述べている。ワイナーは少なくともトロブリアンドでは「人生の重要な節目ごとに（たとえば、受胎、誕生、結婚、死、再生）、工芸品が他の人々から離れ、自我《エゴ》に与えられるので、その者の変容が起こる」と述べている。彼女は、あらゆる交換と変容には二つの面があると言っているのだ。すなわち、人生の新しい局面に近づいた人は新しいアイデンティティーを運ぶ贈り物を授けられるが、他方、ある年長者——人生のその局面を去ろうとしている贈与者——は、これらの贈り物を若者に授けることによって、古いアイデンティティーを捨てさるのである。ワイナーのトロブリアンド諸島での民族誌学に対する主な貢献は、これら一連の変容の際に必要な労働の性による分担を記述したことである。男性の贈り物は中年期における社会的政治的アイデンティティーを確立するが、女性の贈り物は誕生、死、再生により深いかかわりを持つ。特に女性は死の儀式の際に配られる贈り物を集めたり分配する役割を果たすが、この儀式の最中に、死者は人生の特定の持ち場から解放されるのみでなく、社会的存在であることから全面的に解放されると考えられている。「象徴〔的な儀礼〕によって、女性は死者をあらゆる互恵的な要求から解放し、かくして祖先の純粋な本質である〔魂〕を守るのである」とワイナーは書いている。

私が敷居の贈与の例として死の贈り物を取り上げたのは、例外的なものとしてではなく典型としてである。なぜなら、私はあらゆる変容を死を含むものとして語りたいと思うからだ。[2] 少なくとも精神的な意味では、古い生命は新しい生命が入ってくる前に出ていかねばならない。入門式は通常死の表象を伴うので、このよい例である。サービア教徒(グノーシス派)の聖職につこうとする者は、まる一週間わらぶき小屋にこもることになっていた。この間、彼は眠ることを許されないのだった。毎日、彼は衣服を着替え、貧しい人々に施しをした。七日の後、彼のために葬式が行なわれた。というのは、彼はそのころには死んだとみなされたからだ。葬式の後、彼は川に連れていかれ洗礼を施された。次の二カ月間、彼は日に三回沐浴し、特定の食物のみを食べ、施しをするのであった。

修行者の施しは、世俗の身の死を促進し、霊的な誕生を奨励する意図を持つ。施し物は聖職志願者が古い生命を捨てた証でもある。すべての敷居の贈与は棺ごしに手渡される。変容の折々にわれわれが配る贈り物は、われわれが目に見えない形で行なっている放棄を、目に見えるようにする意図があるといえるかもしれない。そして、当然のことながら、われわれは交換品があるだろう――古い生命を捨てるならば、何かがわれわれのもとにやってくるだろう――と期待する。だから、変化の時にわれわれが受け取る記念品《トークン》は、生命の交換を目に見える形にする意図があるといっていいだろう。それらは単なる失われたものの代償物ではなく、前途に横たわるものを約束しているのだ。それらは私たちを新しい生命に導き、私たちの変化の過程が死にゆくものから遠いものであることを保証する。

この導きは有益である。なぜなら変化を生き残ることのできない者もいるからである。それはあたかも人間が下位の昆虫である変態類[五]――卵から幼虫とさなぎを経て成虫へと完全変態をしなければならない――であるかのようだ。ある意味で、贈与交換の流動性は変身の成功を約束している。ウディ・アレン[六]は独演会でのおきまりの所作の後、ポケットから時計を取り出して時刻を確かめ「これは古くから伝わる先祖伝来の家宝の時計です。[小休止《ポーズ》]私の祖父が臨終のときに、私に売ったものです」と、冗談を言ったものだった。この冗談はうけた。というのも、市場取引は敷居の上ではふさわしくないように常に思えるからだ。成虫の出現を保証するためのはっきりとした一連の条件がある。変化の瞬間に売買をするような人は、放棄できないか、放棄しようとしない人であり、もし移行が避けられないものならば、彼は引き裂かれてしまうだろう。彼は本当に死んでしまう完全な死者の一人になるだろう。敷居の贈与はわれわれをそのような死から守るのである。

『バビロニア・タルムード』(七)に占星家から娘が婚姻により死ぬと告げられた男性の話がのっている。彼女は結婚式の当日に蛇にかまれて死ぬだろうと予言されたのだ。物語によれば、結婚式の前夜、娘はたまたまブローチの針を壁の穴に刺してブローチをつるしたのだが、その針が蛇の目を突き刺した。翌朝彼女がブローチをおろすと、蛇が引きずられて出てきた。父親は娘にどのような行ないによって、これほど運よく運命を避けることができたのか尋ねた。「貧しい男の人が昨晩戸口にやってまいりましたと彼女は答えた。「皆宴会で忙しかったので、誰も彼に注意をはらいませんでした。それで、私は私に与えられた食物の分け前を持っていって、彼にあげたのです」。「お前はよい行ないをした」と父親は言った。そして、それ以来、彼は「慈善行為は死から救う」と説いてまわった。『タルムード』は「不慮の死からのみでなく、死そのものからも救う」とつけ加えている。

占星家は娘は乙女から妻への移行に耐えられないだろうと予言したのだが、娘は自発的に気前のよい行為をすることで生き残ったのだ。彼女は結婚式の日にふさわしい気持をいだいていた。この話はウェールズの葬儀やサービア教徒の入門式とまったく同じ想念を提供している。すなわち、変化の瞬間は贈り物を与えることによって守られるのだ。それは死がないということでも、変化がないということでもない。修行者や花嫁は「死」を経験するのだが、彼らは贈り物の庇護のもとに、死を通りぬけて、新しい生命を得ることができるのだ。われわれはここで二種類の死を完全に区別しなければならない。ひとつはより偉大な生命に開かれた死であり、他方は死で終わる死——霊の国に還ることのない、永眠できない魂を残す死である。われわれが恐れなければならないのは、まさにこのような死である。贈り物が新しい生命に向かう死に関連づけられているように、変容（この世においてであれ、あの世においてであれ）を信じる者にとっては、市場取引のイデオロギーは袋小路の死を連想させる。『死者の夜明け』という映画をつくったジョージ・ロメロ（八）はピッツバーグ近くのショッピングモールに映画の舞台を設定したが、ディスカウントショップの駐車場や通路こそが、商品文明における安らかに眠ることのできない死者が、数えきれない日々を歩き回る場所なのかもしれない。

これらの話は贈与交換を変容の友、一種の守護者、記録係、触媒として表現している。また贈り物が変化の実際の担い手、新しい生命をもたらすもの、の例でもある。最も単純な例では、贈り物はアイデンティティーをも共に運ぶので、贈り物を受け取ることは新しいアイデンティティーを取り入れることでもある。それはあたかも贈り物が肉体を通りぬけ、われわれを変容させるかのようである。贈り物は新しい生命の証人や守護者であるばかりでなく、創造者でもある。私はここで主要な例として「教え」について話したい。私は学校の教科書による授業のことを言っているのではない。生きていくうえで、われわれの人生を変えたり、救ったりすることさえある、まれな教えのことを言っているのだ。私はかつて数年間市の病院の薬物中毒病棟でアルコール中毒患者のカウンセラーとして働いた。その間に、私は当然のことながら、アルコール中毒者匿名会（九）（AA）を知った。AAはアルコール中毒者のための「回復プログラム」を提供するが、これは私が心に描いている教えの贈り物のよい例である。

ＡＡは金銭の取り扱い方という点で珍しい団体である。売買はまったく行なわれない。地域のグループは自主的な集まりで、会員の寄付により、コーヒーや印刷物などの最小限の費用をまかなう。プログラムそのものは無料である。実際、もしプログラムが市場組織を通して伝達されるなら、ＡＡはこれほどの効果をもたらさないだろう。それはＡＡのレッスンが変化せざるをえないからではなく、その背後の精神が異なるものとなってしまうからである（自発的に酒を飲まないようにする面があいまいになり、小細工の機会が増え――これから論ずるつもりだが――サービスに対する料金の請求が、ＡＡの活力の源である感謝という動機を失わせる恐れがあるからである）[3]。

したがってＡＡの教えは無料であり、文字どおりの贈与である。集まりにやってきた者は「こうこうすれば、一日中しらふでいられる」と言われる。彼の苦痛はひどく、その願望は強いので、彼はそれを試してみる。それが効いたと仮定してみよう。彼はいまや奇妙な立場にいる。彼は教えを受け、それがある程度効くことを知ったが、常にそうであるように、この教えが本当に浸透するためには時間が必要だ。理解は早くとも、根本的な変容はゆっくりと現われる。一日、あるいは一カ月のしらふの後でさえも、新参者は専門用語上は酔ってはいないが、回復したアルコール中毒者でもない。教えは享受者の肉体を、その教えが受け取られた時から深く浸透して次の人に引きつがれるようになるまで、「通過中」なのである。この過程には何年もかかることがある。

ＡＡには「回復への十二の段階」があるが、これが多かれ少なかれプログラムを要約している。十二番目の段階は感謝の行為である。回復したアルコール中毒者は、要請があれば他のアルコール中毒者を助ける。これは贈り物が引き継がれる段階であるから、これが最後の段階であるのは当然だ。ＡＡでは

「一段階の人」についても語る。これは第一段階（自分がアルコール中毒者であることを認めること）から第十二段階（他人を助けること）までジャンプしてしまい、その間の骨折りの段階が抜けてしまう人たちのことである。彼らは彼ら自身がまだ受け取っていないものを伝達しようとしているのだ。

変容を助ける贈り物としての教えの例は多い。精神的改宗はＡＡ体験と同じ構造を持つ。福音が受け入れられ、魂が変化する（または自由になる、生まれ変わる）。すると、改宗者は証言をしたい、福音を伝えたいとの衝動にかられる。本当に良い指導者に出会った人は同じような体験をする。私はかつてある石油化学製品の大会社の研究所を管理する男性に会った。彼は高校を出てすぐにその会社に勤め、文字どおり床掃除から始めたのだった。それから、彼は博士号を持った年上の男性に自分の研究所の雑役夫になってくれと頼まれた。彼ら二人は何年も一緒に働き、年長の男性は年下の男性を訓練した。私が四十代後半の彼に会ったとき、かつての雑役夫は化学の修士号を取り、彼の良き指導者が彼らが最初に出会ったときについていた、そのまったく同じ地位について働いていた。私が彼に将来どうするつもりかと尋ねると、彼は「教えられたことを若い人たちに伝えたい」と答えた。

われわれは芸術家の生涯とその作品についても、同じように語ることができる。大部分の芸術家は眠っていた才能《ギフト》を師の仕事によって目覚めさせられたときに、天職に目覚める。つまり、大部分の芸術家は芸術そのものによって、芸術に転向するのである。将来の芸術家は自分が芸術作品に感動したのを知り、その経験から、自分自身の才能を職とすることができるまで、芸術に仕えて努力するようになるのである。われわれのように芸術家にならない者も、芸術に対して同じような精神で接する。すなわちわれわれは魂を生き返らせようとして、絵画、詩、劇に接する。そして、その作品がわれわれを感動させるすべての芸術に感謝する。芸術とギフトとの関係はこの本の後半部分の主題であるが、ここで触れておく価値がある。というのも、芸術が変容の媒介として作用するときに、われわれは芸術をまちがいなく贈り物《ギフト》と呼ぶことができるからである。活気に満ちた文化は変容力のある贈り物をあまねく持つだろう。そのような文化は特定の問題を扱うＡＡのようなグループや、年長者から若者へ知識を伝達する方法や、成熟のあらゆる過程や自己の精神的目覚めの際に役立つ精神的教えを持つだろう。さらに、そのような文化は、その民族の変容のための贈り物ともなるような作品を創造する芸術家をも持つことであろう。

私がこれまでに取り上げた変容の贈り物のそれぞれの例では、教えが「取り入れ」られ始めると、享受者は感謝を感じる。私はこの感謝を、贈り物が受け入れられた後、変容をもたらすために魂によってなされる労働としてとらえたい。贈り物がわれわれのもとにやってきて、われわれがそれを次に渡すまでの間、われわれは感謝を感じる。さらに、変化の媒介である贈り物に関して述べると、贈り物がわれわれの内部で作用したときにのみ、言い換えると、われわれが贈り物のレベルまで達したときにのみ、再び贈り物を贈与することができるのだ。贈り物を次の人に渡すことは、労働を締めくくる感謝の行為である。変容は、われわれが自分の思い通りに贈り物を贈与するだけの力を身につけるまで、達成されたとは言いがたい。それゆえ、感謝の労働の最終目標は贈り物ないしは贈与者との類似である。ひとたびこの類似が達成されると、われわれは末長く、漠然とした感謝の念は感じても、借りがあるというような急き立てられるような気持で感謝の念をいだくことはなくなるだろう。

感謝の労働の典型のような一連の民話があるが、いずれの民話でも妖精が人間を助けにやってきて、場合によっては、実際にとらわれの身となり、人間の感謝の表現によって解放されるまで滞在する。われわれになじみが深い「靴屋と小妖精」の物語では、靴屋は落ちぶれて、たった一足分の靴を縫うだけの革しか持っていない。彼は革を裁断し、翌朝靴を縫うつもりで眠る。すると夜の間に、二人の裸の妖精がやって来て靴をつくる。靴屋がその靴を見つけたときは驚きで声も出なかった。ひと針として狂っていない！　靴は大変な傑作だったので、朝一番の客は気前よく代金を支払った。それで靴屋は二足分の革を買う金を手に入れた。その夜、彼は革を裁断して眠った。翌朝には、また、靴はできていて、同じような値段で売れたので、四足分の革が買えた。このようにして靴屋はまもなく繁盛するようになった。

ある晩（「クリスマスがそう遠くない頃」と物語は述べている）、靴屋は起きていて誰が助けてくれるのかを見届けようと妻に提案した。彼らはロウソクをともしたままにして、コートの背後に隠れ、真夜中に妖精が入ってきて仕事を始めるのを目撃した。翌朝、妻は靴屋に言った。「小人たちのおかげで私たちはお金持ちになれたんだわ。感謝しなくては。彼らは何も着ないで走り回っているから、凍えてしまうかもしれない！　私は彼らの一人ひとりにシャツとコート、ジャケット、ズボン、それから長靴下を一足作ってあげましょう。あなたは一人ひとりに靴を一足ずつ作ってあげたら？」靴屋は喜んで同意した。そして服が出来上がった夜、彼は革の代わりに服を作業台に並べておいた。彼と妻はコートのかげに隠れて見ていた。

妖精たちは服を見つけて驚き喜んで、それを着て歌った――

「おれたちゃ　おめかし、
おれたちゃ　立派、
おれたちゃ　外へ、

靴屋は　やめた！」

そして彼らは部屋中踊り回ると出て行った。彼らは二度と戻ってはこなかったが、靴屋はあいかわらずすべてがうまくいき、何をしても繁盛した。

この話は才能のある人間の寓話であり、才能《ギフト》の始動（潜在的にわれわれのものであるときの）から、その解放（実際にわれわれのものになったときの）までを述べている。この場合のギフトは妖精によって運ばれてきた男性の才能である。靴屋は最初は貧しかった。物語では説明されていないなんらかの理由によって、彼は真価を発揮できなかった。だが、その後、眠っている間に彼の真価は発揮され始めるのだ。この過程は常に少々神秘的だ。働きに働き、一生懸命仕事に取り組んでもうまくいかない。だが、仕事のことなど考えてもいない、庭いじりをしているときとか、バスに乗ろうとしているときに、すべてがパッと頭にひらめき、失われていた恩寵が授けられるのだ。それが妖精であり、われわれの仕事が生命をおびる「魔法の技《マジック・タッチ》」なのだ。けれども、これで終わりではない。というのも、妖精もまたわれわれを必要としているからだ。これらの針仕事に秀でた小人たちが、自分たちの服もつくれないというのは、まったく奇妙な話だが、それが実情らしい。彼らの衣装や、とりわけ、彼らの自由は靴屋の認知と感謝に依存しているのである(4)。

ここでの要点をおおまかに言うと、変容の贈り物を最初に提供されたときには、その者にまだ贈り物を受け取る能力も、それを伝達する能力も備わっていないので、贈り物を完全に受け取ることはできないということだ。しかし、私はこれに条件をつけなければならない。自己のある部分は贈り物を把握することができるのだ。われわれは差し出された未来を感じることができる。私は精神療法の「即座の治癒」を思い出す。時に、治療のほんの初期に、患者は自分の神経症が完全に消えるのを経験する。短い期間、例えば一週間くらい、彼は待望の自由を経験する。それからいつもの状態にまた戻り、真の自由を獲得するための苦労がそれから何年も続くのだ。贈り物はまだわれわれのものではないが、贈り物の豊かさを感じ、感謝と渇望をもって、われわれはこれに応えるのである。この民話の靴屋は、最初の贈り物が届いたときにはぐっすり眠っていたから、彼が本当に才能を獲得したかどうかはわからない。けれども彼は自分の中で何かが目覚めたのを感じ、仕事にとりかかるのである。

贈り物がわれわれの内部で胎動を始めたら、それを育てるか否かはわれわれ次第である。才能の成熟には相互労働があるのだ。贈り物はわれわれがお返しにその世話をする限り、エネルギーを放出し続ける。靴屋と妖精のやりとりの等比数列的な進行は、靴屋が眠らずに店を見張ろうとついに決心したときに、一種のクライマックスに達する。もちろん、靴屋が誰が手伝ってくれているのか確かめる機会を持つまでに、これほど時間がかかるのはおかしなことである。われわれは、贈り物なしには済まされないときや、才能《ギフト》がまだ完全に形成されていないとき、贈り物を取って置く。けれども、貧乏から救われるやいなや、靴屋は彼の富がどこからやってくるのか不思議に思い、妻と共に起きていて妖精を見るのである。この時点で、彼は自分の才能に目覚めたといってよいだろう。

妖精たちが初め裸であること、彼らに与えられる服、そしてその贈与の結果をどう考えたらよいのだろう？　あるものに服を着せるということは、名前をつけることと同じく、一種の認知である。この行為によって、われわれはこれまで区別できなかったものを識別するようになる。たとえば、われわれは時として感情を正確に言い表わすまで、気持が落ち着かない。明確に表現することが、感情と自己との間にわずかな隙間を生じさせ、その隙間によって双方ともが自由になるのである。この物語では服がギフトを具体化している（つまり、服がギフトを現実化し、また、物質化している）。靴屋が妖精たちを装うために初めての靴（この民話の中での）を作ることに注目しよう。これは彼の感謝の労働の最後の行為である。いまや、彼は生まれ変わった人間であり、伝達できる富を持っている。彼が作った靴は返礼の品であり、彼自身の変容と妖精の解放を同時に達成するものである。これが私が感謝の労働の最終目標は、贈り物ないしは贈与者との類似であるという理由である。いまこそ、彼は最初の夜の妖精たちのように正真正銘の靴屋である（このように、贈り物を贈与してしまうまでは、その贈り物は完全に実現されたとはいえない。感謝をしない者や、感謝の労働を拒否する者は、自己の才能を解放できないばかりでなく、真に才能を所有することもない）。

私が感謝を「労働《レイバー》」と呼ぶのは「仕事《ワーク》」と区別したいからであるが、ここで少し脱線してその違いを説明しなければならない。仕事とは時間ぎめでするものである。それは特定の時刻に始まって特定の時刻に終わるものであり、そして、できるならば、われわれはその報酬としての賃金が欲しいと思う。車体を流れ作業で溶接するのは仕事である。皿を洗ったり、税金を計算したり、精神科病棟を巡回したり、アスパラガスを摘んだりすること――これらは仕事である。一方、労働は独自の速度《ペース》を持つ。われわれは労働に対して報酬を得るかもしれないが、その量を測ることはむずかしい。AAで「プログラムを学ぶ」のは労働である。また「喪の労働」というようなこともよく言われる。これは、愛する人が亡くなると、魂はエネルギーを消耗させる変化という産みの苦しみの期間を耐えなければならないという意味である。詩を書くこと、子供を育てること、新しい微積分学を開発すること、神経症を解決すること、あらゆる形態の発明――これらは労働である。

仕事は意志の力をもって成し遂げられる意図された活動である。労働は意図することもできるが、基礎を築くか、明らかに労働を防げるようなことをしないという程度までである。それ以上は、労働は独自の予定を持っている。物事は成されるが、われわれはしばしばわれわれがそれをしたのではないとの奇妙な感覚をもつ。ポール・グッドマン（一〇）はかつて雑誌に「私は最近二、三の秀れた詩を書いたが、私には私がそれを書いたという気がまったくしない」と書いた。これは労働者であることの宣言である。靴屋のように、われわれは目が覚めたときに労働の結実を発見するのだ。労働者は独自の速度を持っているので、通常、無為のとき、暇なとき——眠っているときさえこれに含まれるが——に成し遂げられる。昔は人の時間の七番目の部分（日曜日や研究休暇である七年目の年）は、仕事をしないように取って置かれた。この頃は、研究者や教師が研究休暇をとると、六年間でやり残した雑用を片づけようとする。けれども、彼はまずひと休みをして、何が起こるかみるべきなのだ。数霊学（一一）では「七」は円熟のための数であり、「八」は完成のための数であるが、七番目の期間は意志によって成し遂げたことは、そっとしておかれなければならない。それは熟すか否かであるが、われわれはそれをどうすることもできないのだ。現代社会が産業主義の台頭とともに直面した最初の問題の一つは、仕事の拡大による労働（一二）の排除であった。機械は日曜日を必要としない。初期の工場労働者は一週間に七日も働かされ、安息日を取り戻すために何年も戦わなければならなかった[5]。

　であるから、私が労働について語るとき、社会よりもむしろ人生が要求するもの、しばしばさし迫ったものではあるが、にもかかわらず、独自の内的リズムを持つもの、仕事よりもより一層強く感情と結びついていて、より内面的であるもの、に言及しているつもりである。感謝の労働は贈り物の通過においては、中期（一三）に位置する。それはわれわれが本当は欲しくないものを受け取ったときに感じる「恩義」とはまったく別のものである（恩義には意志の行為で報いることができる）。われわれを変える力を持つ贈り物は、魂のある部分を目覚めさせる。だが贈り物に対等に向き合えるようになるまでは、われわれは贈り物を受容できない。だから、われわれは贈り物のレベルに到達するための労働に従事するのだ。返礼のギフトを贈ることは、感謝の労働の最終行為であり、それゆえ、最初の贈り物を本当の意味で受容したことになるのである。靴屋は最後にはいくつかの靴を贈った。AAの十二番目の段階は受容したものを贈与することだ。「若い人たちに伝えたい」と教えることを欲している男性は、彼が受容したものを贈与することになる。いずれの場合も、贈り物を完全に把握し、これを贈与するための能力を得るために労働に従事するある程度の期間がある。

（私がさきにサービスに対して料金をとることは、深い感謝の念を奪いがちだと述べた理由が、いまや、明らかになったのではないだろうか。要点は、一般に変容と呼ばれることがらが時をだしぬいて起こることはありえないということだ。われわれは労働の結実を前もって知ることはできない。それを実際にやり通すことができるかどうかさえも。感謝は未払いの負債を必要とする。負債を感じている間だけ、われわれは続行する動機を与えられるのだ。もし負債があると感じなくなれば、われわれはやめてしまうが、それももっともだ。したがって、変容のギフトを売ることは、関係をゆがめてしまうといえる。変容が終わらなければ実際には返礼ができないはずなのに、すでに返礼のギフトを贈ったことをそれは意味するからだ。前払いの料金は贈り物の重みをなくし、変化の媒介としての力を奪ってしまう。だから、市場を通して伝達される療法や精神的方法は、より高度な状態に達したいというよりはむしろ、苦痛を避けたいという患者の気持から、変化に必要なエネルギーを引きだす。より高度の状態を金で買うことなどできないのだ。あなたにその状態に達したいとの意欲がなければならない！　労働が先立たねばならない。私が勤務していた病院では、酒を断ちたいか否か尋ねたものだが、それは彼らに一週間分の病院の費用を払えるかどうか尋ねてからのことであった。ＡＡでは単に断酒したいか否か聞くだけである）。

才能のある人の寓話としての「靴屋と妖精たち」は、また、芸術家の寓話でもある。大部分の芸術家は、早くから自分が最初の夜の靴屋の状態——才能は見えているが、むきだしで、未熟である——に自分がいるのに気づく。前方には完成した贈り物の解放に先立つ、何年ものお返しの労働が横たわっている。文学の例をとると、ジョージ・バーナード・ショー（一四）は作家としてデビューする前に、隠遁と成熟の典型的な期間を過ごした。若いショーは実業家として出発し、失敗ではなく成功の脅威を感じた。「私は意に反して成功し、驚いたことには、実業界は私を役に立たないペテン師として追放するどころか、私を手放すつもりがなく、私をしっかりとつかまえているのだった」。彼は二十歳だった。「一八七六年の三月に、私は逃げだした」と彼は語っている。彼は家族、友人、事業、そしてアイルランドを捨てた。彼はおよそ八年間窮乏の隠遁生活を送り、たえず書いていた（五冊の小説が、晩年近くにやっと出版された——それもショーによる買い手にそれらの小説を読まないように求める手記つきで）。エリク・エリクソン（一五）は言っている。

ショーのように創造力を秘めた人は、作品の個人的基礎をみずから定めた停止期間《モラトリアム》の間に築く。その間に彼らはしばしば社会的、性愛的、そして栄養的にみずからを飢えさせる。それは、はびこりすぎた雑草を枯らし、彼らの内なる庭の成長に道をあけるためである。しばしば雑草が枯れたときには、庭もだめになってしまう。しかし、決定的瞬間にある者は彼らのギフトに特有な栄養分と触れ合う。ショーの場合、もちろん、このギフトは文学であった。

潜在的才能《ギフト》を現実のものとするためのゆっくりとした労働のために、芸術家はスラム街と図書館の中間のボヘミアン（一六）の住む地域に隠遁しなければならない。そこでは生活は時計によってしばられることはなく、才能ある者は、そのような時がくるとしての話だが、彼らの才能が解放され世の中で生き残ることができるほど力がつくまで、放っておかれる。

　自分の才能を解放する務めは、古代には労働として認知されていた。ローマ人は守護霊をゲニウス（一七）と呼んだ。ギリシアではそれはダイモンと呼ばれた。たとえば古代の著述家たちはソクラテスは本性にそぐわないことを彼がしようとしたときに、はっきりと意見するダイモンを持っていたと語っている。各自が自分のイディオス・ダイモン、すなわち養い発展させることのできる守護霊を持っていると信じられていた。『黄金のロバ』（一八）の著者、ローマ人、アプレイウス（一九）はダイモンないしはゲニウスに関する論文を書いた。その中で彼はローマでは誕生日に自分の守護霊に捧げ物をする習慣であったと述べている。誕生日には単に贈り物をもらうだけでなく、自分の守護霊に対しても何かを捧げたのであった。このように尊重されることによって、ゲニウスはその人を「天才的」——性的能力があり、芸術的創造力にみち、精神的に豊か——にしたのである。

　アプレイウスによれば、もし人が自分のゲニウスをそのような捧げ物で養えば、その者が亡くなったとき、それは家庭の守護神であるラールになるのだった。けれども、もし人が自分のゲニウスを無視すると、その者が亡くなったとき、それは生者を食い物にし、もめごとを起こす、幽霊ラールバかレムレースになった。ゲニウスないしはダイモンはわれわれのもとに誕生と共にやってくる。われわれの眠っている能力を完全な状態で携えて。この能力を、ゲニウスないしはダイモンはわれわれの成長につれて提供するのだが、これを受容するかどうかを選ぶのはわれわれ自身だ。つまり、これに仕えて労働するかどうかはわれわれが選ぶ。なぜなら、ゲニウスもわれわれを必要としているからだ。妖精たちと同じく、われわれに贈り物を運ぶ霊もわれわれの献身によって最終的な自由を見いだすのであり、ゲニウスが携えてきた贈り物に報いない人は、死ぬ時にゲニウスを囚われの身のままにする。

変わらぬ感謝の念が、人を動かし、ダイモンに仕えて労働をする気持を起こさせる。この逆がナルシシズムと呼ばれるのは当然である。ナルシストは才能《ギフト》は自分自身から出ると感じる。彼は自分を誇示するために働くのであって、変容のためにではない。ゲニウスないしはダイモンに誰も犠牲を払わない時代は、ナルシシズムの時代である。今世紀の「天才（genius）の崇拝」は古代のゲニウス（genius）崇拝とはなんら関係がない。大衆の天才へのあこがれが、彼らを有名人にし、守護霊とのあらゆる交渉を断ってしまう。われわれは他人のゲニウスについて語るべきではない。なぜならこれは個人の問題なのだから。有名人は才能《ギフト》を利用しても、才能に対して供犠を捧げない。だが、供犠、すなわち、返礼の贈り物なしには霊は解放されない。ナルシシズムの時代には、文化の中心には成就されなかったゲニウスの幽霊であるラールバやレムレースが住んでいる。

私は変容と感謝の最後の例をあげるが、この例はまったくレベルが異なるものである。十四世紀のキリスト教神秘主義者であったマイスター・エックハルトは、私が概略を述べようと試みた人と霊との間の交易に関する深遠な精神的声明をあらわした。詳細はもちろんまったく異なるが、交換の形式は靴屋と妖精あるいはローマ人とその守護霊と同じで、拡大するやりとりは人間の側の感謝によって活力を与えられ、ついには贈り物の実現（と解放）となって結実する。エックハルトにとっては、万物はすべてその存在を神に負う。神の人間への最初の贈り物は生命そのものであり、この贈り物に対して感謝を感じる者はこの世のことに対する執着を捨て去ることによって、すなわち自分の生命を神のほうに再び向けることによって、返礼をする。このようにして魂がこの世のことを捨て去ると、どのような魂にも第二の贈り物がやってくる――「異質なイメージ」が排除された魂には神の子が生まれる（すなわち、福音が聞こえる）。この贈り物に対してもまた返礼が可能である。なぜなら、変容の最終段階は魂が神のふところに入ることだからである。

エックハルトは言う。「人が神を受け入れるのはよいことであり、この受け入れによってその者は清らかな身《ヴァージン》となる。だが、神がその者の内部で実を結ぶのは一層よいことである。なぜならば、贈り物の豊かな実りは、贈り物に対する唯一の感謝の仕方であるからだ」。エックハルトはここで独自の言葉で語っている。彼の言わんとすることを理解するためには、われわれはまず彼の神学によれば「神は真剣に御身を完全に私たちに贈与しようとされている」ということを知る必要がある。主はこの世に御身を注がれるが、それは気まぐれからでも、好みからでもなく、それが本来の姿であるからなのだ。「そのような性質と本質であられるために、贈与せずにはいられないということに対して、私は神をたたえよう」とこの神秘主義者は言う。

エックハルトが神が人の内部で実を結ぶのはもっともよいことであると言うとき、彼は聖書のなかのある節について述べているのである。その節を彼は「わが主イエス・キリストは小さな城の中に登っていかれ、妻である処女《ヴァージン》に迎えられた」と訳している。彼はこの節を象徴として解釈している。「処女」であるということは肉欲的な生活とはなんら関係がなく、「あらゆる異質なイメージが排除され、いまだかつて存在しなかったときのように空《くう》である人間」を指している。処女は私心がなく、この世の物事を自分に役立つか、あるいは、その物事は有用であるか、の見地からは見ない。超然としていることが、エックハルトの言う精神的道程の最初の過程である。神は魂がとらわれのない状態であるのを認められると、その中にお入りになる。「であるから、神はあなたの準備が整っていると認められるやいなや、かならず行動され、御身をあなたに注がれることを知りなさい。……万一、神があなたがこれほど空《くう》で裸であるのを認められても、あなたの内部ですばらしい仕事をなさることもなく、輝かしい贈り物であなたを満たすこともないならば、それは神の非常に重大な欠点といえよう」。神が御身を人の魂の中に注がれるとき、御子が生まれるが、その誕生は贈り物に対する感謝の行為の結実である。

万一、人間が永久に処女《ヴァージン》のままであるならば、決して実を結ばないであろう。もし彼が、実り多くなるのであれば、彼は必ず妻《ワイフ》でなければならない。ここでの「妻」は魂に与えられうる最も高貴な名称で、「処女」よりも、もちろん、尊い。人が神を自分の中に受け入れるのはよいことであり、この受容によって、彼は処女となる。しかし、神がその者の内部で実を結ばれるのはさらによいことである。なぜならば、贈り物の豊かな実りは、贈り物に対する唯一の感謝の表現方法であるからだ。感謝の心からお返しに子を生み、イエスを神の慈父のような御心にお返しするとき、その精神は妻であるといえる。

エックハルトにとって、われわれは贈り物を生み神にお返しするまで、本当に生きているとはいえないのである。神から生じたものは何であれ、それが神の方を「見つめ返す」ときにのみ、生命をおび、みずからの存在を受け入れるのである。環は完成されなければならない。「人は人を受け入れるものの中には、いかなるものの中にであれ、流れ込まなければならない」。われわれが読んだ他の物語の中でのように、われわれは受け入れたものを与える時に本当に生きるのだ。エックハルトにおいては、このくだりは純粋に精神的なものである。彼はわれわれに物を求めて神に祈らないようにと言う。なぜなら物は無価値だからだ。われわれはひたすら神に近づくために祈らなければならない。神に対する感謝の最後の結実は、神の中に溶け込むことである。

深遠なる神には何の活動もない。魂は動きも形もない荒涼とした神性にみずからをゆだね、空《くう》なる無限に溶け込み、忘我の境地に至るまでは、全き至福にあずかることはない。自己としての魂は消滅し、存在以前と同様に、もはや事物とはかかわりがない。いまや魂は自己としては死に、神の中に生きる……

感謝の労働が、贈り物が約束する変容を達成する。感謝の最終的な目的は、贈り物ないしは贈り物の贈与者との類似である。才能のある人はみずからの才能《ギフト》と一体となるのである。エックハルトにとっては、魂の中に生まれた子はその子自身が神なのである。神が授けてくださったものすべてを感謝をもって返す人は誰であれ、その贈与行為によって、神性を得るのだ。

原　注

（1）　分離は贈与よりもむしろ「切断」の儀礼をしばしば伴う（たとえば、ヴァン・ジュネップの離婚に関する意見を参照）。餞別の贈り物は別れに際して贈られるが、スコットランドの民話がたくみに例証しているように、そのような別れは肉体的な出発を容易にするというよりも、むしろ、それを克服しようとする試みなのだ。「私の心《スピリット》はあなたのおともをしますよ」と言っているのだ。餞別の贈り物は精神的結合のギフトなのである。

（2）贈与交換について書く人は、通常ここでドイツ語のギフトは「毒」を意味すると述べる。しかし、この関連は意義深いというよりは、むしろ偶然のものである。フランスの語源学者のバンブニストは「[ギリシア語の]ドーシスに与えるという行為を示す医学上の用法があったが、そこから投与量という意味である『ドウス』が生じた……この意味が翻訳借用語句としてドイツ語に入り、ギフトがギリシア語やラテン語のドーシスのように、ヴェネーヌム（毒）の代用語として用いられたのである……」と書いている。

（3）現代の療法でその教えをAAのように贈与として提供するものはほとんどない。精神的助言、精神療法、「自助」レッスンに対する料金には限りがない。私の立場は明白ではあるが、私はこのようなサービスの料金が不適切だと言うのではない。療法士、瞑想指導者などは、仕事に対する勉強もしており、当然、彼らも食いぶちをかせぐべきである。また、交換の際の気持も多くの部分を占めているので、贈り物が時には現金の上に流通することもある。

　しかしながら、料金は取引に不可欠であるとしばしば主張されるが、AAの例はかならずしもそうとはいえないことを示している。さらに、金額の大きさは時として提供される教えが、実際には変容に導かないであろうことの明白な指標であることもある。たとえば、サイエントロジー教会への最初の最小限の「寄付」が十二時間半の「集中コース」で二千七百ドルである場合などがこれにあたる。

（4）ヘルパーも一種の奴隷状態であることは、同じ主題を扱った他の民話では一層はっきりしている。

（5）芸術家の生計について心配せずにいられないような人たちは、「あなたは「小さなワルツ《ミニッツ》」を一分《ミニッツ》以下で演奏できないでしょう」と好んで言う。もっと困ったことには（あるいはもっと素晴らしいことには、か？）「小さなワルツ」を何……以下で書けないと言いたいのか。一日、一週間、一年？——いったいどのくらい長くかかると言いたいのか。創造の労働のリズムを変えることのできる科学技術や時間節約の工夫などはないのである。であるから、労働の価値が交換価格に換算して表わされるとき、創造力は仕事の技術革新があるたびごとに、自動的に価値を下げることになる。

訳注

（一）サルトル（一九〇五―八〇）　フランスの哲学者、劇作家、実存主義思想家、小説家。
（二）カナダとアラスカに住むインディアン。
（三）正しい者への報いとしての天国。アブラハムはユダヤ人の先祖。聖書「ルカ伝」十六章二十二節を参照。
（四）ワイナー（一九三三―　）米国の人類学者。テキサス大学助教授（一九七四―）。トロブリアンド諸島で実地調査を行なった。
（五）無変態類を除く完全変態、不完全変態をする昆虫全部を指す。
（六）アレン（一九三五―　）米国の劇作家、演出家、俳優。
（七）本文とその注解から成るユダヤ人の生活、宗教、道徳に関する集大成。四百年頃パレスチナで編集されたパレスチナ・タルムードと五百年頃バビロニアで編集されたバビロニア・タルムードの二つがある。
（八）ロメロ（一九四〇―　、一説によれば一九三九年生まれ）アメリカの映画監督、シナリオ作家、小説家。『死者の夜明け』（一九七八）はシリーズ物。スザンナ・スパロウと共同で小説化もされた。
（九）ニューヨーク市に本部のある断酒団体。
（一〇）グッドマン（一九一一―七二）米国の小説家、詩人、劇作家、社会評論家。
（一一）誕生日の年月など数が人の運命に及ぼす影響などを研究する。数秘学。
（一二）仕事を休み娯楽を慎み祈りと休息にあてる日。キリスト教では日曜日、ユダヤ教では土曜日。
（一三）中間の期間。中間点。
（一四）ショー（一八五六―一九五〇）アイルランド生まれの英国の劇作家、批評家。
（一五）エリクソン（一九〇二―　）アメリカの精神分析学者。無意識の衝動よりも自我の機能に重きを置くいわゆる自我心理学派の一人。
（一六）自由奔放に生きる人。
（一七）ソクラテス（四七〇?―三九九ＢＣ）古代アテネの哲学者。
（一八）「変身物語」アプレイウス作のピカレスク小説。

（一九）　アプレイウス（紀元二世紀時代の）ローマの哲学者、風刺家。

第四章　きずな

贈与交換と商品取引の重要な違いは、贈与は二人の人間の間に感情のきずなを確立するが、商品の販売は取引後になんら必然的なかかわりを残さないということだ。私は金物店に入り、弓のこの刃の代金を店員に支払い店を出る。私はふたたび彼に会うことはないだろう。このつながりのなさは、実際には商品形態の長所である。われわれはわずらわされたくないのだ。もし店員がいつも妻子のことを話したがるようだったら、私は他の店で買い物をするだろう。私はただ弓のこの刃がほしいだけなのだ。

だが、贈与は人と人とのかかわりを築く。最も簡単な例をあげると、フランスの人類学者のクロード・レヴィ＝ストロースは、南フランスの安食堂でしばしば見かけた、食事の際の一見ささやかな儀式について語っている。常連客たちが長い共同のテーブルにつくが、各自の皿の前には葡萄酒のびんが置かれている。食事の前に、彼らは葡萄酒を自分のグラスにではなく隣人のグラスに注ぐ。すると隣人はその行為を返し、注いでくれた男の空のグラスを満たす。経済的な意味では何も起こらない。まず第一に持っていた以上の葡萄酒を持っている者は誰もいない。けれども、前には何も付き合いがなかったところに、付き合いがはじまる。フランス人には知らない人を無視する傾向が習慣的にみられるが、「こういった小さな食堂では、見知らぬ客たちが一時間ないしはそれ以上も親密な関係に置かれる。「葛藤が存在している」とレヴィ＝ストロースは語る。「確かにそれほど激しいものではないが本物の、しかも、プライバシーの規範と共同体という実在の間に緊張状態を生みだすのに十分なほどの葛藤が……これは束の間ではあるが困難な状況であり、葡萄酒の交換によって解決されるものである。これは善意の表現であり、お互いの不安をとり除くものである」。贈与の交換を通して、場所の近接が社会生活を生みだす。さらに、葡萄酒を注ぐことがもう一つの交換――会話――を容認し、その結果ささやかな社会的結びつきが始まる。

このような簡単な例はいくらでもある。飛行機で席が一緒になった見知らぬ人にさしだすキャンディやタバコ、深夜のバスの乗客同士の好意を示す二、三の言葉。これらの印は社会生活の最も単純なきずなを築く。しかしながら、これらが示す型は、最も複雑な結合にまで広げることができるかもしれない。私は死に際しての贈り物を敷居の贈与の最良の例としたが、同じように、親睦の始まりの贈り物や婚礼の贈り物を、人々を結びつけ、ばらばらの人たちを一つにする種類の贈り物（結合の贈与）の典型としてとらえたい。その儀式は葡萄酒を注ぐこととなんら変わりはない。婚礼の贈り物の無数の例から、ひとつだけ取り上げてみよう。ニューカレドニアでは男の子が思春期に達すると、彼自身の部族と補いあうような部族から女の子を捜し、習慣によって価値や種類が定められた記念品を交換しあう。男の子が好意を得ようとする女の子に言う最初の言葉は「私の贈り物を受け取っていただけますか」というものである。「有難う」と言われるときもあれば、「私は他の男性の贈り物を受け取りました。あなたとは交換したくありません」と言われるときもある。男の子の贈り物を受け取ることにより、一連の贈与のやりとりが始まり、最終的には婚姻の正式の贈り物が交わされる。ニューカレドニアの求婚も、世界の求婚と少しも変わらないようである。

平和の贈り物も同じく統合的な性質を持つ。贈り物は部族グループの間で常に講和の申し入れを成立させる。また、合衆国が第二次世界大戦後日本の復興を助けたときのように、贈与は現代世界においてもいまだに戦争の終結を意味している。贈り物はしばしば関係の正常化への第一歩である（反対の例をあげれば、合衆国は戦後ベトナムを援助しなかった。アメリカン・フレンズとナショナル・カウンセル・オブ・チャーチイズ（一）は双方ともベトナムの人たちに贈り物——医療援助や小麦——を贈ったが、議会はあらゆる再建の援助を拒否し、国務省は食糧を船で送ろうとする教会の企てを故意に挫折させた。政府にとって戦争は終結していなかったようである）。

贈り物が築くきずなは社会的であるばかりでなく、精神的、心理的でもあり得るかもしれない。内面的な経済や目に見えない経済もある。贈与交換はわれわれの精神生活のドラマの中の人物と影響力を結びつけるかもしれない。たとえば、夢の中の登場人物を魂の分離した能力と仮にとるとすれば、夢の中で与えられた贈り物は魂の総合に役立つかもしれない。スコットランドの民話「娘と死んだ男」を同じような方法で読むと、夜、鳥にエサをやる娘は、現実では別れた母親の魂と合体する（一方、姉たちは現実に母親と引き離され、それから精神的にも疎遠になる）。贈与交換は精神が総合する必要のあるときに好まれる内面の交易なのである。

贈り物はわれわれを神々とも結びつけるかもしれない。供儀の捧げ物は神の顔を人間のほうへ向けさせる。われわれはすでに最初の結実の儀式——霊的世界との関係を維持することを求める返礼の贈り物——のことを論じた。他方、神々の側にも、われわれに贈り物を持って近づいてこられる情け深い神々がおられる。ここで私が考察したい特別の例は、受肉され、その後御身を、人間と神が要求される霊的な状態との間のきずなを確立するための贈り物として、差し出された神々の例である。これらの例のあるものでは、贈与が以前の分離の埋め合わせをする。「キリストは私たちの罪を贖うために御身を捧げられた。私たちが神と一体となれるように」。ここでいう「罪」とは離れること、分裂することである。罪を犯す人間は自分自身が内面的に分裂したり、あるいは仲間や神から離れるような行動をとる。「贖う」とは再結合させる、「一つ」にすることである。罪人が罪を贈り物で贖うことを許された――それも、そうすることを期待されもした――時代があった。贈与の統合力がこわれたきずなを再建し、彼をグループに再び合体させたのである。ある特定の人間ないしは人類全般が、神々と元来あるべき一体の状態から堕ちてしまったと思われるときに、宗教体系は贖罪を要求する。キリスト教の物語はよく知られている。キリストのはりつけや、「取り、食べよ、これはわが肉体なり」において、キリストの肉体は、人間と神との間の新しい契約を確立する贖罪の媒介物としての贈り物となっている。(1)

他の宗教体系においても、肉の姿をとられた霊がその肉体を贈り物とすることがあるが、堕落罪(二)が先行していないので、これは贖罪のためではない。人類がめざしうるより高い状態があり、そこまで到達した霊が、後に続く人々との結びつきを確立するために、その肉体を提供することによって道を開くのである。そのような贈与は人類を再評価したり救済する可能性を持つ。キリスト教の物語のこのような面もまたよく知られている。ブッダについての物語のなかにも、このような肉体を放棄する話がある。施しをすることは、将来、ブッダのようになるために要求される十徳のうちの最初のものであると伝統的に考えられている。『ジャータカ』(三)――パーリ語(四)で書かれたブッダ前世の物語集――は、施しをすることによってゴーダマ・ブッダが完全になられた例は限りがないが、彼の生涯での完全の極みは、彼が賢い野うさぎであったときに達せられたと述べている。将来のブッダであるから、このうさぎは当然のことながら少々特殊な動物で、施しをするだけでなく戒律や断食日を守る。

物語は次のようである。ある特別の断食の日に賢い野うさぎはやぶに横たわって、断食を終えるときがやってきたら、外に出てダバ草を食べようと心の中で考えていた。ところで、断食をしている間に施しをすることは非常な報いをもたらすが、自分の前にやって来るいかなる乞食も草を食べたがらないだろうと思われたので、万一、誰か嘆願者がやって来たら、自分自身の肉を与えようと、うさぎは心の中で考えていた。そのような燃えるがごとき宗教上の熱情が、天上の快楽界の支配者であるサッカの大理石の王座を暖めた。彼は地上を見下ろしてこの熱の原因を見つけ、うさぎを試そうと決心した。彼はバラモン(五)に変装して未来のブッダの前に現われた。

「お坊さま、どうしてあなたはそこに立っているのですか?」と、うさぎが尋ねた。

「師(六)よ、何か食物を得ることさえできるなら、私は断食日の誓いを守り、僧侶の勤めを果たすことができるのですが」。

未来のブッダは喜んだ。「お坊さま」と彼は言った。「よくぞ私のところに食を求めておいでなさった。今日、私は以前には決してしなかったような施しをするが、あなたは生命を滅ぼしても戒律を犯したことにはならないだろう。友よ、行ってまきを集めなさい。そして炭火の床の用意ができたら、来てそう言いなさい。私は燃えている炭火の床に飛びこんで、生命を捧げよう。私の身体が焼けたらすぐに、私の肉を食べて僧侶の勤めを行ないなさい」。

サッカはこの言葉を聞くと、神業を使って燃える炭火の山をつくり、未来のブッダのもとに行き用意ができたことを告げた。すると彼はダバ草の寝床から起きあがり、その場所へ行った。彼は「私の毛に虫がついていて、死なせることになってもいけないから」と言い、体を三回ゆすった。それから(経典の言葉を借りると)「体全体を気前のよさの口の中へ投げ込まれ」、高貴なフラミンゴがハスの花の咲きみだれる中へ降りるときのように、炭火の花壇の中に飛び込んだ。

しかし、その火は未来のブッダの体の毛穴一つさえ焼くことができなかった。「お坊さま」と、うさぎは言った。「あなたのおこした火はとても冷たい。いったいどうしたことか?」。

「師よ、私は僧侶ではない。私はサッカであり、あなたを試しに来たのである」。

「サッカよ、あなたは無駄な努力をされた。たとえこの世に住むあらゆるものが、私の気前のよさを試したとしても、私の中に与えることを惜しむ気持を少しも見いだすことはできないであろう」。

「賢い野うさぎよ」とサッカは言った。「あなたの美徳をこの世の終わりまでほめたたえよう」。そう言うと彼は山を手にとり、握りつぶして、その汁で、うさぎの輪郭を月の丸い表面に描いた。

『ジャータカ』はブッダの前世での五百五十もの物語をしるしている。これらの物語の主眼点は誕生と再生の輪廻を通して、ゴータマ・ブッダの螺旋状の発展をしるすことにある。施しは常により高いレベルへの合体の準備の一部をなすものであり、賢い野うさぎの物語は『ジャータカ』によれば、「施しの極致」である。これは「取り、食べよ、これはわが肉体なり」の仏教版であり、肉の姿をとられた霊の最高の贈り物である。だが、この贈与は先行する精神界からの疎外に続くものではないので、これは贖罪の物語ではない。しかし、この贈り物はブッダと——彼の精神に従うすべての者と——をより高い段階に結びつける。私たちはみな肉体を捨てねばならないが、聖人や受肉された神々はそれを贈り物とされ、その贈与を通して、人間と精神界との間のきずなを築こうとされるのである。

ギフトの贈与のもつ統合的、エロス的な性質は、もし、われわれがこれを商品の販売と比較するならば、より一層はっきりするだろう。私はこの分析を商品には価格《ヴァリュー》があるが贈り物にはないと述べることから始めたい。贈り物が持っているのは価値《ワース》である。私は明らかにこれらの言葉を特別の意味で使っている。私は「価値」という言葉で、大切なものだけれども「値段をつけることができない」というものに言及しているつもりである。他方、われわれはあるものを他のものと比較して、価格を引きだす。「私はリネンの価格をリネンという言葉を使って表現することはできない」とマルクスは(七)『資本論』冒頭の古典的商品分析の中で述べている。価格を言い表わすには違いが必要だ。違いが何もないとき、われわれは同語反復（「一ヤードのリネンは一ヤードのリネンである」）におちいってしまう。「交換価格」や「市場価格」といった語句は、私がここで注目したい「価格」の意味を伝えている。すなわち、物は市場においてでなければそれ自体としてはなんら市場価格を持たず、また、交換できないものにはなんら交換価格がないのである(2)。

商品が二つの独立圏を動くということこそが、市場取引の特徴である。われわれは贈り物と商品のこの点での違いを、境界によって分けられる二つの領土を想像することによって、最もよく思い描くことができるだろう。贈り物は境界をこえて動くとき、贈り物ではなくなるか、境界を取り払ってしまうかのいずれかである。商品はその性質をなんら変えることなく境界線を越えることができる。そのうえ、その交換は以前には存在しなかった境界をしばしば確立する（たとえば、必要にせまられての友人への売却のように）。すなわち、「ロゴス」の取引は境界を築き、「エロス」の取引は境界を消す。

マルクスは商品分析の中で、人間の労働の産物でありながら商品ではない多くの実用品の例をあげている。自分の道具を作っている人は、商品を作っているのではない。同様に、「インドの原始的な共同体では……生産品……は商品にならない」。また、工場内で流通している原料も商品ではない。マルクスはこれらすべての例で、商品というものは、二つの別個の領域間を（その分離性を破棄することなく、とわれわれはつけ加えるが）動くとき、商品となるのだという彼の論点を強調するつもりなのだ。「商品として互いに競合する唯一の生産品は、相互に独立した企業で生産されたものである」。

であるから、商品取引は、グループが自分たちを一つの組織、「一つのもの」とみなす度合いに応じて、存在しなかったり、嫌悪されたりする。部族グループやマルクスの「インドの原始的な共同体」や団結の強い一族などはすべてこの例であろう。旧約聖書には有名な律法があり――この律法については後に贈与交換の歴史を述べるときに詳述するが――この律法は部族のメンバーに貸すときには利息を請求することを禁じているが、部族でない者にはこれを許す二重の律法である。現在の分析の用語で言えば、そのような律法は贈与交換がグループ内で（特にひどく貧乏なメンバーの場合には）支配的であることを求める一方、異邦人には商品を商う（利息をとって貸し出された金は商品としての金か異邦人の金であるので）ことを許している。グループの境界が二つの交換様式のどちらが適切であるかの決め手である。このような二重の律法はユダヤ人に特有というわけではまったくない。親密なグループは皆「仲間と他人」の感覚を二重経済によって表現するものだ。私は第一章でウダク族の倫理に言及した。「ある氏族から他の氏族に渡った富は、動物であれ、穀物であれ、金銭であれ、贈り物の性質を帯び、消費されるべきものであって、増やすために投資されてはならない」。このような禁止はよそものとの取引には適用されないものである。しかしウダク族をさらに細分化した氏族には近親結婚の慣習があり、彼らは「一つのもの」とみなされている。したがって彼らは市場取引よりも贈与交換の経済を好むのである。

もしある物が市場価格を持つのであれば、秤にのせて較べることができるように、取りはずしができ、譲渡できる物でなければならない。私はこれを特別の意味で言っている。価格を見積もる者は、値段をつける物から離れて立っていることができなければならないのだ。われわれはその物を手放すことを考えることができる必要がある。私は私の腕時計を気にいっているが、それを手放すことを想像できるので、それに価格をつけることができるのだ。けれども私の心臓はなんら市場価格がない（少なくとも私には！）。なぜなら、それを切り離すことなど想像もできないからである（私は次に移植に使われる臓器に関連した興味深い価格の問題を取り扱う）。状況によっては、われわれは値踏みをするよう求められることは、不適切であるとか、失礼きわまりないと感じることさえある。救命艇に妻子と祖母と乗っていて、ボートを浮かばせておくために船外に投げだされる人を選ばねばならないという昔からの倫理の授業のジレンマを考えてみよう。この場合は家族という、商品のように離れて立って値踏みをすることを普通はしたくない関係に対して、評価を強いられているのでジレンマを感じるのだ。われわれは、確かに、時にはそのような判断を強いられるが、われわれには感情的につながりのあるものには相対価値をつけない傾向があるので、そのような判断を下すことが苦痛なのである。

商品販売にふさわしい熟考の形式と、ギフト贈与にふさわしい熟考の形式の例をそれぞれ一例ずつ取り上げてみよう。私はこれらの例で贈与のきずなの性質——きずなが先行するか、または、贈与によってきずなが生まれる——を指摘するとともに、商品取引においてはきずなはないか、停止するか、切断されるということを例証したい。私はここで少々極端な例——フォード自動車会社がどのようにしてピントーを売り出したかという例と、片方の腎臓の提供を求められた人々が、死にかけている身内に腎臓を与えるか否かをいかに決断するかの例——を選んだ。どちらの例においても、評価の決め手となるのは感情的なつながりの有無であるという点で、これらの例は贈り物と商品の対照を典型的に示している。

生産、販売、商品の購入などを査定する古典的な方法の一つは費用便益分析であるが、[八]これはある事業に関して、費用と便益を秤にかけて、貸借対照表を作成するものである。費用便益分析は価値と価格を混同したり、その違いを故意に不明瞭にしたりすることがしばしばあるので、近年軽蔑されているが、それももっともなことだ。われわれはある物は本来贈り物であり、値段をつけることなどできず、したがって、費用便益分析に入れることはできないと感じる。しかしながら、何が贈り物であり、何がそうでないかは、信念や慣習の問題でもあるので、量的評価が妥当でない場合、その品が贈り物か否かはかならずしも明白ではない。

　費用便益分析と価値と価格の混同の古典的な例をあげよう。フォード自動車会社はピントーの乗用車とトラックに安い安全装置を加えるべきかどうか決定をせまられていた。ピントーのガソリン・タンクは低速での後部への衝突で破裂し、ガソリンをこぼし、火災を起こす危険性がある位置にあった。売り出す前に、フォードはタンクの破裂を防ぐ効果が期待される三種類の装置の試験をした。一つは一ドル、次のものは約五ドル、最後のものは十一ドルかかると予想された。しかしながら、最終的にはフォードは費用がかかるわりには便益が少ないと判断し、いかなる安全装置も車に加えなかった。マーク・ダウィ(九)によれば、ピントーが売り出された一九七一年から、『マザージョーンズ』という雑誌がダウィのこの件の分析を掲載する一九七七年までに、少なくとも五百人がピントー衝突事故によって焼死した。

　費用便益分析を、核となる式が「安全部品の費用対失われる生命の費用」であるような状況にあてはめるには、まず最初に生命に値段をつけなければな

項目	費用
将来の生産力の損失	
直接	$132,000
間接	41,300
医療費	
病院	700
その他	425
財産の損害	1,500
保険金処理	4,700
法と裁判	3,000
雇主の損失	1,000
被害者の痛みと苦しみ	10,000
葬式	900
査定（失われた消費）	5,000
事故の費用の雑費	200
合計　死者１人につき	$200,700

便　益 安全を補強した車によって節約される金額	費　用 安全装置にかかる金額
180死者×＄200,000 ＋180負傷者×＄67,000 ＋2,100台×＄700 ＝4,950万ドル	1,100万台の車×一部品につき＄11 ＋150万台のトラック×＄11 ＝1億3,700万ドル

らない。国家道路交通安全局（NHTSA）がすでにこれをしていたので、フォードはみずからこれをするという困惑をまぬがれ、数字を無断使用するだけですんだ。ここに一九七一年版NHTSA研究に掲載されたままの、「痛みと苦しみ」の具体的な数字を含む交通災害の箇条書きの価格がある。

フォード自動車会社の内部規約は、ピントーが十一ドルの安全装置なしに販売された場合、毎年二千百台が焼け、百八十人が怪我をするが生き残り、別の百八十人が焼死すると見積もっている。フォードは政府の数字を切り捨てて、生命の値段を二十万ドルとした。また生存者の医療費を六万七千ドル、破損した車の費用を七百ドルと見積もった。商況――毎年千百万台の車と百五十万台の軽トラックの販売――を示されて、会社は上記の貸借対照表を作成した。その結果、費用があまりにも大きく便益を上回るので、安全面に金をかけないという決定がなされた。

仮にわれわれが、人間の生命を商品とみなすことができると一時的に受け入れることができるならば、ピントーのこの話は市場での決定の仕方がどのようなものであるかを教えてくれる。市場での熟考の典型的な型は、報酬を増し費用を切りつめるという願いを持つ「経済人」(一〇)を仮定する。ホモ・エコノミクス(一一)は問題点とその考えられうるすべての解決策を認識し、しかもいかなる問題点をも彼自身とかかわりをもつものとして扱うことがないので、彼の感情が疎外されてはなはだしく動揺するということがない。彼は選択したものを並べ、それらに価格を定め、比較検討し、自分の道を選び行動する。このような徹底的な分析がわれわれの決定に役立つことはもちろん少ないが、しかし、それにもかかわらず、このような量的な比較方法での熟慮が、われわれの市場での目標である。それでは、一体、われわれは贈与にかかわる選択をどのように行なうのであろうか？

この問題に関する非常に興味深い最近の仕事のいくつかは、腎臓の一つを重体の身内に与えることを依頼された人々に関する研究の結果なされたものである。自然は二つの腎臓を与えたが、人体は一つの腎臓でその機能を果たすことができる。今扱う症例は自分の腎臓はまったく機能しなくなったが、他人の腎臓を移植することが可能な場合である。このような移植の最大の問題点はレシピエントの免疫組織が、肉体が病気か異質のたんぱく質に侵されたかのように反応し、新しい腎臓を攻撃し破壊してしまうことである。ドナーとレシピエントの血液型と組織の適合がより厳密に行なわれれば行なわれるほど、腎臓を「異物」と認識して拒絶する率が低くなる。腎臓移植は、だから、ドナーが近親者である場合のほうが成功率が高い。一卵性双生児が理想的だが、次に兄弟、両親、子の順で続く。双子からの移植では九〇パーセントが二年後も依然として生存できる。他の血縁者がドナーの場合は、成功率は七〇パーセント程度である。非血縁者（通常は死体）からの腎臓が受け入れられるのは、およそ半分である。

人はどのようにして腎臓を与えることを決断するのだろう。ささいな決断ではない。危険もわずかではあるが伴う（千五百人のドナーのうち、約一人は贈与のために死亡する）。大手術である。数日の入院と一月ないしはそれ以上の療養が必要である。かなりの苦痛を含み腹部の半分ほどの傷跡を残す。そうであるならば、ある個人が、親類の者が自分の腎臓を必要とするかもしれないと気づいたときに、古典的な「経済的」方法で熟考しても驚くにはあたらない。手術に関する情報——その危険性と便益——

を求める。他のドナーとなる可能性のある人と話し、自分と比較する。予後を家庭医と相談する等々。

しかし、驚くべきことには、そのような熟慮はあまりみられない。ドナーの大多数は、必要を聞くやいなや、自発的に提供を申し出ている。選択は瞬間的なものであり、一瞬も遅れることがなく、熟慮もない。その上、ドナーその人が自分の選択をまったく決断とみなしていないのだ！　どのようにして決断したかと尋ねられて、子供に腎臓を与えた母親は「私はそのことについて何も考えませんでした……私は自動的に私があげなくてはと思ったのです。決断しなければならないことも、秤にかけなければならないこともありませんでした」と答えた。腎臓を妹に与えた婦人は言った。「私はそれを決断だったとは思いません。私は本当にそれほど考えませんでした。私は『何が決断だったろう？』と考え続けました……私に関する限り……私は腎臓をあげたかったのです」。これらの引用はミネソタ大学によってなされた研究からのものである。大部分のドナーにとっては、「決断という言葉はあてはまらない。決断をするということが、熟慮の期間と一つの選択肢を意識的に選ぶことを含む限り、大部分の人は自分が決断をしたとは感じていない。腎臓の提供は非常に大きな犠牲的行為だが、ドナーの大部分は自分たちは提供するということを瞬時に知ったようであり、意識的に熟慮する期間があったとは、彼らは報告していない」と、この研究は結んでいる。

私は商品と贈り物との対照を関係の問題――すなわち交換にかかわる当事者間の感情的なきずなの問題――に焦点をあててみてきた。われわれは愛情のきずなを築きはじめたり維持したいと願うとき、商品として取り扱うことはしない。自分の腎臓の一つを贈与する人は、自分が親しみをいだいている人に贈与する（そして、この贈り物が彼らをさらに親密にする）ということを知るために研究の必要などないのである（とはいっても、さまざまな研究がなされてきたが）。このように臓器のドナーが瞬間的に決断するということは、結局のところ、それほど驚くことでもない。贈与を要求する事態は、分析的熟慮という超然とした態度がふさわしくない事態なのである。ときにはそのような考えさえ浮かばない。かの母親が言ったように、「秤にかけねばならぬことは何もない」のである。瞬間的決断は感情的かつ道徳的である生活の証なのだ。社会的感情の表現として、贈与は多数の人を一体にする——この場合にはほとんど文字どおりに——そこで、われわれが疑う余地のないつながりを感じている人が、必要にかられてわれわれの前に現われたとき、われわれは自分の体が必要としているときにそうするように、反射的に反応するのである。

　感情的なつながりは量的評価を排除する傾向がある。ピントーの話に手短に戻ると、決断が明らかに値段をつけることができないものを含んでいる場合には、われわれは費用便益分析の計算に従って行動することをさし控える。フォードの経営陣はあまりにもおそまつに思われる。なぜならわれわれは生命は商品ではないという感覚を停止しがたいからだ。ある程度まで、何が贈り物を構成するかはもちろん見解の問題である。たとえば奴隷制度のあるところではどこでも、ある生命は価格を持ち、ある生命は価格を持たない。今日、耕地は商品として扱われているが、耕地の売買がふさわしくない時代や場所もあったのである。食糧についても同様である。「ヤクート族（一二）は、隣人のところに行って食事をわけてもらうことがいとも簡単にできるのに、世界のどこかで人々が飢死することがありうるということを、どうしても信じようとしない」と、ある人類学者は書いている。われわれは食糧が切り離すことのできない共同体の一部であるならば、食糧に値段をつけたりはしない。食べ物が夕食の食卓で売られている家庭を見つけるのは、今なお困難であろうが、家庭の枠を越えてしまえば、料理の価格を告げることが無作法であると感じる人はほとんどいない。フォードの経営陣たちはピントーを自分たちの子供のために買うことはためらったかもしれないが、自分たちの分析のために生命に値段をつけるということを、残りの人間の生命との一体感からさし控えるということはしなかったようだ。偉大な唯物論者は、自動車会社の経営陣のように、商品的価値を人間の体にまで拡大する人たちである。一方、偉大な宗教者は、ブッダのように、贈与の価値を人間の体にまで拡大するために、自分の体を使った人たちである。

贈与の持つきずなを築く力と、商品取引の持つ超然とした性質から、贈り物は共同体と他人への恩義に結びつけられ、商品は疎外と自由に結びつけられている。贈与によって確立されたきずなによって、われわれは古いアイデンティティーを維持できるが、きずなは、また、動きの自由を制限する。簡単な例をあげよう。若者が本当に両親のもとを去りたいのなら、ただちに、両親からの贈り物を受け取ることをやめたほうがよい。なぜなら贈り物は親子のきずなを維持するだけだからだ。もしあなたが家を出たいならば、金銭的に自立したほうがよい。私には大学時代に家族で祝うクリスマスへの参加を止めることを決心した友人がいた。彼は幾通りもの理由を説明した——非常な長旅であること、金銭の浪費であること、クリスマスの商業化等——しかしその理由がなんであれ、彼の不参加は、彼が家族のもとを去りたい、まさにその時に、彼と家族とのつながりを再確認したであろう贈与の儀式から、彼を免除したのである（この友人は後に家族で祝うクリスマスに再び参加するようになった。ギフト休暇の仲間意識は彼が自分のアイデンティティーをひとたび確立すると、それほど脅威ではなくなったのである）。

われわれが商品で知られる国々を「自由主義諸国」と呼んでいるのは、誤りではないようだ。この言葉は政治的自由に言及しているようには思われない。その示しているところは、これらの国で支配的な取引の型は個人をいかなる方法でも拘束しない——家族、共同体、国家でさえも——ということである。

現代国家は愛情のきずなによって構築するには、あまりにも大きな集団であるが、社会主義国家のイデオロギーは共同体の必要から始まっている。「労働は商品のように売るべきものではなく、共同体への贈与として提供されるべきものだ」と、チェ・ゲバラ(一三)はよく言ったものだ。キューバの若い作家たちは著書の印税を拒否する。「社会主義社会では著作権は個人のものではありえない」と彼らは言う。革命は万人に属し、万人は革命に属すると言う。

そのような「大きな家族」を公言する国家では、われわれは私の友人がクリスマスへの参加を拒否したことに相当することがらを、十分に予期することができる。自由主義諸国の刑務所は「所有物に反対する罪」を犯した人々であふれているが、東洋では「所有物に賛成する」罪で人々を閉じ込めるらしい。われわれには常にグループから離れて行動したい時期があるようだ。ここに共産圏の若者が西洋の商品に対して感じる魅力があるに違いない。プラハのティーンエイジャーは本物のリーバイス(一四)を本手に入れるために、自分の未来を危うくする。ロシアにはビートルズのレコード所有者の秘密の会がある。北京では若者が西洋の取材記者に近づいてきて、香港に行ったらソニーのテープデッキを買ってきてくれないかと頼む。彼はすべての型番を知っている。

商品が与える興奮は可能性の興奮であり、手に入れることのできる可能性のある生活の全範囲を味わうために、特定のものから漂い流れていくことの興奮である。われわれには外国人やよそ者になりたいときがある。われわれの生活の型が唯一のものではないと感じ、可能な生活のカタログを前にして漂い始めるときがある。ガラスのアーケイドに並ぶ実用本位の靴から冒険を冒す靴に目を移し、町を後にするバスや、男性や女性が旅行かばんを持って急ぎ足で通りすぎる灰色の駅舎を見つめるときがある。

北京やプラハのティーンエイジャーが欲しているのは単なるぜいたく品ではない。すべての若者は、一度は、自分を育ててくれたきずなを離れ放蕩息子となることを欲するものだ。時々、われわれは、たとえ次の執着物を夢想するだけの結果になろうとも、現在の束縛から自由になりたいために市場に行く。もちろん、西洋ではこのような経験はあまりにも容易にできるので、われわれはその欠点を十分承知している。自由主義諸国の自由は異邦人にとってはあまりにも徹底した自由になりがちだ。ベトナム難民がカリフォルニア南部に定住した際に、彼らはその地の文化が彼らが当然としてきた彼らの家庭生活にとって、有害であることを知った。自由な国だからしたいことは何でもできる。結婚したり、離婚したり、定住したり、町を去ったり、スキーをしたり、農業をしたり、ラジオでしゃべったり、ラジオを買ったりできる。問題はそれを一緒にする人を見つけることだ。この自由と共同体の昔からの痴話喧嘩で、西洋人は自由を弁護し愛情を切望する。アメリカのカントリーミュージックやウェスタンの音色は、東洋のブルー・ジーンズ熱と対になるものであろう。典型的なカントリーソングは、男が不幸な結婚から逃れて愛車のスチュードベイカーを町明かりのほうへ駆るか、そうでなければ、デトロイトの自動車工場でたった一人で山奥の故郷を恋い慕いながら働いているというものである。これらの歌に顕著にあらわれるトラックドライバーは商品の化身のイメージとして完璧である。鳥のように自由で孤独だ。選択の機会を与えられれば、私たちは自由の道を選ぶ。典型的なアメリカ映画のヒーロー――カウボーイや私立探偵――は人が何も愛着の対象を持たない国で、われわれのために生存のドラマを実演する。カウボーイや探偵はまったくの根なし草の生活にもかかわらず生き残る。彼らはこれを、異邦人が徹底した自由に直面した時に陥る無法状態と戦うことによって、成し遂げるのである。

自由と贈与が築くきずなの対立は、もちろん絶対的なものではない。まず第一に贈り物はわれわれを感動させない限り、愛着をもたらさない。作法や社会的圧力によって、われわれは心からの愛情を抱かない人に対しても感謝せざるを得ない場合もあるが、恩義も礼儀も永続する結合は生みださない。われわれが親しくなるのは贈与がわれわれを動かすときであり、さらに贈与そのものを超えてわれわれを動かすものは何かというと、変容の約束（あるいは事実）と友情と愛である。

束縛と自由の問題は、臓器のドナーに関する著述によくでている。臓器贈与の心理を扱った初期の著述家たちは、この交換が本質的に同等ではなく、あまりにも貴重な贈り物でとても返礼ができるものではないケースなので、かなりのおののきを告白している。「いまだに返礼がなされていない贈り物は、それを受け取った人を卑しめる」とマルセル・モースは書いた。恩義の問題が容赦のない緊張を生むことはないだろうか？　レシピエントが自分の従属した立場に腹をたてて、ドナーを避けるようなことがあったらどうするか？　ドナーが恩義につけこみ、レシピエントに自分の意志をおしつけようとしたらどうするか？　この危険について思案したある者は、近親間の生体臓器移植を一種の近親相姦のタブーとして禁止することさえ提案したのであった。

ドナーとレシピエントとの間で、実際に問題は起こったのだが、それはまれであった。贈与はつながりを示す。感情的なつながりが贈り物の大切な点として認められる限り、ドナーもレシピエントも相互の愛情が危険にさらされないように、注意深くやりとりをするだろう。ミネソタ大学の研究によると、腎臓のドナーはきまってレシピエントの負い目の感情を最小にするような贈り物の定義をするということがわかった。腎臓を母親に提供した青年は、そもそも母親が自分を生んでくれたことへの返礼であると主張した。兄に贈与した男性は次のように語った。「私は彼にお返しをしなければというふうに感じさせたくない。なぜなら彼は私に何も借りはないからです……私は彼に感謝してもらいたくはありません……彼は私にこれっぽっちも借りはないからです」。重要な点は関係を大切にするドナーは、贈与が権力と恩義として受け取られないように気を配るということだ。彼らは実際には感謝を期待していて、感謝されなければ傷つくということもありうるが、レシピエントとの親密さを重んじるドナーは、贈与が条件つきのものではないということを注意深く明らかにする。

レシピエントもまた同様に、この特別の贈り物以上のドナーとの感情的な結びつきに気づいており、彼らの感謝は贈り物に対する反応というよりも、むしろ、贈り物が運ぶ愛情への反応である。愛情がなければ感謝もない。ミネソタ大学の研究のあるかなり衝撃的なケースでは、娘から腎臓をもらうことになっていた婦人が、娘がもし母親が自分に高価なコートを買ってくれるなら、腎臓を提供しようと言っていることに気づいたのだ！　左記は移植から一年後の母親による娘の素描である。

彼女はとても利己的な娘で、多くの点で分別が足りない……彼女は人のために何かをするということがあまりない。彼女は自分の生活を少しでも抑制すべきだということを考えなかった……彼女は毛皮のコートが欲しかったのだ。このことは私をぞっとさせた。私は狼狽した……彼女はいやいやながらで、冷ややかだった……彼女は非常に計算高かった。

この贈与で居心地が悪くなったかと聞かれて、母親は次のように答えている。「そんなことはありません。これまでにも非常に多くのことを我慢してきましたから……それから、彼女は態度を一変させてひどい仕打ちをするのです」。娘は母親に手術後の痛みについてぐちをこぼすことさえ当然だと判断した。「私は娘に言ってやりました。『私はお前を産んだ時の陣痛についてお前にこぼしたことはなかったよ』。そしたら、娘は黙りました」。

この話はとうてい家族の愛情の鏡とはいえないが、贈与の大きさにもかかわらず、母親が娘にへつらっていないことに、読者は気づくであろう。しかもそれはもっともなことなのだ。すなわち、贈り物が贈り物ではなくなったからだ。娘が交換の範疇を変え、物々交換をしようとするやいなや、彼女の影響力のすべては失われたのである。ドナーないしはレシピエントが贈与を恩義として扱いはじめるときに、贈与は贈与ではなくなり、そのような状況にさらされた多くの人は愛情の欠如の暴露に傷つき、感情のきずなは、そのもつ力とともに、ただちに消え失せてしまうのである。

われわれは偽りの贈り物をする人たちに心底縛られるはずがない。真の贈り物がわれわれを束縛するのは、われわれがそれを次に渡さない場合――つまり、感謝の行為や表現で応答しなかった場合――のみである。われわれはここでゲニウスの物語や靴屋の妖精の物語を思い出すかもしれない。なぜなら、これらの物語は変容の贈り物と関連したある種の隷属があることを明らかにしているからである。われわれはギフトが実を結ぶまでギフトに年季奉公をする。けれどもこれは自発的な賤役であり、この枷はギフトの成熟とともにゆるくなる。隷属は変容を完成する感謝の行為で終わる。その時、妖精と靴屋は、ゲニウスが自由な霊となるように、お互いに縁を切るのである。ギフト（とギフトを目覚めさせた師）に対する隷属は、ギフトを次に渡すことができるようになったとき減少する。ギフトがわれわれの生命を高め、あまつさえこれを救うとき、感謝の念はわれわれをドナーに縛りつけるだろう。つまり、感謝の念を表現するまではということだ。感謝の念は、行為に表わすのであれ、たんに口にするだけであれ、ギフトを解放し、恋人や家族、仲間たちの間の愛情の恩義を軽減する。そうであるならば、愛情のきずなを束縛として語ることは、本当に適切なことだろうか？　これらは望ましい愛着である。贈与交換が友好的な霊的交わりを達成するとき、自由への欲求はない。われわれが愛着を断ちたいと切望するのは、愛着がなくなりはじめたときだけである。われわれがなぜ、しばしば何も生命を与えてくれない関係を築き維持するかということは、興味深い問題ではあるが、これは贈与交換の理論で取り扱うことではない。

贈与は人々を結合する力があるので、拒絶しなければならない贈り物も多い。最も単純なレベルでは、われわれは勘定や差別を要求するいかなる状況においても、贈り物に用心をする。もし私が契約を取り決める任にあるならば、私の署名を欲しがっている男性が葡萄酒つきの三品料理を申し出たとしたら、私はよくよく考えたほうがいいだろう。というのは、もし私が気がいい男であったなら、その後署名する時がやってきたときに、寛大な気持がわいてくるかもしれないからである。ギフトは、いかに好意的なものであっても、客観的な判断をゆがめる。客観性を維持することを要求される社会的地位にある人たち――私が今考えているのは、警察官、政治家、裁判官などであるが――は、贈与交換を控えることが望ましいどころか、要求されてもいる。裁判官は法の公平無私を体現すべきである。われわれは彼が彼自身を、自分の属する階級、人種、宗教といったものから切り離すことができると思いたい。彼が検察側にも被告側にもつながりがないということを確信したい。同様に、われわれは酒造産業から賄賂を受け取る国会議員や、贈り物を製薬会社から受け取る医者に疑惑を持つだろう。われわれは医者に健康について心配してもらいたいのであって、特定の売薬と接待を通してのつながりを感じてほしくはない。(3)

私は先に奉仕に対して料金をとることに警告を発したが、精神治療の関係が贈与の関係ではふさわしくない場合もある。治療者は皆、患者から汚染する危険を冒す。精神療法では医者も患者も双方ともにある種の距離の必要性を感じている。自分の病気が病気を打ち明けられた人を破壊しないと気づくまで、働きかけのできない患者もいる。彼らは愛の対象を求めているのではない。カトリック教会では告解からの汚染の危険を、告解制度そのものの構造によって処理している。すなわち告解者と聖職者との間には格子か布がある。これには他の役割もあるのだが、告解が匿名であることは聖職者を保護し、彼が罪のほうにひきずりこまれずに罪について語ることができるようにする。精神療法の料金は告解聴聞席の仕切りに現代では相等するものなのだろう。料金は療法士と顧客（今日、われわれはこう呼ぶ）とをはっきりと区別するものである。料金は、療法士は友人でも恋人でも親でもないことを明らかにしている。フロイト派の精神分析学者は、料金は転移の問題の解決を容易にするものであると主張する。患者の無意識の感情は初め精神分析学者に転移することが予想される。しかし、最終的にはそれらの感情は撤回されるべきものである。療法士と顧客の関係が、マルクスが商品について「相互に独立した企業」と述べたような市場関係にあるならば、この転移の問題の解決に役立つであろう(4)。

贈与交換は、それによってひきおこされる関係に本物の脅威がひそむ場合もまた、拒絶されねばならない。古代の物語では、地獄を通りぬけなければならない英雄は、黄泉の国では慈善行為は危険であると警告される。もし彼が生者の国に帰りたいならば、誰にも手を貸してはならず、死者によってさし出された食物も受け取ってはならない。

アイルランドの民話も同じような警告をしている。慈善行為のお返しに妖精の女王は妖精の丘の祭りに、助産婦を招待する。妖精のもとに助産婦を案内するためにやって来た男は、自分は妖精ではなく、妖精に魔法をかけられている人間だと言う。彼は彼女が彼のような運命におちいらずに家に帰ることができるように助言する。「時間になったら迎えにきます。そのとき、妖精たちがあなたの周りに集まって、持って帰るように一人ひとり贈り物をあなたに贈るでしょう。与えられるものは何でも受け取っていいのですが、金銀はいけません」と言って彼は話を終える。

数日後、男は助産婦を家に送っていくためにまたやって来た。男性から聞いていたように、妖精たちが贈り物を持って集まってきた。彼女は金銀を除くすべてを受け取った。それから、道案内人と馬で帰る途中、彼は彼女に妖精の贈り物の一つを投げ捨てるように言った。それは地面に落ちるやいなや爆弾のように破裂し、まわりの茂みを焼いた。助産婦は一つずつ贈り物を投げ捨てたが、それらは落ちるやいなや燃えた。「おわかりになりましたか。これらのものを家に持ち帰っていたら、あなたの家は燃えあがり、あなたを含めて、家の中にあるものすべてを焼いてしまったことでしょう」と、道案内人は言った。

この民話は妖精界には人間界では保有できない力があることを示している。第二章で増殖について述べたとき、私は人間が自分の家の戸口にたどり着いたとき、妖精の贈り物の価値が増す民話に言及したが、今私が述べている民話では増殖があまりにも巨大すぎるようである。この民話は精神病についての警告のような感じがする。[5] 助産婦が贈り物を家の中に持ちこもうとしたならば、彼女は自我がその経験に耐えられるほど強くならないうちに幻覚剤に手を出してしまった若者のようになってしまったことだろう。それを持って生きようとすると、われわれの住居をも焼き尽くしてしまうような大きな力もあるのである。妖精の贈り物は捨て去らねばならないのだ。

悪人からの贈り物も、悪に巻き込まれないように拒まなくてはいけない。民話では主人公は魔女が出す食物や飲料を断るようにとの適切な忠告を受ける。民話の知恵はまた悪の前での沈黙を助言している。会話は交易であり、会話を交わすとわれわれは話し相手の一部になってしまう。グリム童話に出てくる魔法をかけられたプリンセスは、彼女を救いにきた男性に言う。「今夜、鎖でおおわれた十二人の黒人がやってきます。彼らはあなたにここで何をしているか聞くでしょう。ですが、沈黙を守って彼らに答えてはいけません」。彼らは彼を鞭打ち、拷問にかけ、そして最後には殺してしまうでしょう、しかし、彼が「一言」もしゃべらなければ自分は解放され、彼を生命の水で生き返らせるでしょうと彼女は語る。万一、彼が黒人たちと言葉を交わすと、彼は彼らの呪文にかかってしまうだろう。助産婦が妖精たちの金銀を受け取っていたら、妖精たちの呪文にかかっていたであろうように。

これほど多くの贈り物を拒絶しなければならないのは、贈与交換が愛（エロス）の一形式であるからである。この問題は公共生活ではよく起こる。大学は悪名高い独裁者から寄付を受けるべきか？　作家や科学者は反道徳的な戦争をしている政府から助成金を受けるべきか？　われわれは、しばしば、巻き込まれたくないという単なる思いから、あるいは、申し出た関係者が堕落していたり、危険であったり、あからさまな悪であることに気づいたために、関係を持つことを拒絶する。そして関係を持つことを拒絶する場合には、贈与交換をも拒絶しなければならない。

原　注

（1）　贖うことと許すことは補い合う行為である。罪を許すにあたって、罪を犯された者はきずなを再び確立するやりとりを始める。われわれは受けた傷に対する執着を捨て去ったときに許すのである。

（2）　私はこの違いをはっきりさせたいときに「価格《ヴァリュー》」と「価値《ワース》」を使う。だから、マルク人による次の脚注をみつけたときには嬉しかった。「十七世紀には多くのイギリスの著述家は『使用価値《ユーズヴァリュー》』には『価値《ワース》』をそして『交換価値《エクスチエンジヴァリュー》』には『価格《ヴァリュー》』を用い続けた。これはアングロ・サクソン語を実際の事物に、ロマンス語をその派生物に用いることを好むという言語の傾向に一致している」。

（3）　公務員への贈与の禁止は常に問題となっている。なぜなら、われわれの期待は相反するものだからである。

われわれはそのような人たちが共同体の一部となることを望むが、彼らがある特定の構成員から恩義を受けることを望まない。りんごを八百屋から受け取る警察官は財物強要罪を犯しているか？　彼は食品業界におべっかを使っているのか、それとも単に、彼が尽くしているグループとのつながりを受け入れていることを表わしているだけなのか？

(4)　AAでしらふとなるアルコール中毒者は、少なくとも最初は、グループに非常な愛着を感じる傾向がある。彼らののめり込みは、ある程度、AAプログラムが贈り物であるとの事実にもとづくものであるようだ。アルコール中毒症の場合、愛着は回復の過程に必要な要素なのかもしれない。アルコール中毒症は患者が救われるためには、一人のエゴよりも大きなもの（「より高尚な力」、たとえそれがグループの力にすぎなくとも）に、愛着を持つことが必要であると思われる疾患である。これに対して、分化を必要とする治療は、市場を通してより適切に供給されるであろう。

(5)　精神分裂病は二つの地域の例外を除き、世界でほぼ同じ比率で発病する。すなわち、スウェーデン北部の一地域とアイルランド全域で多発するが、この民話はゲール人〔アイルランドのケルト人〕のものだ。このゲール語の民話にみられる妖精と人間の間の緊迫した関係は、超自然的な存在との交渉が著しく危険な地域にふさわしいものと思われる。

訳注

(一)　アメリカン・フレンズはアメリカ合衆国フレンド教徒奉仕委員会（AFSC、クエーカー教徒の博愛奉仕団体）。ナショナル・カウンセル・オブ・チャーチズはNCC各国教会協議会。

(二)　アダムとイブの罪により人類が生まれながらに陥っている罪。原罪。

(三)　本生《ほんしょう》経。仏教の十二部経の一つ。釈迦前世の物語で五百数十編から成る宗教訓話の宝庫。

(四)　古代インドの通俗語。この語で小乗仏教経典が書かれている。

(五)　インド四姓中の最高階級である僧族の人。

(六)　パンディット（ヒンドゥー語で尊称として）……先生、……師。

（七）　マルクス（一八一八—八三）　ドイツの経済学者、哲学者、社会主義者。
（八）　ある目的達成のための代替案について、それに要する費用とそれから得られる便益とを比較評価し、代替案の採否あるいは優先順位を明らかにするもの。
（九）　ダウィ（一九三九—　）　カナダ生まれのアメリカの作家。「ピントーの狂気」の記事でコロンビア大学やミズーリ大学などのジャーナリズム学科や全国記者クラブなどから数々の報道賞を受賞。
（一〇）　満足と不満足または利益と不利益を比較し、その余剰を最大にしようとして合理的に行動する人間。
（一一）　*homo oeconomicus*　経済人（economic man）のラテン語訳。
（一二）　シベリア北東部のレナ川流域に住むチュルク系の民族。
（一三）　ゲバラ（一九二八—六七）　アルゼンチン生まれのキューバの革命家。
（一四）　ジーンズ。米国のレビ・シュトラウス社の商品。
（一五）　感情転移。子供の時以来ある人に対してもった愛情を別の人に置き換えること。

第五章　ギフト共同体

一九五〇年代初期にローナ・マーシャルと彼女の夫は、南アフリカのブッシュマンの集団の中で暮らしていた。彼らは立ち去るときにその集団の婦人一人ひとりに短いネックレスにするに十分なタカラガイの貝殻――一つの大きな茶色い貝殻と二十のより小さな茶色の貝殻――を置いてきた（この貝殻は、「将来、考古学者を混乱させることになるだろうが」ニューヨークの商人からのものであるとマーシャルは語った）。ブッシュマンの間には、マーシャル夫妻が別れのプレゼントとして与えるまでは、タカラガイの貝殻はなかった。一年後に彼らが戻ってきたとき、彼らが与えた集団にはたったの一つの貝殻も残ってはいないのを知り彼らは驚いた。「それらは完全なネックレスとしてではなく、一、二粒ずつ、人々の装飾品として地域の端までゆきわたっていた」。

この貝殻がグループ内でせき止められた水のように広がるイメージは、われわれを個人間の単純な極めて小さな結合から、より複雑な共同体の組織にまで連れていく。もしわれわれが、友達、恋人、仲間の愛情のきずなを確立し維持する贈与の統合力を取りだし、そして、それに二人の間の交換よりももっと広い循環をつけ加えたら、われわれはすぐに誠実と感謝で結ばれた社会を、少なくとも次のような社会を――家族、同業組合、男子学生社交クラブ、女子学生社交クラブ、バンド、共同体を――得るだろう。贈り物は個人レベルの動きとはずみで特徴づけられるが、一方、グループレベルでの贈与交換は平衡と一貫性、一種の無政府主義者《アナーキスト》の安定をもたらす。これを逆の視点から言えば、グループの統合を贈与の循環に負うグループにおいては、贈り物を商品に変えることは、グループをばらばらにし、破壊する結果さえもたらすだろうと言える。

部族の話はこれくらいにして、現代の実例をあげることにしよう。キャロル・スタックはその著『私たちはみな親族』で、シカゴ南部のある都市のスラム街にあるアパート群での示唆に富む財産の流通事情を紹介している。そのアパート群は親族ネットワークという協力網によって特徴づけられ、黒人が居住している。ここでいう「親族」は単なる血縁ではなく、親族関係のあるなしにかかわらず、「頼れる人々」のことである。アパートのそれぞれの親族ネットワークは百人ほどの個人から構成され、その全員があれやこれやで、いくつかの連動する世帯のうちの一つに属している。

スタックは彼女が知りあった家族のうちの一つに資産が転がりこんだときの、悲しいが示唆に富む話を語っている。ある日、カルヴィンとマグノリア・ウォーターズはちょっとした金を相続した。ミシシッピーに住むマグノリアの伯父の一人が死に、彼らに千五百ドルを残したのだ。彼らが現金のたくわえを手にしたのは初めてのことであった。彼らはただちにその金を住宅の頭金として使いたいと思った。

次にそれがどうなったかを述べよう。

数日中に彼らの幸運のニュースが親族ネットワークに広まった。マグノリアの姪の一人がすぐにやって来て、電話が止められないように料金を支払いたいので二十五ドル貸してほしいと頼んだ。マグノリアは彼女にその金を与えた。福祉事務所が相続のことを聞きつけ、マグノリアの子供たちの医療保証や食糧切符(一)を打ち切り、金がなくなるまで支給はできないと告げた。その後南部に住むマグノリアの叔父が危篤となり、彼女と彼女の姉のオーガスタが呼ばれた。マグノリアは自分自身と姉と、三人の子供たちのために、汽車の往復切符を買った。彼女たちが戻ってから、その叔父が亡くなり、彼女と姉はまた南部へ行かなければならなかった。オーガスタの最初の「夫」が亡くなったが、埋葬代を払う者もいなかった。それからまもなくオーガスタはマグノリアに墓掘りの代金を助けてくれないかと頼み、彼女はそうした。別の姉の家賃が二カ月たまっていた。病気で収入源がなかったのだ。マグノリアは家賃を払ってあげた。季節は冬で子供や孫（全員で十五人）は冬のコートも適切な靴もなかったので学校を休んで家にいた。マグノリアとカルヴィンは彼ら全員にコートと帽子と靴を買ってあげた。マグノリアは自分の冬のコートを買い、カルヴィンは作業靴を一足買った。

金は六週間でなくなった。

この夫婦が彼らの幸運を資本化できたであろう唯一の方法は、自分たちをグループから切り離すことであっただろう。(1) 家の頭金をつくるためには、彼らは親族との共有やネットワークへの参加をやめなければならなかっただろう。マグノリアの姉の一人であるリンダはある時それをした。彼女と彼女が結婚した男性は二人とも定職があった。彼らは家と家具を買った。それから十年間、彼らは親族提携ネットワークと関係を断ち、友人や親類が彼らの資産を使い果たすのを効果的に防いだ。現代象徴学の表現を借りれば、彼らは「郊外の住宅地区に引っ越したのだ」。それから結婚が破綻をきたしはじめた。リンダは姉妹や姪に衣類を与えはじめた。兄にはソファを、姪にはテレビを与えた。結婚が崩壊したときには、彼女はすでに再びネットワークの一員に収まっていた。

どちらが「より良い」姉妹であるか、足をひっぱる共同体と縁を切った冷酷な（ブッシュマンは「遠い心を持った」と言う）姉のほうか、出世することを夢見ながら実際には富を分配しグループにとどまった妹のほうか、を言うことは簡単ではない。共同体と個人の栄達の対立——これはわれわれの生活におけるあまりにも多くの政治的、倫理的対立の原因でもあるが――を解決する簡単な方法はないから単純に善悪を言うことはできない。けれども、それにもかかわらず、この話はわれわれの全般的な要点、財産が贈与として循環するときには、グループが形成され、結合し、持続するが、贈与交換がさえぎられたり、贈り物が商品に変わるときに、グループは崩壊しはじめるということを例証している。[2] この話もブッシュマンに関する話も、あまりにも貧しい人々を扱っているので、圧制と窮乏をロマン化するように思われることを恐れて、人々は「共同体」の美徳をたたえることをためらう。これらのグループは何もせずに貧乏に甘んじていることをやめ、必要から相互扶助を採用した。けれども、共同体の利点は、共同体を自発的に選択したのではない場合、その輝きをいくぶん失う。であるから、私はいかにしてこの「ギフト共同体」のヴィジョンがより完全になるかをみるために、ゲットーや砂漠から離れて、これほど苦難にみちてもいず、しかもより一層微妙なケースであるところの科学共同体の例へと目を向けてみたい。

より幅広い議論に進むために、われわれはいかにして科学共同体が出現し持続するかだけでなく、科学知識が贈与として循環した場合や、利潤を得るための売り物の商品として扱われた場合に、具体的に何が起こるか、をも問う必要がある。合衆国における科学組織に関する研究の第一人者はミシガン大学出身の社会学者ワレン・ハグストロムである。[三] ハグストロムの出発点は私と似ている。彼は科学におけるアイディアの交流の論考を「定期科学刊行物に提出される原稿は、しばしば『寄稿』と呼ばれ、そして、それらは事実ギフトなのである」と指摘することから始めている。科学者が研究を発表する定期刊行物が投稿者に原稿料を支払うことはまれであり、それどころか、著者たちの属する学会は出版の費用を負担することをしばしば求められる。「他方、科学原稿の著者が金銭的な報酬を受け取る原稿、たとえば教科書や大衆向けのものなどは、軽蔑されないまでも、独創的な研究成果を含む論文よりも、たしかにずっと低い評価を受ける」とハグストロムは言う（同様のことが文学界についても言える。文化的価値のある著作に報酬を支払うのは例外であって、常ではなく、しかも謝礼は労働の量にほとんどみあわない。「大衆」作品――怪奇小説、スリラーなど――は金銭的にはもうかるが、その著者たちは文学界の正会員とはならない）。

アイディアを共同体に提供した科学者は、代わりに認知と地位を得る（この話題については、後にまた扱いたい）。けれども金銭を得るために教科書を書くことはほとんど評価されない。ハグストロムの研究に出てくる科学者の一人が述べているように、もしある者が「教科書以外まったく何も書かなければ、その者はまったく評価されないか、マイナスの評価を受けるだろう」。そのような仕事はグループになんら利益をもたらさないので、異なる種類の報酬、すなわち現金、を稼ぐというのは理にかなっている。「認知されることと違って、現金は基礎科学界の外でも使われうる」とハグストロムは指摘する。現金はいわば外の世界との取引の媒介物である。なぜなら贈与（や地位）と異なり、共同体の境界を越えて動いても価値を失うことはないからである。同様に、「教科書の出版が科学の伝達の一形態として軽蔑される傾向があるのは、教科書の執筆者が共同体の財産を個人の利益のために使っていることも理由の一つである」と、ハグストロムは他の箇所で述べている。「文学的財産は私的なものではありえない」と述べるキューバ人のように、共同体の存在をわれわれが感じることができるならば、印税は（法外な高利のように）搾取ではないかと思えてくる。

科学者は彼らのアイディアが科学に貢献したとき、称賛を要求し受け取ることができるが、彼らが科学共同体の一員であればあるほど、その称賛は謝礼を通しては表現されない。逆に言えば、グループの一員でない者は誰でも「雇われて働き、そのサービスに対して料金」を支払われるのである。それは彼の時間の埋め合わせをする現金の報酬であるかもしれないが、同時に彼を彼のなした貢献から遠ざけてしまう。時給で働く研究員は技術者、使用人であって、科学共同体の一員ではない。同様に、あえて共同体の外に出て産業界のコンサルタントをつとめる学究は、料金の支払いを当然のこととする。彼のアイディアの受領者がそれらを贈り物として取り扱うつもりがないのなら、彼もそれらを贈り物として与えないだろう。この逆は専門家がお互いにサービスを割引する「職業上の儀礼」という古くからの慣例である（たとえば、眼科医を訪れた光学を専門とする物理学者は、帰りに勘定の一五パーセントが値引きされているのに気づくかもしれない。買い手と売り手が同じ共同体のメンバーであり、それゆえ互いの知識から利益を得ることは不適当であるという事実を認識していることの印として、通常の市場取引を贈与取引（利益を除いた）に変えるという点において、この習慣は「サービスに対する料金」の裏返しである。われわれはここに旧約聖書からウダク族にいたる部族グループを特徴づけた二重経済とまったく同じ種類の経済を見ている。どのような取引も――アイディアであれ、ヤギであれ――共同体を認知し、確立し、維持することを意図している限り、贈与となる傾向がある。

贈与交換によってまとまった共同体では、「社会的地位」、「名声」あるいは「尊敬」が、現金での支払いにとって代わる。科学者たちが彼らの研究成果を学術誌に寄稿する理由の一つは、認められ地位を得るためであることを誰も否定しないだろう。遅かれ早かれ疑問が起こる。これらの貢献を野心と利己主義として語ったほうがよくはないだろうか？　競争の論理のほうが科学出版物をよりよく説明しないだろうか？　まず第一に、われわれが語っているような種類の地位は贈与によって達成されるものであり、買収によるものではないことに注目しなければならない。この区別は重要である。北西アメリカ沿岸のインディアンもまた「名を揚げる」ため、名声を得るため、ギフトを贈る。だが、注意しなくてはいけない。クワキウトゥル族の名声は財産を贈与することによって「高まり」、受け取ることによって「地に墜ちる」のだ。贈与によって無一文になった者が、最も高い名声を得る。われわれは誰々が名を揚げたというとき、オナシス(三)やJ・P・モーガン(四)、H・L・ハントのように富豪となった男を思い浮かべる。けれどもクワキウトゥル族の名前は、まず第一に、個人の名前ではない。たしかにそれは個人に贈られるものではあるが、「プリンス・オヴ・ウェールズ」のように社会的地位を表わすものだ。いくつか例をあげてみよう。

・財産を宴会で食いつぶした者
・いやというほど与える者
・歩きながらいつも毛布を与える者
・財産が流れ出る者
・財産を投げ捨てる踊り

好戦的な名前（いたるところで争いを巻き起こす者）もあることは事実だが、大部分は所有物の流出に言及している。人は富を指の間からこぼすことによって名を揚げる。彼は品物をコントロールするかもしれないが、彼がコントロールしているのはその分散である。「美徳は富を公然と処分することにあり、単に獲得することにあるのではない……」と、人類学者がインディアンについて言うことができるように、「科学においても、定期科学刊行物に寄稿した原稿が受け入れられることが、寄稿者の科学者としての地位を確立する――実際、科学者としての地位はそのようにギフトを与えることによってのみ達成され、そのことが科学共同体での彼の名声を保証するのである」とハグストロムは書いている。科学者が地位を得るためにアイディアを寄稿するのは事実だが、彼が揚げた名が「会議にアイディアを食べられた者〔学術会議にアイディアを提供した者〕」というものであるならば、われわれは彼の寄稿をまやかしと呼ぶべきではない。この地位は利己主義者の地位ではないからだ。(3)

もしあなたがアイディアが贈与として取り扱われる科学共同体について、科学にかかわる人々に述べるならば、彼らの多くがあざ笑うであろうことは事実だ。なぜなら、彼らはそのような経験をしたことがまったくないからだ。彼らはあなたにアイディアを盗まれた次のような話をするだろう。誰それは有名なしかじかの発明をしたが、その場にいあわせた男性が急いで出て行って特許をとってしまった。あるいは、誰それは自分の研究を実験室のパートナーと論議するのが常だったが、卑劣なその男性はしかるべき謝意も示さずに、それらの考えを出版するために出て行った。彼は競争心から、また学位をとる必要から、また終身在職権(五)を得るために出版しなければならなかったから、それをしたということである――そして、こういったことすべては、企業や軍隊の依託研究に支配される資本主義大学の細分化された科学に当然予想されることなのである。

けれども、これらの話は全般的な論旨と矛盾するものではない。私は科学はアイディアを寄贈品として扱う共同体であるとは言っていない。私はアイディアが贈与として動く程度に応じて科学は共同体となると言っているのである。これらの話のいずれも、例外のケースとしての側面から、全般的な論旨を例証している。すなわち、いずれのケースでも個人のいつわりによる勢力拡大――アイディアの窃盗、不当利益のむさぼり――がグループを解体している。弁理士(六)とホットラインでつながっていることがわかっている男性と、浮かんだばかりのアイディアを相談しようとする者はいないだろう。アイディアを盗まれた男性は実験室のパートナーと話すことをやめる。独創的なアイディアの貢献によって地位が与えられるところでは、泥棒はしばしの間生きながらえるかもしれないが、結局は誰かがおかしいと気づき、悪名が名声にとって代わり、詐欺師は除け者にされる。

われわれはなぜ科学ではアイディアが贈与として扱われうるかという問題に、今、直面しなくてはならない。それに答えるためには、まず科学共同体の役割について話さざるを得ないだろう。手短に、科学の役割は物質界を描写し説明することであると言おうか、あるいはもっと一般的に、事実を説明し予測することのできる総合的な理論体系を発達させることであると言おうか。このような簡潔な説明でさえも、なぜアイディアが贈与として取り扱われうるかといういくつかの理由を示している。まず第一に多量の異種の事実を首尾一貫した統一体に整理する仕事は、一人の人間の力、いやそれどころか、一世代の人々の力さえも越えていることは明らかだからである。すべてのそのような広範囲の知的作業は学者の共同体——個人の思索家が、個人の力以上の仕事をするための一種の「集団の頭脳」を発達させることができるように、仲間のアイディアの波にもまれることのできる共同体——を必要とする。アイディアの交流は——寄稿されたものであれ、受理（あるいは却下）されたものであれ、統合されたものであれ——そのような頭脳の思考を形成する。かつて反ユダヤ主義運動によって学会から追放されたポーランドの理論物理学者は、アイディアの流れの中にいる必要性を証言する。「書き留められる以前に幾世代にもわたって口承で伝えられたユダヤの律法のように、物理学のアイディアも論文や書物として出版されるはるか以前から論議され、会議に提出され、厳密に試験されており、大規模な総合施設で働く物理学者の内輪の集まりにはすでに知れわたっているのである……」。科学者は研究を一人で行なうことはできるが、孤立して行なうことはできない。科学の目的が共同作業を要求するのである。おのおのの個人の仕事が互いに「調和」しなければならず、贈与交換の統合的な性質こそが、この統合の媒介物としてふさわしい。結び合わされねばならないのは、単に人々だけでなく、アイディアそのものなのである。

科学共同体に関して今まで述べてきたのは、贈与循環が緊密な共同体を生み維持するということや、また、逆に贈り物を商品に変えることは、そのようなグループをばらばらにし破壊することもあるという全般的な論旨を最終的に例証するためである。大ざっぱな言い方をすれば、アイディアを商品に変えるということは、人から人へとアイディアが使用税や料金なしに動くことのないように境界をもうけることである。すなわち、境界を越えることを許される前に、アイディアの利益ないしは有用性が計算され、代価が支払われなければならない。石工、なめし革業者のような職人のギルドは専門的知識を秘密にし続け、大衆に彼らのサービスに対して料金を請求したものである。彼らの知識はギルド内では「皆のもの」として循環したが、よそ者は料金を払った。外部からみると、職業上の秘密（商品のアイディア）が知識の進歩と統合を抑制する。おのおのの職業がそれ自体共同体であるのかもしれないが、「科学共同体」にはならないだろう。専門的知識の孤立地帯はぽつぽつとあるかもしれないが、グループの頭脳がそれによって発生する機構もなければ、一連の理論が集まることもないだろう。研究者の発見に専売特許を取る現代企業も、アイディアのまわりに料金という境界を築いている[4]。企業の研究施設内では贈与交換の小世界があるかもしれないが、会社の門のところでは、アイディアの流れを支配するのは利益である。企業に勤める科学者はしばしば自分のアイディアを科学共同体に寄与することができない。なぜなら会社が特許を確保するまで、彼は時には何年も待たねばならないからだ。そして、その時になってさえ、発見は贈与としてではなく、それを使用する者は使用に対して料金を支払わなければならない高利貸しのようなものとして現われるのである（例外はいつでもあるだろうが、しかし一般に、アイディアを贈与として取り扱う科学者は、それによってより高い評価を共同体内で受ける。彼らは理論の（「純粋で」「基礎的な」）研究に従事しがちで、報酬もよくない。特許関係で雇われている人たちは、比較的無名で共同体の一部である度合いも低く、応用科学の研究をする傾向があり、報酬もはるかに多い）。(5)

DNA組み換え技術の顕著な商業的可能性は、近年、科学共同体内に、贈与、商品、及び科学の目的そのものに関する論争を促した。多くの学究的生化学者が市場にひかれ、彼らのアイディアを贈与として取り扱うのをやめたばかりでなく、いくつかの学究的な施設もこれに同調しはじめた。たとえば、一九八〇年の秋、ハーヴァード大学は教授団によって開発された遺伝子接合技術の市場性を高めるために大学の関連会社を設立することを計画中であると公表した。このアイディアはさまざまな根拠から反対され（そして結局は却下されたが）、その主なものは投機的企業の秘密保守の必要性と、学会が専念する自由なアイディアの交流との対立であった。ジョナサン・カインド博士はマサチューセッツ工科大学の遺伝子学者として述べている。「従来アメリカの生物医学の強みの一つは、資料や生物体の菌株や情報の自由な交流にあった……しかし、今、個人の利益や微生物の特許権を是認し、制度化するならば、人は自分の菌株を公共の場には出したくなくなり、菌株を発送しなくなるだろう。このことはすでに現在起こりつつある。人々は今ではバクテリアの菌株やその成果を、過去のように自由に共有してはいない」。

ここで自由と市場の関係についての私の意見を、われわれは再検討してもよい。自由市場(七)のイデオロギーは個人の自由に取り組んでおり、個人の見地からすれば、自由と商品の間にはしばしば関連がある、のだ。だが、グループの見地からこの問題に取り組むとしばしば話は異なる。贈与共同体はその構成員にある制約を強いるのは確かではあるが、しかしこれらの制約は贈与の自由を保証する。「学問の自由」という表現が商業目的の科学に関する論争に使われるが、これはアイディアの自由に言及しているのであって、個人の自由を指しているのではない。あるいは、それは自分のアイディアをグループの頭脳に貢献するギフトとして取り扱ってもらうという個人の持つ自由であり、それゆえグループの頭脳に参加する自由と言えるかもしれない。すべてのアイディアに価格が伴うとき、すべての論議、すなわち、グループの意向の確認は、市場機構を通して行なわれなければならず、それが少なくともこの場合には、論議をするのに非常に効率の悪い方法であるので、問題が生じるのである。アイディアは商品として取り扱われるとき、自由に循環しない。雑誌『サイエンス』は、あるDNAの研究グループが、他の地元の研究者たちが共通の財産として扱っていた技術に特許を求めたカリフォルニアでのケースは、現在「審議中」であると報じている。自分の貢献が搾取されたと感じたある学究は、「かつては、[地元の]研究者の間でアイディアや情報の素晴らしい健全な交流があったものだ……今では私たちはドアに鍵をかける」と述べた。

ギフトの循環に伴って形成される組織とは異なる形態をもつ組織もある。軍隊は高度に組織化されている。ゼネラル・モーターズ社もしかりである。われわれは科学組織「契約」論を展開することもできる。科学者は権力欲と金銭欲に駆られて、仕事と現金を与える所から——会社からであれ、消費者からであれ、政府からであれ、どこからでもよいのだが——権力と金銭の報酬を得るために、研究をし出版をすると主張することもできる。そのような報酬制度は独自のグループを形成する。しかし、少なくとも科学においては、ハグストロムが指摘するように、よりよい職業、終身在職権、より高い地位などを得る目的以外はなんら目的を持たずに仕事をするとき、人は学問への貢献はせず、つまらない研究をするだけで終わってしまう。仕事や金銭を得るための激しい競争があり、そのような副次的目的であるはずのものが第一の目的になったとき、科学者たちはますます、たとえ共同体のより広い目的にそれがどれほど無関係であろうとも、「独創的な」研究を早急に印刷する競争に引きずりこまれるだろう（文学界での、少なくともここ数十年間の、文学研究や批評の出版されたかなりの量の無用の長物は、仕事を確保する必要がたしかにその原因である）。科学組織契約論が「その組織化よりもむしろ解体化を説明している」とハグストロムは結論を下している。

私はここで科学を共同体として語ることのできるすべての方法を網羅しようとしたわけではない。科学には、もちろん、贈与交換だけでなく競争もあり、チームワークだけでなく個人主義もある。けれども私は、ハグストロムがしたように、贈与としての知識の循環を通しての共同体の出現から始めることがよいと思う。共同体の出現後、われわれは意見の相違、分裂、特殊化、論争、その他すべての知的生活の他の微細な差違について語ることができよう。けれども逆方向に研究すること――特殊性、個性、個人的利益を強調しながらアイディアを交換することから始め――足並みをそろえての努力と理論の調和をめざして進むことは困難であろう。契約論は企業の効率のよい組織化をうまく説明するかもしれない。これは科学者を雇う企業についてもあてはまる。しかし、科学の最終目標が論議に適し、首尾一貫した理論体系を統合することのできる知的共同体を要求するかぎり、贈与交換はその交易の一部をなすことだろう。

科学は贈与の循環から形成される共同体としては、幾分変則的な共同体を形成する。なぜなら、知識

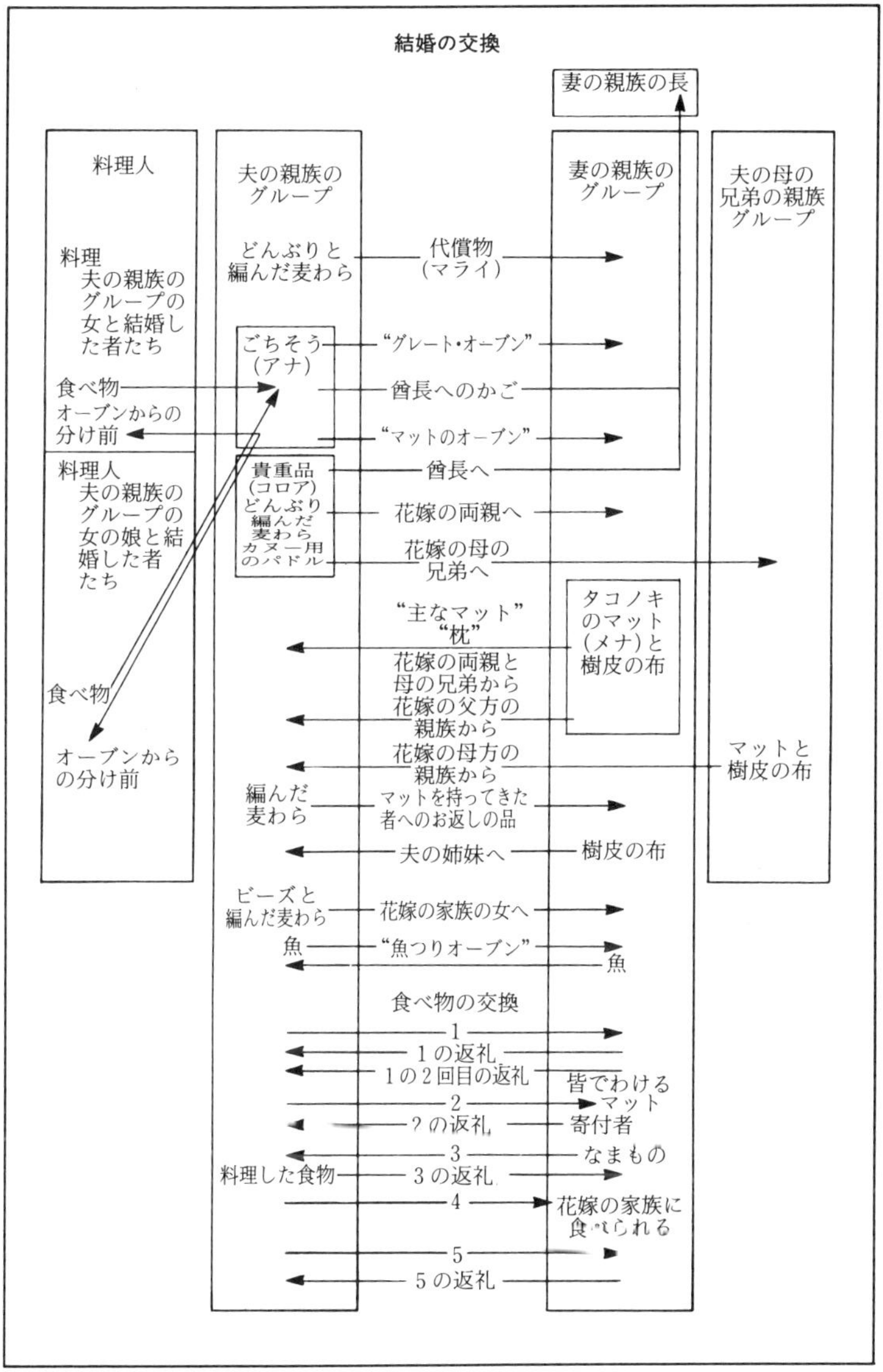

ティコピア族の結婚のギフト
レイモンド・ファースによる原始ポリネシア経済より（ロンドン，1939）

人の間で交換されるのは「理知的な」贈り物だからである。情熱的な科学者がいないからではなく、学術誌に掲載されるアイディアは、ほとんどの贈り物のような感情に訴える直接性を実際には決して持てないからである。その上、アイディアを商品に変えることから結果として生じる崩壊は、家族や親族ネットワークのようなそれほど抽象的でも特殊でもないグループに伴うものほど顕著ではない。無数の例のうちの一つとして、ポリネシアのある島の結婚に際して配られる贈り物を再現した図表を示そう〔前頁〕。今の時点で交換の詳細を論じる必要はない。図表のこのうえない複雑さを私は指摘したいのだ。花婿と花嫁の親族の間では九つの主要な品物の交換が行なわれるが、補助的な交換はそれ以上の数にのぼる。このような結婚の後では、誰もが他の人すべてとなんらかのつながりを持つ。半ダースの結婚式と同じ数の成人式と葬式（これらの交換は結婚式の交換よりも、さらに一層複雑である）の後、どのようになっているか想像してほしい。漠然とした恩義、感謝、期待、思い出、感傷が広まりつつある――言い換えると、生き生きとした社会感情が生まれるだろう。食堂での葡萄酒の素朴な酌み交わしと同様、多くの人々の長期間にわたる交換は、最終的になんら「経済的」利益をもたらさないかもしれないが、やりとりを通して、以前にはなかった社会が現われるのである。ところで、この図表のすべての贈り物が、現金取引に変わったらどうなるか考えてみよう。もちろん、結婚式はなくなるだろうし、それにもまして、これは、ブッシュマン、アパート群の住民、研究に従事する科学者の場合にも言えることだが、すべての交換が参加者を互いから切り離し自由にするならば、共同体も消滅することであろう。

この共同体に関する論考を終えるにあたって、贈与経済に対応する政治形態は何であろうかということについて簡単に示唆したい。思うに、贈与は無政府主義者の属性であると評するのが一番ではないだろうか。贈与の循環によって確立したつながりである「契約」は、中央集権や上から下への権威によって組織されたグループを縛る束縛とは種類が違う。マルセル・モースの独創的な『贈与論』は部分的には現代の契約の起源についての思索であり、それゆえ、私が心にえがいている主眼点への有益な入口として役立つであろう。モースは結合は、現代では法律上の文書での合意によって確かなものとされるが、原始的な形態では贈り物がその役割を果たしたのではないかとの疑問をもった。彼は二通りの回答をしている。一方では、贈与交換の痛切に感じられる束縛――「返礼の義務」――は法にのっとった「貸付契約」(八)の原始的な形態とみるのが正しいように思われる。だが、原始的なものから現代的なものへの変遷をたどりながら、モースは失ったものをも、また、強調する。序文でも述べたように、彼の論文は宗教的、司法的、道徳的、経済的、審美的な慣例が入り混じった「全体的な社会現象」としての贈与交換に焦点をあてている。これらの数種の糸が分化したときにのみ、法的契約が別個の制度として発達するのである。

モース自身があげた例の一つを取り上げると、そのような分化の時は、「対物《リアル》」と「対人《パーソナル》」の法律――すなわち物に関する法律と人に関する法律――の別個の発展によって特徴づけられる。贈与経済においては、われわれが詳細に見てきたように、そのような区別はぼやけてしまっている。なぜなら事物はある程度まで人として扱われ、その逆もまたしかりだからである。人も事物も、生者も死者も、精神的に区別されるのであり、合理的にではない。古代イタリアの場合はそうだったとセースは推測している(九)。最古のローマ法やイタリア法では「事物は個性と独自の徳を持っていた。事物はユスチニアヌス法典や私たちの法律が意味するような自動力のない物体ではない。それらは家族の一部である……」と、モースは主張している。古代、ローマの「家族《ファミリア》」は人々だけでなく、「家庭のもの」すべてを指し、家にある物体から食糧、生計の手段までを含んだ。しかしながら、後のローマ法は次第に経済的関心と儀式的関心を区別し、「家族」を「物《レース》」と「人《ペルソーナ》」に分け、そうすることによって、「個人的配慮で煩わしく、市場や売買や生産力の発達と相容れない――一言でいえば、不経済な――古くさくて危険な贈与経済を超えたのである」。物と人との区別は後のローマ法の様相であると同様に、もちろん、現代社会の様相でもある。モースが他の箇所で述べているように「この区別は基本的なものである。それはわれわれの所有、譲渡、交換制度の条件である。だが、われわれが研究してきた習慣とは無縁のものである」。

法的契約は贈与「契約」の形跡を残してはいるが、贈与交換はこれとは別の領域に位置づけられねばならない。なぜなら、法律によって是認された契約は、贈与交換の結合を正式なものにするかもしれないが、それは「全体的な社会現象」の他の構成要素を切り離すからである。それは感情的精神的内容を放棄させる。恩義と義務が単なる経済的かつ法律的関係になってしまう。法的契約は贈与のきずなの合理化であり、それは、後に論じるように、高利貸し（または金利）が贈与交換の増殖の合理化であるのと同様である。契約も高利貸しも贈与経済の構造を真似ているが、感情、とりわけ「不経済な」感情、が欠落している。

もしわれわれが贈与交換について政治的に語ろうとするならば、われわれは贈与契約の性格から政治の起源をたどらなければならない。私がモースのローマ法の話から始めたのは、この法律が同じようなテーマの一連の政治の話の基調をなすからである。(二〇) われわれは、無政府主義を研究する歴史家がよくするように、十六世紀初頭のヴェストファーレン州のミュンスター市を短期間支配した再洗礼派の話から始めよう。宗教改革中にヨーロッパに現われたさまざまな宗教運動は、教皇権に対する反発だけでなく、新しい（ローマ的な）財産の概念に対する反発でもあった。この概念は、たとえば、その地域の君主に、成文法という目に見えない魔法で「共有地」――共有の牧草地、森、小川――を私有の禁猟地に変えることを許した。

そのような「ローマ的な」考えに反対して起こった多くの運動のなかでも、再洗礼派は通常、後の世紀の政治改革論者の先達と見られている。多くの再洗礼派の分派があったが、皆、行政の権力を認めない点は一致していた。洗礼を受けた者は神と直接交わったので、いかなる仲介（国家または教会）も不必要であるばかりでなく、率直に言って信仰に反する行為とされた。人とその人の行動を導く内なる光の間に何ものも立ちふさがってはならないのである。

ミュンスターの町は一連の災難（ペスト、不景気、重税）に苦しみ、市民のかなりの部分が新再洗礼派に改宗し、町を支配した。彼らはカトリック教徒もルター派信徒も追放した。ヴェストファーレンの司教は町の名目上の支配者であったが、傭兵の軍隊で町を攻囲した。市民は一年近くにわたり司教を寄せつけず、食糧や衣類のたくわえを共同で分け合って生き延びた。信仰の厚い信者たちには、ミュンスターがまもなく新しいエルサレムになることは、明らかであるように思えた。彼ら自身による町の支配と新しい時代の始まりを記念する皮切りの儀式として、再洗礼派は契約や負債を記録したすべての書類を焼いた。

それから三百年以上も後の一八四二年に、ドイツの無政府主義者のヴィルヘルム・ワイトリング(一一)は、再洗礼派の指導者たちに霊感をうけて宣言書を書いた。「時がやってくるであろう……われわれが紙幣や、為替手形、遺言書、税の記録簿、賃貸契約書、借用書、に大規模な火をつけ、すべての者が自分の財布を火中に投げこむ時が……」(6)。三十年後、われわれはイタリアの無政府主義者エンリーコ・マラテスタ(一二)が、ワイトリングの思想に基づいて行動しているのを知る。一八七七年に彼と同胞の一団はナポリ近くの森へ逃れ、町から町へとできるかぎり国を破壊しながら移動しはじめた。歴史家のジェイムズ・ジョル（一三）が書いているように、

> レンティノの村に日曜の朝縦隊が到着し、ヴィットリオ・エマヌエレ王（一四）の退位を宣言し、土地所有や借金と税金の記録を含む公文書を焼却するという無政府主義者の儀式を遂行した。

われわれには彼らが自分の財布も火中に投げ込んだかどうかを知るすべがない。

　これらはすべて法的契約と「心の契約」とでも呼ぶべきものの闘争の物語である。無政府主義者は、彼ら以前に再洗礼派がしたように、心からの結合力を持たず、それゆえ、抑圧になりがちな結合を無効であると常に宣言しようとした。（一五）しかしながら、愛情のきずなだけで維持されうる社会はまれであり、大部分の、特に規模の大きな社会では、感情を切り離した法律によって認可され強制される結合をもまた持たねばならない。しかし、ローマで「家族」が「物」と「人」に分かれたように、現代社会でも法律が以前にはもっぱら心の領域であったところにまで、ますます深く入り込んできている。以前は誠実や感謝によって非常に漠然とではあるが固められていた契約《きずな》を、法律は強化しようと努めてきた。けれども法律が人々を結び合わせ、秩序を保証するには限度がある。法律は全体的な社会現象から感情的精神的内容を切り捨てる傾向があるのみならず、その遂行は特有の社会を要求する——まず第一に、対立する人たちと計算を要求する、が、しかし、これらはどちらも贈与交換の精神からは排除されるものである。贈与の精神は正確さをしりぞけ、また、かならずしも贈り物は相互に動くとは限らない（それゆえ、債権者と債務者という利害の対立する当事者を生まない）、であるから、裁判所が忘恩の問題をい

かに裁くべきかについて、当惑するのももっともである。心の契約は法律外であり、それゆえ、そのような契約が法的関係に変わるときには贈与の環は常に狭くなる。

　これらの少なくとも再洗礼派から無政府主義者に至る顚末には、人生が契約と負債の法典化によって矮小化されると感じ、それに抵抗して行動する信念が反映されている。この抵抗は、階級制度を確かなものとする成文化された負債に対してのみなされたわけではない。全体的な社会現象を原始的な過去のものとして捨て去ることによって心の契約を弱め、物と精神の分離を促進するあらゆる成文化に対して、抵抗がなされたのだ。負債証書の焼却は、贈与交換を友好的なものとしているあいまいさと不正確さを守る動きである。このような見方からすれば、彼らの破壊は反社会的な行為ではない。尊い感情でありかつ社会の結合剤でもある感謝を解放する動きである。感謝がゲオルク・ジンメル（二六）がかつて述べたように「人類の道徳的記憶」であるならば、われわれの負債が債務と隷属に変わったときはいつでも、また、触れることができ具体的に表現された心の結合――望んで加わり、感謝の念で維持され、意のままに去る結合――が単なる法定の結合という目に見えない支配にとって代わったときはいつでも、鈍くなってしまう記憶を、これは新たにする動きである。

　私はここで、かなりの期間暗示されてきた限界、すなわち、贈与交換は小グループの経済であるということを、はっきりと述べなければならない。感情的なきずなが共同体をまとめる接着剤であるとき、その大きさには上限がある。キャロル・スタックが述べたアパート群の親族ネットワークは約百名を数える。愛情のきずなをもとに形成されたグループは、たぶん千人ほどの大きさになることができるだろうが、千は限界に近いに違いない。われわれの感情はメンバーがあまりにもふくらみすぎると閉ざされてしまう。大都会の通りを行く見知らぬ人たちは、互いに目をあわさないようにしているが、それは軽蔑を表わしているのではなく、過剰な人間的触れ合いに圧倒されないようにしているのである。であるから、われわれが贈与の交易のような感情的交易によって発達し維持される共同体について語るとき、われわれは限られたサイズのものを言っている(7)。大規模な大衆社会に真の共同体——支配的価値が交換価値であり、かつ、道徳が法律に成文化された共同体——をどのようにしたら維持できるかということは、現代社会のいまだ解決されないジレンマであり、無政府主義者たちが繰り返し取りくんできたものである。

　無政府主義が政治哲学として現われたときには、すでに契約の概念は著しく拡大されていた。十七世紀と十八世紀においては、「社会契約説」(一七)の理論家たちは、個人のきずなという極めて小さな単位から、国家を形成するために個人が結合する原契約を推定した。トマス・ホッブズの見解(一八)——最も衝撃的な例で、かつ、無政府主義者の理論と正反対でもある——によれば、「社会」が成立する前に、暑い部屋のハエのように個々の人間がぶつかりあう「自然法下の状態」(一九)があったが——互いに殺しあうだけにハエ以上に人間は始末におえなかった。ホッブズの自然史(二〇)によれば、人間は利己的な欲望（主として、野心、強欲、プライド、死の恐怖——ただちに私利に由来することがわかるみせかけの利他主義）に駆りたてられた。幸いなことには、これらさまざまに異なる人々は、死の恐怖を等しく感じ、理性によって自然法下の状態から安全な社会生活へと移行した。不幸なことには、人間の理性は激情ほどには強くないうえに激情は反社会的なものなので、理性が提唱する社会生活は、人々を「畏怖」させるに十分な権力を持った絶対的な権威を含まねばならなかった。ホッブズは彼の国家を、利己主義、死の恐怖、理性、権威によって吹き込まれる畏怖、という四つの土台の上にすえた。

　社会契約説には、原始人と文明人の間の想像上の相違が頻繁にみられる。ホッブズの原始人は共に住みたくなるような人ではない。けだもののような攻撃性や「次から次へと権力を求める休みなき永遠の欲望」に支配されてたえず闘争状態に生き、通常の社会生活や共有財産、私有財産を知らず、窃盗のみを知る人である。彼は文明人とは本質的に異なっており、そのために人々を結合する契約を必要とすると同時にその契約の方式をも規定するというホッブズの政治学の特徴が生まれた。ホッブズは彼の政治学を、文明が混沌とした原住民の過去に取って代わるという、歴史に関する幻想から始めた。この変遷は人々が個人的な力を行使する権利を捨て公共の権力を制定することに同意したという、想像上の選択の瞬間に特徴づけられている。この必要欠くべからざる条項によって、社会契約は人間を自然から脱出させ文明状態に至らせる。しかし、契約が必要なのは、人間がそれなくしては行儀よくふるまうことを保証できないという、まさにそのためなのだということに注目してほしい。だから、少なくともホッブズにおいては、不信と法が常に混在しており、そのことがマーシャル・サーリンズ（一二）が指摘したように、「自然の法則は人為的な組織という枠組みの外ではうまくいくはずがない……自然法は人為的な権力によってのみ制定され、理性は権威によってのみ解放される」という逆説的な政治学を導くのである。

　無政府主義者はその政治学を異なる考え方で始め、異なる解決に到達する。無政府主義は、近代国家が十九世紀に政治的実体となるまで、政治哲学として明確に語られることはなかった。その時でさえも、無政府主義は単独で一つの政治学であったのではなく、倫理学の政治思想への応用であった。無政府主義者の理論は、人々が現在、法と権力のもとで苦しんでいる以上に苦しみ始める前に、どれほど多くを取り除くことができるかを見るために、国家とその機構に適用された王水（一三）のようなものである。無政府主義者は性善説の仮定から始め、法そのものが犯罪の「原因」であると強く主張する。彼は現代人とその「自然のままの」祖先との間に、ギャップではなく近似を感じる。ロシアのピョートル・クロポトキン[二三]は、実際に部族グループを訪れているので、ここでのよい例である。貴族の家に生まれ、陸軍士官学校で教育を受けたクロポトキンは、筋金入りの合理主義者で、本格的な科学者であり、科学界では地理学者として認められていた。二十代の初めに彼は中央アジアへの調査旅行に参加した。ジェイムズ・ジョルのこの旅行に関する記述は、われわれがここで扱っている、まさにその問題点にふれている。

彼が観察した原始部族は政府や法がなくとも社会生活を統制する習慣や本能を持っているように思われた。クロポトキンにとって、原始社会は、ホッブズの闘争や、万人が万人に対してなす戦いの例を供給するどころか、人間の自然のままの状態が、「自分たちの利益のために」強制した習慣に永続性を与えたいという、支配者階級の欲望の結果生じた政府や法によって、そこなわれることがなかったならば示していたのであろう、協力と「相互扶助」を示していたのである。調和のとれた生活に必要なものすべては、「社会にとって有益な慣習だけであり……それを確実に守らせるための法など必要ないのである」。

本物の原始人をみたのはホッブズかクロポトキンかを決める必要はない。だが、クロポトキンのほうがおそらくより実像に近いだろう。彼は実際に現地に行った（一方、ホッブズは決してフランスより遠くには行かなかった）という理由からだけでも。けれども彼の報告書はかすかに空想的な雰囲気を放っている。部族の生活の十分に陰影のついた見解は、経験科学としての民族誌学の出現を待たねばならなかったのである[8]。これらの原始部族に関する初期の記述は、政治科学ないしは民族学というよりも、むしろ気質の現われとみたほうがよいだろう。ある気質は原住民に親近感を感じ、他の気質は距離を感じる。ある気質は気前のよさを決めてかかり、他の気質は権力欲を決めてかかる。ある気質にとってはわれわれの感情は社会的なものであり、他の気質にとっては利己的なものである（十九世紀までには、ホッブズ的気質はダーウィンを闘争の記述として読んだが、一方、クロポトキンはダーウィンといえば盲目のペリカンを仲間のペリカンが魚で養った話を思い出す）。ある気質は好意が社会生活の基盤となっていると決めてかかり、他の気質は利己主義を決めてかかる（それゆえ、社会を成立させるためには理性と権威をつけ加えなければならない）。

二つの気質は感情と理性の役割に関する根本のところで分岐する。ホッブズはいかなる社会的感情をも認めない。彼は自然のままの生命は「孤独で、貧しく、意地が悪く、残酷で短い」という彼の宣言を「感情から推論したもの」と語り、それに対して「理性は便利な……自然法と呼ばれる和平条項を提案している」と述べている。この気質にとっては、感情の歯止めとしての法が道理上必要であり、社会生活はおのおのの人間が自分自身の一部をかろうじて抑制することを納得したときにのみ成立する。かくして、ホッブズは社会生活の基盤を抑制に置き、統治される者と統治する者を切り離し、秩序を確かなものとするために（警察、裁判所、刑務所といったすべての機能をそなえた）法に頼ることになるのである。

この二つの奇想——第一に感情は社会生活を台なしにするという奇想、第二に威圧政治が社会生活を維持するという奇想——にこそ、無政府主義者の理論と贈与交換の伝統が疑問をはさむのである。感情に動機づけられながらも、組織、耐久性、結合力が顕著な社会生活を、無政府主義者は空想し、贈与交換の伝統は実証している。無政府主義者の理論と経済としての贈与交換には、多くの共通点がある。双方ともに人間は気前がよいか、少なくとも、「生来」協調的であると仮定している。双方ともに中央集権を避け、双方ともに小グループやゆるやかな連合に最適である。双方ともに成文化された契約よりも心の契約に頼る、等々。だが、とりわけ贈与を無政府主義者の属性として語ることは正しいように思われる。なぜなら、無政府主義も贈与交換も、共同体が出現するのは、自我の一部を抑制し制限するときではなく、自我の一部を与えるときであると仮定しているからである。

原注

(1) 財産を共有したり、グループから離脱したりする以外の第三の選択肢は、ごまかしである。似たような相互扶助のネットワークで特色づけられるメキシコの小作人の共同体では、「人目につく消費」の正反対の現象がみられる。金持ちになった家族は、彼らの富が人目につかないように家のまわりのアドーベ〔日干し煉瓦〕の塀を非常にみすぼらしいままにしておくだろう。マグノリアとカルヴィンも、家賃を払わず、死者を埋葬せず、子供たちをみすぼらしい服のままにしておいて、金をためることもできただろう。

(2) マグノリアは彼女の相続財産を利息をとって貸すことによって、商品貨幣に変えることもできた。けれども、そうするためには、結局は、彼女はローン取り立て人や警察などを必要としただろう。親族ネットワークの意図との対立は明らかである。

(3) 贈与経済は独自の形態の個人主義を許す。すなわち、「私がそれを与えた」と言うことができる。スー族のインディアンとしばらく生活した後、エリク・エリクソンは彼らの子供の取り扱いについて次のように述べている。「親は……子供の持ち物にさわろうとしなかった。なぜなら所有物の価値は所有者がそうしたい気持になったとき――すなわち、彼自身の名声と、彼の名において彼がそれを与える相手の名声も増す場合――これを手放す権利が所有者にあるということにあるからだ」。贈与経済における個人主義は、いつ、どのようにして、ギフトを贈るかを決める権利にある。個人は所有物の流れが自分から遠ざかっていくのを（自分のほうに向かうのを、ではない。これは異なる個人主義なのだ）コントロールするのである。

（4）特許は職業上の秘密とは重大な点で異なる。歴史上、ギルドないし手工業はその秘密を可能なかぎり長く守ることができた。あるものは何世紀も守られた。だが特許が認められるのは限られた期間（合衆国では十七年間）で、そうすることによって、私的な発明をゆっくりと公共の領域に移しながら、その発明にも報酬を与える機構になっている。特許は著作権や使用権を含む、限られた独占的な開発の権利を認める一連の所有権に属する。この種の所有権は贈り物と商品の間の賢い妥協点である。このような所有権は個人的富への欲求も尊重すると同時に、共同体の必要をも認めているのである。

（5）この原則を逆説的に証明するように思われる例外は、「学究的な」科学者が企業の研究施設に就任した場合である。ハグストロムは「応用研究分野のみを目的とする企業の研究機構が、しばしば著名な人を基礎研究のために任命し、他の科学者にも短い期間同じ研究をさせて、その成果を公表することがある。これは企業の研究機構をすぐれた科学者に魅力的にするためである。かりに、企業が純粋な研究を許さないならば、その応用研究や開発努力は打撃をこうむるだろう」と書いている。

（6）ワイトリングは昔からの契約書や負債証書の廃止に、金銭の廃止を加えた。この思想はヨーロッパの無政府主義者たちの綱領の公認の部分となった。彼らは通常、ワイトリングのように、物々交換（贈与ではない）が現金取引に取って代わることを要求した。

（7）この規則の例外は、科学共同体のように、ある非常に特殊な関心のもとに組織された共同体だ。メンバーのより広い社会生活を支えるふりをしないグループ——養ったり、癒したり、結婚させるなどしないグループ——は、贈与交換によって結びつきながら、かなり大きなグループであることができる。

（8）マルセル・モースの論文は本物の民族誌学による最初の総合の一例である。それは現代の根源《ルーツ》を古いものの中に求めるという確立された伝統に従っており、その結論はホッブズとクロポトキンの混合である。また一方では、モースの贈与の霊（「ハウ」）の詳細な説明によって、贈与契約は霊を必要とするが、贈与の霊は法によってはうまく再現できないばかりか、理性に由来するものでもないことが明らかになった。しかし、他方では、モースはホッブズと同じく、感情を社会的勢力とみることに不安を感じ、いざとなると、感情を理性に服従させるのである。かくして彼は「感情に理性を対立させることによって……人々は戦争・孤立・停滞を、同盟・贈与・通商に取り替えることに成功する」と書くことができるのである。あるいは彼は「年貢の全額払い」を口にする——この言葉で彼は不断の、大規模な贈与交換を意味しているのだが、「〔贈与交換は〕自発的なみせかけのもとで行なわれるが、本質的には厳しい義務なのであり、これに反すると、内密のあるいは公然の闘争という制裁をうける」と述べている。

彼の「返礼をする義務」という言葉づかいにみられるように、重点は「義務を負わせること」におかれており、したいという欲望ではなく恐れが動機となっている。ホッブズそのものである。明らかに実際に行なわれている多くの贈与交換は、恐れ（あるいは罪責感）と欲望が入り混じったものであるが、しかし、われわれはモースの前提を逆にして、次のように述べても、まったく同じくらい論理的であることに、少なくとも気づくべきである。「理性」に「エロス」を対立させることによって……人びとは戦争を贈与に取り替えることに成功するのである」あるいは「戦争は自発的なみせかけのもとで行なわれる……が、しかし、実際には内密のあるいは公然の友情への怖れから行なわれる」ということができる。さもなければ、動機となる感情は恐れと私欲ということになり、贈与の霊は失われ、われわれは法と権威を暗示する理性に戻ってしまう。

訳注

（一）（低所得者に対して連邦政府が発行する）食券。
（二）ハグストロム（一九三〇—　）アメリカの社会学者。ウィスコンシン大学の準教授。
（三）オナシス（一九〇六—七五）トルコ生まれでギリシア系のアルゼンチンの海運業者。
（四）モーガン（一八三七—一九一三）米国の実業家、銀行家。モーガン財閥を築いた。
（五）（一定の条件を満たした大学教授などに与えられる）終身的地位。身分保障。
（六）特許・実用新案・商標などに関して、特許庁に対する申請・出願などの代理を職業とする人。
（七）自由競争によって価格が決まる市場。
（八）債務不履行の場合は債務者が隷属状態になる。
（九）ユスチニアヌス一世（四八三—五六五）東ローマ帝国皇帝。ユスチニアヌス法典を作った。

（一〇）　ドイツ・プロイセンの旧州。現在は西ドイツ・ノルトラインヴェストファーレン州の一部。三十年戦争の講和条約締結地（一六四八）。
（一一）　ワイトリング（一八〇八―七一）　ドイツの社会主義者。ドイツ共産主義の父といわれる。
（一二）　マラテスタ（一八五四―一九三二）　イタリアの無政府主義者。一九一四年六月「赤色週間」に北イタリアのゼネストを指導。
（一三）　ジョル（一九一八―九四）　イギリスの歴史家、政治学者。ロンドン大学国際史教授（一九六七―　）。
（一四）　ヴィットリオ・エマヌエレ二世（一八二〇―七八）　サルデーニャ王（一八四九―六一）、初代イタリア王（一八六一―七八）。
（一五）　工業化、都市化された現代社会。
（一六）　ジンメル（一八五八―一九一八）　ドイツの社会学者・哲学者。社会学を自立した学問とするのに貢献。
（一七）　民約説。ホッブズおよびロックが提唱し、ルソーが主張して、他の十八世紀の思想家が引き継いだ政治社会学説。
（一八）　ホッブズ（一五八八―一六七九）　英国の哲学者。『リバイアサン』（一六五一）。
（一九）　（人が天恵を受けない）自然法下の状態。未更生、罪深い状態。
（二〇）　博物学。あらゆる自然物の研究を扱う科学の分野（現在では動物学・植物学・地質学・鉱物学などに分化している）。
（二一）　実定法（憲法・法律などのように、議会で制定された法や裁判所で定立された判例法）に対し、自然の理法や人間本性に基づく法（自然法、慣習法、道徳律など）。
（二二）　濃硝酸1と濃塩酸3の割合の混合液。金、白金を溶かす。
（二三）　クロポトキン（一八四二―一九二一）　ロシアの無政府主義者、地理学者、植物学者。スイス、フランスおよび英国に在住した。

第六章　女性の財産

I　結婚に際して与えられる女性

小学校の練習問題ではないが、次のうちの一つは他のものとは違う。「盛大な祭で、彼らはカヌー、鯨の油、石の斧の刃、女性たち、毛布、そして食物を与えた」。マーガレット・ミード(一)はアラペッシュ(二)族の警句を同様の狼狽させる調子で書いている。「あなた自身の母、あなた自身の姉妹、あなた自身の豚、あなたが作り上げたヤムイモを、あなたは食べてはならない。他の人の母、他の人の姉妹、他の人の豚、他の人が作り上げたヤムイモは、あなたは食べてもよい」。さらに旧約聖書の中に、われわれはいかにある部族が他の部族との和平を望んでいるかをみることができる。「彼らの娘を私たちの妻として迎え、彼らに私たちの娘を与えようではないか」。

女性が贈与として取り扱われるすべてのケースのうちでも、この最後の結婚に際して与えられる女性というものが主なものである。この習慣はプロテスタントの結婚式ではいまだに残っていて、牧師が集まった家族に、「誰がこの婦人を結婚するために与えますか」と尋ねると、花嫁の父が「私です」と答えるのである。この儀式は結婚が部族ないしは氏族間の交換、すなわち、一方が花嫁を与え、他方がそのお返しに富（あるいは奉仕、または別の花嫁）を与える、という古い制度の痕跡である。一般的に最初の贈与――《婚資》[三]――で、事が終わるわけではない。結婚は、例によって、なんら明白な「経済的」役割をもたない延々と続く一連の交換の最初の一つをしるすにすぎないが、そこから活動的で緊密な親族ネットワークという協力網が生まれることになるのだ。

　われわれは多くの贈与交換をみてきているので、結婚に際して与えられる女性が、財産として扱われると言いきることはあまりに単純すぎるだろうということを知っている。彼女は一種の財産ではあるが、それに伴う「所有権」は通常この言葉が意味するものではないのである。彼女は家財でもなく、商品でもない。彼女の父は彼女を与えることはできるかもしれないが、売ることはできない。

　しかしながら、この違いはわれわれ現代人の正義感をほとんど静めることはできない。もし人をある男性から他の男性へ譲り渡すことができるならば、商品であるよりも贈り物であるほうがまだよいなどとどうして言えるのか？　まず第一に、父親は娘を与える権利をどのようにして得たのか？　母親は息子を与えることができるというのか？　母親はこのことに関して少しでも相談されるのか？　結婚が贈与交換でなければならないならば、どうしてカップルは自分自身を与えないでいられるのか？

　これに答えるためには、私たちはそもそもの初めから、すなわち、娘の結婚式の日からではなく、彼女の誕生の日から、始めなければならないだろう。用語の説明も簡単にしなければならない。

「財産」はある古い定義によれば、「行使権」である。所有する、楽しむ、使う、こわす、売る、貸す、与える、遺言で譲る、改良する、よごす――これらすべては行動であり、ある者が「その物（あるいはその人）に対して」そのような行動のいずれかの権利を持つときはいつでも、それは「財産」となるのである。そうであるならば、行為者なしの財産はあるはずがなく、この意味で所有は物（や他の人々）

に対する人間の意志の表現である。

この定義は広いものだが、私たちはこの定義のおかげで、人がなんらかの種類の財産になる場合の討論に必要とされる区別をすることができる。臓器移植の到来で起こった少しばかり妙な問題は、われわれがさしあたって必要とするある特殊な区別を例証することだろう。人が死んだとき、法律は死体になんら所有権を認めないのが常であった。死体の神聖という宗教意識から発達したこの法律上の規制は、遺産執行人は故人の死体を売ったり、買ったり、借金の返済に使うといった交易の品目にはできないことを明らかにするという意図をもっていた。また、人は自分の埋葬の様式を指定することも、その指定に対する裁判所の支持をも期待することはできなかった。なぜなら、彼の死体は彼の所有ではないので、彼の遺産の一部ではなかったからだ。しかしながら、死者の臓器を生者に移植することが可能になるやいなや、ここで使われている「所有権」の概念はあまりに漠然としたものであることが明白になった。

法が売る権利を制限したのは正しかったが、贈与する権利についてはどうであろうか？

この質問だけに答えて、アメリカ合衆国のあらゆる州は最近、統一解剖贈与条例《ユニフォーム・アナトミカル・ギフト・アクト》として知られている条例を採択した。これは成人が死亡した場合に、その死体の全部ないしは一部を遺贈する権利を認める法律である。この法律は、もちろん、この権利を第一に故人本人に授けているが、特別な場合には贈与の権利を他の人にまで拡大する。未成年の子供の場合、贈与の権利は両親にあり、両親はいまや死んだり殺された子供の死体を合法的に贈与できるのである。

死体からの臓器移植の技術は倫理問題を引き起こし、それゆえ、法律上の説明が必要とされるようになった。なぜなら、臓器が摘出される肉体は死んでいるかもしれないが、臓器そのものはそうではないということがわかってきたからである。生命そのものを含む取引は、贈与の権利と売却の権利の区別が必要であると私たちが感じる初めてのケースを構成するものと思われる。贈与交換の規則の性質上、贈与として取り扱われるものはその活力を維持し、時には増すことさえあるので、大部分の文化では、決定を迫られたときには、人の生命を贈与として分類する（このことが、人類学以外の贈与交換に関する最も意義深い仕事が、医療政策や倫理の事柄に集中している理由である）。万一、人の生命そのものが交易の品目にならざるをえず、人から人へと、あるいは、家から家へと移動させられるとしたら、その時には生命は贈与財産でなければならず、その「行使権」は商品にではなく、贈り物に属するものでなければならない。

この区別を心にとめて、われわれは結婚に際して贈与される女性の問題に戻り、最初も最初、その誕生の時から話を始めよう。大部分の文化では人の生命を贈与として分類するばかりでなく、特に生まれたばかりの赤ん坊の生命を両親に贈与されたギフトとしてとらえる（誰によって贈与されたのか？ 地方によって物語はさまざまだが――神々によって、大地によって、最近死んだ死者の霊によって、女性に子宝を授けるといわれている泉の近くの木によってである）。この贈り物の受領者は子供が彼らに依存している限り、その子の保護者であり、彼らは特別の状況のもとでは贈与権を行使できる。あまりない例ではあるが、死んで臓器を人に与えられてしまった子供が一例である。結婚に際して父によって与えられた若い女性が第二の例である。第三の例もまた売却の権利を贈与の権利と区別する。われわれの法律は両親が子供を売ることを禁じているが、養子縁組のために子供を引き渡す権利は認めている。もちろん、子供を与える場合には特別の制限や指針があるが、それらは、もし子供の生命がある家族から他の家族へ移されなければならないとしたら、贈与としてでなければならないというわれわれの感情を再び強調するものである。[1] すべての子供たちが普通のあたりまえの出来事として、生物学上の両親によってではなく、父方の伯母の家族によって育てられるために手放されるといった多くの文化がある。このような場合には、子供は親族の間を渡る多くの贈り物のうちの単なる一つにすぎない。

この時点で、私たちが結婚に際して贈与される女性に戻ろうとするならば、私たちは男性の生命と女性の生命を区別しなければならないだろう。というのは、たとえ双方とも誕生に際しては贈与と受け取られても、彼らの人生は、特にただ一方の性によって家系図を表示するグループにおいては、必ず分かれるものだからである。アフリカでは「婚資は子資〔子供を得るための投資〕」と言われている。この格言は、もし子供の生命が贈与であるならば、贈与者は誰か？　という質問に対するもう一つの答えと理解することができよう。すなわちこの場合の答えは、母親の側の一族が父親の側の一族へ子供を与えたのである。言い換えれば、結婚に際して贈与されたギフトは、花嫁に対するものというよりもむしろ、彼女が産む子供へのお返しの品なのである。特に父系のグループ（その主な例はアフリカである）の場合、女性の側の一族は、結婚に際して、花嫁の産む子供への権利を放棄せねばならず、それゆえ、その代償として「子資」を受け取るのである。かくして子供は父親の一族に属する（ある意味で、子供が父親の姓を名のるわれわれの社会もそうである）。構造上からみると、父系グループでは、男性は成長しても循環しないので贈り物にはならない。若い男性は結婚してもグループにとどまるが、彼の生殖能力、彼から生まれてくる子供もそうである。しかし、若い女性は結婚すると移動し、彼女と引き換えに与えられた贈り物は、彼女と彼女の生殖能力（子供に対する権利）が夫の一族へと移ったことの証拠となる。

また、もし構造だけをみるならば、母系のグループにおいては、夫（と彼の生殖能力）が妻の一族へ贈与されたと言えよう。妻の一族は、子供の創造への彼の貢献を受けるのである。しかしながら、これを認めるいかなる贈与制度も生まれていない（とはいっても、母系グループでは婚資の取り扱いが異なるが、この点については後述する）。私が知る限りでは、結婚に際して男性が贈与されるグループはない[2]。人類学者のジャック・グッディーが述べているように、「婚資《ブライドウエルス》の合わせ鏡は婿資《グルームウエルス》であり、花嫁の奉仕の合わせ鏡は花婿の奉仕である。けれどもこれら二つの箱に入れる実例は、スマトラのムマンカバオ地方の『借り物男』の支払いを除くとほとんど見られない」。借り者男の例だけ、それもたった一例だけならば、男性は結婚に際して贈与されることはないと言ってもよいのではないだろうか。

それでは、男の子はどうなるのだろう？　子供の生命がギフトであるならば、ギフトの贈与権は男の子が成人したときに、自動的にその子に渡るのだろうか？　彼は免許をとるやいなや車のキーを手にして出ていくことができるのだろうか[3]？

男の子が贈り物として与えられる、あるいは与えられていたある一般的な状況がある。私たちの先の「最初の結実の儀式」の論考は、旧約聖書ではすべての自然の増殖――収穫、子牛、子羊など――は神からの贈与として取り扱われ、それゆえ、その最初の結実は返礼として犠牲にされたということを示していた。『出エジプト記』はこれらの結実の性《ジェンダー》に関するエホバ[四]のはっきりとした所説を記している。「すべて子宮を開くものは私のものである。あなたのすべての雄の家畜、牛と羊の初産の子は私のものである」。雄は神から人々への贈り物であり、ゆえに、人々は最初の子を返さねばならないのである。

明らかに、この交換はかならずしも動物に限られたものではなかった。古代、最初の男の子もまた主への供犠とされたというある証拠がある。旧約聖書は例外をもうけることによって、その儀式をほのめかしている。「あなたがたの息子のうちの長子をすべて、あなたがたは贖うであろう」。かくして、男の子の代わりに儀式上汚れのない動物で代用することが許された。アブラハムとイサクの物語はこのような取り替えのドラマである。新約聖書もこのモティーフを繰り返す。主は主の息子を与え、長子であるその方の生命は、人と神とを再び結びつける贈り物として犠牲にされた（この話は旧約聖書の「子羊の血」という言葉で語られている[4]）。

ポリネシアの神話に、われわれは人、贈り物、供犠が旧約聖書と似た様式で結び合わされているのをみる。ポリネシアの部族の長は神々に等しい。彼らは神々として、部族民から二つの贈り物——結婚のための女性と供犠のための男性——をもらう。フィージーの人々はこの二つ——結婚のために「生のまま」連れてこられた女性と、神である王に供犠とされる「調理済の男性」——を同等の贈り物とみなす。少なくとも神話では「調理済の男性」は実際に食べられた。ある男性が自分の生命を代わりの贈り物でどうにか贖うハワイの神話は、彼がそれをしなかったら、殺され、土のオーブンで焼かれてしまっただろうということを示している。男性の生命は神々にとっては食用に適した品であり、フィージーの大衆が支配者である酋長にする礼儀正しい挨拶の中には「私を食べてください」というものがある！ ポリネシアでは土地がひき続き[五]肥沃であるのは、神である王に捧げられた女性や男性のおかげであるとみなされている。アブラハムの神々と同様、ポリネシアの神々も、彼らの増殖のギフトがお返しの贈与《リターン・ギフト》によって感謝される限り、その土地の忠実な豊穣の父としてふるまった。

したがって、原始時代には——われわれが自分たちの祖先であるととらえている原住民も含めて——男性の生命は時としてギフトとして取り扱われ、両親、王、神々はそのギフトを贈与する権利を持つと認められていた。現代において、これに相当するのはウィルフレッド・オーエン[六]が「古くからの嘘。*Dulce et decorum est pro patria mori*」（祖国のために死ぬことは甘美でふさわしい）と嘆じたところのものであろう。なぜなら、国家が神である王にとって代わった時に、男性の生命はもはや土のオーブンで焼かれはせずに、塹壕陣地に送られるからである。入隊に際してはなんら贈与の儀式を伴わないが

(「誰がこの男を与えるのか?」などと尋ねる軍曹はいない)、巷《ちまた》に普及している神話では、男性を軍隊に与えるのは母親(その男が結婚している場合には妻)である。そして実際にその男性が国家のために戦死したとき、新聞はこぞって母親が「息子を捧げた」と述べ、棺ごしに祖国の国旗を受け取るのも彼女なのである。

これらの例で贈り物として与えられる少年ないしは男性は、贈与の基本的な役割を帯びている。原住民の例では、主ないし神である王に贈与された男性の生命は、神とグループのきずなを新たにし、家畜や畑の肥沃が続くことを保証する。第一次世界大戦後、現代国家は犠牲の目的としての魅力を失いはじめたが、集合体がいだく信念の力は、自己の生命をその信念の名において投げ出す男性によって増殖することがありうることをわれわれはいまだに認めている。

結婚に際して与えられる女性も、同様に、贈与の典型的な役割を引き受ける。彼女もまた、きずな(氏族あるいは家族間の)を確立し、進行中の親族組織の一部として、他の贈与のように共同体の結合と安定の仲立ちをする。事実、結婚に際して与えられる女性の制度は、私が先に「白由と共同体の間の、古くからの恋人たちの争い」と呼んだもののかなり顕著な例を助長しがちである。というのは、大量の贈与交換を通して成立した結婚は、そうでないものよりも安定性があり持続性もあるが、同様の理由から、配偶者は(男性も女性も、だが女性が贈与である場合は特に女性は)著しく自由が制限されるのが実情だ。これに反して、贈与交換がまったくない場合は、結婚の持続性はうすれるが、配偶者はより独立している。そこで選択は次のようになる。共同体を切実に必要とする場合、不幸な結婚に閉じこめられる人たちもある。また、結婚が個人の選択である場合、孤独のうちに老いる人たちもある。

私が第一章で紹介したウダク族は、この二分法のうち結婚が強制的な制度ではない例である(5)。ウダク族は母系制である。構造上も儀式上もウダク族の花嫁（あるいは彼女の受胎能力）が結婚に際して与えられることはない。事実、結婚の贈り物は本質的に何もなく、ウダク族の中に入って大部分の仕事をした人類学者のウェンディ・ジェイムズによれば、結婚そのものは「公認された、二、三の明確な短期間の義務を伴う、性的関係としてのみ意味がある」のだ。

ウダク族の婦人は非常に自立している。彼女たちは満足がいかない結婚をただちに解消する。婚姻は概して三、四年続くだけである。男の所有物でも贈与の品でさえもないウダク族の女性たちは、文字どおりにも比喩的にも自分というものを持っている。「神話、逸話、それから世間一般の予想において、女性はしばしばセックスや結婚において主導権を握る……彼女たちはしばしば夫を〈支配〉する……」とジェイムズは語っている。調査をすすめるうちに、ジェイムズは多くを明らかにするコメントのついたウダク族に関するある手書きのメモを発見した。「妻への暴力は［地元の他の部族よりも］はるかに少ない……妻による夫虐待が驚きの対象にならないのはウダク族の間だけである」。ウダク族の女性が夫に愛人がいるのではないかと疑うとき、彼女は「自分の特別な戦闘棒（六フィートの竹棒）を手にとり、相手の女性に決闘を申し込むだろう」。

ウダク族はエチオピアの公民であるが、一九六三年にエチオピア政府はこの話に興味深いひねりを加えた。物理学実験室の制御装置にあこがれるいかなる社会科学者も、これ以上の事例研究を望むことはできなかったであろう。ウダク族の結婚が不安定であることに気づいて、政府は婚資の支払い制度の導入を決めた。婚資は結婚を安定させるだろう。ウダク族の親族制度にこれをそのまま接ぎ木したらどうか？　部族の古老に相談して、政府は結婚に際して、男性が彼の妻の親族に贈る現金の額を決めた。

ただちに問題が起こった。私が最初にウダク族を紹介したときに見たように、これらの人々の間では、ある氏族から他の氏族へと移動するいかなる所有物も、贈与として取り扱われなければならない。氏族間の取引はすべてその性質を明らかにし、受け取った富を資本に変えることなく、贈与として確実に消費する必要があった。だが、婚資はウダク族を困惑させた。それには明白な理由があった。彼らは実際には花嫁を与えていない。そこで難問が生じた。もし婚資が贈与であるならば、互いのやりとりがなかった贈与である――しかし、贈与という名称は互いのやりとりをしたということを含んでいた。しかも、もし贈与ではなかったならば、花嫁は明らかに買われたのである。これはさらに一層やっかいな解釈であった。

　ウダク族のある者たちは、婚資が引き起こす道徳的複雑さに対処するために新式の贈与制度をつくり、婚資を贈与として扱った。けれども大部分の者たちは逆の決定をし、婚資は実質的には現金購入であると判断し、支払いを拒否した。ジェイムズによれば、彼らは市場経済の用語、すなわち、「なんら道徳的内容を持たず、親族関係にない人々の間でのみ起こりうる行為である通常の売買の言葉を使って」、そのことを語った。婚資の支払いはウダク族の親族関係の根本的な構造を何も変えなかった。その構造によれば女性は贈り物ではないのである[6]。どうして、婚資の支払いを拒否するのかと聞かれたときの一般的な返事は、「われわれは娘をヤギか何かのように売らねばならないのか」という叫びであった。

　もし、われわれが財産を行使権と解釈し、それゆえ人間の意志の表現であるとするならば、女性が所有物として扱われるときはいつでも、たとえ彼女が贈与であったとしても、われわれは彼女が厳密には彼女自身ではないことを知っている。彼女の意志はどこかで他の者の意志に従属している。私はここで次のように言ってもよいのではないかと思う。女性にある程度の権力を授ける社会――ウダク族のような母系グループがその主要なものではあるが、独占的な例ではない――においては、女性は結婚に際して与えられるのではない傾向がある。あるいは、贈与される場合でも、お返しの贈与はかなりな富ではなく記念品のようなものとなる傾向がある。女性に認められる自我は、お返しの贈与の大きさに逆比例する。かつまた、女性に財産権を授ける社会——女性が相続することも遺贈することも売買もでき、自分だけが自由にできる持参金を結婚に際して新婦が持参する社会——にあっては、結婚に際して女性と交換されるいかなる富も、贈与ではなく不道徳な購入と見なされるだろう。ウダク族の婚資の解釈が一例である。別の一例はインドにみられ、そこでは女性は常に財産権を持つ(たぶん、男性の財産権と同等ではないが、今私が概略を示した持参金に関しては財産権を持つ)。インドの古代マヌ法典はウダク族と同様のことを語っている。「いかなる父親も……娘とひきかえにほんのわずかな祝儀さえも受け取ってはならない。というのは、強欲から祝儀を受け取る者は自分の子を売る者だからである」。(七)

子供の生命が、両親に授けられた贈与であると見なされている社会にあっても、成人後に、その生命を贈与する権利を両親が維持しているということにはならない。男性と同様に女性にも権限を授ける社会では、贈与権は女性が成人したときに自動的にその婦人のものとなり、彼女は兄弟たちと同じく、自分の生命を好きな所に自由に授与してよい。(7) 彼女は六フィートの竹の戦闘棒をもしそうしたければ持ち歩くことさえできる。しかし、一方、もし女性が自分のうちに贈与権を受け取っていないならば、彼女は決して自分自身の権利で行動することはできず、自主性のある個人にはなれない。この最後の部分は、われわれにとって、女性が結婚に際して贈与されることがあるという考えの中でも厄介な部分である。それは、私が思うに、人が時に贈与として扱われるとか、人に「贈与権」があるからではなく、その権利が成人した息子には譲渡されるが、娘には譲渡されないからなのである。というのは、男性だけが与え受け取り、女性だけが贈り物であるところでは、父権社会の性に関するあらゆるきまり文句どおり、男性は能動的で女性は受け身、男性は自分というものを持ち女性は依存的、男性は世俗的、女性は家族的となるからである。

II　大きな男と小さな女

エミリー・ポスト(八)の『エチケット』の最新版に——この本を私は家庭内の民族誌学の一種の教科書として扱うが——現代の資本主義国家で父親が依然として花嫁を与えているのを見ることができる。彼はそうする前に、もしエチケットをわきまえているならば、花婿が彼の娘の「手」を求め、父親がそれを引き渡すことに同意するというあの有名な男対男のシーンを演じる。これに相当する慣習は花嫁には存在しない。誰も花婿を彼女に与えない。彼女は将来彼女の義母となる人から、いかなる手も受け取ることがない。

　ポストが描く社会では、花嫁は結婚に際して贈与されるのみでなく、彼女はまた結婚の贈り物の受け取り人でもある。ポスト嬢はきわめて明快である。「贈り物を花婿に送ることはめったにありません。たとえあなたが彼の古くからの友達であり、花嫁には一度も会ったことがなくても、プレゼントは彼女に送ります……しばしば花婿の友人は彼に適した品、たとえばデカンター(九)や男らしい机上文房具セット一式を選び、それを彼女に送りますが、彼の使用を目的としていることは明らかです」。最後に言っておくが、花嫁は贈り物を受け取るのみでなく、礼状を書くのも、夫ではなく、彼女なのである。

　この制度の奇妙な不釣合は、男性と女性は互いに結婚し合うのかもしれないが、女性だけが親族ネットワークと結婚するということを暗示している。彼女が贈り物を受け取り謝意を表するのであれば、結婚の贈与の取引によって確立される社会組織に織り込まれるのは彼女のほうなのだ。最後のアドバイスとして、ポストは読者に次のように述べている。いったん結婚式を済ませたら、花嫁は「彼女の未来の親族の態度を（たとえそれがどのようなものであろうとも）、理解し受け入れようと努めなければならず、無意識のうちに彼女の側の家族の権利と見なしていることに頑固に固執してはなりません。彼女が心にとめておかなければならない目標は、これから姻戚関係を結ぶ人たちと彼女自身の幸せな関係ということなのです」。ここにも花婿に対する提案はまったく見られない。

つまり、現代の資本主義国家で結婚に際して与えられる女性は贈与であるばかりでなく、実際に贈与霊となって考え行動すること、つまり「ハウ」の化身と声となることを求められているのである。親族関係に気を配り、自己の個人主義を抑えることによって、彼女は二つの家族を結びつける積極的なきずなとなると考えられている。花婿はこの労働のいずれをも求められてはいない。少なくとも、この特定の儀式で、贈与を扱うこと――贈り物を受け取り、感謝を述べ、贈与の精神を理解し、それに基づいて行動すること――は、女性という性の印となっている。

「性《ジェンダー》ということで、私は男性と女性の文化的差異――肉体的性差ではなく、行動、姿勢、話し方、態度、情緒、修養、文体、などの総合体、つまり、それによって女性が女性らしく（男性は「めめしく」）、男性が男らしく（女性は「男っぽく」）なるところのものを、指し示しているつもりである。いかなるジェンダーの制度も当然実際の性《セクシュアリティー》別に関係づけられるだろうが、それは可能ないくつかの関係の一つにすぎない。それはまたその地域の創造の神話を支持し、肯定して、一方の性を他方の性が搾取することを永続させ、攻撃と闘争を組織し、氏族から氏族への食糧の分配を確実にするかもしれない。言い換えれば、実際の性別に関係のない目的にいくらでも利用することができるだろう。

多くの作家は性に基づく分業に熱心に取り組んできた。私はここで類似の「交易の区分」――「男」はある方法で取引をし、「女」は別の方法で取引をする――について語りたい。私がプロテスタントの結婚式の描写から始めたのは、結婚に際して贈与される女性の問題を再びむしかえすためではなく、少なくともエミリー・ポストがわれわれのために描いた世界においては、贈与交換は「女性の」取引であり、贈り物は「女性の」財産であることを示すためである。もちろん、花婿が結婚の贈与にかかわることを実際に禁止しているわけではない。彼はそうしたければ、礼状を書くこともできる。けれども、その行為は彼を男らしくはしないだろう。花嫁だけが贈与交換とかかわることによって、彼女の性とその社会的特質を主張することができる。(8)

近年、これはもっともなことであるが、女性は彼女たちの兄弟たちと対等に市場へ参加する機会を要求してきた。新聞の婦人欄に新しいジャンルの記事が現われ、贈与精神が欠如している世界で女性が生き残りたいならば、知っていなければならない仮定、すなわち、「男性の」取引の無言の仮定をはっきりと記述した。贈り物は結びつき《リレイションシップ》の媒介物であるから、花嫁たちは彼女たちに割り当てられた取引の型によって、文字どおり親族《リレイション》となる。しかし、市場、すなわち男性の取引においては、結びつきは副次的な関心事にすぎない。かくして、ある女性の重役は『ニューヨーク・タイムズ』の「スタイル」のページを読む婦人たちに、典型的なアドバイスをする。「出世街道の女性たちは、たとえ、たまたま友達であったとしても、〈ぱっとしない役たたず〉とかかわりを持ってはいけない。友達を置き去りにすることは不誠実な行為ではない。あなたは交わる友によって判断されることになるのだ。あなたを助けることのできる人たちを捜し出しなさい。男性はもう何年もこんなことは知っています。しかも私たちは彼らの土俵で相撲をとっているのです」。

しかも、われわれが推測するに、彼らの規則に則って、相撲をとっているのだ。市場で成功するためには、愛着を昇進のために、愛情を計算のために、喜んで犠牲にしなければならないようだ。このつながりに顧慮することなく行動する能力は、伝統的に男性の印であった。金を稼ぎたい男性は、彼の姻戚連中の気持を重んじて彼が――ポスト嬢はなんと表現していただろうか？――無意識にとっていた態度を放棄して、多くの情にもろい時間を過ごすようなことはしない。彼は自分というものを持っていて、自分を殺したりはしない。彼は大学の友人であった人でも「役たたず」なら迷わず避け、なまけ者は彼のアパートから急いで立ちのかせる（だから、友人や親戚に貸すことには用心深い）。また、彼の投機的事業の一つが赤字ならば、ためらわずに人々の首を切り、もし他の資産に資本金をつぎ込むことが必要なら、即刻に操業を完全に停止する等々。

要するに、男性であれ女性であれ、誰でも市場で金儲けを始めるときには、相対価値を計算し、顧客や友人の家庭生活よりもむしろその相対価値を自分の行動の指針とする。私は「男性であれ女性であれ」と言ったが、もちろんこの能力は、十年間のアドバイスのコラムにもかかわらず、いまだに男らしさの印と考えられている。新聞の紳士欄の記事が、友達を見捨てるのは不誠実な行為ではないと力説する必要などないのである。「男性はもう何年もこんなことは知っています」。現代の工業国では結びつきなしに行動する能力は、いぜんとして男性の証拠とされている。市場に参加し、商品を取り扱うことによって、少年はいまだに男になることができ、男性はより男らしくなるのである。女性も、もちろん、そうしたければまったく同じことをすることもできるが、そのことによって女らしくなることはない。

この性による取引の区分は、男性または女性が二つの領域の間にはまってしまった「境界」の状況――この最後の例のように、女性が市場に参加したいと願い（そうするためには「男」でなければならないと感じる)、あるいは、次の例のように、男性が市場への接近を禁止され、その結果、自分たちは男らしくないと感じる状況——にもっとも容易にみることができる。偉大なブルース・シンガーのビッグ・ビル・ブルーンジー(一〇)は、白人は黒人男性を年齢のいかんにかかわらず「小僧《ボーイ》」と呼ぶという黒人差別の現実に関する歌をかつて書いた(リフレインは「いつになったら俺は男《マン》と呼ばれるようになるだろう、/九十三歳になるまで待たねばならないだろうか」というものである)。黒人男性が白人男性と対等に市場に参加できず、しかも、市場で行動することが男らしさと結びついている社会では、黒人男性は常に「小僧」なのだ(もっとも泥棒は別である。窃盗をすると「悪い男《バッドマン》」ではあるが、男になることには変わりがない)。ここで、キャロル・スタックによるシカゴ近郊の黒人スラム街のアパート群における親族ネットワークの話をふりかえってみよう。マグノリア・ウォーターズと彼女の夫のカルヴィンは、相続財産を彼らの親族に分配した。けれども、この話を読んだ誰でもが気づくように、マグノリアが主たる行為者である。なぜか? なぜなら、彼女は彼女の性に逆らうことなしに、贈与を通して必要にこたえ、親族関係のきずなを強めることができるからである。贈与交換が「女性の」取引である限り、彼女の行為は実際に彼女の性を肯定し、彼女は共同体のなかで「大物《ビッグ・ウーマン》」となる。

カルヴィンはそのような満足を得られない。部族社会、拡大家族、さらには科学共同体においてさえも、男性はギフトを贈与することで、「大物《ビッグ・マン》」になることができるかもしれない。しかしながら、交換取引が唯一の男性の取引である場合には、気前のよさで男らしさを得ることはできない。私は最近ノース・ダコタ州の居留地に住むあるアメリカ・インディアンに関する話を聞いた。彼は一九六〇年代後半に政府から一万ドルを受け取ったが、多くの人が年二千ドルで生活している土地では、それは大金であった。彼は思いがけない授かりものをどうしただろうか? 彼は部族全員のためにパーティーを開き、それは何日も続いた。ところで面白いことには、居留地ではこの出来事に関する二つの異なる見解がある。すなわち、パーティーの主催者を英雄であり、真のインディアンであるとする「インディアン版」と、「浪費された」金をインディアン特有の子供じみた性質の証拠ととらえ、インディアンの富を白人支配のインディアン局によって管理しつづけることを正当化する「白人版」である（これはアパート群に関する話——ギフト共同体へ流入した資本の運命——と同じたぐいの話である。白人文化において贈与が女性的価値をになう限り、黒人男性がスラム街から脱出したり、インディアンの男性が居留地を去ることには性の危機が伴う。移動するためには、彼は故郷では男らしくないとされている個人主義を身につけなければならないからである）。

この性と取引に関する討議を終えるにあたり、最後に一度だけエミリー・ポストに戻りたい。彼女の『エチケット』という本の「シャワー」（二二）（そういう制度がかつてあったとしての話だが、女性が贈り物をする制度のこと）の項で、ポスト嬢は、このような「友好的な集まり」が開かれる三種類の人物の例を挙げている。すなわち、花嫁になる人、妊婦、新任の聖職者である。このただ一人の紳士は結婚をひかえた女性や妊婦にまじって何をしているのだろう？

ポスト嬢は町の御婦人方が、聖職者の空の食糧品室を満たすために食糧を運んでくるのだと示唆する。それは十分に分別のある示唆なのだが、しかし、御婦人方は新任の副社長が地元の製造工場で買い物をしたからといって、食物を与えたい衝動に駆られたりはしない。聖職者は共同体の中で「女性的な」役割を果たすので、妊婦や婚約者と一緒に贈与の儀式の対象としてひとまとめにされるのである。私は先に「労働」と「仕事」を区別した。その性質上、贈与の労働は、意志を持ち、時間に縛られ、量的である市場の形式によっては引き受けることができない。牧師はそのような労働をする。彼はいかなる市場でも成し遂げることのできない内的な職務である魂の救済の責務を負うだけでなく、今日では、ソーシャルワーカーであり、訪問看護婦であり、結婚カウンセラーであり、精神療法医でなければならない。そして、われわれの現行の性の概念によれば、これらすべての職分は彼をいかなるセールスマンよりもマグノリア・ウォーターズに近づけるのである。

ここでより包括的な要約をすると、われわれが女性の仕事であると解釈している専門職――児童保護、ソーシャルワーク、看護、文化の創造と管理、牧師の職、教職（これら最後に挙げた職業は、男性の場合、アグニュー（一三）副大統領がわれわれに語ったように、めめしい男によってなされる）――これらすべては男性の専門職――銀行業、法律、経営、販売等々――よりも贈与労働の割合が大きい。さらに、女性の専門職は男性の専門職よりも給与が低い。この不均衡はある程度階層化された性体系の結果でもある。女性はいまだに同じ仕事をしていても男性と同じ給料はもらえない。これは明らかに仕事の内容とは関係のない差別である。

しかし、もしわれわれが搾取をさまざまな要素に分解できたとしても、何か他のものがいぜんとして残るだろう。すなわち、労働ないしは労働の目的が、不当利得、搾取、そして――さらに微妙に――市場がその性質上当然のこととしている相対価格の適用などに対して本来制約をそなえているために、割があわない労働というものがあるのである。ここにポイントが二つある。一つは仕事の性質、他方は仕事をする人の献身と関係がある。「女性の」職務――ソーシャルワークや魂の仕事――は費用便益の基準からだけでは引き受けることができない。なぜなら、その生産物は商品ではなく、私たちが簡単に値段をつけたり、喜んで手放したりすることのできるものではないからだ。さらに、これらの労働を引き受ける人たちは、この天職に応えた瞬間に「自己を売る」能力を自動的に抑制する。贈与の労働は市場売買とは相容れない、ある種の感情的ないしは精神的献身を必要とする。実業家たちは仕事をやめると脅すことのできないような人は、昇給を要求しても目的を達成することができないといみじくも言っている。けれども仕事によっては、そのような利害対立の精神では引き受けることのできないものもある。もちろん、純粋に贈与労働であるような仕事はごくわずかである――看護婦は癒しに献身しているが、彼女は市場での行為者でもある――けれども、仕事に少しでも贈与労働の部分がある場合、それは市場から引き抜かれ儲けの少ない――「女性の」――専門職となる傾向がある。

けれども、もし本当にわれわれがこれらの贈与の労働を高く評価するならば、高い報酬を払うことができないだろうか？　われわれは医者に払うようにソーシャルワーカーに、銀行家に払うように詩人に、さじき席の宣伝部長に払うようにオーケストラのチェロ奏者に払えないだろうか？　いや、払うことができるはずだ。贈与の労働を評価する場合には、それに対して報いることができるはずであるし――報いるべきである。私がここで言いたいことは、われわれがそうした場合、彼らが受け取る報酬は市場で一財産築くように「築かれた」ものではなく、グループによって贈られたギフトであるということを、認識しなければならないだろうということだけである。その過程において利害が対立しその目的を容易に量的にはかることができる仕事の費用便益は、市場制度によって表わすことができる。贈与労働の費用と報酬はそうはいかない。聖職者の食糧品室は常に贈与で満たされるだろう。芸術家は決して金を「儲ける」ことはないだろう。

われわれは、だから、「同一労働に対する同一賃金」を掲げるフェミニストの当然の要求と、われわれのある種の社会的、文化的、精神的生活は市場から切り離しておかなければならないという同じくらい重要な必要性とを区別しなければならない。ある日目覚めてみたら、われわれのあらゆる行為が賃金を稼ぎ、あらゆる品物や奉仕に値段がついているといった市場の蔓延をみることがないように、すべての贈与労働を市場の仕事に変えるようなことをしてはならない。ボランティア労働のための、相互扶助のための、集団内の仕事のための、思いやりのあるふれあいやまとまりのある支援グループを必要とする癒しのための、親族関係のきずなを強めるための、知的共同体のための、創造に必要な怠惰のための、才能がゆっくりと成熟するための、文化の創造と保存と普及のための場所がある。われわれの現行の性制度の境界を廃止するということは、これらの労働に市場価格を導入するということではなく、これらの労働が「女性の」務めではなく「人間の」務めであることを認めることである。女性を虐げる制度を打破するために、すべての贈与労働を賃仕事に変える必要はないのである。そうではなくて、われわれは女性が「男性の」金儲けの仕事に参加することを認める一方で、「女性の」務めや取引の型と考えられているものを男らしさの概念のなかに受け入れることができるようにする必要がある。

歴史の覚え書で終わろう。アン・ダグラスは十九世紀アメリカ文化の女性化に関する興味深い本を書いた。ダグラスの記述によれば一八三八年に合衆国のユニテリアン派の牧師であるカール・フォレン(二三)(二四)は、サンデースクールの子供たちの一団が歌いながら彼の教会に入り、厳格なピルグリム・ファーザーズのグループを追い散らす幻影を見た。すなわち、十九世紀のうちに男らしさと精神的な力の昔からの連想は壊れてしまったとダグラスは主張する。精神生活は女性、子供、それから「男らしくない」聖職者の領域となった。聖職者は家庭内における母親と同じく、「感化力」を超える社会的権力を本質的に持っていない。

フォレンが幻影でみた厳格なピルグリム・ファーザーズがこの国を築いた。ヨーロッパからの生真面目な宗教的異端者として、これらの人たちは彼らの性と精神生活への専念の間に、なんら分離の必要を感じなかった。サミュエル・シューエル（二五）のような初期の日記作者は、日々、神と自己との関係に悩んだが、決して自分の男らしさに関しては悩まなかった。けれども十九世紀には信仰の衰退と、世俗的であり重商主義的であり企業家的である精神の持ち主の驚くべき成功が同時に起こった。この話は何度も語られてきた。十九世紀末までに、市場で「自分の腕一本でたたき上げること」や、新世界の自然の恵みを首尾よく搾取することは大物の印となった。一方、内面生活や共同体（そしてそこに微妙に流れているもの——宗教、芸術、文化）に注目することは、女性の領分にゆだねられた。この性による社会との関係の区分は依然として存在する。ソール・ベロー（二六）の小説『フンボルトのギフト』のある登場人物が創造的芸術家に関して述べているように「詩人であることは学校的なこと、スカート的なこと、教会的なこと」なのである。現代の資本主義国家においては、ギフトを生む苦しみ（とギフトを搾取するのではなく、ギフトをギフトとして扱うこと）は、相変わらず女性という性の特色となっている。

原注

（1）一九八〇年にニュージャージーの夫婦は自分たちの赤ん坊を八千八百ドルの価値のある中古のコルヴェットと交換しようとした。中古車売買業者は（火事で妻子を失って、この取引をする気になったのだが）、後に新聞社になぜ気が変わったかを語った。「私の最初の気持は車と子供を交換するといったものでした。しかしすぐにそれは悪いことだと知りました——私にとって都合が悪いとか、費用がどうのこうのというのではなく、この赤ん坊が大きくなったとき、どうするだろうと思ったのです。この少年が自分が車と交換されたと知っていながら、どうして生きていくことができるだろうかと思ったのです」。

（2）この歴史上の不均整は、両親とも受胎には貢献するが、母親が子をはらみ、出産し、授乳しなければならないという事実に由来するものと思われる。母権社会においてさえも、母親の貢献のほうが大きいのである。

（3）現代社会で大人が自分の子供——男の子であれ、女の子であれ——に対して持っている権利は、通常青年期にゆっくりと親から子へと移行し、その子が家を出る準備ができたときに、完全にその子のものになる。しかし、そもそも生命が贈与であるならば、われわれが大人になってさえ、ある意味でそれは「われわれのもの」ではない。あるいはたぶんそれはわれわれのものであるかもしれないが、われわれがそれを授ける方法を見いだすまでのことである。生命が贈与であるという信念は、贈与は貯蔵してはならないという感情を自然に伴う。われわれが成熟し、とりわけ「一人立ち」の孤独に達した時に、われわれは自分自身を与えたい——愛に、結婚に、仕事に、神々に、政治に、子供たちに——という欲求を感じはじめる。青年期は、この人、この国、この仕事は自分が捧げなければならない生命に価するだろうかという、落ち着かない、愛の、心を乱す自問自答に特徴づけられている。

（4）男性の生命が贈与として与えられる例は、通常供犠の物語である。贈与制度が男性の受胎への貢献を認めぬ限り——しかも、男性の肉体は事実上子を産むことができないので——男性の生命が贈与として取り扱われるときには、肉体そのものを与えるという傾向になるのかもしれない。贈与のきずなの章で、私は人間をより高い精神的水準に結びつけるために、みずからの肉体を捧げた憐み深い神々について語った。これらの神々は通常男性である。

（5）「安定性」の側の例としては、ウェンディ・ジェイムズの論文「姉妹交換の結婚」（『サイエンティフィック・アメリカン』一九七五年十二月号）を参照のこと。

（6）万一、政府が婿資《グルームウエルス》か子資《チャイルドウエルス》を制定していたならば、その結果をみることは楽しみであっただろう。なぜなら実際にはウダク族の夫の側が子供を妻の親族に与えるからだ。

（7）花嫁の自主性を重んじて、花嫁の贈与を廃止することは、この制度のパターンを再整理する一つの方法である。結婚に際して与えられる女性は贈与の役割を実際に帯びているので、グループは女性を得たまさにそのときに〔ギフトを所持しつづけることによって〕何かを失う。結婚するカップル以外の者が、結婚式で立ちあがり、「〔この婦人を与えるのは〕私です」と言うことが許されるとき、結婚は社会的な出来事として理解される。その儀式はわれわれが時にはわれわれの友人や親類の生命に権利を持つこと、そして、この結合がカップルの

「二人の自我」よりもさらに大きな「自我」の中で起こっていることを認めている。父親が娘を贈与する権利を警戒すると同様に、先に私が異邦人の完全な自由と呼んだ——社会生活をむしばむ徹底した個人主義をも警戒するフェミニストとして——われわれは贈与としての人間という感覚をすべて捨て去り、「男性」の個人主義を花嫁に広げるよりはむしろ、「女性」のグループへの没入を花婿に広げてもよいのではないだろうかと考える。言い換えれば、われわれは男性の贈与を儀式に加え——その当然の結果として——母親が子の贈与に関与するのを認めることもできる。事実、もしフロイトが正しいならば、われわれが捨てることが最も困難な愛着は異性の親に抱く愛着なのだから、花婿の母親が立ちあがって、彼女もまた息子の生命に対する権利を喜んで他の女性に譲る、つまり、彼女も花嫁の父親のように、ギフトを手放すと宣言するのは、意味があることであろう。

（8） 贈与交換は、原始から「女性の」取引であったわけでもなく、すでに、あまねく「女性の」取引ときまったわけでもない。男も女も贈与交換の役割に敏感で、ギフトを贈与することによって、とりわけ男性が男らしさを獲得したり、主張できる時代が常に存在した。また、いまだにそのような地域もある。部族グループの性と交換に関する興味深い論考としては、アネット・ワイナーのトロブリアンド諸島に関する近著『貴重な女性、名高い男性』を参照せよ。

訳注

（一） ミード（一九〇一—七八） 米国の女流人類学者。『男性と女性』（一九四九）。
（二） ニューギニアのパプア族の一部族。
（三） 売買婚において男が女の家に支払う貨幣、貴重品、食糧など。時にそれに代わる労役。
（四） 旧約聖書の神。
（五） ユダヤ人の先祖。八二ページ、訳注(三)を参照。
（六） オーエン（一八九三—一九一八） 英国の詩人。
（七） ヒンドゥー教で人類の始祖。「マヌ法典」の制定者とされる。
（八） ポスト（一八七三—一九六〇） 米国の社交作法に関する著述家。『エチケット』（一九二二）。

（九）　食卓用の栓付き装飾ガラスびん。葡萄酒、ブランデーなどを入れる。
（一〇）　ブルーンジー（一八九三－一九五八）　通称「ビッグ・ビル」。米国のブルースシンガーでギタリスト。
（一一）　米国で祝い品贈呈会のこと。特に結婚や出産を控えた婦人を祝って贈り物をするパーティー。
（一二）　アグニュー（一九一八－七三）　米国の政治家、副大統領（一九六九－七二）。
（一三）　プロテスタントの一派。三位一体説を排して唯一の神格を主張しキリストを神としない。
（一四）　フォレン（一七九五－一八四〇）　ドイツの詩人、政治家、牧師。急進的な学生組合を指導。米国に亡命し、レクシントンでユニテリアン派の牧師となった。
（一五）　シューエル（一六五二－一七三〇）　英国に生まれたが九歳の時に米国に移住。『サミュエル・シューエルの日記 1974―1729』はアメリカのピューリタンによって書かれた最も真に迫った興味深い日記である。五人処刑されたセイレムの魔女裁判（一六九二）の際、裁判官を勤めた九人のうちの一人。
（一六）　ベロー（一九一五－　）　カナダ生まれの作家。ノーベル文学賞（一九七六）。

第七章　高利貸し——ギフト交換の歴史

あなたの兄弟に　あなたは高利をとって貸してはならない、それは、あなたの主である神が　あなたが手を触れたものすべてにおいて　あなたを祝福せんがためである。

申命記　第二十三章二十節

あなたが他人の財産でもって増やそうと高利で貸し出したものは　神による増加を得ることができないだろう

コーラン　第三十章三十八節

I　門の法

先に、拒否しなければならないギフトについて述べた際、私は家を出る若者は親子のきずなを強化する傾向のある、親の気前のよい贈与に用心したほうがよいと示唆した。同じ状況を金の貸し付けの面から一瞥してみれば、古代の高利貸しの持つ意味の例証となるであろう。また、贈与交換と貸し付けに金利を課すことの倫理性に関する古くからの論争との関連についても例証となることであろう。富が時がたつにつれて増える可能性があるところでは、無利子のローンは増殖のギフトであると言える。ところで、大学を出たばかりの若い女性が両親にローンの話を持ちかけ、次の二つの異なる反応が得られたと想像してほしい。(一)家族はただちに彼女に千ドル与え、誰もそのことについては何も言わない。彼女がさらに金銭を必要としても単にまた頼めばよい場合。(二)彼らは彼女に金を貸すが、彼ら(または彼女)が、プライムレートの金利をそえてローンをかくかくしかじかの日に返済することを約束した書類に署名することを主張した場合。

最初の反応は女性を家族の一員とする。それは彼女にとってよいことであるかもしれないし、悪いことであるかもしれない(たぶん、大家族で彼女は生涯援助をしたり、してもらったりすることができるのかもしれない。あるいは、また、彼女が贈与を受け取れば彼女は子供のままであり続けなければならず、決して世に出て身を立てることはないかもしれない。それは時と場合による)。いずれにしろ、贈与は家族とその特有な構造に精神的なきずなを生む。一方、利子つきローンは、関係者全員に、彼女とは仲の良い間柄ではあるけれども、彼女は心理的に家族からは離れていることを示している。高利貸しと利子とは姉妹商品である。それらは別離を許したり促進したりする。

「高利貸し(usury)」は現代の意味を持つ前にいろいろな意味を持った。この言葉は現在の意味(法外な、または、違法の金利)を宗教改革の時代に持つようになった。それ以前はローンに課す利息すべてを指した。そして、これに対するのは贈与の形態をとった無償のローンであった。マルセル・モースの言葉は、私が「古代の高利貸し」と呼ぶところのものと贈与交換との関係について、私に初めて目を向けさせた。モースは、マオリ族の人たちは贈与の「ハウ」が「一連の使用者に、なんらかの財産または製品、あるいは饗宴や余興といった労働、あるいは等価値かそれ以上のギフト」による返礼を強いると主張している、と言う。贈り物の「使用者（users）」が返したり、次に回したりするそれ以上の価値は、贈与の「use（使う）-ance（性質）」または「use（使う）-ury（行為の結果）」なのである。この意味で古代の高利貸し《ユージャリィ》（usury）はギフトが使い果たされたり、食べられたり、消費されたりしたときに生ずる贈与の増殖と同義語であり、贈与社会の倫理によってこの富から生ずる利益（usance）は勘定されることも、料金を請求されることもなく、贈与として次々に渡っていくのである。

　贈与の増殖と高利貸し《ユージャリィ》の初期の関係はローマ法（二）にも見ることができる。そこでは利息《ウースーラ》（*usura*）はもともと代替可能物（三）（すなわち、使用により消費される腐敗しやすいもので、特殊なものではないすべての品物）の貸し付けに対する謝礼を意味したのである。代替可能物の例はほとんどいつも有機物で、たとえば贈り物と同様使用することによって増加する穀物などがあげられている。もしある男性が一ブッシェル（四）の種穀物を借りるとして、貸借物《ローン》を使用することはそれを使い尽くすことである。しかし、もし、彼が賢明であれば使用によってそれを増やすであろう――彼が刈り入れる穀物は彼が植える穀物よりも多いであろう。そして彼が借りただけの量を返すとき、彼はそれに使用によって生じた結実であるウースーラを添えることだろう。交換の双方が贈与であった場合には、ウースーラは感謝の表現である。

　だが私はここでやめねばならない。この高利貸し《ユージャリィ》と贈与の関係は、私が古代史について語るために創作した寓話である。たぶん私は正しい――「ユージャリイ」の一番古い意味はおそらく贈与交換に伴う増殖に由来したのだろう――だが、われわれがみな知っているように、この言葉は実際にはその増殖を指しているのではない。「ユージャリイ」という言葉が最初に現われたとき、それはすでに贈与の増殖とは違うものであった。なぜなら、純粋な贈与交換では増殖をこのように故意に述べる必要はまったくないからである。ギフトを贈る人は貝殻を地面に落とし、「私が食べることのできない食物を取りなさい」と言い、返礼に関しては沈黙を守る。彼は「ウースーラは年一〇パーセントです」などと言わないことは確かだ。貸し付けた富に対して利息を請求することは、富の増殖を計算し、口に出し、請求することである。であるから高利貸しのアイディアは精神的、道徳的、経済的生活が互いに分離しはじめたとき、すなわちたぶん他人との取引である外国貿易が始まったときに出現したのだろう[1]。先に見たように、財産が贈与として循環する所では、その循環に伴う増殖は、物質的であると同時に、社会的でもあり、精神的でもある。富が贈与として動く所では、物質的富の増大には自動的にグループの仲間気分の盛り上がりや、贈与の霊であるハウの強化が伴う。しかし、外国貿易が始まると、物質的増殖を社会的、精神的増殖と区別する傾向が起こり、その差を表現するために商業用語が現われる。交換が人と人とを結びつけることがなくなり、贈与の精神が欠如するとき、贈与のパートナー間に増殖は現われず、債務者と債権者との間に高利貸し行為が現われる。

高利貸しに関するイスラム法は、高利貸しのアイディアが、元来ギフトを贈ることと市場の違いをはっきりさせるために現われたという直観が正しいことを示している。私は先に増殖はベクトル、すなわち、方向を持つと語った。贈与社会においては増殖は贈与に伴い、増殖そのものも与えられる。一方、市場社会においては増殖（利益、賃貸料、利息）はその「持ち主」に返却される。増殖の物量はいずれの場合も同じでありうるが、社会的精神的増殖は同じということはありえない。というのは、感情のきずなは——そして、それに伴うすべては——増殖が贈与として循環しないときには現われないからである。コーランはギフトを与えること（特に貧しい人たちに与える贈り物）からもたらされる合法的増殖と、非合法的増殖である高利貸し（*riba*）を本質的に用語で区別している。「神は高利貸しを全滅させるであろう。だが貧窮者への習慣的な施しには増殖をもたらすであろう」と第二章のある一節には書かれている。また、後の節では「あなたが他の者の資産で増やそうと高利で差し出す物には、神からの増殖は得られないだろう」と述べている。コーランは贈り物を与えた人が、より価値のあるお返しの品を受け取ることを許している。けれども、それらは双方ともに贈与でなければならない。ある物を利子を付けて返すという条件付きで貸すのは高利貸しである。(友からのものであれ、主《しゅ》からのものであれ)贈与から生じる増殖は合法的であり、神聖なものである。だが、「高利で」貸しつけた資本から生じた増殖は神聖を穢すものである。

アリストテレスは高利貸しに関する論議で類似の区別に常に言及している。だが、私には彼の主張の最もよく知られた部分は少々お門違いのようにも思えるのだ。アリストテレスが『政治学』(紀元前三二二年頃)を書いた時には、人々は金銭の貸し付けに関しては高利を課すようになっていた。金銭は品物と交換した際に「消費された」とみなされ、穀物と同じく代替可能物として分類されていた。アリストテレスはこれに異議を唱えた。

富を得る二通りの方法がある……一方は家政術の一部であり、他方は小売業である。前者は必要かつ尊敬すべきものであるが、他方、交換から生じるものは非難されて当然である。なぜなら、それは不自然であり、人が他の者から利益を得る形式だからである。最も憎まれる類は、そしてそれはもっともであるが、自然の対象物からではなく金銭そのものから利益を得る高利貸しである。なぜなら、金銭は取引に用いられることを意図したものであり、利息で増やすためのものではないからである。そしてこの利息という用語〔*tokos*〈子〉〕は金銭が金銭を生むことを意味するが、子は親に似るというので金銭の増殖に適用されたのである。それゆえ、富を得るあらゆる方法のうちでも、これは最も不自然なものである。

アリストテレスはここで贈与の状況（ギリシアの家政）と商品の状況（小売業）を区別している。しかし、一方が自然で他方がそうではないと言うのはお門違いである。これらの取引の形式の違いは有機物との類似を持ち出すまでもなく説明することができるのである[2]。自然であれ、不自然であれ、小売業では「人々は互いに利益を得る」のであり、結合することによって利益を得るのではない。高利貸しも商業も独自の発展をする。しかし、それらは贈与交換による個人的変容も社会的かつ精神的結合ももたらさない。工業国がわれわれに示しているように、人々は商品という点においてはより一層豊かになるかもしれないが、互いにますます孤立していく。現金交換は価値を生まない。だから、もし物質の増殖よりもグループの団結と活気のほうを大切にするならば、高利貸し〔より生じる増殖〕は「もっとも憎まれる」類の利益となる。

旧約聖書の高利貸しを取り扱っている律法は、何世紀もの間、高利貸しに関する論争の焦点であった。もっとも重要なのは申命記の第二十三章の二つの節である。

一九　兄弟に利息を取って貸してはならない。金銭の利息、食物の利息などすべて貸して利息のつく物の利息を取ってはならない。

二〇　外国人には利息を取って貸してもよい。ただ兄弟には利息を取って貸してはならない。これはあなたが入って取る地で、あなたの神、主がすべてあなたのすることに祝福を与えんがためである。

この禁止でもあり許可でもある二重の律法は、外国人の間をさまよう兄弟の間柄という二重の状況を組織化しようと努めたものだ。ヘブライ人は自分たちの間で贈与交換をしたが、彼らはまた贈与の環に加わっていない人々とも接触をもった。(3)

贈与の循環においては、ギフトはお返しについての契約も同意もなしに与えられる。しかしながら、それは確実に返ってくる。循環の手はずは整えられており信頼できるものである。このサークル内では品物は動き続けなければならず、それが最初の律法の趣旨でもある。すなわち、何人も兄弟に利子を取って貸してはならない。なぜなら、そうすることは、気前のよさを市場取引に変えてしまうからである。この禁止は増殖ないしは利息を禁じるものではなく、利息が個人にではなく全体としての部族にもたらされねばならぬということを意味するものである。

このようにして、高利貸しに反対する律法は、自己が部族の中に埋もれることも要求する。これは贈与の「貧困」であり、グループが富裕になるように各自が気前のよさによって「貧しく」なることである。そこでは、ひどく貧乏な人が別個の個人的な問題をかかえているとはみなされない。彼の貧困はグループ中に感じとられ、その富は、水がただちにもっとも低い場所に流れ満ちるように、熟考も論争もなく貧困者へと流れる。律法は部族のいかなる一員も生活必需品により多く触れることもより少なく触れることもあってはならないと言っているのだ。

言い換えると、律法は部族内にいかなる商売もあってはならないと言っている。所有物は循環するが、売買を通してではない。ヘブライ人の間では負債の契約や動産の譲渡は非常に難しい。商売は、ことわざにもあるように、異邦人となされたのだ（「商人には祖国がない」とはトマス・ジェファーソン(五)はうまいことを言ったものだ）。律法はこれを定義に近いものにした。すなわち、商売は異邦人とするものである。この律法が守られ、富が部族内で個人の資産にならないとき、彼らは「あなたの神、主がすべてあなたの触れるものに祝福を与えて下さいますように……」と言うのである。

最初の律法のように、兄弟の間柄について語ることは、贈与の循環を信頼している証である。第二の律法は疑いの状況を取り扱っている。見知らぬエジプト人が立ち寄って数ブッシェルの穀物を求めたと仮定してみよう。あなたはその男性に二度と会えないかもしれず、春の一ブッシェルが秋には数ブッシェルになることを彼が理解するかどうかも定かではない。彼は異なる神を信じており、この地の聖書を読んだこともない。穀物は、たとえ分け与えるほどあったとしても、部族の富である。万一それが戻ってこなかったら、グループはその活力のいくぶんかを失うであろう。部族の組織内であれば、贈与は血液が心臓に戻るように返ってくるという信頼がある。しかし、組織を越えたところでは危険がある。だから、エジプト人が立ち寄ったときには、兄弟には言う必要がないこともはっきり言うように努める。彼に自然の贈与は使用によって増殖するので利息も返さなければならないことを言うのみでなく、すべてを書類にしたため、担保としてヤギを置いていくように求めるのである。

高利貸しを許す神は、贈与交換に境界を設けることを許す神でもある。この本で私がもっとも力を注ぎたいところは他にあるのだが、そのような境界が何の役にも立たないというふりをする必要はない。それは環の内部を守り、内部の流動性の資産が失われたり、あまりにも薄くなるほど広まったりすることを防ぐ。この二つのモーセの律法は単細胞生物のような共同体を表現している。ある有機細胞は外壁を形成する特殊な分子を持つことが最近明らかになった。これらの分子は一方の端で水をはじき、他方の端で水を引きつける、一種の二重の法をもつ。このような分子を水につけると、水をはじく端を水と反対の方向、細胞の内部の方向に向けてやがて輪をつくる。細胞は、一つは外側の端、あと一つは中心のための、二組の法を持つ分子を持つことによって、組織された生きた構造となるのである。

このような律法によって統治される一群の人々は、壁に門があり中央に祭壇のある、城壁をめぐらした都市にもたとえられる。そのようなとき、われわれは古代人が述べたように、祭壇の法や門の法があると言うことができる。人はその居場所によって、異なる扱いを受ける。端のほうでは律法はより厳しく、祭壇の所ではより憐れみ深い。

第六章の隠喩を引けば、申命記の二つの律法は、二種類の所有物に対する二種類の判断を備えた男性と女性であると言うことができる。最初の律法は女性的な所有がグループ内で優位を占めなければならないと述べているが、二番目の律法は男性的な交易を端のほうで許している。これらの律法の崩壊と、所有の形態の軽率な混合が、グループの消滅につながる。仮に壁がないとすれば、富は、取り戻すべを持たずにエネルギーを放出する躁病の人のように、流れ出てしまう。逆に、男性的な所有が中心に入ってくると、贈り物を市場に出すすべての共同体のように、グループは崩壊しはじめる。

モーセの律法を要約すると、一方の律法は贈与の循環を確実にし、他方の律法は異邦人と取引するために贈与交換の構造を合理化している。利息の請求を許可することで、境界を越えた取引をある程度許す。だが、そのような取引は公認された異邦人の間にある流れを生じさせる一方で、注意深く彼らを異邦人の地位にとどめている。外国貿易やローンに対して賃貸料を請求することは、物質的なつながりを取り除き、人々を結びつけない。きずなを感じることもなければ、グループが形成されることもない。贈与の合理化は贈与の霊を見捨てる。

この二重の律法は長い間うまく作用した。だがイエス以降の世紀には問題が生じた。なぜなら、すべての人は兄弟であるという彼の教えが、高利貸しの認可を無効にすると思えたからである。もし部族に境界がまったくないならば、どのような形態を経済生活はとるべきか？　この問題が初期の教父たちから今世紀に至るまでの、高利貸しに関する大論争の始まりであった。もし、モーセの二重の律法が、内側に贈与循環、外側に市場取引をもつ環を描いていると言うならば、高利貸し論争の歴史は、われわれがこの環の半径を定めようとした歴史であると言えるだろう。キリスト教徒はこの半径を、普遍的な兄弟愛という神命のもとで、際限なく広げた。十五世紀もの間、人々はこの仮定のもとで事を処理しようと努めた。だが、宗教改革は再びこれを逆にし、半径を縮めはじめ、カルヴァン(六)のときまでに、各個人の魂の奥底の問題とした。

II　恩寵の欠乏

新約聖書の財産の意識は、「財産が共有であればあるほど、それはより神聖なものとなる」と述べた聖ゲルトルーディス(七)の意識に類似している。ある者が「私の隣人は誰ですか」と尋ねるとき、イエスは善きサマリア人(八)の話をされる。血ではなく思いやりが人を兄弟にする。この精神が部族の境界を変える。キリスト教徒の家には、イエスがツロやシドンに旅され、御自身がカナン人の婦人の信仰に感動されて以来、（信仰という壁以外には）壁はない。

イエスはたえず市場と神の国を区別されている。そしてわれわれはみなそのエピソードを知っている。彼は人は「お返しを何も期待せずに貸さねばならない」と教える。彼の祈りは主に「私たちの債務を免除してください。私たちも私たちの債務者を免除しましたから」と願うものである。彼は「神殿で売買をしていた人たち」すべてを追い出し、「両替商のテーブルや、鳩を売っていた人たちの椅子をひっくり返した」。イエスがはりつけと埋葬にそなえているとき、ある婦人が彼の頭に素晴らしい聖油を塗る。この機会をとらえてイエスは使徒たちに「あなた方の内には常に貧者がいる」と言われた。使徒たちの、自分たちならば儀式用の油を持って行って売り、貧しい人たちに与えるための金を得るのだが、という提言に答えられたものである。例によって、彼らはその意味を理解するのに時間がかかった。彼らは自分の肉体を贖罪の贈り物として取り扱う準備をしている人の前に座っていながら、油の値段を考えていたのである。われわれはイエスの答えを貧乏（ないしは欠乏）は彼らの問いの中にあふれている、すなわち、聖霊が彼らの間で生きているときに彼らがそれを感じることができないならば、富者も貧者も共に彼らの内にあると言われたのだと解釈できよう。

初期教会のキリスト教徒は一種の原始共産主義で、財産を共有して暮らしていた。[九]高利貸しの問題は教会と帝国が結びつくまで、それほど注意をひかなかった。ベンジャミン・ネルソンはその著『高利貸しの理念』[4]の中で、旧約聖書の律法にキリスト教徒の良心を適用しようとした最初の教父の一人としてミラノの聖アンブロシウスを引用している。[一〇]アンブロシウスはその著の四世紀の『強奪について』において高利貸しの問題を扱っている。彼はモーセの二重の基準を維持しながら、用語を変える。「兄弟」は今や教会内のあらゆる人をさす。「なぜなら、まず第一に信仰を持つ人、次にローマ法のもとにある人はすべてあなたの兄弟だからである」。彼は「あなたと自然を分かち合う人であり、恩寵の共同相続人である」。

しかしながら、聖アンブロシウスは異邦人に対して利息を請求することを独自の方法で許可した際の効果にある種の共感も感じており、キリスト教徒が教会の敵から利息を取ることを許している。

> あなたが傷つけたいと思っても当然である人、武器を向けても合法である人、そのような人に対しては利息を課しても合法である。戦いにおいてはたやすく征服することのできない者に対して、高利ですばやく復讐することができる。殺しても罪とならぬ者から利息を取り立てなさい。利息を請求する者は武器なくして戦う者である。剣なしで彼は敵に復讐する人であり、敵から利子を取り立てる人である。であるから、戦争をする権利があるところでは、高利貸しをする権利もある。

利息を取ることが人々の間に境界をしるすのみですまない場合、いつでも、それは攻撃的な行為となりうる。そして、これが申命記で高利貸しを営むことを許可した意図ではなかったかもしれないが、結果としてそのようなことがありうることは明らかだ。奇妙なことに、聖アンブロシウスには外国人はグループの成員ではないが、敵でもないということもありうるという考えは浮かばなかったようである。「それでは異邦人とは誰を指したのか」と彼は書く。「アマレッチ族を指すのでなければ？　アマライト族を指すのでなければ？　敵を指すのでなければ？」すなわち、すべての人間が兄弟でなければならなくなるやいなや、すべての異邦人は敵となったのである。そのような攻撃的な信仰は四海同胞の精神に盲点を残す。限りない思いやりの背後に迫る影に、目にみえない境界が横たわっている。中世に展開したものの多く、頻発する反ユダヤ主義運動から教会の精神的帝国主義に至るまでが、その暗闇から育つように思われる。

仮に、福音書と利息を許可していた過去の事実との間の矛盾をなくそうと中世の聖職者たちが試みた方法の一覧表をつくるならば、われわれは大部分の者がユダヤ人に落度を認めることで、この明白な矛盾を解決したのを知るだろう。そのどこにも放浪の部族が自衛したという考えはみあたらない。数例を要約してみよう。

・ペトルス・コメストル（二一）（十二世紀）主はユダヤ人が利息をとることを許可されなければ、狡猾な民である彼らが、より一層ひどいことをするのを知っておられたのである。
・トマス・アクィナス（二二）（十三世紀）ユダヤ人は彼らの強欲のはけ口を必要とした。さもなければ彼らは互いに盗みあっただろう。
・オセールのギョーム（二三）（十三世紀）主はユダヤ人を突然全き者にすることができなかったので、彼らに控えめに罪を犯すことを許された。

利息を取る許可の別の説明、すなわち、聖アンブロシウスからマルティン・ルター（二四）に至る説明は、主は聖地の非ユダヤ人に対する高利貸しを、彼らを罰するために許可されたとするものである。利息は戦いの道具であり、主はユダヤ人に高利貸しを営むことを許すことによって、主の敵に対する聖戦を是認されたのである。中世の学者がこのような傾向の分析を始めるとき、四海同胞（二五）の精神と教会の覇権を区別することは困難となる。たとえば、十五世紀にはシエナのベルナルディーヌスはキリスト教徒の高利貸しを一種の兄弟愛として弁護さえした。

世俗的財産は宇宙の主であるまことの神への崇拝に対して人間に与えられるものである。であるから、神の敵の場合のように、神に対する崇拝が存在しない場合には、利息を厳しく取りたてるのは合法と言える。なぜなら、それは儲けを得るためではなく、信仰のためだからである。そしてその動機は兄弟愛である。すなわち、神の敵が弱まり、神に戻るようにするためである。

十字軍がこの兄弟愛の陰の部分で組織された。そして、聖アンブロシウスの律法の解釈が聖地のイスラム教徒に対する高利貸しを許可したので、教会は――聖職者であろうと俗人であろうと、キリスト教徒であろうとユダヤ教徒であろうと――高利貸しをしばらくの間大目にみた。しかし、実際には公然の敵に金を貸し付ける機会はめったに起こらなかった。十字軍に資金を調達するにあたって、教父たちはヨーロッパのユダヤ人の金貸し業者が、キリスト教徒の金貸し業者がイスラム教徒に負わせることができるよりも、もっと多くの重荷を教会に負わせているのに気づいた。兄弟愛が破綻し、戦争に負けたのは、自国の高利貸しのためだった。教会は教会内の団結を固めるために、ついにあらゆる高利貸しを禁止した。一一四五年にローマ教皇エウゲニウス三世[一六]が発布した大勅書は、高利貸しの禁止の復活を、十字軍への資金供給の問題と結びつけているのは明らかである。モーセの時代と同様、内部の団結のためにそのような経済政策が必要となったのだ。

したがって、高利貸しが中世に知られていなかったわけではないことは明らかである。しかしながら、種々の異なる結論にもかかわらず、この時期のすべてのキリスト教徒に共通する疑う余地のない仮定は、高利貸しと兄弟愛はまったく正反対のものであるというものであった[一七]ことは、強調しておかなければならない。十二、三世紀までには、「兄弟」という言葉は常に普遍的特性として使われるようになり、問題が生じると、モーセ（あるいは聖アンブロシウス）の二重の基準は常に兄弟愛の側に決定された。たとえば、ここに十三世紀のペニャフォルテのライムンドゥスの例がある。(一八)「あなたが誰であれ、あなたが危害を加えたいと欲しても当然である人に、利息を請求しなさい。だが、あなたが危害を加えて当然な人など誰もいない。だから、あなたは何人に対しても利息を請求してはならない」。これが典型的な中世の決議である。同じ世紀のトマス・アクィナスからもう一つの例を引いてみよう。「ユダヤ人は彼らの兄弟、すなわち他のユダヤ人から利息を取ることを禁じられた。このことから私たちはどのような人からでも利息を取ることは非常な悪であることを理解した。なぜなら私たちはすべての人を私たちの隣人かつ兄弟として、特に私たちみなが召されている福音の状態で、遇しなければならないからである……」。十字軍の正当化に際してさえ、中世のキリスト教徒たちは高利貸しと兄弟愛は相容れないという基本的な仮定を、決して放棄することはなかった。この仮定はそれに合わせて異なる服が裁断される型紙である。四海同胞の陰で多くのことが起こったかもしれないが、考えそのものの普遍性は決して疑われなかった。それはいつも理想である。すなわち、人は兄弟から利息を取ってはならず、しかも、すべての人は兄弟でなければならないのであった。

宗教改革がこれを変えた。

その中心人物はマルティン・ルターであった。ルターは常に疑問にさいなまれていたので、彼の高利貸しに関する見解を要約することはむずかしい。しかしながら、その見解がもたらした影響を要約するのはむずかしいことではない。ルターとその他の宗教改革のリーダーたちは、倫理生活と経済生活を組織的に切り離した。ローマカトリック教との訣別を首尾よく成し遂げる必要に直面して、宗教改革者たちは最も安定性のある代わりの権力、すなわち新興大商人に頼ったのだ。宗教改革の間、地上の楽園《ニュー・エルサレム》を求め私有財産の廃止を要求する聖職者たちもいたが、彼らは生き残らなかった。生き残った者たちは神の律法と市民法を区別して国家に権力を引き渡し、君主を支持し、財政政策について助言さえした。要するに、彼らは、君主は福音書の精神で支配することが望ましいが、世界はあまりにも邪悪な場所なので、憐れみではなく剣による強力な秩序が必要であると言ったのだ。それゆえ、新教徒の聖職者たちは民間の高利貸しにも、十六世紀を特色づけるその他の財産権の変化（たとえば、以前の共有地に地代を請求することなど）にも結局反対しなかった。宗教改革のリーダーたちは依然として兄弟愛を口にしていたが、彼らは兄弟愛は市民社会の基礎とはなりえないことを確信するようになっていた。

ルターの高利貸しに関する見解は生涯の間に大きく変化している。若いルターには、ローマカトリック教会を高利貸しとして攻撃するというおまけまでついた、高利貸しへの中世以来の非難が認められる。けれども一五二五年にルターは転機を迎えた。その年にドイツで農民戦争(一九)が勃発した。この蜂起には宗教改革を特徴づける、精神と財産の相剋のあらゆる要素が含まれているので、ことの顚末《てんまつ》は繰り返し語られている。封建制度が衰退し、君主たちがその勢力を領土によって強化し始めるにつれて、ドイツは百年もの間、小作農の騒動に悩まされるのである。教会史家のローランド・ベイントン(二〇)は次のように述べている。

> ローマ法がさまざまな地方の法典にとって代わることによって、法律は統一されつつあり、それによって小作農は……苦しんだ。なぜなら、ローマ法は私有財産しか知らず、それによって共有地――古代ゲルマン民族の伝統(二一)では共同体(二二)によって共有されていた森、川(二三)、草地――は危険にさらされた。ローマ法はまた自由市民、自由民、奴隷を知るのみで、中世の農奴に相等する範疇を持たな

かった。もう一つの変化は……貨幣による交換が物々交換にとって代わったことである。

農民戦争はアメリカ・インディアンがヨーロッパ人と戦わねばならなかった戦争とまったく同じたぐいのものであり、かつては譲渡できなかった共有地が市場化されることを阻止しようとする戦いであった。以前は人はどの川でも釣りができ、どの森でも狩りができたのに、今ではこれらの共有地の所有者であると主張する個人がいるのだ。土地保有の基盤が変わってしまった。中世の農奴は土地所有者のほとんど対極にあった。土地が彼を所有していたのだ。彼は場所から場所へ自由に動くことはできなかったが、それでいながら、彼が縛りつけられている一区画の土地に奪うことのできない権利を持っていたのである。今や、人々は土地の所有を主張し、料金をとって賃貸する。農奴を土地から追い出すことはできなかったが、借地人は地代の不払いからだけでなく、単なる地主の気まぐれで追い出されることもありうるのだった。

宗教改革に共鳴した過激な聖職者たちのある者は、これらの変化に反対する小作農を支持したので、ルターは彼の立場を明らかにする必要に迫られた。一五二三年から二四年にかけて、ルターは申命記について説教した（これは後に『注解申命記』として出版された）。この本の中で、彼は債務者を債務から七年ごとに解放するモーセの律法に言及し、「最も美しく公明正大である律法」と呼んでいる。

しかし［と彼は言う］ローンの返済を要求することを禁じ、お返しに等価値のものを受け取ることを期待することなしに貸すことを命じるキリストに、あなたは何と言うだろうか。私はこう考える。キリストはすべての律法を超え、律法が命じること以上をするキリスト教徒に対して話しかけているのであると。これに対してモーセは、政治と武力の支配下にある市民社会の人々に対して、悪事を行なう人に歯止めをかけ、公共の平和が維持されるように、律法を定めたのである。であるから、ここではローンを受けた人はそれを返すように律法を執行されることになる。とはいっても、キリスト教徒はたとえそのような律法が彼を救済にやってこず、ローンが返済されなくとも、平静にそれに耐えるであろう……キリスト教徒はたとえ傷つけられてもそれに耐える……、彼は復讐の剣の厳正さを禁じはしないが……

律法と信仰はここではすでに分離している。同じ年の第二の例は、この分裂の調子をさらに肉付けすることだろう。一五二三年により過激な聖職者の一人であるジェームズ・シュトラウスは、誰も利息を請求すべきではないと提唱したばかりか、債務者は債権者に抵抗すべきであり、そうしないことは彼ら自身高利貸し[二四]の罪の片棒をかついでいるとまで言った。小作農は大喜びをした。だが、地元の聖職者や地主は選帝侯政府に苦情を言った。そこで、選帝侯政府はルターの意見を求めた。ルターは仮にすべての高利貸しを廃止できれば、それは「高貴なキリスト教徒らしい成果」であろうと返事を切り出した。しかし、それから彼は実際的になった。シュトラウスは商人が資本を貸すときに冒す「危険を十分に考慮していない」と彼は言う。そのうえ、「あまりにも大げさな言葉を使うことで、彼は庶民を大胆にしている……たぶん彼は世界はキリスト教徒に満ちあふれていると考えているのだ……」。この返事はルターの方法の典型を示している。彼は倫理的根拠から高利貸しに反対するが、世俗的権威とキリスト教倫理を区別し、結局、諸侯に経済問題を決定する権利を譲っている[5]。

これらの戦いにおいて、ルターは中世を引き裂いた相剋、サケルドーティウムとインペリウム、すなわち教会と国家の争いに、個人的に引き裂かれていた。彼はこの対立を公認することによって解決する。なぜなら、理由は何にせよ、十六世紀までには権力は私有地の保有者の手に渡っていたからである。宗教指導者たちのうち生き残ったのは、諸侯の世俗的権威をすすんで認め、彼らに仕えることさえあえてした政治にたけた聖職者たちであった。ある者は実際に経済学者となり、諸侯が貨幣経済の細部を形成するのを助けた。たとえば、ドイツの神学者のフィーリップ・メランヒトン(二五)は一五五三年にデンマークの論争に介入し、クリスティアン三世が利率体系を組織化するのを助けた。

新しい財産の観念を認めなかった改革者や運動(二六)(たとえば再洗礼派(二七)など)は生き残れなかった。もう一人の急進的な聖職者であるトーマス・ミュンツァーはザクセンの小作農を積極的に支援し、ルターやルターが選帝侯政府に呈した助言に真っ向から対立した。

> ルターは貧しい人々は信仰によって充《みた》されているという。彼には利息や税が信仰の受容を妨げるのがわからないのか？　彼は神の言葉で十分であると主張する。彼にはあらゆる瞬間を生計をたてるために費やさねばならぬ人々は、聖書を読もうにも文字を学ぶ時間もないことが理解できないのだろうか？　諸侯は高利貸しで人々に血を流させ、小川の魚、空の鳥、野の草を自分のものとして勘定するが、嘘博士は「かくあらせたまえ（アーメン）！」と言う。ヴィッテンベルク(二八)の新教皇である日和見博士、日なたぼっこの追従屋の安楽椅子博士はどのような勇気を持っているというのか？

なんという歯に衣着せぬ物言いだろう！　権力者たちは彼を捕え、拷問にかけ、その首をはねた。

宗教改革が終結したときには、財産権の倫理性を裁く権力は世俗の支配者たちの手中にあった。一五八七年に五パーセント契約の有効性を疑問視したレーゲンスブルクの聖職者たちのグループについての話が残っている。彼らはプロテスタントの行政官から職を追われ、町から追放された。ルターは原則として倫理的理由から高利貸しに反対したが、決定的瞬間には行政権力を支持した。しかも、行政権力は高利貸しを支持したので、ルターが教会と国家を分離したことは結果として、贈与の環を狭めてしまった。

民法と道徳律の分離は、今日まで使われている「利子《インタレスト》」と「暴利《ユージャリイ》」の区別を普及させた。実際にはこれらの用語はそれ以前にも相当長い間使われていたのだが、十六世紀になって広まったのである。ラテン語では動詞インテレッセは「相違を生じる、ある物事に関与している、重要だ、大切である」という意味である。われわれはいまだにこの意味でこの言葉を使っている。たとえばわれわれにあることが「関心《インタレスト》をいだかせる」とか、われわれはある事業に「関係」〔出資〕しているという場合のように。(二九)中世ラテン語では動詞的名詞のインテレッセは損失に対する賠償的な支払いを意味するようになった。すなわち、ある者が何か私のもの、私が「権利」を持っているものを失くしたならば、彼はその損失を償うために私に「賠償金《インテレッセ》」を支払う（しかし、私が何も権利を持っていない場合、彼は私に何も支払わない）。その後、この言葉は資本が貸し付けられた場合に失われうるものを指すようになり、債務の履行を怠った者は、契約書に書かれている定められた金額の賠償金を支払わねばならなくなった。この賠償金は金銭の使用に対する直接の料金である利息《ウースーラ》とは異なることになっていたが、その差はそれほど大きくはなかった。債権者は彼らが自分の金を再投資できなかったために失った利益をも、賠償金の対象であると主張するようになったからである。しかも彼らは賠償金を契約書に定額として記すよりも、定期的に計算した利率を請求するようになった。

つまり、中世においてさえ、賠償金は実質的には高利貸しの一変形だったのである。これを例証するものとして、われわれは暴利と賠償金を区別することによって解決した宗教改革直前の、教会での論争をあげることができよう。論争となったのはキリスト教徒の質店で、イタリアではその頃も現在と同じく、慈悲《ピエタ》の丘の名で知られていた。ここには借金を負ったキリスト教徒がやってきて、次のシーズンを始めるためのちょっとした現金を借りることができた。ベンジャミン・ネルソンはその設立事情を次のように語っている。

> 人類みな兄弟は、反ユダヤ人の修道士たちが、ユダヤ人の質屋を追い出すための、扇動的な訴えを覆い隠したスローガンだった。ユダヤ人はローマやドイツからイタリアの町へ、都市の招聘に応じて、わずかなローンに二〇[三〇]から三〇パーセントの利息を課す営業許可を得ておしよせていた……〔修道士たちは〕儀式的殺害というしばしば彼らの信用を傷つけた命令を蒸し返し、暴徒を扇動してユダヤ人の生命と財産を襲わせ、人民や行政官相手にユダヤ人を滅ぼすように長広舌をふるい、キリスト教徒の質店「慈悲の丘」を設立した。一五〇九年までに八十七のそのような銀行がイタリアにローマ教皇の承認を得て設立された……

「慈悲の丘」を弁護した聖職者は、ローンの元金より多くとられた金額は決して利息ではないと主張した。それは職員の給料を含む質店の必要経費を支払うための寄付金である。

しかし、これは、そもそも高利貸しが禁止された理由そのものではなかったか。すなわち、贈与の精神は何人も他人の必要に頼って生計を立てることのないように求めている。人々の集団が兄弟のような間柄と呼ぶことができるのは、贈与の循環のおかげで富の源との接触を誰も失うことのないときや、いかなる個人も、過剰な富が必要とするほうへ流れていく流れのただ中に立って、私的な生計を立てることがないときである。質屋の集団を養うのに十分な貧困者が常に周りにいるとしたら、そのような兄弟の間柄には重大な欠陥がある。

それにもかかわらず、「慈悲の丘」は設立され教皇レオ十世[三一]は一五一五年にそれらを正式に認可した。第五回ラテラノ公会議[三二]で、彼は利息を請求できると判定した。しかし、受け取る金は利息《ウースーラ》とは呼ばれず、ダムナ・エト・インテレッセ（損害と損失）に対する賠償金と呼ばれた。それは貸し付けに伴う危険、もし貸し付けなければその金が稼いだであろうと思われる金額に等しい損失を補い、質屋の給料をまかなうための料金であった。宗教改革以前でさえ、「インタレスト」という用語は外国人に貸した金がほどほどの返礼を稼ぐ権利を表現していると解釈されていたのである。

ルターと他の改革者たち、特にフィーリップ・メランヒトンはこの一節を彼らの敵から借りた。一五五五年頃、メランヒトンはオフィキオーサとダムノーサの二種類のローンを区別した。もし、ある者が隣人に彼にとってはその金がなくとも楽に暮らしていける金額を短期間貸したときには、そのローンはオフィキオーサであり無料でなければならない。これに対して、ダムノーサローンはあらゆる強制ローン、返済期間が定められていないすべてのローン、あるいは商人たちが共同出資の形をとって「自由に投資した金」などである。メランヒトンは債権者はすべてのそのような契約で損失の危険をおかすので「平等の規則がインテレッセと呼ばれる賠償金を債権者が受け取ることを要求するが、それは五パーセントを超えてはならない」と書いている。ルター自身も類似の区別をしていて、たとえば六〇パーセントの暴利は強く非難するが、年八パーセントの収益は許している。宗教改革の終わりまでには、新しい二重言語が新しい二重の基準に対して強固にできあがっていた。主の目からは高利貸しはいぜんとして罪であり、当然糾弾されるべきである。だが、実社会では利息は必要でもあり正当でもある。利息は市民による高利貸し行為の産物である。いまやわれわれは資本主義を持ったのである。

これらの違い——利息と高利、道徳律と民法の間の違い——を保ちながら、中世が放棄しようとした二分法を復活させる方法がある。モーセも聖アンブロシウスもルターもみな二つの律法を認めた。しかしながら、ルターの区別は、前例に関連はしているが、根本的に異なるものである。

まず第一に二分されているものが違う。旧約聖書では人類全体は兄弟であるか否かの観点から見られ、イスラエル人は相手が誰であるかによって異なる行動をとる。だが、いまや、各自が分裂しているのだ。教会と国家は分離したかもしれない、しかし、各自は双方にかかわっているのである。各自が市民としての部分と倫理的な部分を持つとき、その心の中には兄弟と他人が併存しているのである。いまや、私が通りで人に会ったとき、職業によってその人は外国人となったり、親族となったりする。各自が四海同胞に参加できるように、際限のない他者性にも参加できる。彼はいつでも好きなときに外国人であることができ、しかも、故郷を去る必要もないのだ。彼は心中の打算を、他人の打算をチェックするために必要なものであると正当化することができる。ルターが剣を正当化したように。

ルターの二分法はモーセのものとは、さらにもう一つの点で異なる。他人と兄弟が併存しているとき、各自の心だけでなく、地元住民たちも分裂する。新しい部族主義というよりはむしろ、社会階級の萌芽の兆しをわれわれはルターの型にはまった言葉に認める。ここに『注解申命記』の一節があるが、ここでは昔の異邦人は今日の貧民となっている。

なぜ「モーセ」は異邦人にローンの返済を求めることを許しながら……兄弟には許さなかったのか？　その答えは……公的秩序という公正な原則による……すなわち、市民はある特権によって部外者や異邦人よりも礼遇される。これはすべてが均一で平等となることを防ぐためである……たとえ不平等のように見えようとも、召使いや女中、労働者、人夫の身分と同様に、世間はこのような形態をも必要としているのである。なぜなら、すべての人がまったく同じように、王、王子、元老院議員、金持ち、自由民になれるわけではないからである……神の前では人は差別されることなく、すべての人は平等であるが、この世においては、差別も不平等も必要なのである。

ルターはここで単に古代社会について語っているのではない。社会政策に疑問が牛じたときに、彼は「どのみち横柄である民衆」によって決定されるべきであるとは感じず、諸侯を信頼することを選んだ。私の知る限りでは、彼はその考えを直接言葉にはしていないが、その口調には、キリスト教徒は数は少なくとも土地所有者が多いだろうし、新参の外国人は下層階級であってしかるべきだと考えていたと思われる節が確かにある。

宗教改革の新しい公式見解は贈与の霊のための場所の返還を要求する試みであったと、もう少しで議論できるところであった。ルターは教会を帝国から解放しようとした。彼が権力を世俗の支配者に譲るときでさえも、贈与の霊のための適切な領域の返還を新モーセ方式で要求したいという気持が見られた。けれども、ルターの口調に注意して耳を傾けると、われわれには新しい兄弟愛を求める叫びは聞こえてこない。他の宗教改革者たちはこれを説き勧めたかもしれないが、ルターはそうではなかった。彼は軌道を変更して、キリスト教精神はこの世では解放されることはないと主張するようになった。

私はすでにキリスト教徒はこの世にまれであると言った。であるから、この世には厳格で無情な仮の政府が必要なのだ。政府は邪悪な者が盗んだり略奪したりしないように、また借りたものを返すように、強制し強要する。たとえキリスト教徒はそれ［元金］を要求したり、取り戻そうと望むことさえもすべきではないとしてもである。このことは、この世が砂漠とならないために、平和が滅びないために、取引や社会が完全に破壊されないために必要なのである。これらすべては、もし私たちが、強制的に法律や権力の執行によって邪悪な者に当然のむくいをうけさせ、正しいことをさせることなく、この世を福音書に基づいて治めるならば、起こってしまう事柄である。であるから、私たちはこの手段を残しておき、町の平和を守り、国に法律を施行し、違反者は勢いよく大胆に剣でたたき切らねばならぬのだ……何人もこの世を血なしに支配できるなどと考えてはならない。支配者の剣は赤く血まみれでなければならない。なぜなら、この世はこれからも悪であろうし、今も悪に違いなく、剣は悪に対する神の鞭であり天罰なのであるから。

ルターはここで兄弟愛についてほとんど弁護していないばかりか、贈与と恩寵を肯定するために民法に対して制裁措置を施すこともしていない。しかも、彼の言語は常に所有物ゆえの疎外と関連した別離と戦闘の言語である（ルターは旧約聖書の許可の中に好戦性を感じた聖アンブロシウス以降の最初の人であった。「ユダヤ人は従順に神に身を任せ、利息と高利貸しを通して、異邦人に対する神の怒りを実現する媒介者となるがよい」）。

けれども、好戦的な口調よりもさらに重要なのは、ルターがここやその他の箇所で、恩寵やギフトの欠乏を断言していることである。ここで少し立ち止まって、ルターの欠乏感をそれ以前の恵み深さの感覚と比較すると、このことはより一層はっきりするだろう。十四世紀の修道士マイスター・エックハルトの次のくだりを思い起こしてみよう。

であるから、神はあなたの準備ができたとお認めになるやいなや、かならず行動なさり、御自身をあなたに注がれるということを知りなさい……あなたの準備ができたことをお認めになるやいなや、神は行動せざるをえず、あなたの中にあふれ出さずにはいられないのだ。それは輝く澄んだ大気の日に太陽が勢いよく輝き出でざるをえず、みずからを抑制できないのとまったく同じことなのだ。実際、神があなたがあまりにも空虚で、あまりにもがらんとしているのを見られても、あなたの中で素晴らしい働きをなされなかったり、栄えあるギフトであなたを満たしてくださらなかったら、それは神の非常に重大な欠陥と言えよう。

あなたは神をあちこち捜す必要はない。神は遠い所にではなく、あなたの心の入口におられるからである。そこに神は立ち去りかねてとどまっておられて、準備のできた者が、戸を開けて、中に招じ入れるのを待っておられるのだ……神はあなたが神を待ちこがれるよりも、千倍も切実にあなたを待っておられる。あなたがわずかでも戸口を開くやいなや、神はすぐに入ってこられるのである。

このような獲得可能な恩寵に対する強烈な感情と、その恵み深さに対する圧倒的な信頼は、十五世紀に失われたものらしい。ルターにこのような感情がないことは確かである。ルターがあらゆる面で感じたのは失・恩寵《ディス・グレイス》と欠乏である。聖霊はもはや心の入口にたたずんではいず、会衆の頭上高くそびえる新教の説教壇のように遠く離れている。モーセの律法は「最も美しく公明正大である」が、実際的であるとはもはやとうてい言えず、福音書はユートピア的で、この世を治めるにはあまり役立たない。権力は、気前のよさを当然のこととする共有の認識を離れ、多数の取引と同衾している。

好意の欠乏を明白なこととして仮定し、福音書を日常生活から分離することによって、ルターは主も、贈与の可能性をもさらに一層遠ざけてしまった。私有財産に常に伴う欠乏経済学の精神版といえよう。いまや、キリスト教徒はまれであり、恩寵はめったに見られず、道徳心は個人的なものとなり、世俗的重みを持たない。

ある意味で、古代の高利貸しの再出現は信仰の衰退を示している。贈与交換は信仰と関連しているのだ。なぜなら、双方とも私欲がないからである。信仰は用心しない。いかなる人もひとりでは自分が参加している贈与の環を制御できない。それどころか、各自は贈り物が動くように、贈与の霊に身をゆだねる。であるから、与える人は喜んで制御を放棄する人である。万一そうではなく、贈与者がお返しをあてにするのであれば、贈り物は全体から引き離されて個人の自我に引きずり込まれ、その効力を失ってしまう。われわれは自分が制御しない循環に私心なく参加している人のことを、真心をこめて与えているというが、そうすることが、結果として、その人の命を支えるのだ。

まちがった信仰はこの逆である。それは単に人々の契約が引き裂かれるだけでなく、万物すべてがばらばらにされ粉々に砕ける(「堕落《コラプション》」の古い意味)という確信である。まちがった信仰から法や警察など取り締まりへの切望がうまれる。まちがった信仰は、贈り物は返ってこないのではないか、物事はうまくいかないのではないか、この世はあまりに欠乏に満ちているので、どのような贈り物が現われようとも、欠乏がむさぼり食ってしまうのではないかと疑う。まちがった信仰のもとでは、環はこわれてしまう。
エドマンド・ウィルソン（三三）はかつて旧約聖書の信仰心を言い表わすのにうまい表現をした。ヘブライ語（三四）の動詞のいかなる時制も、われわれの能動態現在と完全には一致しないようである。かわりに、二つの時制があるが、そのどちらもが永遠を表わす。すなわち、物事は完成された（過去完了）か、または眼前に明らかにされつつある予言の一部、すなわち、あることが完成されたも同然であることを示すヘブライ語の動詞の時制であるウィルソンのいう「『予言的完了』かである」。永遠の予言的完了に生きる民族は、われわれが感じるような損失の危険性《リスク》も栄枯盛衰も感じない。現在に対する強調もなければ、隣人たちの間できわだった損失の危険性もない。

けれども、異邦人は、私が最初に言ったように、ヘブライ人にとっての賭け《リスク》であった。彼らの神は同じ神ではなかった。彼らに高利を請求することは、預言者の言ういわゆる境界地帯で損失の危険性《リスク》の交渉をする一方法だった。事実、リスクは信仰の境界線上で問題となるだけである。高利、書面にした証書、署名され認証された覚書、担保物件、法律と裁判所、これらが共通の神を持たず、互いを信用しない、まったくの他人同士であり、時とリスクという衰退した観念のもとに生きている民族を安定させるすべてである。贈り物は環の内側で増えるが、資本は境界で利息を生む。これらはすべて同じ一つのことがらである。すなわち、信頼のなさ、高利、そして財産と人との疎外を表わしている。

ここに、このことに関するルターの両刃の剣の批評がある。中世でも現在と同じく、「保証人」は他人の借金に責任を負う人であり、友人たちは互いに「保証人となった」ものだった。ルターはこれを神の役割の侵害であると激しく非難する。神だけが物事を保証するのだ。私が使っている「信仰」の意味では、ルターは正しい。契約書や担保物件を含んだあらゆる種類の保証は、与えたものは返ってくるという信頼の欠如を示しているからである。しかし、ここにルターの言葉がある。

主は、祈りにおいて、日々のパン以上のものを求めるな、それは私たちが恐れをもって生き行動し、いかなる時も命や財産は確かではないことを知り、あらゆるものを待ち、神の手から受け取らんがためであると命じておられる。これが真の信仰のすることである。

たしかにその通りである。しかしながら、この一節で目につく言葉は「信仰」ではなく「恐れ」である。ヘブライ人は部族の境界でリスクを感じたかもしれないが、贈与の環の半径が兄弟愛から引き戻されて各自の胸の中に入ったとき、われわれ一人ひとりがリスクを感じるようになったのである。すべての財産が私有化されるとき、信仰は私有化され、あらゆる人間は自己の境界で恐怖を感じる。先に引用したトーマス・ミュンツァーはこの関連をいみじくも指摘している。「ルターは貧しい人々は信仰によって充《みた》されているという。彼には利息や税が信仰の受容を防げるのがわからないのか?」。

ミュンツァーは宗教改革の信仰の欠如の問題を言っているのだが、それも無理からぬことである。しかし、われわれがこの意見に条件をつけず、これらの変化の重みをルターの肩だけに負わせるのは誤りである。ある意味で彼は十六世紀のヨーロッパの思潮の勤勉で敏感な報告者であった。彼の新説は各自の心に外国人をもたらしたのではなく、すでにそこに外国人がいたことを認めたものである。それは新興の通商と私有財産の世界、俗と聖がすでに分かれ、共有地がもはや共有されない世界であった。ルターが修道士として初めてミサを行なったとき、そのほうが金になるという理由で彼を弁護士にすることを欲していた父は、教会の彼の背後に立っていた。若い聖職者は神の存在を感じることができず、祭壇から逃げださんばかりであった。彼は生涯深刻な憂鬱に苦しんだ。彼は自分自身の体験を踏まえた上で、信仰をできるだけ明確に表現しようと努めた人だった。

したがって、この時期に何が起こったかというと、ルターが戦いを国内にもちこんだという言い方もできる。すなわち、彼は信仰の敵を外国人のイスラム教徒あるいはユダヤ人の中に認めるよりもむしろ、身近な所に見いだしたのである。彼はわれわれに主の暗い面、すなわち神の怒り、を思い出させたのである。慈善心を普遍化する試みは、金銭ずくの人々を裏部屋で育成するだけであるようだ。このように奇妙に四海同胞と四海疎外は関連している。多くの人は人類すべてを愛そうと努めるときに、隣人に対する軽蔑がわいてくるのを感じる。高利貸しに関する著書の巻末近くで、ベンジャミン・ネルソンは次のような厭世的な意見を述べている。「道徳的共同体の領域の拡大が、通常道徳的きずなの強固さを犠牲にして得られるのは、道徳史の悲劇である」。ルターはこのこと――彼が身の回りに感じるきずなの緩さや恩寵の欠乏――について語ろうと努めたのだ。彼はその状況を報告した。そして、それに加えて、彼は信仰が生き残るために今とらねばならぬ形態を思い描こうとした。兄弟は互いに金利を取らないということが彼の信念であることに変わりはなかったが、これに該当する兄弟はほとんど残っていないことを彼は知ったのだ。(三五)

III 相対的外国人

われわれの話の最後の部分は贈与の環をさらに一層狭くする。というのは、本心はそうではなかったが、良心に顧みて高利貸しに反対していたルターの二重性は、まもなくジャン・カルヴァンのような聖職者やジェレミ・ベンサム(三六)のような哲学者によって導き出された(良心上も実際上もこれを肯定する)高利貸しの普遍化によって取って代わられたからである。

一五四五年に友人から高利貸しについての見解を聞かれたカルヴァンはこれに書簡で答えている。手短に「すべての高利貸しとその名称さえもが地上から追放されること」を願った後、カルヴァンは「けれどもそうすることは不可能だから、公益に譲歩することが必要である」と述べて本題にはいる。この「公益」は利息を貧しい人から取ることを禁じるけれども、その他には高利貸しを規制する理由をカルヴァンはまったく認めることができない。事実、「もしすべての高利貸しが非難されるならば、主御自身が願われたよりももっと厳しい枷《かせ》が良心に強いられねばならない」。

カルヴァンの書簡の最初の部分は、常識を聖書の高利貸しの禁止に適用し、これを破棄する。たとえば、キリストがお返しを期待して貸してはならないと言われたとき、主は明らかに貧しい人々へのローンのことを言っているのであり、「主は同時に金持ちに利子を取って貸すローンも禁止しているとはいえない」。

カルヴァンのモーセの律法の分析はこの書簡の中心をなす。律法は「政治的なもの」であったが、政治は変化してきたのだから、法も変化していると彼は言う。

今日……私たちの間には兄弟愛のきずながあるので、高利貸しはユダヤ人の間でと同じ根拠で禁止されるべきだと言われている。これに対して私は文明国ではいくぶん異なると答えよう。なぜなら、主がユダヤ人を置かれた状況では……高利貸しなしで彼ら自身の間で事業にたずさわることが容易であったからだ。私たちの関係はまったく違う。であるから、私は高利貸しが、公正や慈善と対立する場合を除いて、私たちの間で完全に禁止されているとは考えない。

カルヴァンは「高利貸しは、聖書の特定の一節に照らして判断されるべきではなく、単純に公正の規則に照らして判断されるべきである」と結んでいる。

公正の概念は次の追加の一節が示しているように、カルヴァンの方針のかなめをなすものである。モーセの律法に関する注釈で、カルヴァンは政治情勢は古代から変化してきていると再び主張している。したがって、

> 高利貸しは公正や兄弟的結合に違反しない限り、違法ではない。それゆえ、各自が自身を神の審判席に座らせ、自分自身に対してして欲しくないことを隣人に対してもなさないようにするならば、確実で誤りのない判断が生まれるであろう……(三七)いかなる場合も、ローンに対して利子を受け取ることがどこまで合法かという場合をも含めて、衡平法が他のどのような長々しい議論よりもよりよい処方をするだろう。

この一節では道徳律が極小化されている。焦点に注目してみよう。「各自が自身を……」等々。この文体ないしは道徳的計算は古い格言「あなたがあなた自身にするように他人にもせよ」や「天はみずから助くる者を助く」をあらたに流行させ、常に「自分」に強勢が置かれる調べで歌われた。古い道徳共同体が地主の心に縮小してしまうにつれ、良心も罪悪感も個人のみが持つ感情となった。倫理的板ばさみは自我と自我を比較するか、各自を一人で座らせ「神の審判席」に座っていると想像させることによ

って解決されるようになった。

　財産の私有権を認めた上で、この道徳問題の判断の方法を加えれば、実際われわれは高利貸しを規制する理由をほとんど認めない。つまり、同等の人たちの間ではほとんど規制する理由がない。だが、公正は依然として富者が貧者に対するときには異なる扱いをするように要求するだろう。しかし、二人の実業家が出会ったときには、双方は（たとえ主の前であっても）資本は利息を生むべきであるということに合意するだろう。そしてカルヴァンその人はこの方面を追求しなかったが、公正そのものは富者は貧者と取引をまったくしないことを、実に簡単に要求するかもしれない。というのも、黄金律[三八]は簡単な仮定から始まるかもしれないが、それは個人の数と同じくらい多くの結論で終わることがありうるからである（例「万一、私が貧乏であっても、私は施し物などまっぴらである」）。

　われわれは現代に生きている。モーセの律法を扱う三つの方法があり、カルヴァンはその最後となる。それは二重の律法（旧約聖書の兄弟と異邦人、ルターの教会と国家）のままにしておくこともできる。慈悲心の面から普遍化することもできる（中世）。最後に、高利貸しの面から普遍化することもできる。十六世紀以降では、兄弟とはプライムレートで金を貸す人のことである。カルヴァンは高利貸しは友人間で行なわれる限り許されると結論を下している。実際、資本を貸さない人は吝嗇家なのであろう。利息は兄弟愛の新しい印なのだ。しかし、各自が自分で利息を決めそれだけを求めるならば、この宗教上の議論は公益を形成する「目に見えない手」の経済学となって、後に再燃することだろう[6]。

　しかし、ここで小休止して、宗教改革以後に生じたカルヴァンの説のような高利貸し賛成論を考えてみよう。それらの説を読みすすむにつれておかしなことが生じてくる――十六世紀以降、慈悲の精神そのものが、資本を利息を取って貸し出すことを求めるように思えてくるのである。

まず最初に、いかにして社会がその通商の活況を保つか、いかに富を動かし続けるかを見てみよう。カルヴァンが指摘しているように、人はもはや部族内で生きているのではない。高利貸しに賛成する人は、非部族間の経済においては富は資本が循環しなければ増殖することはなく、しかも、資本は利子を生まなければ循環しないと主張する。カルヴァンはアリストテレスを退ける。「たしかに、もし金銭が金庫にしまい込まれていたら、それは不毛であろう――子供でもそれはわかる。だが、私にローンを求める人は誰であれ、その金を遊ばせておいてなんら儲けるつもりがないという人はいないであろう。利益は金そのものにあるのではなく、それを使うことによって生じる収益にある」。

高利貸し法廃止の代弁者は、一五七一年に英国議会で類似の主張をした。「少し［高利貸しを］許可したほうが、全面的に取り除き、取引を禁止するよりもよいかもしれない。一般に取引は利息なしにはほとんど維持できないだろうから」。いまや、利子を生むことを許されない限り、グループの富は動きもせず、使われもせず、育ちもせず、活気づくこともない。ヘブライ人の間での高利貸しは富の循環を妨げたものであるが、今では逆が真であるように思われる。高利貸しの禁止は富を活気のない不毛なものにしておくことだろう。

そこで苦しむのは誰であろう？ 高利貸しを支持する人は、その禁止は富者と同様貧者をも傷つけると主張する。ロック(三九)は法律で利率を下げることは取引を破壊するのみでなく、「未亡人や孤児」をも滅ぼすであろうと主張する。過去においては、未亡人やかつては働いていたがもはや働けなくなった人々は、親族に扶養された。そのような過去の例と、投資した資本の収益で老年を暮らす場合と、実質的にどこが異なるであろうかと彼らは尋ねる。確かに慈悲心はそのような人が切り捨てられ、より悲惨な状態に陥ったり、国家の情けにすがることを余儀なくされることのないように求めている。

高利貸し賛成論はさらに進む。『マストの前の二年間』を書いたリチャード・ヘンリー・ダナ・ジュニア（四〇）は、一八六七年にマサチューセッツ・ハウスで高利貸しを規制するあらゆる法律に反対するスピーチをした。彼はそのような法律は貧しい人たちを救済しないと主張した。まず第一に、法律によって利率が定められると、貧しい人たちは彼らの弱い担保では高い利息を申し出ることは禁じられるので、資本を引きつけることができない。

> 貧しく正直な債務者の例を引いてみよう。病気あるいは不運により彼は借金をしているが、無情な債権者は……強制執行を迫る。千ドル貸りることができれば……彼は借金を返し、再出発する小銭も手にすることができる。けれども彼の貧しい担保と、市場の高値の状態では、彼は六パーセントの金利で金を借りることはできない。しかし、彼が七パーセント支払うことは禁じられている。たとえ、彼が足下の土地や、妻子が雨露をしのぐ家を売らなければならないとしても……それも、それらすべてを、破滅するほど損をして――強制売却の場合は常にそうであるが――少なくとも、二五パーセントの損をして、売却しなければならない場合でさえも！　債務者は、これを彼の担保の市場価格による……ローンによって未然に防ぐことができたかもしれないのである。私たちはこのような立法に何と言おうか？……これは私たちの知性、公共心、人間性にとって恥ではないだろうか？

ところで、現代社会の債務者は誰かと彼は尋ねる。「借りるのは主として企業であり、資本がさらに資本を借りるのだ」。債権者は誰か？　「恵み深い摂理が今世紀の初めにある人の心と頭に」貯蓄銀行を設立することを吹き込んで以来、金を貸すのは貧乏人自身であり、「日雇い労働者、針子、召使い、街頭の新聞売りが資本家となって、金持ちやお歴々に金を貸したのである」。貯蓄銀行が市場が耐えうる最も高い金利で貸すことを禁止された場合には、苦しむのはこれらの「より貧しい階級」の人たちなのである。

貧しい人たちの問題を傍らにおいて、ダナは高利貸しに対するあらゆる制約をすべて取り除くことのさらなる根拠を述べる。「世界市場は海流の不可抗力で動いている」と、彼は書く。道徳家は資本の価格を定めることができず、それができるふりをすることは道徳講話を安っぽくするだけである。法律で決められた利率は「取引の不変の法則」を犯す。市場歩合が法定歩合よりも下落すると、高利貸し法はなんら効力を持たず、また市場歩合が法定歩合よりも上がると取引が枯渇し、貧しい人たちが強欲漢《ローン・シャーク》から金を借りることを余儀なくされるか、正直な債権者を犯罪人にする。

最後に、現代社会では金銭の使用に課す利子は、もはや人々の間に境界を築かないように思われる。部族社会においてさえ、高利貸しは外国人となんらかの交流を持つ方法であった。いまや、企業家と現金を持つ人は互いを探し出す。利子は共同体が生き生きとしている証拠である。「生きている国は資本を求めその返済をするが、死んだ国にはそれができない」とダナは断言する。

このような奇妙な論法により、かつて高利貸しに反対して言われたほとんどすべてのことが、いまや高利貸しを弁護する理由となりうる。自然の恵みと社会の富は、いまや高利貸しを通して流通し育ち続ける。元金の利息が未亡人と孤児を養い、貧しい人が再出発し富を共有できるようにする。高利貸しの禁止は取引を停滞させ、富者も貧者も共に倫理的に自分の体面を危うくするような危険を冒すことを余儀なくされる。最後になるが、元金に対する利息は贈与の交易とまったく同じ品質証明をつけている

——それは人々を結びつけ、グループの活気を保証する。

宗教改革以後の高利貸しに対するあらゆる規制を廃止することに賛成する議論は、このようなものであった。

これに対して、贈与交換に賛成して応酬をするためには、私たちは議論の枠を広げなければならないだろう。カルヴァンがおのおのの状況をそのもの固有の公正によって判断すると語るとき、彼は「均衡のとれた交換」の倫理、搾取でもなければ、贈与でもなく、愛情によるのでもなければ、憎しみによるのでもない交易のことを語っているのは明らかである。高利貸しに関する討論は、兄弟と他者、友人と敵とにはっきりとわかれた世界を通常仮定してきた。だが、ほとんどの社会生活はそのように厳密に対照的なわけではない。部族グループの間においてさえ、心の温かい外国人、信頼できる商人、遠いいとこ、友人の友人、赤の他人でもなく、無条件の分配の親密な環に加わるほどでもない、うさんくさい関係の親族といった中間層がある——国家や都市では一層そうである。また、つながりの度合いがあるように（それゆえ、疎遠の度合いもあるのであるが）、交換の度合いもあるのである。

もしわれわれがこうした交換の度合いを天秤にのせるとしたら、純粋の贈与は一方の端に、窃盗は他方の端にのるであろう。一方の皿には親近感や友情を育て維持していく私心のない分配、他方の皿にはごまかし、搾取、そして暴利行為がのるだろう。バランスのとれた交換、カルヴァンの「衡平」はこれらの両極端の間にある。均等な取引においては、どちらの側も得もしなければ損もせず、永続する打ち解けた感情も、善意も、悪意もない。このような取引を達成するために、公正の倫理は贈与交換の倫理が規制する期間と価格の計算を許す。取引において親近感も怒りも残したくない場合、われわれは現時点における実際の費用の釣り合いをとるように努める。ローンの場合には、無料のローンでは利息は贈与となるので、われわれは単純に利息を計算し請求することによって、関係を公正なものとする。私が古代の高利貸しと呼んだところのものは、実はこの「衡平率」をさしているのである。贈与交換が交易の是認された道徳的な形態であるところでは、衡平率さえ、贈与の精神を抹殺するというので、不道徳な高利貸しなのである。このような素朴な高利貸しさえ断固として禁止する部族グループは、道徳基準をもたない外国人との釣り合いのとれた交換の必要がほとんどないグループに違いない。一方、そのような高利貸しを許すグループは、外部の人たち、外国人、他種族の者たちとの継続する安定した取引の必要性をある程度認めているのである。

　いくつかの部族グループは外国人との公正取引倫理を発達させるべき明らかな理由を持っていた。しかし、概して、釣り合いのとれた交換を必要とする状況は、前国家社会では現在のようにありふれてはいなかった。前国家から国家へ、部族ないしは小さな町から都市の大衆社会への変化は、同時に、外国人との交易の増加をもたらした。無条件の交換の範囲は少なくともこの四世紀の間狭まってきており、いまやわれわれの取引の大部分は、人々が真の友でもまったくの異邦人でもなく、いわゆる友好的な外国人のいる中間地帯で行なわれる。

　友好的な外国人は金銭を互いに衡平率で貸す。衡平率は富の実際の増殖の近似に基づいて相互に合意して決められる。それは債権者－債務者の関係が市場の関係であってそれ以上のものでないことを保証するものであり、誰もつながりを持たず、傷つかない。元金にもとづいて手ごろな利益をあげることを認める社会では、衡平率はプライムレートと呼ばれる。プライムより高いものには、相場師や、うさんくさい外国人に対する金利がある。それよりもっと高いものに、現代の高利貸し、悪質な高利貸し業《ローン・シャーキング》、債務証書による窃盗がある。また、プライムより低いものには、さまざまな「友情の金利」があり、これは友情の度合いに応じてさまざまな段階に分かれており、純粋な贈与である無利子のローンまでが存在する。

すべての社会には、部族社会であれ、現代社会であれ、さまざまな段階のつながり、ないしは、社会的距離を組織し表現する交換の範囲がある。しかしながら、市場社会に特有なのはその天秤の中間を占める釣り合いのとれた交換を強調する必要性である。そうすることによって、大衆社会の真の市民たち――共通の信仰あるいは目的を持った共同体や親族協同ネットワークの会員でない者たち――は、進行中の交易を互いに維持することができるのである。さもなければ、各市民は取引のすべてが自分を親密な関係か敵対関係に巻き込むので、双方で閉口してしまうだろう。かつてはグループの境界線上に現われた公正の倫理が、いまや自己の境界線上に現われ、個人が互いに自主的に取引するのを基本的に許している。適度の利息（ローンの、そしてまた他の意味での）が、われわれが日々昼食を共にする人に対してほどよい距離を表現し、かつ、その距離を保ちながら取引できるように、現代人の自我に半浸透性の皮膚を与えている。市場社会はこの利息、この古代の高利貸しがなければ機能しないのである。

宗教改革に続く高利貸し賛成論に対する応答をするためには、その議論が拠って立っている目に見えない仮定を見ることができるように、われわれはこのように後ろに下がってみなければならないのだ。個人主義の台頭、共通の信仰の衰退、譲渡できる財産範囲の拡大、共有地の消滅、広範囲にわたる市場取引の到来と国家の出現を前提とすれば、彼らの主な論点は正しい。交易がなんら共通の精神を養わず、社会生活がその様式を市場から取り入れるところでは、商品取引は贈与交換の機能を真似るように思われる。カルヴァンは正しい、われわれの関係は古代ユダヤ人の関係とまったく同じであるとは言えない。彼はまた資本は使わなければ増えないと言ったが、それも正しい。

だが、市場関係や利子を取って貸し出す資本は、贈与交換が生みだす全体の増加を生みださない。公正取引は変容の触媒でもなければ、精神的かつ社会的結合の触媒でもない。増殖のベクトルが逆方向を向いているから、利益は自己の利益である。公正取引は契約の紙面上の関係を除くと人と人を結びつけない。しかも贈与の霊が活動を停止した所では、法的契約が贈与交換の痛切に感じられるきずなに取って代わるので、その結果、法と警察の形骸化したものが、信義と感謝という自然な組織と結合に代わって現われざるをえない（したがって、完全な法と秩序は完全な疎外といえる）。ダナのいう活気は、取引のざわめきであって、生命のざわめきではない。周知のように、一人としてその中にいる者が個人的エネルギーを感じていない工場が、活気に満ちていることもありうる。また、ダナのいう資本を手にすることのない「貧しく正直な債務者」について言えば、貧しい人たちが参加しないならばさらに一層苦しめられるであろう財産権網という罠にはまっているという事実は、その制度が存続するための論拠とはとうていなりえない。

それにもかかわらず、ひとたび宗教改革後の高利貸し賛成論の前提がきちんと適所におさまると、商品取引は贈与交換の魅惑的な模倣を始めることができるというのも事実である。それ以上に奇妙なことが起る！　財産の一形態としての商品の勃興とともに、贈り物をすることはかつての外国人との取引のようにあやしげに見え始めるのだ！　結局のところ、紳士が互いに金を貸し合うのであって、本当に必要としている人に貸すのではない。では、いかにして生計の手段のない貧困者は生きながらえることができるのであろうか？　ここに一八二五年の日付の道徳に関する本の中に、ウィリアム・ペーリー(四二)によって「慈善《チャリティー》」という言葉が使われるに至った次第を見ることができる。

私はチャリティーという用語を……私たちより下の人たちの幸福を促進することの意味で使う。チャリティーはこの意味で美徳と宗教の主な領域であると、私は理解している。というのは、世俗的な思慮分別が私たちより上の人たちへの私たちの行動を、また、礼儀正しさが私たちと対等の人たちへの私たちの行動を方向づけるが、私たちよりも下の、私たちに頼っている人たちに対するふさわしい行動を生むものは、義務への考慮や、思いやりというにふさわしい恒常的な慈善行為を除くと、ほとんどないからである。

そのようなチャリティーは贈り物ではない。贈り物受容者は、早晩、それを再び与えることができなければならない。もし贈与が彼を現実にグループの水準まで高めないならば、それは単なるデコイ（まやかし物）にすぎず、彼に日々の糧《パン》を与える一方で、町中のパンを誰かが買い占めているのだ。この「チャリティー」は階級の境界をうまく処理する一方法である。おのおのの階級内では贈与の循環があるかもしれないが、階級間には障壁がある。チャリティーは、かつて異邦人を取り扱ったように、貧しい人たちを取り扱う。すなわち、それは外国との交易の一形態であり、外国人をグループに入れることなく、なんらかの交易を行なう方法である。最悪の場合、それは「贈与の暴虐」[四二]であり、気前のよさという人々を結びつける力を人々を操るために使う。ハディー・レッドベターが自作の歌「ブルジョワ・ブルース」で歌ったように、

ワシントンの白人は
有色人種に五セント与え

お辞儀をさせるやり方を知っている。

一八〇〇年頃を境として、高利貸しそのものについて論じることは、肝心な点をとらえそこなうことになる。その頃までには、高利貸しの問題は、個人主義、資本の所有権、権力の中央集権化等のより一層重要な問題の副次的な論題になってしまった。すべての高利貸し賛成論は私有財産と為替取引を当然のこととしているので、これらの議論に反論するためには、高利貸し論争特有の用語ではなく、これらの用語を駆使しなければならないのだ。

ほとんどすべての国や州で十九世紀後半に高利貸し法が廃止された。たとえば、英国は一八五四年、ドイツは一八六七年に廃止している。同時に、他の宗教グループも、以前から友人間の高利貸しを容認してきたプロテスタントに倣った。一八〇六年にナポレオンはフランスのユダヤ人に兄弟愛に関する彼らの立場を明らかにするように要求したが、彼らはまずフランス人であり、次にユダヤ人であると答えた。その上、彼らはタルムードは兄弟は互いに合法的に利息を請求できることを明らかにしていると説明した。カトリック教徒もこれに従った。一七四五年の昔でさえ、ローマ教皇は国のローンに対する四パーセントの利子を弁護していたが、十九世紀にはローマカトリック教会は忠実な信者たちが安い利率で金を貸すのをたえず認可してきたのである。現在、教皇庁はその基金を利子つきで貸し出しており、教会管財人たちにも同様にするように求めている。

完全な贈与は心臓から血管を通って流れている血液のようなものである。われわれの血液は息を身体中に配達するものであり、血管内の空気を運ぶときは流れる液体であるが、外気にふれると凝固する。あらゆる部分に自由に動いていく物質であるが、それにもかかわらず、身体の必要な部分にはどこへでも制限なしに行く治療薬《いやして》を含んでいる。それは圧力――マルセル・モースを魅惑した「戻る義務」――を受けて動き、しかも血管内においては血液は贈与であり、売買されることなく永遠に戻るのである。

高利貸しの歴史はこの血液の歴史である。これまで見てきたように、所有物には二つの基本的意味あい、すなわち贈り物と商品とがある。どちらも、これまでまったく純粋な状態で考察されたことはなかった。なぜなら、それぞれが少なくとも他方をほんのわずか必要とするからである――商品はどこかで満たされねばならず、贈り物はどこかで囲まれなければならない。しかし、どちらかが通常優位を占める。高利貸しの歴史はこの二つの側面のゆったりとした揺れの歴史である。私はモーセの二重の律法を均衡点のイメージ、すなわち、皮膚という境界内のどこへでも動いていく血液のように、境界に囲まれた贈り物として解釈してきた。

キリスト紀元のイメージは血を流す心であろう。キリスト教徒は万物の中に聖霊が動くのを感じることができる。地上のあらゆるものは贈り物であり、神は器である。われわれの小さな肉体は拡大することができるであろうから、われわれは血液を閉じこめておく必要はないのだ。信仰をもって心を開きさえすれば、われわれはより偉大な循環へ引き上げられ、放棄された肉体は再生し死を免れて戻ってくるだろう。高利貸しの境界は、見つけられ次第、聖霊がこの世を守りあらゆるものに生気を与えるように破壊されるべきである。中世のイメージは拡大する心であり、異常者とは「冷酷な心の」人である。彼は通常ユダヤ人であると考えられており、何も気にせずに、自己の気前のよさを制限する、町で唯ひとりの人である。

宗教改革は教会にこの冷酷な心を持ち帰った。ある意味で、贈り物から商品への振れは、このルネッサンスのはなはだしい活動の時期に、その中間点を再び超えたのであった。教会は依然として贈与の精神を肯定してはいたが、しかし同時にそのような精神を制限する俗世間とも、その影響力があまりにも大きくなりはじめたために、和睦したのである。

しかしながら、心は冷酷になり続けた。宗教改革以降、商品帝国は限りなく拡大し、まもなく、すべてのもの――土地や労働から性生活、宗教や文化に至るまで――が、靴のように売買されるようになった。いまや腕一本でたたき上げた実際的な男の時代であり、彼は映画の私立探偵のように、異邦人の超然とした態度を採択して俗世間で生き残る。彼は高利貸しの精神、すなわち境界と区分の精神の中に生きている。

「血を流す心」の人は、いまや、ばつが悪くなるほど憐れみの心を自制できない信頼できない人とされる。大英帝国の英国人の間では原住民に心を動かされないことが美徳とされ、「原地人になった」男は即刻本国に送還された（『ダロウェイ夫人』で、ヴァージニア・ウルフ(四三)はわずか一行でピーター・ウォルシュが決して大物にはならないだろうということを読者に知らせている。なぜなら、彼はインド人の娘に恋してしまったからである）。いまや、異常者とは、忠告を守らずに勘定ではなく感情で他人に接する心を持った人のことである。贈与交換は日曜の朝と家族のもとに逃げ込む。妻に利子を請求する男は冷酷な心の人だと言われるが、家族の環を超えた所では、高利貸しの柵を規制するものはほとんど存在しない。

今世紀、血を流す心を持った人はセンチメンタルな馬鹿である。なぜならば、彼はもはや絶滅してしまった類の感情を持っているからである。しかしながら、彼の感傷癖は感動的である。ピーター・ウォルシュに立派な仕事を与える人はひとりもいないが、誰もが彼を好いている。高利貸し帝国にあっては、優しい心を持った男の感傷癖はわれわれに訴えかける。なぜならば、それは失われてしまったもののかけがえのなさを物語っているからである。

原注

(1) フィリップ・ドラッカーは北太平洋沿岸の部族の例を引いている。ローンはそこでは稀ではなかったが、大部分は贈与の性格をもち、感謝を示すために自発的に多く返していた。しかしながら、「利息つき貸付けは厳密に商取引とされ、その歩合は貸付けの際に決められた。異常に高い一〇〇パーセントの歩合が長期、すなわち数年、のローンには普通であった……この慣習の起源に関する正確なデーターはないが、土着民のものではなかっただろうと推察できる根拠がある……利息つき貸付けが商取引の毛布や金銭から成り、土着民が価値をおく品目でないことは意義深いことであろう」。ここでは――私はこのことはひろく一般にあてはまるに違いないと推測するのだが――貸し付けに対する利子の出現は、外国人との市場取引の導入の時期と一致している。

(2) 私はあるものを「自然である」とか「不自然である」と断言することに頼った議論は好きではない。そのような議論は討論にならないのみでなく人と自然との分裂を当然のこととしている。高利貸しは憎まれてしかるべきである。しかし、人がそれを発明したのであるから、われわれはそれを自然の一部として受け入れるか、さもなければ、人間は自然の一部ではないと言わなければならない。

しかしながら、アリストテレスを公平に扱うために、われわれは用語を「有機的な」と「非有機的な」に変えてもよいだろう。有機的な富は元来われわれの大部分の経済用語の背景にあった。『ヨーロッパの思想の起源』の中で、リチャード・アニアンズは「キャピタル」という言葉に関して興味深い所見を述べている。ギリシア人とローマ人双方にとって、人間の頭は意識の所在地であるのみでなく、生命の種である生殖力の容器でもあるとされていた。アニアンズによればキスのローマの隠喩は「頭を減らす」であった。性交もまた「頭を減らした」。要点はエロティックな行為や生殖活動は生命の要素をその容器から引きだすということである。このようにしてカプト（頭、だが資本という意味もある）は子を生みだすと理解されていた。アニアンズは聖なる頭を「木々に花を咲かせ、地に芽を出させる富の源として」崇拝していたローマのカルト教団であるテンプル騎士団について語っている。原住民の「キャピタル」は実際文字どおりに子《トコス》を生む厳密に有機的な富であった。この意味でアリストテレスは正しい。すなわち、有機物ではない資本がことによると同じことをすることができるかのように語り行動することは、不自然であり自然に忠実ではない。

（3）このような二重経済はユダヤ人特有のものであるとはとても言えない。このようなことは内集団としての意識が強いところではどこででも起きる。実際、古代の高利貸しがこの用語が現在言及しているような法外な歩合ではなく、「超過利潤」あるいは「利子」により近いものであった場合、ユダヤの律法はこれに対してかなり寛大である。ある民族学者はソロモン諸島の社会について次のように書いている。「土着の道徳家は隣人は友好的で互いに信頼すべきであるが、遠く離れたところからやってきた人々は危険で道徳的に正しい思いやりに値しないと断言する。たとえば、土着民は隣人に対しては正直を非常に強調するが、外国人との取引は買手の危険持ちでいいのではないかと考えている」。

（4）この注目すべき学術書は一九四九年に初版が出たが、現在、シカゴ大学出版局より補遺つきで再版されている。ネルソンはマックス・ウェーバーの類似の仕事に触発されて、教会史を通して道徳的かつ経済的な良心をたどる方法として、高利貸し論争にねらいを定めた宗教史家である。私は彼の導きに謝意を表する。

（5）「律法はキリスト以前は私たちの後見人であった。それは私たちが信仰によって義とされるためである。しかし、いまや、真正の信仰が現われた以上、私たちは、もはや後見人のもとにはいない」。——ガラテヤ書第三章二十四節—二十五節。ルターは信仰を当然のことと決めてかかることができず、〔損失の〕危険が予想される場合に必要とされた内政問題に関する律法を復活したのだ。彼は旧約聖書の精神の人である。

（6）この話のイスラム教の類例に注を加える時がきたようだ。最初に言及したように、コーランはローンに利息を課すことを明らかに禁じている。その禁止の歴史はモーセの律法と本質的には同じであるが、行きつ戻りつする弁証法はない。ムハンマドは兄弟とその他の者、信者と不信心者、の区別をしなかったからである。

中世とそれ以降、イスラム教徒は債権者が危険を冒した場合に限り、元金に返礼を許すことによって、コーランの禁止の実質的な緩和を受け入れた。保証された歩合の返礼という意味での利子を取ることは依然として禁止されていたが、危険を冒した場合には、利益を分かち合うことができたのだ。今日、あるイスラム教徒は、ユダヤ正教徒のように、いまだにローンに利子をつけることを拒否しているが、しかし大多数は手頃な率の返礼を許している。

これらの二つの派閥の論争が、一九七九年に王が失脚した後、イラン国内で演じられた小さなドラマの一つとなった。アヤトラ・ルハラ・ホメイニの信奉者たちが公言した目的は、コーランの教訓に根づいた「イスラム共和国」を組織することであった。それほど聖職者たちと密接なつながりのなかったアバルハッサン・バニサドル元大統領でさえも、経済問題と相互参照し合うコーラン法典を備えた精巧なマイクロフィルム・ライブラリーを持っていたといううわさである。

だが、カルヴァンが語ったように、現代国家を古代部族の倫理で管理することはできない。王の失脚後まもなく、信心深いイスラム教徒で、急進的弁護士で、王の敵でもある国有石油会社の新頭取は、「あらゆる政治的、経済的、司法的問題をイスラム教様式にはめこむことが……可能でも有益でもない」ことを知り、どのようにしたらよいか迷ってしまったと語った。化石燃料を外国人に売ることによって富を得ている国家は、資本に利子をつけることなしにはやっていけない。この劇的状況《ドラマ》が解決したとき、ヨーロッパの場合のように、権力を持った豪商が現われるだろうと私は想像する。そして、聖職界がその権力を分かち合いたいなら、ルターやカルヴァンのような人を輩出する必要があるだろう。

訳　注

（一）　銀行が一流企業に対して貸出しをするところの最優遇の金利。米国の一般金利の基準となる。
（二）　古代ローマに発する法制。
（三）　金銭、穀物など。
（四）　容量の単位、ブッシェル枡。
（五）　ジェファーソン（一七四三―一八二六）　米国の独立宣言の起草者で第三代大統領（一八〇一―九）。
（六）　カルヴァン（一五〇九―六四）　フランス生まれのスイスの宗教改革者。

（七）　聖ゲルトルーディス（一二五六—一三〇二）　ドイツ、ヘルフタのベネディクト修道女。神秘思想家。祝日は十一月十六日。ベネディクト会では十一月十七日。
（八）　苦しむ人の真の友。苦しむ人々に惜しみない援助と同情を与える人（ルカ伝第十章三十節—三十七節）。
（九）　ネルソン（一九一一—七七）　米国の社会学者、歴史家。西ドイツで死去。
（一〇）　聖アンブロシウス（三三九？—三九七）　ミラノの司教。聖アウグスティヌスの回心に大きな影響を与えた。教会博士の一人。祝日十二月七日。
（一一）　コメストル（？—一一七九）　フランスの聖書学者。トロワ（Troyes）で生まれる。パリ大学の教授、総長を務め（一一六四—）、ついでサン・ヴィクトール修道院に引退した（六九—）。
（一二）　アクィナス（一二二五—七四）　イタリアの神学者。スコラ哲学の大成者。祝日一月二十八日（もと三月七日）。
（一三）　ギョーム（一一五〇頃—一二三一）　フランスのスコラ学者。オセールに生まれる。ボヴェーの助祭長で、のちにパリ大学神学教授となる（一二二八—二九）。
（一四）　ルター（一四八三—一五四六）　ドイツの宗教改革者。
（一五）　ベルナルディーヌス（一三八〇—一四四四）　イタリアのフランシスコ会修道士、民衆説教家、聖人。シエナはイタリア中部、トスカナ州フィレンツェ南方の都市。有名な大聖堂がある。
（一六）　エウゲニウス三世（？—一一五三）　イタリアの聖職者。ローマ教皇（一一四五—五三）。
（一七）　すべてに共通に備わっている性質。子に対する母の愛など。
（一八）　ライムンドゥス（一一七五頃—一二七五）　スペイン出身のドミニコ会士、教会法学者、聖人。
（一九）　一五二四—二五年ドイツ南部に起こった農民戦争。
（二〇）　ベイントン（一八九四—一九八四）　アメリカのプロテスタント神学者。イギリス生まれ。十六世紀の宗教改革、とくにその時代の人物研究に貢献。
（二一）　公民的、政治的諸権利を有する自由市民。
（二二）　奴隷の身分から解放された自由民。

(二三)　中世農民の一階級で土地に付属し、土地と共に売買された。
(二四)　神聖ローマ帝国で皇帝選定権をもっていた諸侯の一人。
(二五)　メランヒトン（一四九七―一五六〇）　ドイツの人文主義者、宗教改革者。ルターの友。
(二六)　ミュンツァー（一四九〇頃―一五二五）　ドイツの急進的宗教改革者。ハルツのシュトルベルクに生まれ、ミュールハウゼンで斬首刑死。
(二七)　ドイツ中部の旧地名。
(二八)　エルベ川に臨む東ドイツ中部の都市。一五一七年ルターが「九十五箇条」を教会の扉に貼り付けて宗教改革の口火を切った町。
(二九)　動詞から派生した名詞。広義では動名詞と不定詞を指し、狭義では動名詞のうちで名詞的性質の強い the writing of novels の writing だけを指す。
(三〇)　人身御供など儀式的な犠牲行為。
(三一)　レオ十世（一四七五―一五二一）　イタリアの聖職者。教皇（一五一三―二一）。学問芸術の保護者。ルターを破門した（一五二一）。
(三二)　西暦一一二三年、一一三九年、一一七九年、一二一五年、一五一二―一七年の五回、ラテラノ宮殿で開かれた全キリスト教会議。
(三三)　ウィルソン（一八九五―一九七二）　米国の批評家。『アクセルの城』（一九三一）。
(三四)　古代ヘブライ人の言語。旧約聖書に用いられた。今日のイスラエルの公用語。
(三五)　カルヴァン（一五〇九―六四）　フランス生まれのスイスの宗教改革者。
(三六)　ベンサム（一七四八―一八三二）　英国の法律家、哲学者。功利主義を説いた。『高利貸しの弁護』（一七八七）。
(三七)　エクイティ。公正と正義の点で慣習法の不備を補う法律。
(三八)　「何ごとでも人々からしてほしいと望むことは、人々にもそのとおりにせよ」（マタイ伝第七章十二節、ルカ伝第六章三十一節）。

（三九） ロック（一六三二―一七〇四） 英国の哲学者。

（四〇） ダナ・ジュニア（一八一五―八二） 米国の法律家、著述家。『マストの前の二年間』（一八四〇）。

（四一） ペーリー（一七四三―一八〇五） 英国の神学者、功利主義哲学者。

（四二） レッドベター（一八八五？―一九四九） 米国のフォークソング歌手。

（四三） ウルフ（一八八二―一九四一） 英国の作家、批評家。『ダロウェイ夫人』（一九二五）。

第二部　ギフトの美学の二つの実験

第八章　創造的な精神の交流

なんじの内面の要請が、芸術によってどのように作動するかを見よ。
ジョージ・ハーバート（一）

第二部ではわれわれはウォルト・ホイットマンとエズラ・パウンドというとても異質な二人の詩人に注意を向け、彼らの仕事とその生涯を贈与交換という文脈で吟味していきたい。しかしながら、これらの特定のケースを取り上げる前に、この新しい文脈のなかで私の用語をもう少し明確にしたい。二、三の例外はあるものの、この本の前半の民族学、おとぎ話、逸話などが、寓話あるいは創造的な精神の由来物語としても読まれることが当初からの私の希望であった。特定の詩人へそれら寓話の用語を応用する前に、それらをどのように読むことができるかのいくつかのサンプルを示したい。

まず初めに、芸術家の仕事の源泉の問題から始めたい。どんな芸術家であっても、その労働の本質的な部分は創造というよりは、むしろ霊感の招致といえる。作品の一部は造られるのではなく、受け取られなくてはならないはずだ。すなわち、贈り物が誘致される「托鉢」を、われわれ自身の中に造ったり、嘆願したり、求めたり（二）することによってたぶんはじめてその贈り物を得ることができるのだ。マイスター・エックハルトの言葉を思い出すがいい。「あなたの内面になにもないのがわかっていながら、神があなたに素晴らしいものをなにも施さず、栄えあるギフトを与えなかったとするのなら、それは神が犯した非常に重大な欠陥である」。創造的な精神に対しても同様のことがいえるのは、まさに芸術家に希望を与えている。自伝的なエッセイのなかで、ポーランドの詩人チェスラーフ・ミウォシュ(三)が「すべての線が交差するところに、輝く一点があるという内なる確信」について、若い詩人として語っている。「この確信はまた私のかかわりすべてをその輝く一点へと引き込んだ」と彼は述べる。「何ひとつ私の意志に依存していないと、とても強く感じた。つまり私の人生で達成するであろうすべてが、自分自身の努力によって勝ち取られるのではなく、ギフトとして与えられる、と感じた」。

すべての芸術家がまさしくこうした言葉を使うわけではない。それにしても彼らの作品のある要素は、彼らがコントロールしないある源泉からのものだ、という感覚を持つ芸術家は少なくない。ハロルド・ピンター(四)は、彼の戯曲『誕生日パーティー』の演出家へあてた手紙で、次のように述べている。

> ことは自然に生じ、自らを育てた。作品はそれ自身の論理に従って進んだ。私が何をしたと言うのだろう？　私は指示にただ従っただけ。自分自身が投げた思索の糸に鋭い目を私は向けつづけていた。何の問題もなく作品は劇的な言葉へと自然に整えられていった。登場人物の声が、私の耳に聞こえた。つまり、どの時点でその人物が何を言うか、それに他の人が何と答えるか私にははっきりとわかった。何を願おうとも、彼らが何を言おうとしないか、また言えないかが、私にははっきりとわかった。
>
> 素材がうまく処理された時、私はある結末をかたちづくり始めた。しかしながら、大事なことは、

劇はその時までにそれ自身の世界を持っていた、ということである。劇はそれ自身が引き起こすイメージにより形作られていたのだ。

セオドア・レトケ（五）による講義は以下のようだ。

私は詩人が持つある特有の地獄のような境地にいた。とても長く感じる不毛な時期であった。それは一九五二年、私は四十四歳、私はおしまいだと思っていた。私はワシントンのエドモンズのかなり大きな家で一人で暮らしていた。私はイエイツではなく、ローリーとジョン・デイビーズ卿を、何度も読み返していた。私は何週間も五ビートの詩行について教えていた。かなりそのことについて知識はあったが、自分でその詩行が書けるだろうか？　書けない。そこで私は自分が偽物だと感じていた。

突然、夕方の早い時刻に、詩「ダンス」がほとばしりでてきて、短時間のうちに自動的に完成した。三十分間くらいだったろうか。多分三〇分から一時間以内で完結した。私は感じた、いや、知っていた、うまく書けたということを。私はあたりを歩きまわり、涙を流し、ひざまずいた——良い作品を書いた後、常にそうするように。同時に、神かけて誓ってもいい、ある存在を私は実感した。あたかもイエイツ自身があの部屋の中にいたかのように。ある意味で、その経験は怖かった、なぜならそれは少なくとも半時間続いたから。繰り返すが、あの家は霊的な存在で満たされていた。壁そのものがちらちらと光るようにも思われた。私は喜びで涙を流した……イエイツ、そして亡くなった詩人たちが皆、私と共にいたのだから。

もちろん、こうした霊的なものの無意識の受容の瞬間が、芸術作品の創造のすべてであるとはかぎらない。レトケの言葉に注意を向けてみよう。「私はそれまで何週間も五ビートの詩行を教えてきた」。またピンターは、「私は鋭い目を向けてきた」と述べている。すべての芸術家は、彼らの特殊技術のための道具を獲得し完成するために努力をする。あらゆる芸術には、構想、推敲、見直しの過程がある。けれどもこれらは第二義的な仕事である。素材、すなわち作品の本体がページの上に、またはキャンバスの上に浮かび上がるまで、彼らは始めることができない、いや始めてはならない。クーラはギフトの価値について語ることを禁じているが、同様のことが、創造的な精神においてもいえる。余りに早期になされる数的換算はギフトの流れを止めてしまう。想像力は「湧き出るイメージ」を売るようなことはしない。最初は、われわれに到来したものを受け入れる以外何の選択もしてはならない。森の霊が与えるにふさわしいと判断した燃え殻をわれわれが炉床に運んだとき、金に変わることを希望しつつ、受け入れるしかない。アレン・ギンズバーグは芸術作品のこうした面について、われわれに代わってたえず代弁してくれた。すなわち、芸術家が評価を気にしないと、ギフトが結果として現われるということを。

あなたを最もどぎまぎさせる部分は、通常、詩的に最も興味深く、通常、とてもあからさまで、露骨で、風変わりで珍しく、エキセントリックなところだ。しかも同時に、最も典型的で、普遍的である……。それはケルアック(六)が私に教えてくれたもの。自然発生的な著作は、何かしらドキリとさせる……。その感じから立ち直る方法は、出版するつもりのないものを書き、人に見せるつもりのないものを書くこと。ひそかに書くこと……それによりのびやかにあなたは語りたいことは何でも語れるようになる……

それは、詩人であることを、出世主義を、詩歌を書くという考えすら捨てることを意味している。そんな望みを持たず、放棄することを……。世界の人々にあなた自身を偽ることなく表現する可能性を断念することを意味している。尊敬され威厳ある預言者だという考えを断念し、そして詩歌の栄光を捨て、あなたの心の泥のなかにどっぷりと浸る……。ひたすら己自身のために書くことを心から決意しなければならない。あなた自身を印象づけるために書くのではなく、己が主張してやまないものをただ語るつもりで。

与えられたものを受け入れてはじめて——それがインスピレーションであれ、あるいは才能であれ——芸術家は作品を創造し、それを皆に提示したい願望を感じたり、しばしばそうすることを強いられていると感じたりする。繰り返すが、ギフトは常に動いていなければならない。「世にだし出版せよ、さもなくば滅びよ」は創造的な精神の内からの要求で、学校や教会からではなく、ギフトそのものから学ぶものなのだ。詩人であり小説家でもあるメイ・サルトン（七）が、『孤独の人の日記』のなかで、つぎのように記している。「私は今朝悟った。一つだけ真の損失がある。それは最も愛する人にギフトを与えられないことだ……内面に向けられ、人に与えられないギフトは重い負担となり、時には毒にさえなってしまう。それはあたかも生命の奔流が阻害され逆流したかのようだ」。

ギフトが差し控えられないかぎり、創造的な精神は欠乏した状況とは無縁である。サケ、森林の鳥、詩歌、交響曲、あるいはクーラに使われる貝殻など、ギフトは回されている限り、使い尽くされることがない。絵を描いたからとて、絵が産まれてきた器が空になるわけではない。それどころか、使われない才能は枯れ果てるか、衰退する。しかも創造物を授与することは、次の創造を呼び出す最も確かな方法なのだ。『ヘルメス[八]に寄せるホメーロス[九]賛歌』のなかに、贈与の連続性について示唆に富むものがある。ヘルメスは最初の楽器、竪琴を発明し、そしてそれを兄弟のアポロに与えた。すると、彼はすぐに二番目の楽器、笛を発明するよう奮い立たされたのだ。これは、最初の創造物を人に与えたことが二番目の創造を可能にしたということだ。授与することで、新しい力が流入できる空間を作るのだ。授与以外の選択は硬直化すること、すなわち作家の行き詰まり、「生命の奔流の逆流」となる。

では一体誰に芸術家は作品を献げるのか？　以前、ギフトがその源に向かって結局は回って戻ると述べた。マルセル・モース[一〇]が同じ考えを少し違う言い方で述べていた。あらゆるギフトは「そのギフトの代わりとなる同等のものを、もとの一族と故国へもたらそうと努力する」と彼は書いている。内なるギフトの故国をどこに見いだすかを確信をもって言うことは難しいにしても、あらゆる時代の芸術家が、どこを見るべきであるかを示す神話をわれわれに与えつづけている。ある者は贈与を神々からの授与として、あるいはもっと個人的な神性からの、つまり守護天使であるゲニウスあるいはミューズの神からの授与として、考えている。ミューズの神は、芸術家に技《わざ》の端緒を与え、芸術家はお返しとして、労働の成果を捧げるのだ。これが、これからわれわれが見るように、ホイットマン神話であった。彼の作品の最初の胎動、それをホイットマンは彼の魂（時には若い少年の——あるいは二人の）、魂の授与としてとらえている。彼はこれにこたえるために「作品を創る」（これはモットーとしていつもホイットマンの机の上に置かれていた）のだった。すなわち、そうすることによって、魂へ、少年へ授与を語り返すのだ。

　エズラ・パウンドの創造的な生活は、「伝統」が彼のギフトの源であり、絶対的宝庫として現われる神話により、駆り立てられた。パウンドの最初の師イエイツは、感受性を明確に示した。「私は……新しい宗教を創った。詩的な伝統を持つ、たくさんの物語や感性や感情を有する、また最初の表出から離れられずに世代から世代へと詩人や画家により引き継がれた感情などからなる、確実な教会を創った……私はこの伝統を絶えることなく見いだせる世界を望んだ。しかも、絵画や詩だけでなく、暖炉のタイルや、すきま風を入れないためのカーテンなどに、見いだせることを望んだ」。私が思うには、パウンドにとって、われわれが持つ贈与は神々から究極的に来ているようだ。しかも「生命のかよう伝統」はその贈与の富が蓄積されている宝庫である。パウンドは繰り返しある特定の名を口にする——ホーマー、孔子(二一)、ダンテ(二二)、カヴァルカンテ(二三)——彼らの作品が彼自身の魂を鼓舞する、そうした天分のある人々の名をパウンドは語る。生涯、彼は彼の労働の一部をそうした人々の精神を新たにすることに捧げた。

　こうした円環を描く神話、芸術作品をその源に戻す芸術家についてのもう一つの神話を示すと、チリ人パブロ・ネルーダ(二四)は、彼の芸術の源泉を精神とか過去とかにではなく、何か人間的で、現代的で、ほとんど匿名のものにおいた。彼の天分は、「人々」から、兄弟の間からほとばしり出たと彼は感じた。こうしたものに負う借りを強く意識して、彼は芸術を提示した。「私は兄弟へのお返しに、松やにのような、土のような、そして香りのよい何かを与えようと試みた」。彼は「自分の詩歌にたいする月桂樹の王冠」としてノーベル賞を考えるのではない。「ロオタ炭坑の深みからトンネルをぬけ、陽光のまぶしい燃えるような硝酸塩の野原の上に男が上がって来た。それはあたかも地獄からはいあがったかのよう。彼の顔は、激しい仕事により損なわれ、彼の眼は、ほこりで赤く腫れている。彼は頑丈な腕を私に伸ばし……『兄弟よ、私は長い間あなたを知っていた』と言った」。そんなときを、「自分の詩歌にたいする月桂樹の王冠」と彼はみなす。彼の詩を聞いていた見知らぬ労働者がいたことは、彼が贈与されたものと同等のものを、その元の一族と故国とに返還した充分な印であった。

私は最初の成果の儀式の記述により、贈与の増殖について本稿を説き始めた。つまり、サケ骨はサケが豊富なままであるように海に戻った、と。あの章の文脈では、それは有機的なギフトの増加を例証するのに役立った。われわれはこれを、もう一つの創造的な精神の由来物語として読むことができるであろう。自然の豊かさをギフトとして取り扱うことが自然の豊穣性を保証するように、想像力の成果をギフトとして取り扱うことが想像力の増殖を保証する。われわれが自然からあるいは想像力から受け取るものは、われわれを遥かに超えたところからやって来る。そして太古からの最初の成果の儀式の教訓は、これらのものの永続する肥沃さは、「われわれを超えた」所にとどまるかどうか、すなわち、より小さい自我に取り込まれないでいられるかどうか、にかかっているということであろう。「すべて子宮を開くものは私のものである」、と主が述べている。最初の成果の儀式は、富の源とわれわれの関係という真の構造を明白にすることで、贈与の精神を守っている。サケはインディアンの意志の対象ではない。したがって、想像力は芸術家の意志の対象でもない。贈与としてこれらのものの成果を受け入れることは、われわれがそれらの所有者あるいは主人ではないことを認めることである。それでは何者かと問われれば、われわれはそれらに使われる人であり、それらの僕《しもべ》である。

同じことを多少異なった方法で言うために、豊穣性に関して最初の果実の儀式は単純な指令をする。つまりそれは、本質《エキス》を私的目的で活用してはならないということだ。サケの骨、子羊の脂肪、森林の「ハウ」の印は、それらの生まれたところに帰される。そしてその帰還により、ギフトの受益者は搾取という言葉で意味されることを避けることができる。帰還したギフトは、そのとき、源泉の肥沃さを保証する豊かさをもたらすものとなる。

創造的な精神の果実は芸術作品そのものである。そしてもし芸術家にとって最初の成果の儀式があるとするなら、それは芸術をわざと「浪費」することであろう（それは成就する成果を望まず、一日中労働をする幸せである。売るものもなく、見せびらかすものもなく、ちょうど釣った魚をすぐに海の中に投げ返すようなことである）。あるいは、なにか産物があるとすれば、それはわれわれが先に見たように、その起源に向かって返そうとする芸術作品の奉納のはずである。ブラック・エルクはオグララ・スー族の聖人である。彼は『ブラック・エルクが語る』という著書の献辞のなかで、次のように述べている。「この本の良いところは、六人の祖父と私の種族の素晴らしい男たちに帰還される」。こうしたものは、伝統により自分の創造力が作られたと感じるあらゆる人の作品のなかに、暗示されている献辞なのだ。これは第一章で論じたマオリの儀式、「ワンガイ・ハウ」（「ハウを養う」）の芸術的照応である。創造力のある芸術家にとって、「霊を養うこと」は特定の行為と同じくらい、意図および態度の問題であり、その根底にあるのは創造の本質からはずれて個人的な自我にのめり込むことから、芸術家を護るたぐいの謙虚さである（作家はそうでなければどうして次のように言うであろうか？「私は、ひざまずいた……傑作であるとわかっている作品を書いた後で、私はいつもひざまずく」と）。彼のエッセイとインタビュー『真の作品』のなかで、詩人ゲーリー・スナイダーは、このような姿勢に到達したこととその結果について話している。(一五)

私は長くつづいた魚を追う船乗りの季節を終えて、どこかの荒れ地を十日間も長い瞑想の山歩きに行った。その過程で物事や私の人生について考えているとき、詩が生まれた。それが特別なもののように聞こえてほしくないが、ともかくある意味で私はたしかに詩を産み落としたのだ。それから、前よりいい詩が書けるようになった。そのとき以来というもの、私は私が書いた詩を私の人生の本質とは関係のない贈与と常にみなしてきた。私が詩をどうしても書けなくなっても、それはたいした悲劇ではないと思うようになったのだ。それ以来ずっと、私が書いたどの詩も……驚きであった。

あなたは良い詩をものにするが、それがどこから生じたのかは、わからない。「私が詩作したのですか？」と。したがってあなたが感じるすべては謙虚さと感謝なのだ。もしあなたが、ミューズの神あるいは誰からでも、またどこからでも、そしてどのような方法であれ、そうしたものを得たことを認めることなく、それを「資本」として利用しすぎると、あなたは少し気持が落ち着かなくなると思う。

われわれがハウを養う心境にあるとき、その特定の化身とではなく、贈与の精神にわれわれは共感する。そしてその精神に共感した人は誰でも、贈与を作動させつづけるであろう。それゆえにこうした共感の印は、寛やかな心、感謝、あるいは感謝の行為となる。

私に、それほど多くを与えたなんじは、
さらにもう一つのものを与える。それは感謝のこころ。
なんじの内面の要請が、芸術によってどのように作動するかを見よ。

そのものが、なんじのギフトを、さらに誘発させる。
そしてもしそのことが防げられたら、
なんじが今まで彼に与えたすべてが失われよう。

ジョージ・ハーバート「感謝」(一六三三)より

ギフトを分配することによりわれわれは精神をはぐくむ。けっしてギフトを資本にしてそれを増やそうとはしない(「あまりに多く」を資本化するのではなく、わずかに余裕があると思われるくらいに、とシュナイダーが述べていたではないか)。ハウをはぐくむ芸術家は、自己財産を強化したり、自己主張が強かったり、あるいは自意識過剰ではない。彼はどちらかというと、自己浪費、自己抑制、自己忘却の人である。それらは、資本階級の人がたいへん面白いとみなす、創造的な気質のあらゆる特徴である。「芸術は実際的な知性を持つ人の美徳である」とフラナリイ・オコーナーは言う[一六]。「どんな美徳であれその実践は、いわゆる禁欲主義とエゴの吝嗇な部分を置き去りにすることをかならず要請している。作家というものは他人の目と他人の厳しさとで自分自身を裁定しなければならない。どのような芸術も自己のなかに沈むのではない。むしろ見られ創られるものの要請に合わせようと、芸術のなかに自己を忘我するのである」[一七]。ライナー・マリア・リルケは生活の中での芸術の特質を述べる初期のエッセイの中で、同じような言葉を使っている。

特定の目的のための自己抑制や自己制限ではなく、むしろ気ままにしよう。眼を光らせるのではなく、むしろ賢明なる盲目となろう。あるいは、静かにゆっくりと所有物を増やして獲得するのではなく、消滅する価値を絶え間なく浪費しよう。

二章でわれわれは三つの関連した方法における贈与の増加について述べた。一つ目は、自然の事実（贈与が実際に生きて動いているとき）として。二つ目は精神的な事実（贈与が個々の具体化したものの消費を切り抜け生き延びた精神の媒介物であるとき）として。三つ目は社会的な事実（贈与の循環が共同体をつくるとき）として述べた。私はこれらのうちの最初と最後のものに、想像力の働きと関連して戻ってみたい。論を進める出発点として、フラナリイ・オコーナーのもうひとつの言葉を引き合いに出してみたい。小説家がどのように書くかについて説明して、オコーナーはかつて次のように書いた。「目は確かな状況により見るように与えられたものを見るのだ。そして想像力は、何か関連のある贈与により、生命を吹き込まれるものを再現する」。

さまざまな要素や部分が互いに統合し融合されるとき、ものは「生気を帯びる」。そのことをわれわれは「総体はその部分の総括より素晴らしい」と通常語る。このようなものを有機的な比喩を使ってわれわれは記述する。なぜなら生き物こそ、そうしたものの第一の例なのだから。育成する生体と組成する部分との間に本質的な相違がある。部分が総体にまとまるとき、その違いを増加として、「総体はより素晴らしい」とわれわれは実感する。またギフトの循環は凝集力や統合力を持つから、こうした増加こそ、ひとつの贈与である（あるいは贈与の成果である）と、定義として述べられるほどである。ギフトとは生気としてわれわれが認識するあの有機的な統合の媒体である。

強い想像力をもつ人を「天分が与えられた」〔二八〕人として話すとき、こうしたことをわれわれは言いたかったのだ。『文学評伝』のなかで、コールリッジは「本質的に生命あるもの」として想像力を記述している。そして「一つへと形成していく」その能力を、その特徴としてとらえ、「統一体にまとめる力」と、命名した。想像力とは、経験のさまざまな要素を集め、統合された生命力のある全体性へとまとめる力をさす。すなわち、想像力は贈与を保持している。

想像力がもつ統一体へとまとめる能力を働かせたい芸術家は、「贈与が与えられている状態」と私が呼ぶ状況に己の身を委ねなくてはならない。そのなかで、彼は自分の資質に本来的に内在するものを識別し、それを増殖させ、それに生命を吹き込み作動させることができる。「靴屋と妖精」の終わりの部分の靴屋のように、こうした努力で成功した芸術家は、己のもつ天分を認識する。彼はその天分を具現化し、作品を仕上げた。つまり、ギフトの精神が芸術作品となって形象化するのだ。

いったん内に潜んでいたギフトが具現化されると、それは伝え送られて、鑑賞者に伝達される。そして時には形象化された贈与、すなわち作品が、それを受け取る鑑賞者のなかに「贈与された状態」を再生産させていく。それを「不信の念の停止」と呼ぼうではないか。それにより想像力の働きをわれわれは受容できるようになる。その「不信の停止」とはじつは信じることなのだ。この信頼の徳目、この一時的な信奉により、芸術家のもつ贈与の精神はわれわれの存在に参入し作用してこよう。そして時折、もしわれわれが目覚めており、またもし芸術家が本当に才能に恵まれているのなら、その芸術作品は神の恩寵に浴する瞬間や、霊的交渉を誘発する。その瞬間われわれは存在のかくされた統合を知り、生命の充足を感じる。スコットランドの民話にあるように、そうした芸術はそれ自身が贈与であり、精神を活性化させるものだ。

今ここで想像力の持つ統合的認識と、ロゴス思考という分析的認識とを比較してみることは、創造的な精神と贈与が与えるきずなとの間にあるつながりの一つをみることになろう。二つの短い民話がその対照をきわだたせるのに役立つだろう。ギフトを破壊する特別な考えをわれわれのために描く物語のグループが一方にある。たとえば、リトアニアの物語では、妖精が人間に与えた富が、彼らがそれを勘定したり、数えるやいなや、紙に変わってしまう。たしかにそのモティーフは、われわれがすでに見てきたものの〈反転〉となっている。つまらないものである燃えさしや、灰、木の削りくずなどがギフトとして受け取られるとき、金に変わる、あのモティーフの〈反転〉である。もしギフトの増加が人間的な愛のきずな上のことであるなら、交換が商品取引としてなされた途端に、ギフトの増加は失われる（この場合、それが価値と量を計算する心へと引き入られてしまったことが原因である）。

二番目の例が重要な点を拡大するであろう。英国の十九世紀中頃のおとぎ話のコレクションに少しでもかかわれば、妖精が尽きることのない樽に入ったエールを与えていたデボンシャーの男の話に出合う。何年も何年もエールは尽きなかった。ある日、その男のメイドは、このお酒の尽きない原因を知りたいと思い、樽の口からコルクを取り除いて、酒樽をのぞきこんだ。するとそこに見えたのは、いっぱいにはられたくもの巣であった。次に樽の栓をひねったとき、もはやエールは流れ出なかった。

この教訓は次のようになる。自己を意識し過ぎるとギフトは失われる。計算をし、価値を測り、物事の原因を見つけ出すことはギフトの円環のそとへ踏み出すことであり、尽きぬ贈与を持つ「一つの総体」という存在をやめることでもある。そしてその代わりに、他の部分を意識する総体の一部となってしまう。われわれは無意識という特別なやりかたで、ギフトの持つ統一体にまとめる能力に参与できる。分析的でも、弁証的でもない意識によって参与するのだ。

芸術家により関連深い最後の例は、聴衆やわれわれを審査しているとわかる人の前では、われわれの大部分は突然に物が言えなくなる経験があるということである。たとえば、他の人の前で歌うためには、歌手は舞台から退いて己の声をきくことはできない。すなわち、歌手と聴衆を別のものとして、互いに他に聞き入るものとして認識する、別の場合ではきわめて有益な心の状態に、彼は入ることができない。その代わりに彼は彼と聴衆が一つで、同じものであるという幻想（歌手がギフトを授けられているなら現実となる幻想）へと向かわねばならない。私の友人が、初めてピアノのレッスンを受けたとき、ある奇妙な経験をした。先生と本人の双方が驚いたことには、習い始めの頃に彼女が突然ピアノをうまく弾き始めたのだ。彼女が言うには、「私はピアノを弾く方法すら知らなかった。それなのに私は弾くことができた」。先生はとても驚き興奮し、この奇跡を目撃する人を捜しに部屋をあとにした。しかしながら、先生が人を伴い練習室に戻って来たときには、私の友人のピアノを弾く能力はそれが現われた時と同様に、突如として消え去ってしまっていた。この例でも教訓は次のようになる。すなわち、自意識過剰となるとギフトは失われる（オコーナーは次のように述べる。「芸術にあっては、自我は忘我となる」）。音楽家が他の誰かが自分を見ていることに気が付くやいなや、彼女は自分自身を見つめ始めてしまう。彼女は天分を活用するのではなく、それを見つめてしまうのだ。つまりくもの巣を見てしまうことになる。

他の贈与の循環の場合と同じように、芸術の交易はそれを担う人すべてをより広い自己へと向かわせる。創造的な精神は一団となって作動し、一人の人の自我よりもはるかに広い自我のなかで活動する。われわれの存在のおよそ個人的ではない部分、すなわち自然から、グループから、種族から、歴史から、伝統から、精神界から生じた部分などから芸術作品は引き出され、そして引き出された芸術作品の贈与が、次にそれらをはぐくむのだ。ギフトを授けられた人たちの才能の顕在化により、個々人やそれぞれの世代が滅びようとも、決して滅ぶことのない永遠の命《ゾーエ・ライフ》をわれわれは味わえよう。
この文脈において、ジョーゼフ・コンラッド(一九)の芸術家についての記述をより広範囲に引き合いに出せよう。コンラッドが言うには、芸術家は自己の中に潜入し、自分の主張の言葉を見いださねばならない。

彼の主張はあまりはっきりしないわれわれの能力に対してなされている。すなわち、存在が戦争状態にあるために、より耐えうるしっかりした資質の中で当然外から穏されている――鋼鉄の甲冑の中にある傷つきやすい肉体のような――本質の部分に対してなされている。芸術家は、習得したものではなく贈与であるわれわれの内なるものに訴えかける。それゆえに、それは永久に持続する。彼はわれわれの生命にまつわる神秘への驚異や喜びに対する心に向かい語りかけてくる。われわれの哀しみや美、そして痛みの感覚に対して、あらゆる被造物が保持する潜在的な連帯感に対して語りかけてくるのである。数多くの人々の孤独な心を結びあう、秘やかではあるが打ち伏し難い孤高の確信に対して、あらゆる人々を結びつける連帯感に対して、語りかけ、訴えて来る。死者から生者へ、生者からまだ生まれぬ者たちへと。

ギフトの増加を示した章の中で、チムシアン族(二〇)の葬儀のポトラッチ(二一)では、物質的なもの――壊れた銅――が自然のなりゆきを象徴していることを私は指摘した。つまり、グループが個人の死にもかかわらず生き残ることを象徴する。われわれはこの事実を、生物学的に、社会学的に、あるいは精神的に言うべきなのか？　そうした識別は崩れ去る。ゾーエ・ライフの糸が物理的な肉体を超え、個人を超えて流れていることを悟るやいなや、われわれの存在の種々の相を区別することがより難しくなる。大いなる自己、民族が普遍的に所有する種族の本質がある。そして、こうした銅に見られる象徴化は――もちろん私はあらゆる芸術作品を、絵画や詩歌、暖炉の周りに張る化粧煉瓦を含むつもりだが――ゾーエ・ライフの「事実」を表現する。これを伝えるこれらの象徴化は、より拡大した自己がその精神を顕わにし、よみがえらせる主張をなす。ホイットマンの美学によれば、われわれがこれからみていくように、芸術家の作品は、「総体化」した一つの主張である。コンラッドのいう「秘やかではあるが打ち伏し難い孤高の確信」の表現である。芸術作品は、繋辞であり、縁、きずな、多くの人々をひとつに結びつける繋がりである。自分が持つ天分の具現化に生命を捧げる男と女は、われわれを、互いに、また、自分たちの時代や世代に、そして種族に結びつける霊的交流の任務をになう。芸術家の想像力が、作品に生命を与える「贈与を持つ」ように、贈与が与えられている人による具現化された才能の中で、グループの精神が「贈与を持つ」。こうした創造は「単に」象徴的というのではない。それらはより拡大した自己を「顕す」ものでもない。それらは拡大した自己の必然的な体現であり、それなしでは拡大した自己がまったく生命を持ちえないようなある言語なのだ。

　私は具現化された個人の死すべき命《ビオス・ライフ》は死に、他方ゾーエ・ライフは肉体が破壊されても生き残る霊魂、すなわち断ち切れない糸であると述べて、最初にこの二つのギリシア語を紹介した。けれどもここでわれわれはゾーエ・ライフもまた、その器の大規模な破壊があるときには失われるかも知れないと付け加えなくてはならない。集団や共同体の精神がぬぐい去られ、伝統が破壊されることがある。大量虐殺をわれわれは種族あるいはグループの物理的破壊と考えるかもしれないが、それは、グループにおける天才の抹消、全滅による創造的な精神の殺害、低下、あるいは芸術を沈黙させることにまで拡大解釈される（ここで私は、ミラン・クンデラ（二二）による東ヨーロッパの国民の上に課された、「組織化された忘却」の分析のことなどを考えている）。個々の自我を超えたわれわれの存在のこうした部分は、それらがたえず明らかにされることのないかぎり、生き残ることができない。そして、ゾーエ・ライフの象徴が共通の富としてわれわれの周りを巡り円環してこそはじめて個々人——われわれ皆といおう、が、とりわけ、精神的芸術的気質をもつ男女——が生き残ることができるのだ。

この問題に関して共同体と個々人という双方に衝撃を与えたひとつの例を挙げようと、自伝のなかで、著述家であり女優でもあるマヤ・アンジェロウは自分の暗かった中学校の卒業式のことを思い浮かべた。(二三) 白人の校長によるなにげない人種差別のスピーチにより、集まった学生と教師はいっとき恥じ入り、打ち静まってしまった。その時、アンジェロウの同級生の一人が、「黒人国歌《ネグロ》」として皆が知っている歌を歌い始めた。その歌詞は黒人男性によるもので、作曲は黒人女性による。「おお、有名無名の黒人詩人たちよ！」とアンジェロウは書きだす。「競売にかけられたあなたの痛みがどれほど……われわれを支えたことか？　もしわれわれが明らかにされた秘密に浸る民族であったなら、こうした詩人たちの思い出に記念碑と捧げ物を供しただろう。しかし、奴隷制度がわれわれをその弱点から立ち直らせた。それにしても、説教師、ミュージシャン、ブルース歌手をも含む詩人たちによる献身と確かな関係を結ぶなかで、われわれが生き残った、といっても過言ではあるまい」。スー族の神聖なパイプをブラック・エルクに渡した長老たちは、「人々が中心となる根源を持たないなら、彼らは滅びるであろう」ことを彼に警告した。部族間でなされる儀礼的ギフトの循環が種族の活気を維持するように、どんな民族の芸術でも、それが彼らの精神の真《まこと》の流出であるなら、一般市民の生命を保証するものとなろう。

前章で私は本来計算できない贈与の増加を、数量化した市場利子へ変換したものとして、古代の高利貸しについて語った。今この考えを二つの他のものと結びつけようと思う。第一に、使用価値というものを、それを使うときにそのもののなかにわれわれが感じる価値であり、われわれの自我の一部となるものと定義するなら、そしてまた物を比較したり、われわれから物を遠ざける時にその物に割り当てた価値とするならば、使用価値を交換価値に変換するときに、古代の高利貸しと類似した何かが生じよう。第二には、心理上に同様の類似がある。古代の高利貸しの精神と何か関係のあるものが、統一体にまとめる力から生ずるエネルギーを移動させ分析し、熟考する力に再投資するときに、その類似は生じる。

私はこれらのものが、まったく同じ一つのものだというつもりはない。ただ、私は関連のある考えを持つ二つのグループを取り扱い、それらの間にある特別な関係を明らかにしているのだ。一方に、想像力、統合する思想、贈与交換、使用価値、贈与の増加がある。それらすべてが、エロス、あるいは関係、きずなのもつ「一つへと形づくっていく」という共通の要素により結ばれている。他方には、分析的あるいは弁証的思考、自己省察、論理、市場交換、交換価値、貸付金の利子などがある。そのすべてがロゴスに関連を持ち、部分へと分別していく特徴を持つ。

こうした両極、すなわち結合と分離という相反する二つのものは、一方が他方より重要であったり、あるいはもっと強力というわけではない。それぞれがその支配力の範囲と時とを持つ。この二つの間の均衡を打ち崩すことが不可能というわけでもない。だが、その調和は容易に失われる。近代における高利貸しのようなものがそこに存在する。すなわち、交換価値の過度の拡張は、あらゆる使用価値を破壊する、そんなときがあるということだ。市場の覇権は贈与交換の可能性を蝕み台無しにする。統一体へと向かう力は、分析的認識を過大評価することにより破壊される。また詩歌は自意識（過剰）により沈黙させられ、想像力の充満は論理の欠乏へとしぼんでいく。これらいっさいを、高利貸し精神の近代的な化身であると了解するなら――その心境に至れば――エズラ・パウンドのそうした精神への没頭を理解する立場にいることになろう。パウンドの高利貸しに対する初期の不満は、過度に分析的で抽象的な思考を持つ芸術に対して思わず出る同時代人の苦言に最も関連がある。マルクスが言うように「論理は精神の金である」とわれわれが語るなら、その推論として想像力は精神の贈与である、とわれわれは付け加えよう。他の場合には役に立つロゴスの適用が想像力をそこなう時もあろう。精神の金が精神の贈与を破壊するときも生じよう（あるいはまた、議論を社会に移すと、文化が芸術作品の中に保持する贈与を、市場精神が破壊する時もくるであろう）。(二四)

芸術の商業化が招く結果について十分に解説することは、この章が扱う範囲を越えている。にもかかわらず、商業化はこの章で発展させる考えの常に基盤となるので、その背後にあるものを解明する時間をとることは、そうした考えのいくつかをくっきりと浮き上がらせるだろう。芸術と市場について述べている二つのニュース記事が対照的なあることがらを示してくれよう。最初のニュース（『ニューヨーク・タイムズ』をそのまま再録）は、商業主義に染まっているテレビ界でドラマが現在どのように制作されているかについて、多くのことを語っている。

CBSテレビの「追跡レポート」のプロデューサーであるロバート・トンプソンは次のように述べる。「皮肉なことに、他のプロデューサーたちは私の番組が放映中の最良の番組であるという手紙をよこす」。

もしそうした称賛が視聴率に変換されうるならば、「追跡レポート」は視聴率平均一九パーセントというニールセン調査の湿原のような低地にはまり込むようなことはないだろう。「追跡レポート」の視聴率にカンフル剤を与えるために、CBSは五週間、この番組を「うれしい日」と「ラバーンとシャーリー」というベストセラー番組のある時間帯からはずすプログラムを組んでもよい。NBCの「ディーン・マーチン・ロースト」、ABCの十代の自殺についての映画などの視聴率の弱い番組とぶつかるように、金曜日の夜十時に放映することもできよう……

この番組が昨年の九月に放映され始めたとき、テレビ批評家たちの発する嘆きはこうであった。「内容が良心的すぎて続けられない番組があるとすれば……」というものであった。批評家たちはただ法律専攻の一年生グループと彼らの非情な教授を扱う番組の形態と教養性とに言及しているだけではない……ABC放送の二つのヒット番組にぶつけて「追跡レポート」を火曜日夜八時に組んだCBSにまゆをひそめてもいたのだ。

「『追跡レポート』のプロデューサーたちは……確かにわれわれを袋小路に追いつめた」、と二十世紀フォックステレビの社長、サイ・サルコウィッチ氏は述べる。

現在のテレビの経済学は、この「追跡レポート」の存続期間でさえ――このていどの長さでさえ――普通以上に長いと思わせる。サルコウィッチ氏は付け加える。「もし『陸軍移動外科病院』が今年番組を開始して、始まって以来の低い視聴率を得たとする、するとそれは予定されていた放映期間の途中で中止されたであろう。経済理論が変化したので、テレビ産業を経営する人々が非情になったのだ。すなわちかつては千人の視聴者にかかる費用によって、生きるか、死ぬかであった。番組の視聴者数が減少すると、千人の視聴者にかかる費用は上昇した。しかしながら現在は千人の視聴者にかかる費用など問題ではなくなった。

数年前に恐る恐るテレビネットワークは一分間ごとの広告費の値上げにより千人ごとの経費を上昇させた。しかし彼らは広告主たちがあまり騒がないのを発見した。そのころ、テレビは売り手のための市場に変わったのだ。ある種の生産物――自動車、ビール、食品、石けんなど――にとっては、もっとも望ましい宣伝メディアとなっていたのである」。

現在、広告主は平均的な番組における三十秒のコマーシャルに対して四万五〇〇〇ドル支払う。また、視聴率の高い番組には同じ三十秒のコマーシャルに対して九万ドルを支払う。「かくして年間を通じて一つの番組のニールセンの視聴率一ポイントは、二八〇万ドル」ということに、サルコウィッチ氏の計算によるとなる。「賭けはそれほど大きいので、野球のワールドシリーズのようなものだ。普通の試合であれば、ピッチャーを一度代えるだけかもしれないが、ワールドシリーズの試合では、三回も四回もピッチャーを代えるだろう」。

実際、CBSはABCのコメディ番組に対してすでにいくつかのピッチャーを試みて悲惨な結果を得ていた。「フィッツパトリック家の人たち」、「シールズとヤメル」、「性の挑戦」、「ヤング・ダーネル・ブーン」、「サム」などの番組はすべて漂白された骨のように、面目を失い姿を消した。警察犬についての三十分間のシリーズ番組である「サム」は「追跡レポート」よりかなりよい視聴率を上げていたのだが。

二番目のニュース記事は個々の芸術家に関して同じようなあることを思い出させる。

サルバドール・ダリ(二五)の常軌を逸した仕事の問題についてのことである。健康を損ね、手が版画にきちんとした署名をすることができないほどにひどく震える状態にあって、サルバドール・ダリは自分の経済状況がおちいった混迷から立ち直ろうとこころみていた。

自律性のある、あいまいに組織された経済状態に血路を開こうとする芸術家の最後の土壇場での試みは、サルバドール・ダリを大いに儲かる数百万ドルの産業に変える実体のない会社や、一時しのぎの契約がばらまかれた世界的なネットワークを混乱させる恐れがあった。

ダリ本人がこの無秩序な事態に加担した。いくつかの国の大いに信頼できる多くの情報提供者によれば、何年もの間、ダリは白紙に署名していた。しかも、きげんのよいときには、何と容易に利益が上がる仕事であるかと陽気に冗談を言った、ということだ。一九七三年五月三日に、パリの公正吏という一種の公証人がモーリスホテルでダリが三四六キログラム（およそ七六〇ポンド）の重さがある四千枚の紙に署名していたことを証明する公式の書類に署名した。一九七四年にも、ダリの署名がされている四万枚の白紙を積んだアンドラへと向かう小さいトラックをフランスの税関警察が止めた、という。

この超現実主義芸術家により署名された数えきれないほどの白紙の在庫を持つ現存するダリのリトグラフの価値が持つ意味は大変なものだ。カリフォルニア、カナダ、イタリアで偽物とうわさされるダリのリトグラフの最近の露見は一層そうした興味に迫車をかけている。以前この画家の助手であった人物は、次のように述べた。「調子の良い日には」きびきびと紙を動かす三人の付き人に助けられながら署名を急ぐダリは、一時間で千八百枚に署名することができた、と。

［絵の複製］を獲得したフランス芸術界のある著名人は、それがダリの署名入りのカラー写真であり、価値があるように見せかけるため金粉をぱらつかせてあったと説明した。パリでそれは七百五十フラン、およそ百五十三ドルで売れる。

私は議論の範囲をここで無理に広げたくはない。贈与精神の破壊は新しいものでも資本主義に特有のものでもない。あらゆる文化とすべての芸術家は、贈与交換と市場との間に、また芸術の持つ自己忘却と商人の持つ自己権力の強化との間にある緊張を常に感じてきた。したがって、その緊張をいかに解きほぐすかは、アリストテレス以前から論議の的であった。

そうとはいえ、この問題のいくつかの局面は近代的である。エロスとロゴスは大衆社会では明らかに新しい関係を持っている。マルクスが『資本論』で扱った商品についての注目すべき分析は、十九世紀に現われたもので、それ以前にはなかった。そしてわれわれが二十世紀に見いだすような芸術の市場性開発は先例がない。例えばラジオ、テレビ、映画、そしてレコード産業が詩歌や劇を商業化したあの特別な方法は、まさに新しいものだ。そしてそれらの「金回りの良さ」が、あらゆる姉妹芸術がとりこまずにはいられないある雰囲気をかもしだす。「追跡レポート」はこれまでにテレビに現われた最も良い番組であるかもしれない。しかしそれは、金をいつも食べさせられていないかぎり、生きられないなどという創造のたぐいなのだ。われわれがこうした商業芸術に天分を限定し、コントロールすることを許せば許すほど、個人としてもまた社会としても、ますます天分の乏しいものにわれわれはなり果てるであろう。まことの芸術の交易は贈与交換に他ならない。贈与交換そのものが進行するところでのみ、われわれは贈与交換の成果を受け継ぐものとなれる。この場合は、使うことによってその豊饒が使い果たされることのない創造的精神の、あらゆる愛の取引の特徴である充足感の、変容の媒介として作用する芸術作品の宝庫の、住むに適した世界という感情の、相続人となれるのだ――つまり、われわれのギフトの源とわれわれがとらえるもの、それが共同体であれ、人種であれ、自然であれ、神々であれ、何であれ、そのものとの連帯感へ目覚めるのである。しかしわれわれが芸術を純粋の市場企業に変えた場合には、こうしたものの成果は何ひとつわれわれのもとに訪れない。ニールセン視聴率は、才能のある人の開花した天分が市民生活を保証する文明へとわれわれを導くことはない。同様に、金粉をふりかけることが、種族のもつ天分を解放することはない。

私はあちこち歩きまわる。さまざまな地方を、いろいろな季節に、大都会の群衆を眺めながら。ニューヨークを、ボストンを、フィラデルフィアを、シンシナティを、シカゴを、セントルイスを、サンフランシスコを、ニューオーリンズを、ボルティモアを。敏捷で、用心深く、騒々しく、善良な、自立した市民、職工、事務員、若い人の尽きることのない群れにまざって。このとても新鮮で、のびやかで、愛らしく、誇らしい大衆のことを思っただけで、並み並みならぬ畏怖の念が私におそいかかる。落胆と驚きが交錯する中で私は思う。天才や才能ある作家そして話し手のうちのいったい何人が、これまでにこうした人の群れにきちんと話しかけたり、彼らのために一つでもよいイメージをふくらませる作品を創造したり、彼らの中核となる精神と特徴とを吸収しただろうか。二、三人、いやひとりとしていないと思う……かくして、大衆の精神や特徴などは、遥か遠くの山頂に、まったく讃《ほ》められることもなく、表現されることもないままに残されているのだ。

力ある領土は体の領土、もっと強いのは心の領土。われわれの知性や空想を満たし、今も満たしているもの、そのなかに在る規範を与えるものなどは、いまだ知られていない……わたしは次のように言いたい。声にならないが永遠にたち昇り、働きかけ浸透する、地下水脈のようなあの大地の意志とその特有の願望とに、大地と同質の心をもって、面と向きあい四つに組んだ作家、芸術家、講演者などにはひとりとしていまだかつて出会ったことがない、と。ああした上品ぶったくだらない人をあなたがたはアメリカの詩人と呼ぼうというのですか。しょうこりもなく価値もない、練土で作った鍋釜のような雑貨品を、アメリカの芸術、アメリカの戯曲、アメリカの作風、アメリカの詩歌などと言うのですか。遥か彼方西方の山頂から響きわたるように、これらの州の守護神《ジーニアス》の嘲笑がわたしには聞こえるようだ。

ウォルト・ホイットマン、一八七一年

訳注

(一) ハーバート(一五九三―一六三三) イギリスの詩人、聖職者。詩集『聖堂』(一六三三)。

(二) エックハルト 一章訳注(二七)参照。

(三) ミウォシュ(一九一一―) ポーランドの詩人、文学者。『真珠の聖歌』(一九八一)。

(四) ピンター(一九三〇―) イギリスの劇作家。ユダヤ系の家庭に生まれる。『管理人』(一九六〇)。

(五) レトケ(一九〇八―六三) 米国の詩人。イエイツに学び、無意識と自然とのつながりを強く意識し、内的風景をうたう。

(六) ケルアック(一九二二―六九) 米国の作家。飲酒、麻薬、セックス、ジャズ、放浪、ビート・ジェネレーションの代表者。

(七) サルトン(一九一二―) 米国の女流詩人、小説家。ベルギー生まれ、一九二四年米国国籍となる。

(八) ヘルメス ギリシア神話のゼウスとマイアとの子。神々の使者で雄弁家、商人、盗賊などを保護。死者の霊を冥界に導く。竪琴の発明家。広いつばの帽子、翼のついたサンダル、二匹の蛇に巻かれた翼つえを持つ青年の姿で描かれる。

(九) ホメーロス 紀元前九世紀ごろのギリシア最古の盲目詩人。『イーリアス』、『オデュッセイア』。

(一〇) モース 一章訳注(五)参照。

（一一）　孔子（五五二―四七九ＢＣ）　儒教の創始者。
（一二）　ダンテ（一二六五―一三二一）　イタリアの詩人。『神曲』。
（一三）　カヴァルカンテ（一二五五？―一三〇〇）　イタリアの清新体の詩人、哲学者。ダンテの親友。
（一四）　ネルーダ（一九〇四―七三）　チリの詩人。一九五〇年叙事詩『大いなる歌』を発表。レーニン平和賞（一九五三）、ノーベル文学賞（一九七一）。
（一五）　スナイダー（一九三〇―　）　米国の詩人。カリフォルニア大学デービス校教授。米国芸術科学アカデミー会員。ピュリッツァー賞（一九七五）。
（一六）　オコーナー（一九二五―六四）　米国の女流小説家。カトリック牧師とその教区民であるアイルランド系移民たちを描いた。ピュリッツァー賞（一九六一）。
（一七）　リルケ（一八七五―一九二六）　オーストリアの詩人、著述家。
（一八）　コールリッジ（一七七二―一八三四）　イギリスの詩人、批評家。
（一九）　コンラッド　序論訳注（一）参照。
（二〇）　カナダ・ブリティッシュ・コロンビア州の海岸地域に住むアメリカ・インディアン。
（二一）　ポトラッチ　一章訳注（一一）参照。
（二二）　クンデラ（一九二九―　）　チェコスロバキアの詩人、小説家、劇作家。小説『冗談』（一九六七）。
（二三）　アンジェロウ（一九二八―　）　米国の女流黒人詩人。女優、歌手として舞台にも立った経験がある。
（二四）　マルクス　四章訳注（七）参照。
（二五）　ダリ（一九〇四―八九）　スペイン生まれのアメリカの画家。シュールレアリスムの代表的作家。

第九章　ホイットマンの草稿

I　墓場の草

『草の葉』に見られる素晴らしいギフトの価値を見いだせぬほど、私は盲目ではない。
エマソン㈠からホイットマンへ　一八五五年

……たぶん形の一様な象形文字、
草の文字の意味はと言えば、広い地帯と狭い地帯に分け隔てなく萌え出でて、
白人のあいだはむろんのこと黒人たちのあいだにも成長し、
……誰でも同じように与え、同じように受け入れること
"Song of Myself"

一八四七年のノートに、当時二十八歳くらいだったウォルト・ホイットマンは食物に関する短い空想を記している。「腹がすき、最後の十セントで肉とパンを手に入れ、すべてをたいらげる食欲もある。──なのに、かたわらに突如、飢えた顔が現われる、人か獣か、一言も言葉を発しない。私と彼、どちらの顔のことを話しているのか。──私の心はイカや蛤貝のように何の情愛ももたなくなってしまった

のか」。

しかし、実際には彼は肉を分け与えるつもりなどない。腹がすいているのだ。人が空腹を満たすのを禁じる法はない。「それでは舌の上に載り、咀嚼のたびに神の拳と格闘をしているようなものは何なのか？　胃が勝利をおさめるとき……罪のない食物は喉を落ちてゆき、私の中で火と鉛と化するのはなぜか？——私の魂は怒った蛇のように声をあげているではないか。おろか者め！　おまえはがつがつと喰らい、私を飢えさせるつもりか？」。

西方教会の初期の聖人、トゥールの聖マルティヌス(二)の話が思い出される。マルティヌスはローマ軍勤務の若い兵士であった頃、ある幻影をみた。彼は自分のマントを半分に裂いて裸の乞食に掛けてやった。次の晩、彼が与えたその衣にくるまったキリストの幻を見た。われわれのうわべだけしか見ることのできない目には乞食のように見える精霊がいる。われわれが何かを分け与えることが、そうした精霊を視覚化させ、われわれと彼らを結びつける。ホイットマンの最高の詩「ぼく自身の歌」は、空腹時の空想に出てくる〈飢えた顔〉への祈りから始まる。彼は魂に語りかける。「ぼくといっしょに草の上をぶらつこう、君の喉から栓をはずせよ／……心を癒す静けさだけがぼくは欲しい、君のなだらかな声の低いつぶやきだけが」。

どういうわけか——それは記されていないが——彼は魂にパンを与えた。魂は乞食や獣としてではなく、恋人として彼のもとにその時やってきた。それは草の上で彼の身体をのびやかに広げ、その肉体に入った。喉が開き、歌が始まった。

ホイットマンは一八一九年、大家族に生まれた。父親は独立心の旺盛な人で、トーマス・ペイン(三)の崇拝者であり、クエーカー教徒だった。ロング・アイランドで農業を営んでいた時期もあったが、一家がブルックリンに移転してからほどなくして大工仕事に就き、労働者階級の人々のために質素な家を建てていた。金はあまり儲からなかった。ホイットマン一家は家を転々とし、どの家も抵当に入れられ、やがて人手に渡った。ホイットマン自身は十一歳のころから働き、初めは弁護士事務所の給仕をし、その後、印刷所の見習いとなった。多くの印刷工の例にもれず、彼もジャーナリズムに興味をもつようになった。十代の終わりころ、数年間教師をし、一八四〇年代にはニューヨーク近辺の新聞社で記事を書いたり、編集をしたりして、それなりの成功をおさめた。センチメンタルな小説や月並みな詩も書いていた。

彼の人生に神秘的で驚くべきことがおきたのは、一八五五年のことであった。この三文詩人が内容も形式も注目に値する『草の葉』という本を出版したのだった。ホイットマンの転機についてはいろいろな説がある。骨相学者のところへ出かけて刺激を受けたという説、すべてエマソンの作品の盗作だという説、ニューオーリンズへの旅の途中で恋をしたという説、カーライルの英雄伝を読んだという説、ジョルジュ・サンドの小説に見られるヘルメストリスメギストスの現代版に熱狂したという説等々。どの説もある程度は真実である（ニューオーリンズの恋愛話を除いて）。ホイットマンの死後、友人のモーリス・バックが新たな説を唱えた――一八五三年の六月に当時三十五歳だったホイットマンが、覚醒、再生、〈宇宙意識〉の瞬間を経験したという説である。ホイットマン自身がバックの主張を裏付ける確証を与えているわけではないが、「ぼく自身の歌」の五節にエピファニーが示されている。自分の魂を呼び起こし、彼は次のように綴る。

そう言えばいつかとっても澄んだある夏の朝に二人でいっしょに寝ころんで、

君がぼくの腰を枕にし、それからゆったり寝返りをうってぼくにからだを重ね合わせ、
そしてぼくの胸のあばらからシャツを剝ぎとり、むき出しになったぼくの心臓に君の舌をさし入れて、
そしてぼくの髭に触れるまで君は手をさし伸べ、さらに手をさし伸べつづけてぼくの足を抱きしめたっけね。

すると地上のあらゆる議論を静める平和と知識とが見る見るうちに湧き起こりぼくのまわりに広がった、
そしてぼくには神の御手が実はぼく自身の約束であることを悟った、
そしてぼくには神の御霊が実はぼく自身の兄弟であることを悟った、
そしてぼくには分かった。すべて生をうけた男たちが兄弟であり、女たちはすべてぼくの姉妹そして愛人であることが、
そして宇宙を支える内竜骨は愛であり、
そして野に茂る草の葉は直立しているものもうなだれているものも限りなく、
そしてその葉の下の小さなくぼみに群がる褐色の蟻も、
そして蛇腹塀をおおうかさぶたのような苔も、石ころの山も、にわとこも、ビロウドモウズイ花も、山ごぼうも、すべてみんな限りないものばかり。

この注入、つまり自身と魂との愛の行為が、実際に起こったか空想の中で起こったかは、私がこれか

ら述べる話にとってさほど重要なことではない。どちらにしても、われわれは始めることができるだろう。われわれは二つの贈与をすでに手にしている。ホイットマンが自分の魂にパンを分け与え、魂がそのお返しとして舌を彼に贈ったことが暗示されている。その交渉は、前出のローマ人とその守護霊《ゲニウス》との交渉——人と守護霊との間で内的なギブ・アンド・テイクが行なわれる——に酷似している。しかしながら、この場合、人は詩人であり、霊は詩人の魂である。ホイットマンの交渉の記述はギフトを与えられた人の創造に関する神話を構成する。ギフトの循環の中で、ホイットマンは詩人になる。換言すれば、完結したギブ・アンド・テイクを通して、彼はある状態に入っていき、そこで進行している贈与交換を彼はつねに利用できるのだ。

ホイットマンの空腹の空想は、魂との交流についてあとから出てくるすべての記述と基礎をなす緊張において違っている。エピファニーがもたらす贈与が与えられた状態についてまず言えるのは、この緊張、〈私のものと彼のものの話〉はなくなるということである。贈与の交換は官能的な交渉であり、己と他を結びつけるため、贈与が与えられた状態は官能的な状態である。その中でわれわれはものの基本的調和を感じとり、そこに加わる。読者はたいてい、ホイットマンのより大胆でより抽象的な調和の肯定に圧倒される。「ぼくは善のみを歌う詩人にあらず／悪を歌う詩人になることも拒まず」——しかし、ホイットマンが入った状態の本質は彼の思いやりと情愛の範囲内にある。

亀が亀でしかないからといって無価値なやつめときめつけたりせず、
森のかけすは一度も音階の勉強をしたことがないのに、それでも巧みなトレモロを聞かせてくれ、
栗毛の雌馬に見つめられると愚かな思いも恥ずかしくて消えてしまう。

ホイットマンの有名な目録を読むことの一つの効果は、読者の中に己自身の平静さが引き起こされることである。創造のどの要素も、等しく魅惑的に見える。詩人の目が限定を受けずに、あまりにも広い創造の範囲に焦点を合わせるため、われわれの区別の感覚が使われなくなって引っ込み、基本的な首尾一貫性を感じとれる部分だけが前面にでてくる。

大工が板をけずりあげ、粗仕上げ用のかんなの舌が激しく高鳴りつつ片言をささやく、
結婚した子供たちや未婚の子供たちが神恩感謝祭の正餐に馬車をつらねて集まってくる、
舵手が舵輪の太い取っ手をつかむ、そしてがっしりとした腕で船を傾ける、
航海士が捕鯨船内に緊張して立ち、槍と銛の準備もできている……
糸を紡ぐ娘が大きな糸車の低い音にあわせて退いたり進んだりする、
農民が日曜日の散歩に出て柵のそばに立ちどまりからす麦とライ麦を眺める、
狂人が真性だと判断されてとうとう精神病院へ送られる、
（もはや彼が母の寝室の簡易寝台で眠ることはないだろう）……

ホイットマンは階級制度を葬り去る。生がどこへ動こうと、それに従う。この本の前出の倫理の授業でのジレンマでは彼は役に立たなかっただろう。沈みかけた救命ボートから家族の誰を下ろすかを決定するものだ。大統領であってもフンコロガシであっても、存在の徳によって同等の価値をもっている。われわれの多くが多くの時間を費やす争いごとや計算ごと——このものやまたはあのものは十分か不十分か、この恋人、あの恋人、このワイン、あの映画、このパンツ——は、脇に追いやられる。あなたはく

つろげる。

蛾も魚の卵も分を守り、
目に映る明るい太陽も目に見えぬ暗い太陽もそれぞれ己の分を守り、
手に触れるものも手に触れえぬものもすべて己の分を守っている。

こうした状態に陥って、ホイットマンは価値を考えたり物事を分けたりするような精神の領域に引き込まれまいと抵抗する。「分離する頭脳」と呼ばれるもの、あるいは結婚したばかりの魂から彼を離婚させようとするいかなる霊との交渉をも拒む。さらに、――ホイットマンの特徴である統一というもので目録をふやしていくために――男を女から、人を獣から、富者を貧者から、賢者を愚者から、現在を過去や未来から、引き離すような霊との交渉を拒む。「ぼく自身の歌」の始まり近くの印象的な一節の中で、ホイットマンは覚醒に満足していることを声高に宣言し、修辞法を用いて述べている。

そもそもぼくを抱きしめ愛してくれたあの人がぼくのかたわらで一夜を過ごして、夜の明け方に足
　音を忍ばせて帰っていき、
あとにはまっ白なタオルをかぶせた籠が二つ、家中を豊かな気分に溢れさせてくれているのに、
いったいこの喜びを素直に受け入れその尊さを味わうことを延ばしてまで、わが目に向かって金切
　声でわめきたて、
遠ざかってゆくあの人を未練がましく見つめていないで、

さあ今すぐに算盤をはじいて一セントだって間違わずに、
ひとつの値打ちは正確にいくら、ふたつの値打ちは正確にいくらで、いったいどちらが勝っている
　　のか、そんなことを教えろなどとこのぼくがわが目にせがんだりするものか。

この詩の初版では、詩人とベッドをともにし、ふくらんだ練粉のバスケットを残していったのは神だった。初期のノートで、ホイットマンはさまざまな英雄（ホーマー、コロンブス、ワシントン）を想い、「彼らのあとでは……私の胃は満足したと言わない。キリストだけは別だ。彼だけは香り高いパンをもたらし、私を活気づけた。新鮮でたくさんの、歓迎すべき有り余るほどのパンを」と綴っている。こうしたパンは、空腹の空想のパンと同様に、（神を愛する者から、魂への）贈与である。「恋人を未練がましく見つめたり」、その価値を考えたり、バスケットの中は小麦やライ麦がいっぱいかと覗いてみたりすれば、その贈与は失われてしまうだろうと、ホイットマンは考える。

一番いいものだけを人前に出して粗悪なものとは区別しておこうといつの時代も四苦八苦、
ぼくはものが完全に適合し均衡を得ていることを知っているから、議論はそちらにまかせておいて
　　沈黙を守り、悠然と水を浴びてはわが姿に見とれている。

さまざまなものを分かつ脳髄を捨て、ホイットマンは疑うことや議論（彼は「話《トーク》」とこれをいうが）することもやめる。彼が寡黙になったというわけではなく、彼の口は分かつ心から牛じる不眠をもたらす疑問を前にして、封じられたのだ。「巨匠よ」とホイットマンはエマソンに宛てた序文で述べている。

「私はまったき信仰の人である」。信仰は疑問を抱かない。言い換えれば、信仰は疑問の結果、生まれる——答えを見つけるのではなく、疑うことをやめるのだ。古代の処世訓には、疑問を抱くこと自体が信仰を遠ざけたり妨げたりするというものがある。仏教のスートラ(四)の中にはこんな話がある。ある僧侶が釈迦のもとにやってきて彼に、これから言う質問にあなたが答えられなかったら、私は信仰をやめると言った。世界は永遠か否か。聖人は死後も存在するか否か。魂と肉体は同一か、それとも別の物か。釈迦は、その設問のどれをも取り上げるつもりがない、なぜならそれらは啓発的な質問ではないから、と言った。十五世紀の神秘主義詩人カビール(五)の詩にも同じような箇所が見られる。

> 死のない生の海に漂う味わいが私のすべての質問を沈黙させた。
> 種子の中に樹木が潜んでいるように、私たちの病弊はすべてこれらの質問を発することにあるのだ。

『草の葉』の中で幾度も、ホイットマンは自分がまったき信仰を感じられなかった時期について述べている。「ぼくもまた奇妙な疑問がふいに自分の中にわき起こるのを感じた」と、彼はある詩の中で読者に打ち明けている。「ぼくは矛盾した古い結び目を編んでいる」。ある愛の詩はホイットマンの疑問の内容を示唆し——それがどのように鎮められたかが書かれている。『カラマス』という標題のもとに収められた詩篇は、ホイットマンの言葉でいうなら、「男同士の友愛」、「離れられぬ、男同士の愛」に語りかけるものである。ときにはあからさまに、ときにはそれとなく、一八五〇年代後半のホイットマンのある男性に対する欲求不満の愛について、記録されている。「現象に関する恐ろしい懐疑について」という詩では、「ものごとの均衡」を感じられないときに生じる疑問が表現されている。

……つまり、ぼくらがたぶらかされているかもしれず、
たぶん信頼も希望も所詮はただの空想で、
たぶん墓場の彼岸の不滅の生などただ美しいお伽噺で、
ことによるとこの目に見える物たちは、動物、植物、人間、丘陵、輝き流れる川の水も、
……ただの虚像……

しかし、カビール同様、ホイットマンも自分の疑問を解く鍵を見つけた。

たとえばぼくの愛する彼がぼくといっしょに旅をしたりあるいはぼくの手をとったまま長いあいだ
　坐っているようなとき、……
そうしたときにぼくは言葉にならず言葉になり得ぬ英知に満たされ、沈黙に沈みこんで、もうそれ
　以上は何ひとつ要求することもない、
現象の問題、あるいは墓場の彼岸にある生の問題などにはぼくは答えることができないが、
それでもまったく平気の平左で歩いてみたり坐ってみたり、すっかり満足しきっている、
ぼくの手をとる彼がぼくを心ゆくまで満足させてくれたのだ。

ここに、ホイットマンが贈与を授けられた状態となる三つの状況が見られる。恋人が彼の手をとったとき、神の恋人が彼とベッドを共にして膨らむ練粉の入ったバスケットを彼に与えたとき、魂が彼の胸に舌を差し入れたときの三つである。そのとき計算や分割、おしゃべりや疑問、それらはすべて彼から

失われる。どの場合も、ホイットマンの肉体は転向の道具になっていることに注目したい。贈与を与えられた状態に彼を導く交流は肉体的な交渉で、パンや舌、手や心臓のうちの一つである。ホイットマンは伝承によると狂信者として知られている。「狂信的に《バカント》」なることはふつう、神にとりつかれたり、天啓を受けたりすることを意味する。バッカス神の祭司や供の女《バッケー》たちは狂信者であった。旧約聖書の預言者や新約聖書の使徒たち、ごく最近ではシェーカー教徒(六)やペンテコスタル派(七)信者たちがそうであったように。狂信者は肉体に精霊を受け入れ、肉体によって精神的な認識を表現したり、「心の中の甘い燃焼」や「奪われた魂」について語るのを決して躊躇しなかった。これまで取り上げたすべての例が説明しているように、ホイットマンも例外ではない。彼は自らの肉体を信仰の源としている。


　ぼくのからだから流れ出る半透明の糸をひく液よぼくが崇めるのは君！

　影深く奥まった憩いの聖域よ崇めるのは君！

　屹立する男のすきの刃よ崇めるのは君！

　ぼくを耕作するのに役立つ一切のものよ崇めるのは君たち！

　君ぼくの豊かな血潮よ！　君のミルク色の流れ、それがぼくの命を搾りつくす色淡い流れよ！……

　ぼくの脳髄よぼくが崇めるのは君の不思議な渦巻だ！

　しっとり濡れる菖蒲の根よ！　池にうずくまる臆病な鴫鳥よ！　大切に守られている一対の卵の巣よ！　ぼくが崇めるのは君たちだ！


これは狂信者の声である。その主題といい、息をのむようなものがそれを示す。(1)

狂信はしばしば悪評を得る。なぜなら、精霊に満たされているという者の中には、ただ大ぼらを吹いているだけの者（さらにひどいのになると、悪意や我意や、悪魔に満ちている者もいる）が多いからである。狂信者が精霊がそばにいると感じてその力を呼びだそうとするところでは、狂信に対する批評家が警戒と忍耐をもって進む。「狂信的無謀さは数千を殺す」と、当然の警告をする。肉体の熱情はたとえ神々によって喚起されたものであっても、過ちやすい。狂信的な信仰に慎重な者たちは、一般的には、自分たちの霊的な知識が理性のより冷静な光で浄化されることを選ぶ。

一七四二年の夏、マサチューセッツの牧師チャールズ・チャーンシ（八）が「狂信に対する警告」を説教した。そのテキストは後に出版された数々の警告、少なくともホイットマンに向けられた警告に、うす気味悪いほど酷似しているため、ホイットマン（九）への手引きに有益である。チャーンシと同じころ、過激なキリスト教徒ジェイムズ・ダヴンポートがマサチューセッツ西部の森から出てきて、ボストンの信者たちを混乱させはじめた。地元の理神論者たちは、チャーンシと同様、神の言葉を正しく理解していないと非難したのだ。チャーンシの説教は会衆に狂信の危険性を一般的には警告しているが、具体的にはダヴンポートに関して警告している。彼の批判は聖書の真の意味をどうやって学ぶかという問題にたびたび戻る。神の言葉を理解するのに二人の人間が意見を異にするのなら、どうやって真実を見いだせばいいのか。チャーンシは道理にかなった論争に、異なったさまざまの見方を提起するだろう。「否」、と彼は宣言する。「どんな推論も使わないのなら、聖書につけられた解釈はすべて、等しく適切であるということにならないだろうか」（狂信者は答えるだろう、推論そのものがさまざまな結論を導くのだと——精神的なことがらに関しては、内なる光によって導かれなければならない。狂信者は真実の感覚を待ち望んでいるのだ）。

チャーンシは会衆に、その中にいる狂信者をいかにして識別するかということを訓示した。彼らと論じ合えないことが最初の印である、と。しかし、おもしろいことに、すべての他の印は彼らの肉体に関連している。すなわち、「それは彼らの顔に表われている」「彼らの漠然とした表情の中に……ある種の狂乱が見られる」「奇妙に、彼らの舌は垂れている」「おののきと震えに……身を委ねてしまう」「彼らは我を忘れて、熱狂的な空想という盲目的な衝動に駆られて、振る舞う……」。チャーンシが警告しようとしたものは、ある者の肉体のなかに何か「別のもの」が入り込んだというまさにその感覚だった。

肉体を動かす精神と予防的な「分別」との二分法により、前の章で扱った問題点に触れることができる。すなわち、分析的認識の過大評価による統一する力の破壊と、市場支配による贈与交換の関連的な破壊である。理神論者の道理に合った思考への執着と震える肉体に対する警告は、彼の信仰心を、贈与精神よりも商業的精神のほうへ、より近づける。贈与交換ではいかなる価値の象徴もギフトが手放されるときに贈与物から分離する必要はない。一方、現金交換は価値をもつ実物から価値の象徴を抽象化してひきだすことにより成り立っている。農夫は金が払われるまで農産物を売りさばかない。ドル札(または店で小切手やクレジット)で支払われたとき、小麦やライ麦という具体化された価値を、象徴的な価値があっても実質的には価値がない紙切れと交換する。このシステムが働いているとき、象徴は譲渡し得るもので、彼はいつでもそれを実質的なものに転換することができる。市場の交換も抽象的な思考も、このものから象徴への転換が必要である。数学は認識の高度に抽象的な形態であり、分析の実際の対象物を数字に置き換えなければ成り立たない。同様に、われわれがりんごやオレンジを象徴的な富に置き換えたり、またその象徴をりんごやオレンジに戻したりしなければ、現金取引は成り立たない。

抽象的な概念と市場取引のこの類似点は、チャーンシの「道理にかなった」理神論(あるいはそれを継承したユニテリアン派の教義、先験論）が歴史上、中流階級の上層や知識人たちとなぜかかわっていたかという理由のように思われる。現金取引に対する贈与交換の関係は理性が情熱に対する関係に等しい。古い小話で、あるユニテリアン派の人が分かれ道にでくわすというものがある。片方の道しるべは天国を指し示し、もう片方は天国についての議論を指し示していた。ユニテリアン派の人は議論の道を選ぶ。狂信者は当然次のことがわかっている。精神に関する知識は議論されえない、なぜならそれは理知で受け入れることができないからだ、と。ホイットマンのように、彼は証言をし、議論をしない。狂信的信仰の儀式は、話よりも、肉体的なものをともないがちだ。宗教式典の参加者たちは踊り歌い、おののき震える。だが、富者の教会では恍惚の踊りは見られない。狂信的なキリスト教徒たちのように、突然の洞察《エピファニー》の身振りとして、声に出して話をしたり手を上げたりはしない。富者たちは日曜日に霊が肉体の中で動くのを感じれば感じるほど、月曜日の現金取引がよりむずかしくなると考えているようである。信徒席に坐って話を聞いていたほうがよいと思っているのだ。チャーンシのような人々が発展させたユニテリアン派の教義は狂信的な飛翔する空想を求めない。それは他の者たちがすでに指摘しているように、ボストンの商人がくつろげるような宗教である。

　私が狂信について言及したのは、一つには、ホイットマンのギフトを与えられた状態についての私の説明に〈肉体的認識〉の要素を紹介するためだが、それだけではなく、ホイットマンを彼の時代精神に置いて考える手助けをするためでもあった。ホイットマンはエマソンの狂信者、肉体をもったエマソンであったといっていいだろう。コンコードの賢人は、短い角刈りの理神論者と長髪のホイットマンとの間にいる。エマソンはたしかにユニテリアン派の教会を離れたが、チャーンシの警告とホイットマンを予示する情熱の奇妙な混合をとどめていた。よく知られているエピファニーで、エマソンは次のように綴っている。「透き通った眼球……私はすべてを見る。宇宙の存在の潮流が私の中で循環する。私は神の本質的な部分だ」。チャールズ・チャーンシと同じではない。しかしなお、眼球の水晶体だけが感情に動かされない感覚組織なのだ。「私は生まれたときから冷めている」と、エマソンは日誌に書いている。「私の肉体的な習性は冷めている。すっかり震え上がっている。私の隣人たちがあまりにも迅速に心から傾倒する狂信と呼ばれる有徳な目的に熱くならずに」。

ホイットマンはエマソンの『自然論』を読んで、心に刻みつけ、魂の舌が自分の胸で動くのを感じた。動物熱〔物質交代活動により動物体内に起こる熱〕のエピファニーの瞬間だった。エマソンは『草の葉』を初めて読んで感銘を受けたが、一八六〇年、ホイットマンを案内してボストンを歩きながら、詩の中でそんなに率直に肉体について語るなと諭した――すなわち、狂信に対する警告だった。(2) 明らかに、ホイットマンはエマソンの説得するような強制的な調子に気づいていた。「あの論述は……反駁しようのないもの」と、二人の会話について、彼は回想録に綴っている。「いかなる判事の論告といえどもあれほど完璧な、ないしは得心のゆくものはかつてなかっただろう」。エマソンはより優れた知識人でありより優れた批評家であった。しかし、ホイットマンはより優れた詩人であり、自分の才能に忠実だった。彼は巨匠の警告を黙って聞いていた。だが、エマソンが最後に、「それで、こういったことに対して君は何か言いたいことがありますか」と尋ねると、ホイットマンは言った。「私にはまったくそれに答えることができませんが、ただ自分自身の説を固守して、それを例証しようという決心が今までになく固まって来たような気がする、とだけは言えます」。また、彼は晩年、次のように語った。「ボストン広場の楡の老木の下で、エマソンの激論をただ黙って聞いた」。

「ぼく自身の歌」は、肉体を通る〈もの〉に対する喜びの描写から始まる。「ぼくが吸う息吐き出す息、ぼくの心臓のときめき、ぼくの肺をめぐる血液と空気」(後に、本当の狂信者のような箇所も出てくる。「ぼくを通して霊感が大波のように押し寄せ押し寄せ、ぼくを通して霊感の潮流と指標が」)。ホイットマンの詩がわれわれに示す〈自己〉とは肺のようなもので、世界を吸い込んだり吐き出したりしている。詩の中のすべては呼吸のように起こり、それは具体化されたギブ・アンド・テイクであり、肉体を通して世界を濾過する。ホイットマンは人々とその職業を長々と列挙する。「そしてこれらのものたちが内なるぼくに流れこみ、ぼくが外なる彼らを目ざして流れ出る……／そしてこれらのものたちを……ぼくはぼく自身の歌に織りあげていく」。音を耳にして、彼はこう語る。「ぼくはもう長いこと何もしないで聞くだけにしよう／耳にはいるものをこの歌のなかに歌いこむため……」。それから、彼はさまざまな音を羅列する。ギフトの言語でこの物質的な呼吸を表現するとき、ホイットマンは彼の吸入を世界の贈与品を〈受ける〉こと、呼気を(自分自身や作品を)〈遺贈する〉または〈授ける〉こと、と語っている。

詩の最初の出来事、あるいはホイットマンの美学とは、前もって分裂し別のものとなっていた何かが、自己の中へ、根拠なく、堂々と、奇妙に、満足感をもって、入ることである。これに応えるホイットマンの側の行為は彼自身を捨て去ることである。「ぼくをまっ先に受け入れてくれる人に身をゆだねようとわが身を飾る」。彼は国民に「栄養分として詩やエッセイをゆだねる」、それはちょうど詩の終わりに彼が自分自身を「[彼の]愛する草からふたたび萌え出るために土に」ゆだねるのと同じである。こうした行為(吸入と呼気、受けることと授けること)は詩の構成要素であり、贈与を与えられた状態における自己の受動的な面と積極的な面であるといえる。

『草の葉』の初版の序文で、ホイットマンは芸術家の労働の二つの面を〈思いやり〉と〈誇り〉と呼んでいる。

> 魂には、それ自身の口から語られるものを除いて、いかなる教訓も決して認めないという測り知れない誇りがあるのだ。しかし同時に魂には、誇りにおとらず測り知れぬ思いやりもあって、均衡を保っている。そしてこの両者が相伴うときには首尾よく前進を果たすが、一方が他を制して進みでることはほとんどできない。芸術の深奥の秘密は、この両者といわば同衾の仲にある。

思いやりによって、詩人は具体化された創造物の存在を自分の中に受け入れる（吸入する、吸収する）。誇りによって、彼は自らの存在を他者に向かって主張する（発散する、放出する）。すべての呼吸がそうであるように、この営みが彼を生かしている。

> いま直ちに間断なくぼくがぼくの内部から日の出を送り出して対抗できねば、
> 日の出は見る見るうちにぼくを目くるめく光で容赦なく絶命させてしまうだろう。

呼吸のどちらの極が妨げられても、彼は存在できなくなる。「共感する心ももたず僅かなりとも歩む者は皆屍衣をまとい自らの葬儀に歩み行くもの」。人間存在とは思いやりと誇りのギブ・アンド・テイクなのだ。

何かの形をそなえること、それがいったい何だというのだ?……たといそれ以上に発展した形のものが何ひとつなくても、たとい無感覚な殻をかぶった蛤貝が最高の形でもそれで充分ではないか。(3)

ぼくがかぶっているのは無感覚な殻ではない、

通りすぎようが立ちどまろうがぼくは全身に即時伝導体をそなえていて、

それがあらゆる物象を捕らえては何の苦痛も感じさせずにぼくの内部に導き入れる。

思いやりと誇りの両極の間に「芸術の秘密」があると、詩人は述べる。こうした秘密を見つめるつもりなら、われわれは肉体を通り抜ける「対象」の通り道にそっていかねばならない。思いやりの吸入から、放出へ、すなわちホイットマンが「詩を生み出す」という誇りへと、詩人の呼吸を追わねばならない。

「かつて出かける子供がいた」という詩には、ホイットマンの受容力のある思いやりに関する典型的な描写が見られる。少年がドアから出ていく。

そして目をとめた最初のもの、そのものに彼はなった……

早咲きのライラックがこの子供の一部になった、

そして草や、白と赤との朝顔が、白と赤とのクローバー、ひたき鳥のさえずる歌が、……

そして頭に優美な平たい葉を頂いた水草が、ことごとく彼の一部になった。

思いやりの面で、ホイットマンは子供時代の参加する官能性を保っている。ライラックを見たときライラックとなった少年は、歳をとってからもまだ彼の中に生きている。少なくとも詩の中では、ホイットマンは彼の感覚と対象物の間に距離を感じていないように見える。まるで才能を与えられた状態における知覚が、空気や皮膚によってではなく、事物の触れることのできる実質に直接触ることを可能にする伝導性そのもののようなある要素によって媒介されたかのようである。彼が情景を詳細に描くので、われわれはその詩を信じる。彼は「台所のスウィングする目隠しドアの向こうに」いる逃亡奴隷を見つける。彼は「妹がかせ糸を差し出すのを姉が巻きとって糸の玉を作り、時折もつれると手をとめる」様子を見る。国の上を漂う自分を想像し、彼は「雨どいに帆立貝のような泡が立ち、か細い草も芽生えているとんがり屋根の農家」を見下ろす。われわれは皆そうした接触の瞬間をもつ。羽目板を横切って横なぐりに吹く雪の薄やみの中で放心している、車をあばたにぬらす雨の中で白日夢にふけっている、化粧しっくいにもたれかかった藤の花に蟻が群がっている、というような接触の瞬間を。われわれはホイットマンがそうした接触を知っており、それをもとに詩を書くが、それは目隠しドアや、紡ぎ糸の結び目や、土塊の中の新芽に気づいているからであるということを認める。

芸術のこの基本的な面において、ホイットマンは基本的に受け身であり、皮膚の向こうにあるものが能動的に「好色に」「電撃的に」迫ってくる。自然の事物が彼に魅力を感じるのだ。それらは自発的に彼に近づき、みずからの端をまるで恋人のように押しつける。

ぼくの唇に群がり集まり、ぼくの皮膚の毛穴にひしめき、……
街頭だろうと公会堂だろうとぼくをこづきまわして、夜になれば赤裸となってぼくを訪れ、
花壇から、つたかずらから、入り乱れた下ばえの茂みから、ぼくの名を呼び、……
音もなくおのれの心の中身を手づかみで取り出してはあなたのものにして欲しいとぼくにくれる。

詩人が才能に満ちた状態にあるとき、世界は物惜しみしないらしく、彼に向かって香りや芳香を吹きかける。「ぼくは信じている」と彼は綴る。「今はしめった土塊もやがては必ず愛する心をそなえ灯火となって輝くようにもなるはずだ」。動物、石、日々の生活を営む人々が彼の肉体に入ってくる。「ぼくは知った、自分の中に片麻岩、石炭、長く糸をひく苔、果実、穀物、食用根が混入していて……」船倉にオヒョウを山積みに詰めこむ漁船の乗組員たち、一ペニーをめぐって言い争う二人の男、「ものも言わぬ老けこんだ顔つきの幼児や抱き上げられた病人、……/これらすべてをぼくは呑みこむ、味は上々……」。

感覚を通して栄養を得ることによって、ホイットマンは世界に関する肉欲的な知識をもつようになる。彼の参加する官能性は両方の感覚に彼を特徴づける——それは彼を満たし、教える。

雄牛たちよ……、君たちの目に表われている思いはいったい何？
これまで読んだどんな活字よりもぼくには大切なものに思えてならぬ。

われわれが図書館でするように、詩人は対象の内面を研究する。

ぼくに向かって宇宙の万象がひとつの流れに溶け合いつつ、永遠に押し寄せつづける、
万物はどれもぼくに与えられた手紙、ぼくはその文面を理解してやらねばならぬ。

しかし、書物として読めない対象もある。それは象徴文字で、それらを肉体に受け入れられる慈悲深い者だけがその意味を知る神聖な印である。草の葉は、雄牛やしめった土塊と同じく、「一様な象形文字」であり、認識とは、贈与を与えられた状態においては、不断につづく象形文字の解読である。森で狩り出された鵞鳥は「羽の意義」を明らかにする。対象物は「もの言わぬ、美しい使節たち」であるが、自己によって受け入れられたとき、彼らの聖職者としての任務をはっきりと言葉にする。

ホイットマンは本に凝集した「蒸留」や「芳香」を後にして、ドアから出て、代書人の解説ではなく、より薄い「大気」、すなわち、本来の象徴文字を呼吸するようにと、われわれに求めた。われわれが本来のもののこうした気を吸収するとき、それらは理性的な知識ではなく、霊的認識や、多産で肉感的な経験的知識を放出してくれる。「あらゆる物象のなかに神の声が聞こえ神の姿が見えるのに、さりとてぼくには神のことがさっぱりわからない」。肉体と感覚がホイットマンの信仰の源であり、自然物の認識は彼のサクラメントである。「雄牛も甲虫も未だかつてその価値の半ばすら崇められたことなく／馬糞土塊のたぐいもかつて夢想すらされなかったほどに素晴らしい」。ホイットマンは古代の神々の名を列挙し、神々からよりも、「家の骨組みを作っている大工」を見たり「ゆらめくひとすじの煙にしろ、ぼくの手の甲に生えた一本の毛にしろ、どんな啓示にも劣らず不思議だと思う」ことから彼はより多くのことを学ぶと言う。

象徴文字が明らかにする知識とは何か。それは部分的にはわれわれが「語る」ことのできないもので

ある（雄牛の目のように、詩は自己の中に受け入れられるものであり、呼吸とともに読まれるものである）。しかし、いくつかはっきりしていることがある。最初のエピファニーでのように、対象物とのホイットマンの絶え間ない交わりは創造の完全なることを表わしている。彼はこの霊的交渉を通じて「適所にいる」ことを感じ、世界と彼自身の統合を知る。彼は動物について語る。

……彼らはぼくにぼく自身の印《トークン》を届けてくれ……
いったいどこで彼らはそんな印《トークン》を手に入れるのだろう、
このぼくが途方もなく遠い昔にそのあたりを通りかかってうっかり落としてしまったのだろうか、
ぼく自身は当時も今もそして今後も永遠に前進をつづけ……

自然物――特に生き物――はわれわれがかすかに覚えているだけの言語に似ている。創造物は過去のある時に切断され、万物はわれわれが失った四肢であり、それらを思い出すことができるときだけ、われわれを完全にする。ホイットマンの対象物に対する共感をともなう認識は、万物が完全であったころの記憶である。

第二に、もう一度初めに戻ると、対象物の受容は、贈与を与えられた自己が呼吸するものであることを明らかにする。それらが入ってくること、それ自体が試練なのだ。われわれは二枚貝《クラム》のようにカルシウムの中に閉じ込められてはいない。アイデンティティーは「きみのもの」でも「ぼくのもの」でもなく、世界との霊的交渉から生じる。「ぼくに属する原子のひとつひとつが君にもそっくり属しているからだ」。

ホイットマンは自己とそれよりも狭いアイデンティティーとを区別している。「ぼく自身の歌」の初めのほうに、彼は履歴の概要を述べている。

……子供の頃の生活が、あるいはぼくが住んでいる市と区、あるいはぼくが属している国が、いまのぼくに与えている影響、……

ぼくが何を食べ何を着て誰とつき合っているか、どんな風貌でどんな挨拶をしてどれほどの税金を払っているか、

ぼくが愛する男や女の本心からのあるいは思い過ごしのそっけなさ、

ぼくの家族の誰かが、あるいはぼく自身がかかった病気、あるいは不正な行為や、金が無くなったり足らなくなったり、気分がめいったり高揚したりした経験……

だが、彼に言わせれば、こうしたことは「ぼく自身ではない」

引くことやたぐることからは離れてぼくという存在は立つ、

喜悦し、自足し、同情し、悠然として、ひとり、立つ……

アイデンティティーは自己の器の中でつくられ、散らばる。作品の中にはよく不思議なイメージが見られる。それは無数の粒子で生きている海のイメージで、それらはときおりさらなる複合体へと凝縮され、再び融解される。生まれること、特定の形をもつことは、この海の「青白い浮遊物」から「編み上

げられた統一体《アイデンティティー》」へと引き入れられることを意味する。ホイットマンは語っている。自分は他の人々と同様に、「永遠に浮きし脂のごとく漂えるものから生まれ出」て、「〔ぼくの〕からだによって一個の存在となることができた……」。アイデンティティーとは特定的で、有性で、時間の束縛を受け、死を免れないものである。それは束の間のもので、引き寄せられ、また散らばる。自己はより恒久的で、「引くことやたぐること」とは離れている。われわれの議論の用語を使っていえば、自己は対象物を受け入れることを通じてアイデンティティーを獲得し――それがライラックの葉や肉体の原子であれ――、これらの対象物を手放すとき、自己はアイデンティティーをも断念する。自己は受容でもなく、拡散でもなく、対象物でもない。それは過程（呼吸）であり、この過程が起こる器（肺）である。

ホイットマンは論理的に厳密に「自己」と「アイデンティティー」を使い分けているわけではないが、これらの概括はおおよその始まりを提示する。私がこれらをもちだしたのは贈与を与えられた自己の過程には中間層があるからだ。思いやりと誇りの間、受容と授与の間に、新しいアイデンティティーが生まれ、古いアイデンティティーが死ぬ時がある。この三つの時の連続が「ぼく自身の歌」の中心を成している。どの時期にも、ホイットマンは外部の対象物あるいは人に対して、彼の中に入り、彼にとけ込むよう求めている。彼は海から始めている。

浜辺からぼくはぼくを招き寄せるあなたの折りまげられた指を眺める……
ぼくたちは共に引き返さなければなるまい、ぼくは服を脱ぎすてる、さあ急いでぼくを陸地の見え
　ぬところまで連れていっておくれ、
ぼくに柔らかなしとねを与え、大波の揺籃でまどろませておくれ、

ぼくを愛のしぶきで濡らしておくれ、ぼくもあなたに応えることができるから……
大きくて激しい呼吸をくり返す海よ、
人生のからい涙に溢れる海、穴も掘られていないのにいつでも死者を呑みこむ墓場の海よ、……
ぼくはお前と一体だ……

ここにはホイットマンの思いやりの中にある死の、最初のヒントがある。水との接触は眠りを誘い、愛欲にみちた水のしとねは墓でいっぱいだ。初版には、融合に伴う苦痛についての行《くだり》がある。「花婿と花嫁が互いに傷つけ合うように、ぼくらも互いを傷つけ合う」。新しいアイデンティティーを受け入れるために、古いものが壊される。新しいアイデンティティーが古いものとただ入れ替わるだけのこともあろう、あるいは、また、この比喩のように、古いアイデンティティーが外の対象物、すなわち、結婚という新しい肉と融合することもあるだろう。

この統合の恐怖、苦痛、混乱は次の三つの瞬間に記されている。ホイットマンは今度は音を引き合いに出す。聞こえてくる音の一覧は、オペラを歌う女で締めくくられている。

ぼくには聞こえる鍛錬されたソプラノが……彼女はぼくを愛の絶頂のときのように痙攣《けいれん》させる。
オーケストラがぼくを巻きこんで海王星の軌道よりもさらに遠くまで連れていき、
言うに言われぬ熱情をぼくの胸から無理にもぎ取る、
それはぼくをゴクゴクと飲みこむ、とても深い恐怖の淵に。
あるいはぼくを川に浮かべる、素足で軽く水面を叩けば、ものうげに流れる波がたわむれにかかる、

あるいはぼくは憤怒に狂う激しい雹《ひょう》に……めった打ちにされて息もつけない、
あるいはぼくは蜜のように甘ったるいモルヒネの中に浸されたまま……喉笛に死という綱をぐるぐる巻きつけられて絶命寸前、
ようやく綱がふたたびゆるんで謎のなかの謎が分かり始める、
そしてそれこそが我らが「実在」。

外の対象は明らかに性的で、（特に「［彼の］肉体からアイデンティティーを受けた」と主張する者にとっては）性的アイデンティティーがとても強く感じられるため、魅力と恐怖の両方が高められる――歌う声は蜜でもあり毒でもある。彼は選ばなければならない。自己にとって明らかに異質なものを認めるか、あるいは鎧に身を固めて自分自身を閉鎖するか。この女性の歌声は拒絶されるべきギフトなのか。詩のこの点において、ホイットマンは「実在」を定義するために思案した。ソプラノの声の入口を過ぎればすぐに、すでに引用した行《くだり》が続き、そこでは生きていることと、世界の対象物が自己をすり抜けることを認めることとを同等に考える。生きている自己は思いやりというもろさを受け入れる。「何かの形をそなえること、それがいったい何だというのだ／……ぼくがかぶっているのは無感覚な殻ではない……」。ホイットマンは躊躇や恐怖を否定しないが、結局、皮膚をひろげ、特定のアイデンティティーにとっては毒であるものを受け入れる。永続性のある自己のためによりいっそうの甘美を受けるために。

オペラ歌手の場面は、新旧のアイデンティティーの間にある、三つの中でもっとも強い緊張の瞬間へと即座に続く。ホイットマンは海や遠くから聞こえる女性の声に引き込まれる。今や、彼は言う。「ぼくのからだを誰かのからだに触れさせること、それはぼくには堪えきれぬほどの法悦だ」。ふたたび、恐ろしいが魅力的な何かが彼を圧倒する。彼はそのものの侵入を感覚による裏切りという観点から描いている。通常、彼の感覚は自己の境界を守る役割を担っているように思われる――感覚が、入れるものととどめるものとを区別する。しかし、彼がこの者にふれたとき、「触発」がなされ、彼は自分自身の欲望と恋人との両方にとりつかれる。

それではこれが触発というやつか、ぼくをぶるっと身ぶるいさせて新たな自己に目覚めさせる、
焰と霊気がぼくの血管目ざしていっせいに襲いかかり、
ぼくの不実な先端が彼らに手を貸さんとて伸びふくらんで押し寄せる、
ぼくの肉と血が雷火を打ち出しながらほとんどぼく自身と区別もできぬものに打ちかかる、
いたるところで淫乱な扇動者どもがぼくの手足を硬直させ、
胸の乳房をしぼりつけては門外不出のしたたりを奪いとり、
ぼくに向かってみだらな振る舞いをしかけてみせ、拒もうとしても聞き入れず、
思うところがあるかのようにぼくからぼくの最善の部分を剝奪し、
ぼくの衣服のボタンをはずして、あらわになったぼくの腰をしっかりとかき抱き、
惑乱するぼくの頭をのどかな陽光と牧草地の幻想で欺むき、
不遜にも仲間の感覚たちをいつのまにか遠くに追い払ってしまう、
やつらは触感に場所をゆずりぼくの末端で草でも食んでいるように買収されていて、
次第に衰えていくぼくの力や憤懣やるかたないぼくの怒りのことは考えてもくれず、……

裏切り者たちがぼくを売り渡してしまったのだ、
ぼくは狂おしくしゃべり、すでに正気は残っていない……

前と同じように、自己にとって異質なものとのこの融合は、特定のアイデンティティーにとって、何か恐ろしいものである。しかし、新しく必要な詳細が今、加えられる。今回は、他者の肉感的な受容が新しい生へと通じている。彼は「ぶるっと身ぶるいして……新たな自己に目覚めさせ」られた。パニックの結合は静かな告白へと続く。

別れてもすぐにあとからまたやって来て、永遠の負債を永遠に払いつづける、
降りそそぐ豊饒な雨、そして降ったあとの報償はもっと豊饒。

新芽が芽ぶいて群がり重なり、多産で生き生きと縁石のそばに立つ、
投影された、男性的で、成長しきった、金色さんぜんたるかずかずの風景。

古いアイデンティティーのあとに新しいアイデンティティーが続くという循環が見られる。こうした「新芽」によって、われわれはホイットマンの中心的なイメージである、草の葉に、すなわち死滅してその腐敗から幾度も生まれる生の形に、到達したのである。

ホイットマンの草はほとんど常に墓の上に現われる。彼の祈りの言葉は、「おお草よ」ではなく、「おお

墓場の草よ」である。二つは絶えずかかわりをもつ。詩の初めでは、子供が「草ってなあに」と尋ね、それはホイットマンに死を連想させた（「そしていまのぼくには草は墓の中から伸びほうだいに生い茂る美しい髪のように思われる」）。詩の最後では、彼は自分の最期の墓を「木の葉のような唇」と表現している。

ホイットマンの詩のこの特質は、最も初期の日誌に記録された次の短文に関する黙想から生まれたと思われる。「ぼくの身体が腐るのはわかっている」。どんなに強固なアイデンティティーもこの知識の前では気をぬけない。いったんこれが意識に入ってきたら、アイデンティティーを真剣に受け取るわれわれの一部は、死と腐敗の事実を包含できるあり方を探し始める。同じノートの中に、ホイットマンは断片的な表現を残している。「腐敗するさまざまなもの、自然の神秘によって、それらの肉体は草の幼芽である［となる？］」。「ぼく自身の歌」はこの神秘を再生する試みである。詩の中では、何かが入ってきたあとにたいてい草が現われ、自己が変化した。今、論じたばかりの、接触に続く「新芽」がよい例である（さらに遡ると、ホイットマンがはじめて草を目にしたとき、「野に茂る草の葉は直立している ものもうなだれているもの」もあり、すぐにエピファニーが続く）。ホイットマンが示そうとしているのは、自己は再生するということ、あるいは、自己は肉体が幼芽に変化する自然の神秘に参加するということである。

『草の葉』で、ホイットマンは腐蝕土について述べている。「人間にこんなにすばらしい材料を与えてくれて、最後には人間からこれほどの遺産を受けとるやつだ」。「ぼく自身の歌」の中では、葉そのものが語る。「白人のあいだはむろんのこと黒人のあいだにも成長し／……誰にも同じように与え、誰でも同じように受け入れること」。動物の生活では草が食糧となり、動物は肉体の死によって草のための食糧〔肥やし〕となる。草はこちらが与えたものを受け取り、そして自らを与える。だが、これもまた、才能を与えられた自己をホイットマンが表現しているのであることはもちろんである。「墓場の草」と一体感をもつとき、自己は贈与を与えられた状態で過程と調和したアイデンティティーとなる。贈与の循環と一体感をもった自己は、活動をアイデンティティーとみなす――すなわち、対象物の受容や特定の中身の授与ではなく、すべての過程、呼吸、思いやりと誇りのギブ・アンド・テイクである。「墓場の草」はホイットマンの宇宙論において永続性の命以上のものを象徴する。それは創造的な自己、歌う自己を表わす。新芽は墓から出てくるだけではなく、語りかけてくる。それは死人の「薄紅の口蓋」から出た「あまりにも多くのもの言う舌」である。

肉体の腐敗、アイデンティティーの非永続性、自己の浸透性を受け入れることによって、ホイットマンは自分の声を見いだす。彼の舌は墓場で生を受け、歌い始める。誕生と死をはっきり区別できない変化のときだから、おそらく墓場というよりは戸口といったほうがよいだろう。

そして「死」よ……君がぼくを驚かそうとしてもそいつは無駄だ。

ひるむことなく産科医が仕事にとりかかる、
最後の鍵を握る手が指圧し、受けとり、抱き上げているのがぼくには見える、
ぼくは精妙でしなやかな扉のそばにゆったりと席を占めて、
外に現われ出てくるさまに目を凝らし、ようやく脱け出して安堵するさまに目を凝らす。

「産科医」は助産婦か産科の医者で、これらの「扉」は墓場への入口であり、子宮からの出口でもある。「新しく誕生した者が門から出、死にゆく者が門から入る」と他の詩にも綴られている。ホイットマンはこの門や戸口からわれわれに話しかける。「燃え殻が散乱する敷居に立ってぼくは彼らの動きを追い……」、「ぼくは戸口の敷石のところで待っていてやる」。詩は柔軟な扉の枠の中に現われ、そのもの自体が草の葉であり、静止点から出たギフトである。その静止点では、生命が誕生したり滅んだり、アイデンティティーがつくられたり壊されたりする。

墓場の草はひじょうに古くからあるイメージである。ホイットマンがつくりだしたものではない。植物はよく不滅の生命の印とされ、古代の植物の神々はその権化とされる。前の章でディオニュソスについて述べた。オシリスもよい例で、ホイットマンは慣れ親しんでいたようだ。彼の友人は、ニューヨークに住んでいた若き日の彼の姿をこう語っている。「赤いシャツの前をはだけてブロードウェイを練り歩き……、自分をキリストやオシリスになぞらえた」。後の一八五〇年代、ホイットマンの実家を訪ねた友人は、枠なしの数枚の絵——ヘラクレス、ディオニュソス（バッカス）、サテュロス——が壁に貼られているのを見た。ホイットマンは明らかに、神々のイメージを黙想し、自分自身の中に彼らが存在していると想像してみたり、彼らの声で話そうとしてみたりしていた。「ぼく自身の歌」には次のような行がある。

エホバの寸法をぼくが手ずから計ってやり、
クロノスと、息子のゼウス、それから孫のヘラクレスをぼくが石版画に刷ってやり、
オシリス、イシス、ベラス、ブラーマ、仏陀の下絵を買い……

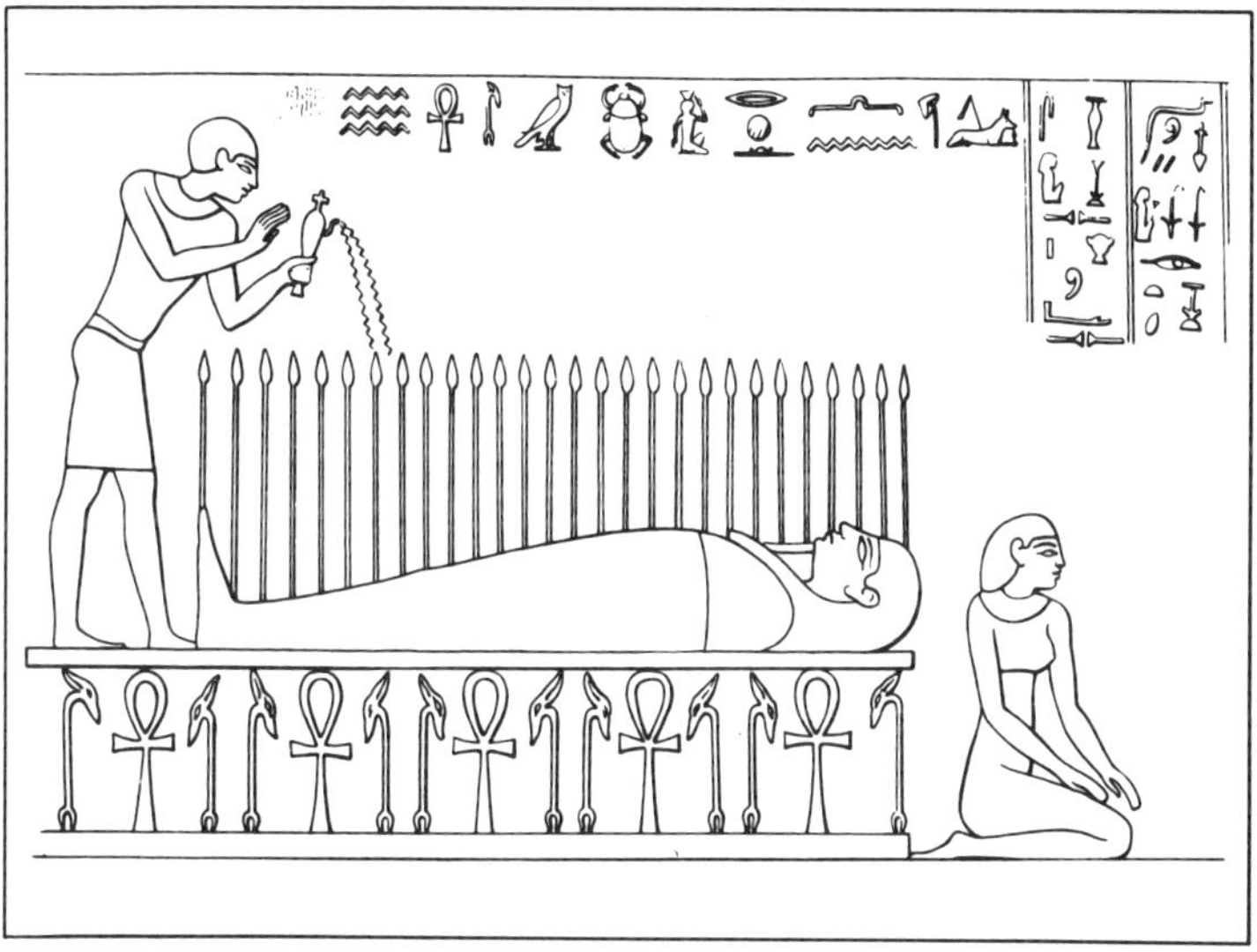

“小麦は……その蒼白い顔を墓場から出す.”
1855年アスター図書館でホイットマンはオシリスのエッチングを見たと思われる。翌年「小麦の復活の不思議についての詩」を創作した。そのエッチングは死んだオシリスの上に献酒が注がれているのが示されている。28本の小麦の穂がその死体から新芽を吹き出している。

等々。ここには十三人の神々が挙げられている。ホイットマンはこれらの神々の研究者ではないが——彼は新聞や大衆小説から情報の大部分を得ていたにすぎない——直観による理解力がすばらしかった。自分の目的や経験のために神々がいまだに生きていると感じることによって、そのイメージを具体化することができた。

一八五五年ごろ、ニューヨークのアスター図書館で、ホイットマンはエジプト象形文字と墓彫刻の膨大な概要を目にする。それらはその十五年前に、イタリアの考古学者によって発表されたものだった。ここに再現されたそのエッチングのひとつは、死んだオシリスの復活の様子を表わしている。オシリスの棺に献酒が注がれて、そこから二十八本の小麦の穂が育っている。確かなことは言えないが、ホイットマンはおそらくこの特別な絵を目にしただろうと思われる。一八五六年、彼は「小麦の復活の不思議についての詩」（後に「この腐蝕土」と改める）を発表し、その中に絵についての記述がある。「蘇る小麦はその墓穴から青白い顔をして立ち現われ……」。

オシリスの物語にはさまざまな対立的な記述があるが、ある点では一致を見る。オシリスは古代エジプトを治める王である神であった。弟のセトが権力を妬んで、兄を箱の中で罠にかけて殺し、ナイル川に流してしまった。オシリスの妹で妻でもあるイシスは、その身体を取り戻し、エジプトに持ち帰った。しかし、それを知ったセトはオシリスの身体を引き裂き、手足をばらばらにした。ある説では、イシスがその手足を集め、身体を元通りにして添い寝をし、夫を生き返らせる。またある説では、イシスは鳥となり、オシリスの身体を捜し求めて世界中を飛び回った。身体を見つけたイシスが彼女の羽を続けざまに羽ばたくと、羽は光輝き、風を巻き起こす。オシリスはすっかり回復してイシスと性交し、息子であるホルスをもうけた。

ホイットマンが目にしたエッチングは植物の復活とより深いかかわりをもつ。オシリスは穀物の神でもあり、例年のナイル川の氾濫とそれに続く小麦の再生と結びつけられる。多くのレリーフが残されており、そこでは、植物や木々が彼の死体から育っている。絵や像になるとき、オシリスは象徴的に緑色で表現される。また、墓の中に敷かれるマットの上にはオシリスを穀物の粒で形どるのがならわしとなっている。カイロの博物館にはオシリスのミイラがあり、古代に亜麻布で包まれてずっと湿っていたため、そこには実際にとうもろこしが生えていた。

オシリスは大自然の中で〈常緑〉の根源である。他のよく知られた植物の神々と同様、彼は壊され、切断され、腐敗しても、なお再生する力をもって生き返るものを象徴している。彼の身体は再び組み立てられるだけではなく、緑色になって戻ってくる。彼とともに、われわれは、失われてから増加するものの神秘に戻る——チムシアン族の銅は首長の葬儀のときに切り分けられ、クワキウトゥル族の銅は切断されてさらなる価値を伴って元に戻され、肉体が壊されたがためにディオニュソスと精霊は成長する。われわれが最初に表わしたギフトも同様で、失われてから増加する財産である。オシリスは腐蝕土の神秘である。「これほどの腐敗のなかからこれほどの甘美なものを生い茂らせる」。

私がこの神のイメージに肉付けしたのは、ホイットマンがこれらすべての詳細を知っていたからではかならずしもなく、「墓場の草」の背後にある一連の継承されていく意味あいを伝えたかったからにほかならない。ホイットマンは「ぼくの身体が腐るのはわかっている」と始め、緑の神秘を通して、最後は草の新芽でしめくくっている。さらに彼はその草を詩に結びつける。

わが胸の香り高い草よ、
さまざまな歌草を君から摘みとって、ぼくは書く……
墓場の草よ、ぼくを越え屍から萌え出て死を超えて生い茂る草よ、
……おお冬も君を凍らせはせぬ、見るからにきゃしゃな草よ、
新しい年がめぐるたびに君は萌え出で、かつて退いた寝所からふたたびたち現われてくるはずだ
……[4]

贈与の交流と結びつけられたとき、自己は贈与を与えられた状態となり、贈与を与えられた自己は多産となる。自然の中では、オシリスの力が小麦の復活である。贈与の交流ではそれは増加である。すなわ

ち、才能を与えられた自己にとって、それは創造性であり、特に詩人にとっては独創的な言葉となる。

「芸術の深奥の秘儀」は思いやりと誇りの間にあると、ホイットマンは言う。われわれはこれまで前者、すなわち、思いやり(彼の想像力が持つ受容の面)に焦点をあててきた。対象物は浸透性のある自己に近づいて中に入り、アイデンティティーを与える——古いアイデンティティーが死んで新しいものが入ってくるため、アイデンティティーはむしろ連続する。個々のアイデンティティーは切断され、個々の肉体は腐敗する。しかし、自己は失われることはない。新芽が「芽ぶいて群がり重なる」。これらとともに、われわれはホイットマンの芸術の第二の極、活動的で独立した特有の存在についての主張へと達する。ホイットマンが「誇り」と言うとき、傲慢さではなく、もっと自信に近いものを意味する。この意味では、動物は誇り高く、「とても穏やかで自足しきっている……/闇のなかでひとり眠れぬ夜を過ごしつつおのれの罪のために泣くこともない……」。誇り高き者とは、自らの存在を十分で正当なものだと受け入れる人々である。ホイットマンの繰り返されるイメージでは、誇り高き人とは誰に対してもどんな組織や慣習に対してもけっして帽子を脱がない人である。ホイットマン自身、家の中でよく帽子を被っていた。

誇りは思いやりと対立するものではなく、選択されるものである。「きみの魂を侮るものを追い払い」、とホイットマンは誇りの声となって忠告する。誇りが活動的なとき、ホイットマンの思いやりは、神秘主義者が言う「選択する降伏」を手に入れる。あるものは彼の存在の中心へ入ることを拒まれるだろう。以前に、われわれは感覚が彼を恋人に引き渡すのを見た。それらは後に、誇りの代理人として再現されるが、結果は異なる。

そこで見張りに立っているお前たち、のろまな奴ら、お前たちの武器に気をくばれ！
奪い取られた入口からあいつらがなだれこんでくるぞ！　ああ、とうとうぼくは囚われの身！
世間に見捨てられてあるいは苦しんでいるすべての者たちを体現し……

「武器に！」――これは「ぼく自身の歌」での蛤貝の意識についての変わった記述である。ホイットマンは無感覚になろうとする。なぜか。詩のこの瞬間、思いやりが彼を死にゆく者と空《くう》なる者へと引きずり込んでいるからである。それらは彼の身体に入り込む。彼は監獄で手錠をかけられた囚人であり、盗みの罪で捕らえられた若者である。

コレラ患者が最後の息を喘ぎつつ横たわればぼくも必ず最後の息を喘ぎつつ横たわり、
顔は土色、筋肉はよじれ、そんなぼくから人びとは身を離しあとずさりする。
物乞いたちがそっくりぼくの内部に入りこみ、ぼくも彼らの内部に包みこまれる、
ぼくは帽子を差し出し、恥じらい顔に坐って、物乞いをする。

これは危険である。病人に同情することと、コレラに感染することはまったく別のことである。再生を導く滅びを受け入れることと、魂が失われる行き止まりの死に苦しむことはまったく別のことである。D・H・ロレンス（二〇）がエッセイの中でホイットマンについて指摘したように、ハンセン病患者はハンセン病を憎む。彼に同情することは彼の憎しみに加わることを意味し、病気と一体化することではない。こ

こで誇りは外の対象物に対して自己の主張を求める。さらに望ましいことには、誇りは新しい注入ではなく、自己の中身の授与や放出を求める。帽子を掲げる乞食は自己を差し出すこととは何のかかわりもない。食物や物質や変遷や魂への注射で満たされる必要があるのは、まさしく彼なのだ。手短にいえば、詩の言葉を変えなければならない。思いやりでは不十分である。次のようなくだりは、ホイットマン独自のものである。

たくさんだ！　たくさんだ！　たくさんだ！
なぜだかぼくは意識を失っていた。さあ、どいてくれ！……
すんでのところでまたしてもいつもの間違いを犯すところだった。

嘲笑と侮蔑を浴びせるあの者たちを忘れることができたらなあ！
流れ落ちる涙を相棒と鉄槌のあの打撃を忘れることができたらなあ！
ぼく自身の受難と血に染まる冠とを超然たる目で見ることができたらなあ。

ようやくぼくは思い出す、
長く人手にゆだねすぎた聖体をぼくはふたたび拝受する、
岩穴の墓場でも、どんな墓場でも、そこにゆだねられたものを増殖してくれる、
屍は蘇り、傷口は癒え、巻きつけられていた布がぼくのからだから落ちる。

ぼくはふたたび活力に溢れ、今や普通人たちの果てしない隊列の一員として行進を開始する……

「ぼく自身の歌」はきちんと構成された詩ではないが、わたしには三つの「熱情」の連続からある首尾一貫したものが感じられる。その一つ目（第五節）では、招かれた魂が詩人を愛する。彼は生き生きとしてくる。長い「世界」の節が続き、そこでは本質的に受動的な自己が一連のアイデンティティーの上昇を経験し、そのアイデンティティーは結果的には第二の熱情となる（第二十八節、第二十九節――最後に新芽となる触感）。また別の「世界」での節が続き、それは帽子を差し出す乞食で幕を閉じ、次に最後の熱情がくる（第三十八節、たった今引用したところのもの）。ホイットマンは思いやりのある声を捨て、上昇する聖体の声をあげる（キリストが墓から出てくるか――初版では――上昇するダルウィーシュ（二）として現われる「ぼくは万物を通って恍惚状態で復活する……／激しく激しく踊り狂うことがぼくの内部で抑えがたい衝動となっている」）。

彼はあるアイデンティティーを主張する。「長く人手にゆだねすぎた聖体をぼくはふたたび拝受する」（"staied"〈ゆだねた〉はある意味では"fixed"〈定着した〉――彼は、腐敗を受け入れる自己の一部よりも、「ぼくは永遠」という自己の一部から語りかける）。彼は個性や人格となり、他者にエネルギーを放出し、生命を与える個体となる。彼は「嘲笑や侮蔑を浴びせるあの者たち」から自分自身を引き離す。詩の前半に見られるような怠惰や受動性はこの場面以降見られない。彼は今や活動的で、教師となり恋人となる。彼は子の父親となり、病人を癒し、弱い者を強くする（「ぼくが君の肝っ玉を吹きこんでやるからスカーフに包んだ君の口を開いていたまえ」）。彼は実際に死者を生きかえらせることはできないが、瀕死の者を墓の縁から引き戻している。

誰であろうと死にかけていればぼくは急いでそこへ赴きドアの把手をぐいとまわし、……
ぼくはへなへな崩折れようとする人をつかまえて抗いがたい意志の力で立ち上がらせる、
おお絶望する者よ、さあぼくの首根っこにつかまれ、
神かけて、絶対に君をへたばらせたりするものか！　全身の重みをぼくにかけろ。

息を猛烈に吹きこんでぼくは君をふくらませる……

狂信者はついに息を吐き出した。数千の詩行のために提供された世界を吸い込んだ彼は、今、それを発散させる。「持っている物なら何でも与えよ」。

ホイットマンはさまざまなイメージを用いて自身を分配する存在について表現する。それは神の崇高な雰囲気を発散し、香気や香り（「両腋の下にこもる匂い」も含む）をまき散らし、「刺激的」で「性的魅力をもち」、太陽よりも鋭い眼光を放ち、愛の「本質」を「噴出」させる[5]——最後に、語り歌い、「詩をつくる」）。この最後の作詩こそが贈与を与えられた自己の放散であり、われわれが留意すべきものである。しかし、その前に、自身を愛に捧げることについてのホイットマンの短い自伝的手記を提示したい。それはわれわれを例の論題へ、つまり贈与としての詩へと導く。なぜなら、作品を授けるために、ホイットマンは読み手と贈与の関係、すなわち愛情関係を結びはじめるからである。「これ［詩］は君の唇に触れるぼくの唇……これは憧れのささやき」。ホイットマンの人生の詳細が、読者を誘うその言葉の意味を明らかにする手伝いをしてくれるだろう。それによって、歌い手の高遠な主張に対するわれ

われの分析もはっきりしてくるにちがいない。

基本的な事実は、ホイットマンが恋に失望したことである。『アダムの子供たち』や『カラマス』に集められた詩を詳細に見ていくと、それがわかる。前のグループでは「異性間の愛」は説得力がないということを表現しようとした。性交が生殖の道具としてのみ許される教会のように、異性愛の性交はつねに赤ん坊をもうける——これがホイットマンの想像には常につきまとう。女性たちはきまって母親である。ホイットマンが「抱擁」や「合体」をいかに生き生きと表現しようと、数行のうちに子供が出てくる。これがホイットマンの露骨で卑猥な詩を抽象的に見せるという奇妙な効果をもつ。詩は感情的なニュアンスをもたず、ただ生態的である。女性たちはあなたが知っているような人々でなく、またホイットマンの知り合いだと思われるような人々でもない。

だが、『カラマス』の詩篇群は真の愛の歌である。愛のあらゆる感情にあふれ、魅力や刺激や満足感だけではなく、失望や怒りさえも含まれている。これらの詩は一八五六年から一八六〇年の間に書かれた。作者は自分の心をある人へと広げ、惑いながら、何が起こるか待っていた。彼の恋は報われなかったようだ——ホイットマンは二度そのことに直接触れ、その印象と矛盾するものは何もない。

落胆し、取り乱して——というのもその人なしではぼくは満足できないのに、まもなくぼくは彼がぼくなしでも満足しているのがわかったからだ。

かつてある人を熱烈に愛しながらぼくの愛はついに片思いに終わったが、
しかしおかげでぼくはこれらの歌を書いたのだ。

何が悪かったのかわからないが、明らかにホイットマンは欲しいものを手に入れられなかった。『カラマス』のもっともすばらしい詩の一つには、ホイットマンの「葉」が、孤独や愛の新しい状況において、表わされている。

ルイジアナでぼくは一本の柏の木が生い茂っていくのを見た、
ひとりぼっちでその木は立ち、枝からは苔が垂れさがっていた、
仲間は誰もいないのにその木はそこに生い茂りつつ濃緑色の言の葉をいとも嬉しげにそよがせていた、
おまけに粗野で、不屈で、溌剌としたその姿はぼくに自分自身のことを想い出させた、
それにしてもぼくには不思議でならなかった、近くに友達もいないのにどうしてひとりで立ったまま嬉しげにそよいでいることができるのか、ぼくにはとうていできないことだった……

ホイットマンの詩を生み出す誇りは孤独の自己抑制ではない。活動的で自信にあふれてはいるが、同時に自己の他の面とつながっている。恋人に手をとられたときに彼が贈与を与えられた状態に入るのと同じように、友達がそばにいるときに詩は彼の方へやってくる。言葉は外へ向けられ、贈与は他の自己を「活気づける」ことを意味する。詩に表現され、実生活で求められた——少なくともそれが理想である。
しかし、この詩の「柏の木」と、一八七〇年夏の日誌に記入されているのが見つかった木とを比べなければならない。当時、ホイットマンはピーター・ドイルという若い男と恋をしていた。その関係は彼の人生の中でもっとも満足できるものの一つになったが、その夏、ホイットマンは苦しんだ。ドイルの

ことを「彼女」と記し、イニシャルの代わりに英数字の暗号を使って、ホイットマンは自分の熱情を鎮める決心を記録している。

熱狂的に、動揺しつつ、無益に威厳なく、164を追い求めるのは、今このときから、絶対に、そして永遠にやめにしよう――長すぎた、(あまりにも長く) 辛抱しすぎた――ひじょうに屈辱的だった……彼女と会うことも話すことも避け、おしゃべりや言い訳もなしだ――どんな逢瀬も、いまこの瞬間から、一生涯、やめにしよう。

十年後、彼は同じような欲求不満の熱情を経験し、それが『カラマス』の背景に見られる。次の記述から、すぐに「すばらしい個性の輪郭」が見いだせる。

彼の情動等は彼自身のうちで完結し、彼の愛、友情等が報われるか否かには関係がない (無関心だ)

彼は自然界の完全な木か花でもあるかのように、芽生え、花咲く、賞賛の眼でみられようと、荒野でまったく知られることもなかろうと……

粘着気質を抑えよ
それはあまりに過剰で――人生を苦しみにする
この病んだ、熱にうかされた、不均衡な粘着性を完全に抑えよ。

ホイットマンはどちらの極にも落ち着かない。この日誌の記述の数年前、彼は平凡だが申し分のない木が「言の葉を嬉しげにそよがせて」いるのを見て、これが憧れ続けた「彼自身の中での完成した」イメージだと知った。しかし、彼は触発を通して詩の最高の状態に至るのは不可能だとも知っていた。聖体の通り道があり、そこでは魂がすべての生き物を捨てて、孤独の中を上昇する。しかし、これは、愛情に飢え、肉体をもつホイットマンの魂にとっての道ではない。歳をとるにつれて、ホイットマンは自分の「粘着質の性格」に対する形式をみつけた。彼はドイルをはじめとする若い男たちと長く付き合い、基本的には父親のような関係を築いた。だが、手紙から判断すると、彼はもっと多くを求めていた。彼は男と「労働と生活を共にする」ことを望んでいた。彼は「静かな場所に一つ二つのすてきな部屋を持ち……一緒に住もう」と望んでいる。それは決して手に入らなかった。彼が世界に向かって自分を「完璧な木のように」と称するとき、われわれは当然、完成の域に達した人の孤独に触れるのを感じる。その植物（木々や草の葉）的な性は、ときとして動物的な欲望の失望を伴っている。オシリスでさえイシスに骨を温めさせて生き返ったではないか。

贈与を与えられた自己の過程として私の描いたイメージは、対象物の吸入から始まった。いまやこの自己の授与する面に目を向け、特に詩を贈与としてとらえるとなると、われわれは新しく大切な詳細をつけ加えなければならない。すなわち、自己に語りかけてくる対象物は話すことができないのだ。「君らは待ちつづけた、君らはいつも待っている、君らもの言わぬ、美しい使節たちよ」。さらに、対象物だけではなく――ホイットマンの世界は口をきくことができない人々でいっぱいである。ホイットマンは彼らに自分の舌を提供する。

長いあいだ沈黙を守りつづけたあまたの声がぼくを通して、
世代から世代へと果てしなくつづく囚人や奴隷の声が、
売春婦や奇形の人たちの声が、
病いに倒れ絶望に沈む人びとの声、盗人たちや小人たちの声が、……
かたわ者、凡人、のろま、まぬけ、世間から馬鹿にされているすべての人びとの、
空中に浮遊する霧、糞のかたまりを営営ところがしつづける甲虫どもの声が。

沈黙する人々、沈黙する対象物。すべてのものが舌をもってこの世に生まれるとは限らないようだ。詩人ミリアム・レヴィン（一二）はニュージャージー州で肉体労働者階級の人々に囲まれて育った。はっきりとものがいえる男女のことをミリアムの家族は「生まれながらマウスピースをもっている」と言った。話すことで自分自身を表現できる人々は神秘的な何か、トランペットの口にくわえる《マウスピース》部分や管楽器の舌《リード》のようなもの、を与えられていて、それを通して経験は音へと変えられる。ホイットマンは、「埋葬されたすべての言葉《マウスピース》」と彼が呼ぶものを表現するために、もの言わぬ人を自己の中に受け入れる。彼は口のきけない人の代弁者となるが、こうした対象や奴隷のみならず、彼の家族や恋人にとってもマウスピースとなる。この最後の者は特別である——ホイットマンは私生活でそうであったように芸術においても、いつもはっきりとものが言えない若い男にひかれていた。

……卑しい人物をぼくは一番親しい友として選び出す、
思いきり無法に、粗野に、無学に振る舞うがいい……、

おお君ら嫌われ者たちよ、少なくともぼくだけは君らを嫌うことはなく、
直ちに君らの群のまん中に入りこんで、君らを歌う詩人となろう……

ピーター・ドイルはそうした無学な若者だった。ホイットマンは彼に読み書きを教えた。

ホイットマンの芸術が無言から始まったとわかれば、魂に対する彼の祈りにわれわれは新たな意味を見いだすだろう。「ぼくといっしょに草の上をぶらつこう、君の喉から栓をはずせよ、／……心をいやす静けさだけがぼくは欲しい、君のなだらかな声の低いつぶやきだけが」(6)。マウスピースをもっているのは魂であり、それは無言の象形文字を言葉へと変える神秘的な力をもつ。魂は、その名を口にすることによって自己の中へ入ったものを認識し、受け入れる。この応答の言葉をわれわれは「祝賀」とか「謝恩」と呼ぶ。おとぎ話では、「ありがとう」の言葉や感謝を表わす行為が変化を完結し、元来の贈与を解放する。詩においても同様である。なぜなら、魂が経験という素材に言葉を与えることは、それを受け入れて通過させることを意味するからである。さらに、ホイットマンの例によれば、対象物が通過しない限り、自己は生き生きとしてこない（贈与は第三者にギフトが移動してはじめて増加する）。祝賀の言葉はお返しの贈与であり、それによって、自己が受け入れたものを解放し、通過させるのである。「ぼくは自分自身を讃える」という詩の書き出しは、それゆえ、歌による返礼を予告する。この返礼は同時に、自己の生とそこに授けられた快活さを断言するものである(7)。別の言い方をすれば、ホイットマンの想定によれば、われわれは言葉としてはっきり発せられないままとどまる生はこれを失うことになるだろう。だからこそ、家族がマウスピースをもった子供を重宝し（ときには——子供たち全員が生きることを欲するとは限らない！）、国民が詩人を重んずる（ときには）——これはまた物言わぬ者たち

に対するホイットマンの心遣いの背後にある急務に他ならない。彼は彼らに言葉を与えることによって彼らの生命を確実なものにするだろう。彼は「巷にいつもひびいている生命あるすべての言葉、埋葬されたすべての言葉、礼節によって抑制されているすべての怒号……」のために舌となり、自分の思考が「事物をたたえる賛歌」になることを許し、それゆえに——無学の少年やアメリカオシドリや霧の渦によって——彼に授けられた聖霊は滅びることはないだろう。(8)

ホイットマンの作品をこうした用語でさらに表現する前に、芸術作品の創造において贈与がどこにあるのかを明らかにしておくべきだ。困ったことに、通常の使い方において、この用語は別々の三つの意味をもつ。私は自分の使い方をもっと正確にしようとしたが、いまだに混乱が生じている。第一の贈与は自己に授けられたものである——知覚、経験、直観、想像、夢想、幻影によって、あるいは他の芸術作品によって。ときには、経験や想像の純化されない素材が完成品となっている場合もあるが、その場合には、芸術家は単に伝達者か媒体でしかない(シュールレアリストの詩人はこの方法で作品をつくろうとした。シェーカー教徒の宗教社会の芸術もまたこの型に属し、彼らの芸術家は「道具」として、また芸術は「贈与」として知られている)。しかし、初期の素材が完成された芸術作品になることはまれである。われわれはたいてい、その素材で労働をしなければならないのだ。

労働をする能力が第二の贈与である。ジョーゼフ・コンラッド(一三)の言葉を繰り返すなら、芸術家はわれわれの存在の贈与であり、取得物ではない部分で、労働をする。才能をギフトと呼ぶのは、それらを、意志を通じて得た能力と区別することになる。二人の人間が等しく外国語を習得するとしても、言語に対してギフトをもっている者は、ギフトをもっていない者よりも、習得の際に苦労が少ない。才能をもった者は男でも女でもギフトを完成させるために努力しなければならない。長時間に亘る訓練を免除される者はいない。だが、ギフトそのものを得ようと労働を始めることは余分な手や翼を生やそうとするようなものである。それは不可能だ。

芸術家のギフトは、彼に授けられた知覚や直観の素材を純化する。言い換えれば、芸術家にギフトがあれば、そのギフトは自己を通過する過程において増幅する。芸術家は与えられたものをさらに高め、そしてこの、仕上げられた作品が第三の贈与である。それは世間一般へと提供されたり、前の贈与の「一族や母国」へと特に返還されたりする。

ホイットマン自身はこの贈与の交流を内部および外部の活動として考えている。彼は詩の対象である読者を強く意識している。だが、受け取る相手はいつも型どおりの読者とは限らない。それはしばしば内面の象徴、ホイットマン自身の魂——あるいは、詩神や守護神や精霊の恋人（彼が死に際に会えると思っている人、「偉大なる『僚友』、ぼくがこがれて慕う真実の恋人」）だったりする。序文のひとつで、ホイットマンは彼の詩について語り、それらが彼の魂によって彼に語られたものだと述べている——だが、これらの詩がページに印刷ざれたものと同じであるとわれわれに信じさせようとするのなら、彼は真実を隠している。ホイットマンの分厚い改訂本が証明するように、沈黙する対象を言葉へと変える魂は、完成された詩を歌わない。ホイットマンの推敲のあとをしるすぶあつい本が実証するように。魂が提供するものから、詩人は作品を作り出す。そして、この内面の交流において、完成された作品はお返しの贈与となり、魂へと戻される。世界は「涙の谷間」というより「魂が作られる谷間」であると、キーツ[二四]の有名な手紙には書かれている。贈与の交流で、芸術家は魂を生み出し、それを真実のものとする。古代ローマ人は誕生日に守護神へ供儀を捧げて、精霊が育ち解放された霊となることを願った。そのように、また、われわれが描いてきたいくつかの交換のように、交流の核心は霊的増幅であり、最終的には魂の実現を意味する。

どの芸術家も芸術が自分を魅力的にしてくれることを密かに望んでいる。ときどき、彼または彼女はそれが恋人や子供や良き師であると想像し、作品に引きつけられる。しかし、たったひとり工房で、芸術家が喜ばせようと骨を折るのは、魂そのものだけである。感謝に対する労働は贈与のお返しとしてわれわれが魂に提供する第一の食糧である。もし魂がわれわれの供犠を受け取ったなら、ホイットマンがそうであったように、われわれは贈与を与えられた状態へと引き込まれていく。われわれが贈与を与えられた瞬間に有限の時を超え、首尾一貫し、「場所におさまる」。そのギフトを与えられている瞬間に、作品はきれいにまとまる（当然ながら、いつもそうとは限らない。ある者にとっては作品は規則的にぴたりと収まるかもしれないが、われわれの多くは妖精が縫い始める前に、何千組もの靴を裁断する）。

ホイットマンが外部の読者の観点から自分の作品について語るとき、彼は鍵となる例をあげ、『草の葉』で「生の流れを、脈打つ愛や友情を、彼らからぼく自身へと永遠に」読者の心に「かきたてようとした」と言う。初めは「彼らからぼく自身へ」という方向づけが奇妙に感じられる。ホイットマンの人生を振り返るとき、われわれの前には愛に飢えた詩人がいる。彼は自分でわかっていた。欲望を「このひどい、抑えきれない切望」と記し、詩のことを「けっして満たされることのない思いやりへの欲求、思いやりの際限ない提供……、この古く永遠なる、それでいて新しい、粘着性の交換」と言い表わした。次の文を文字どおりに読めば、彼の欲求の源がわかるだろう。「『カラマス』やその他の作品でぼくを十分に理解する彼または彼女とぼくとの間にある確かなつながりは、個人的な愛情であるにちがいない」。「現象に関する恐ろしい懐疑について」で言っているとおり、彼が生き生きした状態になるには、魂の贈与交換ができる読者を見つけることが必要である。この完成された交流を通して、文字どおり彼は存在し、実現される。

魂は、手を伸ばして愛を求め、そしてそれを投げ与える、
蜘蛛が小さな仙骨岬角から、ひとすじ、ひとすじ、またひとすじと、細い糸を、うまずたゆまず、
めまぐるしく繰り出し続けているように、人もまた少なくとも、環、橋、連結するものを
受け取り形づくれるようにと願って……

芸術的意図に関するホイットマンの告白は、『カラマス』の詩の背後にある同様の満たされない欲望を明らかにする。私はこの作品そのものをもときどき蝕む彼の困窮について何も語らないまま先へ進むわけにはいかない。『草の葉』には冷たくてべとべとする詩がいくつかある。われわれは肩におかれた手を、押しの強い恋人を、感じる（たとえば、「ブルックリン渡船水路を渡りつつ」のある場面では、ホイットマンはすべての読者を生まれる前から思い描いていたと主張する。それは僭越に思える）。しかし、最高の詩において、ホイットマンは、強要することなく贈与を提供する芸術と愛の必要条件である平静を達成している。実生活で求めた愛を見つけられなかったにしても、彼の欲求を個人的な事情にすべてゆだねてしまうのは間違っているだろう。われわれの中で誰が十分に愛されているというのだろう、最愛の者から十分に見つめ返してもらっている者などどこにいるだろうか。

外部の読者にいったん与えられた作品の機能について考えてみよう。ホイットマンが想像力の欠けた読者に詩を提供するとき、彼はときどきその読者を「未来の読者よ」と言う。こうして詩人はそのときに

与えられた読者よりもさらに優れた読者を想像する。しかし、われわれはわれわれの中に潜在的にいる読者に向けられた、根源的呼びかけとしてそれをとらえることもできる。ホイットマンは今や贈与をわれわれの魂へと向けている。彼は予言的な完璧さで、詩を受け取る人の中にある、贈与を与えられた自己を喚起する。彼は言う。詩人は「料理を配りなさい……詩人が甘い固い繊維の肉を捧げると、それが男や女になる」「これは味のない魂の水……これこそ本当の栄養」。われわれの中に入って魂に栄養を与える芸術作品は、贈与を与えられた自己の過程をわれわれに伝授しようとする。それは先に詩人に贈与として授けられたギフトが経た過程と同じものである。作品を読みながら、われわれはしばし贈与を与えられたと感じ、可能な限り、新しい作品を生み出してお返しをする（芸術ではないかもしれないが、身近に芸術家の作品があることにより、われわれは突然自分自身の経験を理解することもある）。最高に優れた芸術は、われわれの人生を想像させるようなイメージを与えてくれる。ひとたび想像力が喚起されれば、生産力が生じる。想像力を通して、われわれは与えられた以上のものを与えることができ、語らなければならない以上のことを語る。[9] ホイットマンは詩について語る。「もしも君が滋養と湿気になってやれば蕾はやがて花となり、枝となり木となってそびえ立つだろう」。芸術作品は想像力を基盤として生みだされる。

　このようにして、想像力は未来を作り出す。詩人は「未来が現在になるところに身を置く」と、ホイットマンは言う。彼は「ほの暗い闇の中の子宮」にライティングデスクを置くのだ。ギフトは――与えられたにしろ、受け取ったにしろ――既知を超えたことの証拠となる。それゆえ、贈与交換は超絶的な交流であり、再生・転換・復活のつながりである。それは見たことのない世界へとわれわれを導く。アレン・ギンズバーグは、若いころ、運も恋人もなく、スペイン人街のハーレムでブレイクを読んでいた。

彼は本をわきへやり、マスターベーションをした。そして落ち込んだ。それから、ページを追いながら、ブレイクの詩を語る声を聞いた。「ああひまわりよ、時に倦み／太陽の足どりを数える者よ……」。「それ以来私がしてきたほとんどのもののなかに、モティーフとなるこうした瞬間がある」と、ギンズバーグは語った。「私が聞いた声、ブレイクの声、古代のサトゥールヌスの声は、今私がもっている声である。私は肉体が目覚めたように感じられる……」。ギンズバーグが「感じられる」という言葉を使ったことに注目したい。一つの詩を、イメージの中核にすえて、この若い男は年上の男がブレイクの数々の詩を歌うに至ったその朗々とした響きと本質とを想像したのだ。

想像力が未来を作り出せるのは、その産物が現実に引き入れられたときのみである。作品の授与が想像力による行為を完成させる。ギンズバーグは「なんと、今、私には幻聴が聞こえる」と言って、鎮静剤を飲むこともできた。しかし、われわれが空っぽの心に与えられたものを拒むとき、可能な未来が与えられたのに作動しなかったとき、想像力は薄らぐものだ。想像力がなければ、現在の論理から未来を紡ぐことしかできない。既知から作り出すしかないのだから、新しい生へ導かれることもない。だが、芸術家が応えるように、ギンズバーグは応えている。ギフトを受け入れ、現実に与えようとすることによって、芸術家は想像の行為を完成させる（その時点に至り、「仮想」と「現実」との区別はなくなる）。

芸術による対話を導く想像力の集合体は時を超える。物質的贈与が社会生活において共同体を確立し維持するのと同じように、想像力の贈与も、贈与として扱われる限り、われわれが文化や伝統と呼んでいる共同体に貢献するだろう。この交流は、過去の精神的な遺産を死者は生者へ伝え、生者が保存することのできる数少ない方法の一つである。過去の作品を生き生きとした想像の中で蘇らせることが、たとえばエズラ・パウンドの素晴らしい文章、「生きている伝統を空中から集めること」の意味である。さらに、贈与の交流は与えられた以上のものを与えることを許し、生きている伝統に参加する人々は生まれたときよりも高い生へと引き上げられる。死者から生者へそして生者からまだ生まれていない者へ授けられて、贈与はわれわれの間で密かに成長し、状況や時代の不完全さを超えて男や女を維持していく。

　生きている伝統はレトリックでもないし、われわれが学校で学ぶ事実の蓄積でもない。生きている伝統において、イメージはそれ自体のために語る。それらは「耳をむずがゆくさせる」と、ホイットマンは言う。われわれは声を聞く。われわれは精霊が詩の中へ入るのを感じ、それは「私」でもなく、「詩人」でもなく、中間の第三のものである。生きている伝統において、われわれは死者の霊と恋に落ち、ともに一夜を過ごす。彼らをすばやくわれわれの存在の中に取り込み、心の中枢に栄養分として授与することにより、彼らからの贈与を生かし続けることができる。

　エズラ・パウンドは小冊子にかつてこう書いた。「信仰について、文学仲間の文体で言うなら……『自尊心の強いラベンナ人はみな子を産む、あるいはせめて精霊や生の息吹を受け入れる、ガラプラシディアのマウソロスの霊廟で』ということで充分だろう」。パウンドにとって、文化とは芸術作品に宿る活気を大切に保存するものだ。市民が魂の復活や再生をはかる「味のない水」を溜めておく樽のようなものである。

　生きている伝統はやがて二方向へ広がるが、ほとんどの芸術家は主たる方向へ、つまり過去か未来かどちらかの方向へ、向かっていく。フランス人によれば〈父の息子《フィース・ア・パパ》〉は過去を扱う精神的傾向をもち、〈母の息子《フィース・ア・ママン》〉は生まれてくる生命に恋をする。これらの用語がホイットマンとパウンドの違いをよく表わしている。パウンドについてはじきに扱うことになるが、パウンド——人生を通して父親の近くにいた数少ないアメリカの詩人——は、過去に恋をしていた。過去は彼の魂に栄養を与え、彼は作品を捧げて過去を保存した。

しかし、〈母の息子〉であるホイットマンは、未来に求愛する。「『草の葉』は……(この詩を読んでいる人ならあなたが誰であろうと、あなたの)アイデンティティーの詩である……」と彼は言う。彼はわれわれが発展させた感覚でアイデンティティーをとらえている——つまり、詩とは、自己を通り抜け、変容させるために提供された贈与である。芸術における「ホイットマンの伝統」について語るとき、次のような芸術家の系列を意味する。ほんの数人の名を挙げれば、クレイン、イザドラ・ダンカン、ウィリアム・カルロス・ウィリアムズ、パブロ・ネルーダ、ヘンリー・ミラー——彼らは詩を受け入れることによって生命を得る精霊を告白した。ホイットマンがエマソンやカーライルやジョルジュ・サンドに狂信し、みずからの肉体に彼らの精霊が入るのを許したように、これらの芸術家たちはホイットマンの狂信者である。だが、彼らはたんなるホイットマンの学徒ではなく、そのギフトが想像力の中で生き、死者の霊とかかわりをもつが、別個の、現代の、生きている新しい作品の種となるのを容認した労働者でもある。「新芽が芽ぶいて群がり重なる……」。(二五)

II　粘着質の富

『民主主義の展望』(芸術や政治に関する、ホイットマンの長くとりとめのない、南北戦争後の黙想)では、二つの相対する基盤、すなわち個人と集団(「平均」と、「あらゆるレベルの集合体」)に民主主義を置く。ホイットマンは民主主義の実行において一方の極を優先することなく、構成を表わすときには、詩と同じように、まず孤立して力を得る個からはじめる。「人が孤立した『自我』に立てこもって音もなく活動するとき」、が共同体の形成の前にある。われわれの行動や性格は存在の根本で受け取ったものから生じるに違いない。でなければ、それらは単なる派生した行動、継ぎはぎ《アップリケ》の人格ということになってしまうだろう。政治思想家は誰でもすぐに、われわれが内なる光の政治を扱っていることをもちろん察するだろう。そういう政治の中で「もっとも健全な、最高の自由のなかで適切な訓練を受けた人間は、自己自身に対して一つの法律に、やがては一連の法則となりうるし、ならねばならないのである」。ホイットマンの民主主義において重要な事象は政治的な事象ではない。「ただ一人……――そのときにこそ、魔法のインクで書かれていたので、これまでは記述されていても目には見えなかったのだといわんばかりに、内部の意識がその驚くべき輪郭を光り輝かせながら感覚に訴えかけるようになるのである」。

　ホイットマンはあえて大衆に重きを置いて、その特異性を助長しようと欲している。ある者は重きをなし、他の者はなさないという場合、個々のアイデンティティーは成長できない。誰でも詩に招かれるように（「ただの一人だって軽視されたり取り残されたりすることは許さない」）、民主主義はあらゆる自己に――政治的に、あるいは精神的に――参政権を与える。ホイットマンは『展望』で、ヨーロッパにこう語りかけている。「偉大な言葉である『団結性』が登場してきたのだ。一つの国家にとって考えうるすべての危険のなかで、われわれの置かれている現代の状況にあっては、人民のある特定の連中とその他の連中とのあいだに一線を画して区別することほど大きな危険はないのだ――その他人勢という連中は他の者のような特権は与えられず、ないがしろにされ、卑しめられ、何の値打ちもないものだとされているのである」。ヒエラルキー（社会生活において「最良のものと最悪のものとを」分りるために引かれた線）は、ホイットマンが「ヨーロッパの騎士制度、すなわちヨーロッパ一帯の封建的、教会的、王朝的世界」と呼ぶものの品質証明印であり、その世界の作法は新世界に受け継がれていると彼は感じている。彼は自己の全体的同意によって、それらを取り替えさせるだろう――票決というほどではなく、誰も他者に対して帽子を取るように強制したりしないというくらいの同意によって。彼は特異な自己を守るためだけでなく、それを生じさせるためにも、どの市民をも同等の基盤に置く。民主主義は未来時制をもつ。参政権を与えることは「発展という偉大なる実験を開始する……その実験の目的とするところは（おそらく数世代を必要とすることであろうが）十分に成長を遂げた男や女を造りだすというところにあるのだろう……」。ホイットマンは個々のアイデンティティーによって民主主義を始めているが、その行動においては一人も大勢も重要ではなく、それぞれが他を生むために存在し、国家はその統合であり、「生きている人格が集まって一つの集合体となったもの」である。

この統合に到達するために、ホイットマンの民主主義は最後の要素を必要とする。一連の実現された自己は自動的に集合体を築くのではない。ある種の接着剤、すなわち集合体を結びつける粘着質のものがなければならない。「二つは矛盾している」、とホイットマンは民主主義の両極について語る。「……われわれの仕事はそれらを調和させることだ」。彼はまず、男同士の友愛についての政治的見解で、それを成し遂げた。「粘着または愛……は融合し、結束を固め集合体をつくり……さまざまな種族を同胞とする」。ホイットマンは骨相学から「粘着」という言葉を借りてきた。この流行心理学の十九世紀の形式は「好色な」愛と「密着せんとする」友情とを区別した（骨相学者の図解によれば、友情は二人の女性が抱き合う図に象徴される）。粘着質の愛はホイットマンの政治においては第二の要素である。政治が力をもたなければならないというのなら、彼の政治は厳密に言えば政治的ではない。おそらくわれわれは用語を区別したほうがよい。粘着質なのはエロスの力であり、政治的なのは主にロゴスの力である。法廷や警察や軍隊の中の、法律、権力、競争、ヒエラルキー、王族や独裁者の行為――これらはロゴスの力であり、ほとんどの政治的組織の骨格を成す。二人の女性が抱き合う像はどこの国の旗にも見られない。ホイットマンは、社会契約の家長の条項にたよることなく、孤立した個を粘着する不朽の統治体に引き入れることを心に描く。端的に言えば、彼は資本家の家政学を「同士愛」に置き換える。彼の政治は語られない誠実さを明らかにする。実現された特異な自己はエロティックで、エロティックな生は本質的に結合力を持つのである。彼は、詩人と同じように、市民も求心的な孤立から生まれるだろうと想定する。孤立状態において、人格が形成され思いやりに触れることへの欲求や、創造や授与の衝動が生まれる。

この最後になって、われわれはホイットマンの美学と政治の融合、すなわち贈与を与えられた自己の社会生活へたどりつく。同士愛よりも強いと思われる、ホイットマンの民主主義における真の粘着質の力は芸術である。彼の政治的美学では、前章の終わりで見たように、芸術家は「対象物」ではなく、人々の「中心的精神や特異性」を吸収する。彼のお返しの行為は「彼らのための一つのイメージづくりの作品」を創造することである。このような作品、さらに、もっとすばらしいものとしては、国家の芸術的富の総体こそが人々を結びつけるものであるといえる。われわれは芸術家は人々の「中心的精神」を創造（あるいは少なくとも維持）しているということができる。なぜなら、（二六）詩の中でと同様、はっきりと表わされない精神は持ちこたえられないからである。詩人ロバート・ブライは異なる文脈でこう言っている。「この喜びを初めにはっきりと書き表わした人を讃えよ、なぜならわれわれは名のないものに恋をし続けることはできないのだから……」。口を閉ざしたままの精神に栄養を与えたり、そこから栄養を取ったりすることはできない。ホイットマンの民主主義では、大地に根ざした作家が大地の精神を持つ「胎芽や骨格」を作り出す。芸術家はもちろん生きているものから吸収するが、名が与えられるまでその生は確かでない。ホイットマンが言うように、文学は単に精神を吸収するものではなく、「精神を育てる」ものである。

ホイットマンはアメリカの人々にはある精神が宿っている、それは大陸から来たロマン派小説や、ロングフェロー（一七）のような土着の作家によって書かれたものとは違うと主張する。芸術において実現されないと、その精神はすぐに消えてしまうと彼は信じている。『民主主義の展望』はアメリカの作家たちに自国の文学をつくり出すように求めるもので、それによって民主主義の生き残りを確実にしようとするものである。われわれの芸術は国家的イメージ――「そのすべての諸州に共通しており、典型ともなりうるさまざまな英雄、人物、偉業、苦難、繁栄または不幸、栄光または不名誉の集合体」――を引き出すべきだと、彼は言う。文学はその精神が精神的外傷に耐えるように国を融合させる「骨格」を形づくる。ホイットマンの文章が持つ切迫感は、一八七〇年の民主主義に対する失望からきている。自国の文学なくして、米国はどうやって南北戦争に続く堕落から生き残ることができようか。「すべてを結びつける、共通の骨格の欠如は、つねに私につきまとう」。

芸術はホイットマンにとって政治的な力だが、三度重ねて言うが、われわれは伝統的な感覚で政治を語っているのではない。芸術は政党を組織せず、また権力の奉仕者でも仲間でもない(10)。むしろ、芸術作品は単に精神の誠実な表現を通じて政治的な力となる。自己や集団のイメージを作り出すことは、政治的な行為といえる。それはロゴスの力をもたないが、法律と立法府は合意に達したときに、それを考え出したと言うだろう。初期の手紙に、ホイットマンは次のように書いている。「おなじみの政治家の戯言のもとや背後で、神の炎が燃えている……その炎は、すべての時代で、飛び出す機会をただうかがっていた、暴君や保守主義者やその他のそうした連中の計算を惑わせようと」。政治的芸術家の作品はこの炎のために肉体を作り出す。政治が嘘で固められて人々を裏切るとしても、芸術家は、真実を語る限り、意図しようがしまいが政治的力となる。たとえば、一九三〇年代やベトナム戦争中のアメリカの芸術家たち、内乱中のスペインの芸術家たち、近年の韓国の詩人、革命後のロシアの芸術家たち、ヒトラーが権力を握っていた当時のブレヒトらがそうであったように等々。このような時代には、国家《ポリス》の精神は政治家の手を離れ、レジスタンスの人々の想像力の中で生き続ける。そのとき、芸術家は新聞には載らない世界を表現していることや、平和な時には電話をしようとも思わなかった何者かが彼の電話を盗聴しているのに気づく。

　十九世紀の中ごろ、アメリカの精神は、拡大しつつある自信にあふれた商業主義に主として夢中になっていた。産業革命が新世界にもやってきた。詩人と、自国の精神のこの部分とのかかわりはいかなるものか。彼はそれに、少なくともそのある部分に、恋をした。ホイットマンはリチャード・ヘンリー・デーナ・ジュニア（二八）のようなもので、詩人たちにとって、ホイットマンの『展望』は「いかにも調子よく……実際的で、活動的で、世俗的で、金作りに熱心で、物質的ともいえる性格が含まれ……」、その「説は、富と、富を獲得すること……を含んでいる……」。ホイットマンが愛したのは、市場のきらめきや活気や喧噪であり、生計をたてるための実質的な面ではなかった。彼は商業へ官能的に参加した。ピーター・ドイルに宛てた手紙で、彼は彼の喜びについての象徴的な記述を残している。彼はニューヨークシティの乗合馬車の最上階の座席にすわっている。

　とても気持ちがよい……［私は］馭者の友達とともに馬車に乗り、ブロードウェイを二―三丁目からボーリンググリーンへと片道三マイルの旅をする。心地よい午後、こんなふうにブロードウェイを二時間ほど馬車に揺られることは、私にとっては尽きない楽しみであり、研究であり、気晴らしである。すべてのものが目に入っては行きすぎてゆく、生き生きとして終わりのないパノラマだ――店、豪華なビル、大きな窓、高価なドレスに身を包んだ女たちがひっきりなしに通る広い歩道、女たちはスタイルもルックスもどこにも負けないくらい優れている――目を見張るばかりの人々の流れ、ぜいたくな着こなしの男たち、大勢の外国人――通りには、ぎっしり並んだ駅馬車、荷馬車、ホテルや個人の馬車など、さまざまな乗り物、何マイルも続く上流階級の人々のファースト・クラスの馬車の波、豪華な大通り、装飾的で豪奢なたくさんの建物（多くが白大理石でできている）、通りのどちらの側を見ても、華やかで動きがある――のらくら者の私が天気のよい日にこれらすべてにこれほど引きつけられたとしても、君は不思議に思うまい。私は周りの忙しい世界を見て、それを娯楽とし、くつろぎ、ただ見続ける。

『民主主義の展望』において、ホイットマンは同様の町の楽しみを列挙している。それらは「私の権力感・充実感・躍動感などの五感を完全に満足させてくれるし、さらにこういう感覚や欲望を通じて、また私の審美的な意識を通じて、とぎれることなく精神を高揚させ、完璧な充実感を与えてくれる」。ホイットマンの信条――「すべては招かれている」――にそって言えば、活気にあふれる市場へのこの官能的な参加は、売り手や買い手への内省的敵意が彼の中に見られるはずがないことを意味する。詩同様、人生においても、彼は「呑気な」農夫も「取引の用意ができている」ヤンキーも、すぐさま同一視する。

しかし、もちろんホイットマンは馬車の最上階の席にすわったままで、降りていって果物売りといっしょに仕事をしたりはしない。ブロードウェイ通りの男たちによって蓄積される富は、「ぼくは用心しながら富を貯めて、肉体の死のあとにいっしょに連れていく……」と書いたり「慈悲と個人の力は唯一の価値ある投資」と言ったりする男の富とは違う。ホイットマンは商人を彼のアイデンティティーの一部として認めているが、しかし彼自身は商人ではない。彼らは「ぼく自身ではない」。

だから、商品そのものの中に自分の生を感じるような男の精神や、株式市場が下落すると高窓から飛び降りなければならない男の精神を指して、商業精神と言うならば、ホイットマンにはこの精神が欠けている。彼は乗合馬車に乗って、彼らの絶望を眺めるだけだろう。それ自身の商品の罠にかかった商業主義について、ホイットマンは次のように述べる。

両眼に銀貨をのせてここかしこと歩きまわり、
腹の貪欲を満たさんがために頭が気前よく食べさせてやり、
切符を買ったり、貰ったり、売ったりはするくせに、肝心の宴会には決して出向かず、
多くの者が汗を流し、耕作し、脱穀し、しかもあとで受けとる報酬は籾殻だけなのに、
少数の者が無為に所有し、しかも穀粒をよこせと要求してやまぬ。

この数行は、搾取され、汗を流す労働者との団結の表現と読み違えられることもあるが、全くそうではない。籾殻を得るのは貨物運送駅に穀物の大箱をもっている男、小麦を得るのはねずみなのだ。鍵となるのは「無為に所有し」たという箇所だ。動物は無為の所有者であり、森の神ウォータンも無為の所有者であり、ホイットマンもまたブロードウェイのすべての光の無為の所有者である。

ホイットマンはわれわれのために、あるアメリカ人のタイプ――私はそれを村の怠け者と呼ぶ――を考える。働く意志が必要な余暇をむさぼり食うとき、中西部の農夫が窓のそばに大豆を植えようと家のまわりの木々を切ったり夜土地を耕したりするとき、そんなときいつでも、村の怠け者が現われる。ホイットマンの怠け者は隠れた精神を表わし、それなくしては取引で誰も何も得ることができない。彼は交流の果実を楽しむことだけしかしない。すべての利益を食べ尽くす。人々が懸命に働けば働くほど、彼はますます怠け者になる。人々が金を投資すればするほど、彼は自分の相続財産を浪費する。托鉢修道士のように、村の怠け者は貧困と区別できない富をもっている。神秘主義者の「貧困」とは物質的な欠如ではない。神とはほど遠いものを信じたり、真剣に受けとめたりする習慣を打ち破ることから、それは成り立っている。「〈貧しき者をたたえよ〉とは、心理的な法である」と詩人セオドア・レトケは語る。「恋人に宇宙の自由を与えるのが、貧困の女神の仕事である」。彼女は恋人に森を自由に出入りさせる。プロテスタント倫理の秘伝にはこう書いてある。「あなたはそれをもっていくことはできないが、それを得ない限り、出てゆくことはできない」。肉体の所有から離れて、村の怠け者は富を得、肉体の死後にそれをもってゆくだろう。ソーローはエマソンの森をいまだに自由に出入りしている。

そうしたイデオロギー的な怠惰の美徳の為かそうでないか、ホイットマン自身は生計を稼ぐことと芸術の労働とを、つねに区別している。『草の葉』が最初に出たとき、「ぼくの一生の仕事は詩をつくること」だと言っているし、老年になってからは「大人になり始めたころ、ぼくはビジネスの追求や、わたしの時代や国に一般的であったその応用をあきらめた」と主張した。詩を書く衝動に自分自身を素直にゆだね、後の序文に加えたように、「本の市場をにらみながら、あるいは名声や金銭上の利益のために、詩を書いたりは決してしなかった」。初めてちらっと見たときには、そうした記述は無邪気なものに感じられるだろう。だが、ホイットマンはときどきビジネスに専念していたし、若い頃だけでなく、時々、彼の目が、本の市場に目を配っているのを、みかけることができた。しかし、彼の宣誓はそうした意味あいの事実ではない。それは彼が労働するときの精神の表現であり、その意味で無邪気でなど、まったくないのだ。

ホイットマンが芸術精神と市場とを切り離していた理由を探るため、われわれは背景に贈与を与えられた自己の記述——また、自己とその作品の社会的存在の記述——を必要とする。商人が商品を売って利益を得ようとするとき、取引は「自己」と「他」を結びつける陽気な交渉であるはずがない。商品は相互に独立した領域の間で動かねばならず、それゆえ商業精神は必然的に思いやりの能力を抑え、分析する脳を歓迎する。時間や価値を計算し、自己と他者との区別を保ち続ける——これが商業精神と、商売によって生計を立てている正直な商人の美徳である。それらの力と限界を理解していれば、それらはかならずしも才能を授けられた状態《ギフテッド・ステイト》の美徳にとって有毒であるとは限らない、しかし、両者はまったく違うものである。私は私の場合を少し述べすぎたようだ——作品の創造において芸術家が計算し区別する時もある。成功をおさめている商人の人生において、やりとりしながら客の望みを想像している時があるのと同じである。しかし、私は一般的な美徳について述べている。商人は買い手の欲しいものを想像するが、しまいには、日々のパンを得るために、取引によって自己の一部とはならない「他」が必要になる。これははっきりした点であるが、価値を評価することや売り手と買い手の区別を考えることなしに、儲けることはできない。ホイットマンは芸術を粘着質の富にしようとしたが、商品は粘着質の富ではない。芸術家は作品制作のいろいろな面で評価し、計算し判断を下さなければならないが、そうした技術は、少なくともホイットマンの場合は、芸術の主たる動機ではない。ホイットマンにとっては、自己がその経験の本質、才能をみきわめたとき、自己は贈与を与えられた自己――実り多く、青々とした自己――となり、その労働の産物はギフト、つまり贈与《エンダウメント》となるのである。芸術家の作品はギフトとして自己を超えて動いたときにのみ、世界で力をもつようになるのである――芸術家から受容者へ、あるいはさらに広い機能において、「イメージづくりの作品」の循環が精神の集合体を維持し、ゆっくりと文化や伝統を生じるときのように。

ホイットマンの散文において、「ビジネスの追求をやめた」という彼の主張と並行して、詩の機能にかんする彼の記述を見ることができる。二者の間の矛盾をどれほど深く彼が感じていたかははっきりしないが、彼が物質的な大望をそれほど表に出さない人であったことは確かである。南北戦争中に彼がワシントンDCで過ごしたころの、面白く象徴的な逸話がある。初めて首都についたとき、ホイットマンは省の一つで事務員の仕事をしようと思った。その目的で彼は国務省と財務省の長官に紹介状を書いてほしいと、エマソンに頼んだ。エマソンは親切に応じたが、手紙が届いたころ、ホイットマンは筆耕者やフリーのジャーナリストとして一日に数時間働いて生計を立てる術を見つけていた。彼は物質的な欲求をあまり持たなかったので、彼は病院の負傷した兵士たちの世話をすることにエネルギーを注いでいた。

エマソンの手紙はその後十一カ月も詩人のトランクの中で眠っていたのだが、ボストンから来た友人ジョン・タウンゼンド・トローブリッジがその紹介状を財務省長官サーモン・チェイスに届けようと申し出た。偶然にもトローブリッジはチェイスの家の客として招かれていたのだった。彼が言うところによれば、「大きくてすてきな邸宅」には、「贅沢な家具が並び、こぎれいでおとなしい黒人の召使いたちがたち働き、選ばれた客があふれていた……」。チェイスの邸宅はホイットマンが間借りしていた家から筋違いの通りを横切ったところにあった。この「何もないわびしい奥部屋」を冬のある夜に訪れたトローブリッジが見たのは、ベッドと松材の箱を食器棚としたものといくつかの椅子と薄鉄板のストーブだけだった。ジャックナイフ、湯沸かし、ブリキコップ、ボールにスプーン――それがホイットマンがもっている家庭用品のすべてだった。ホイットマンは茶色の紙を皿代わりにして食事をし、終わるとそれを火に投げ込む習慣があった。トローブリッジが訪れた夜、ストーブの火は消えていた。十二月の寒空に窓は開け放たれ、二人はオーバーコートを着たまま、文学について議論し合った。

翌日、エマソンの手紙のことを知ったトローブリッジは、ホイットマンを説得して、手紙を通りの向こうに持っていった。そしてディナーの後にその手紙を長官に見せた。チェイスはエマソンの署名を見て感服したものの、ホイットマンを雇うことは考えられないと言った。「私はとても困った立場にいる」と彼は言った。「尊敬するエマソン氏のご要望にお応えしたいのはやまやまだが、しかし……」。『草の葉』のせいで、ホイットマンは悪名が高かったらしい。彼は粗暴だと言われていた。「著作のせいで彼は評判が悪い」チェイスはこうしめくくった。「そんな男にいったいどういうポストを与えたらいいんだね」。

トローブリッジは手紙を引っ込めて、長官の当惑を取り除こうとした。チェイスは署名から目をはなさずに、躊躇しながら言った。「じつは、私はエマソン氏の直筆のものを手元にもっていないので、この手紙をもらえるとうれしいんだが」。

ホイットマンの友人は、詩人に職を見つけられなかったばかりか、手紙まで失ったことを報告するはめになった。ホイットマンは呆然とした。「彼がそう言うのも無理はない」、とホイットマンは言った。「自分の尊敬している人たちが、私のような者によって穢されることから守ったのだ！」。

ホイットマン自身は無為の所有者になりたいというかすかな望みをもっていた。彼は六十五歳になって初めて、ニュージャージー州のキャムデンに家を持ったのだった。それまでは家族や友人と暮らしたり、部屋を借りたりしていた。彼が金に無頓着だったわけではない。建築契約の結び方や、家の建て方や、売り方を、承知していた。金が必要になれば、いつでもジャーナリストか編集者をやって食いつなぐことができた。一八四〇年代と一八六〇年代後半には定職についていた。詩を売るときは単刀直入だった(「価格は金四ポンド――二十ドル――で、印刷されている一編の四コピー、と添書に書いてあった」)。彼はつましくもあり寛大でもあった。エマソンへの懇願の手紙は、仕事探しでの術策を露呈した。だが、この手紙の結末が示すように、心底興味を抱いていたわけではなかった。彼の望みは質素なものだった。「普通のアイリッシュの小屋……二つの部屋、突き当たりの納戸」――それが家に対する彼の想いだった。手紙から、ワシントンの家を空っぽでわびしいものと考えていないことがうかがえる。「小さな部屋で、ドイツかパリの学生のような生活をしている――部屋でいつも朝食をとり、(小さなアルコールランプを灯して)……ずいぶん歩く……川へ下りて行ったり、ヴァージニアまで足を伸ばしたりもする……」。ホイットマンはワシントンで、主要な新しい建物を次々と訪れ、議会の演説を聞き、ポトマック川のほとりを歩き、詩を書き、そして――これが中心となっていたのだが――病院で負傷者の世話をした。「事務職探しにかんしては、いまだに何の結果も出ない」と彼は友人に書いた。「病院通いはやめられない……これほど徹底して、これほど変わらずに、夢中になれることはかつてなかった」。戦争が終わって病院が空になり、結局、ホイットマンは定職についた。彼は退屈していた。「事務員の生活は……ちっともおもしろくない」。

一八六二年の十二月、ホイットマンはワシントンへ弟のジョージを捜しにいった。家族はジョージがブルランの二度目の戦いで負傷したのではないかと心配していた。町にいる間に彼はキャンプベル病院に行き、ジョージと同じ連隊だった「ブルックリンの少年二人」を訪ねた。漆喰の壁の細長い小屋には、約百人の負傷した男たちが横たわっていた。ホイットマンは足を止め、苦痛にうめいている少年を慰めようとした。「ときどき、彼に話しかけた」とホイットマンは姉に書いている。「彼は何もかもあきらめ、意気消沈していた――一セントも持っていなくて――友達も知り合いもいなかった」。少年が病院へ連れてこられてからも満足な治療を受けていないと知って、ホイットマンは医者を見つけて連れてきた。少年の横にすわって、彼が口述する家族宛の手紙を書いた。午後に病棟を回ってくる女から牛乳を買いたいと少年が言えば、ホイットマンはポケットの小銭を与えた。「こんなささいなことでも、彼は感動して泣きだした」。

この思いがけない出逢いがホイットマンの人格の多くの要素を引き出し、彼はニューヨークへ戻るのを即座に取り消した。それは彼の思いやりや寛大さを触発しただけではない。無学の少年のために口述筆記をしながら、彼は「生命を流出する」――思いやりや愛情を通して他人を癒すこと――機会を、詩人としての役割を果たす機会を得た。そして毎日のように病院へ出かけるようになった。ボストンやニューヨークの友達に手紙を書き、兵士たちへの物品を買うために寄付を募った。部屋を借り、日に三、四時間は片手間仕事をして、病院を訪ねる――そんな生活を戦争が終わるまで続けた。

病院に午後遅く到着し、夜中までいることもあった。ときどき、夕食の直前に現われて、食べ物の入った容器をもって病棟を歩き回り、「あちこちで少しずつ施しをした」。彼はホームメイドのビスケットやクッキーを買える店を見つけた。雑嚢を手に入れ、クラッカー、オイスター、バター、コンデンスミルク、新聞、ガウンなどを施しながら巡回した。アーモリ・スクエア病院には六、七百人もの負傷者がいた。

彼らの間を定期的に巡回しながら、わけへだてなくみんなに、言葉やわずかなものを与えようとした。食品全般、ブラックベリー、桃、砂糖づけレモン、ワイン、保存食品の類、ピクルス、ブランデー、ミルク、シャツと下着の類、タバコ、紅茶、ハンカチなど。紙や封筒や切手もだ。……多くの人に（持っているときは）金も少しずつ与えた——病院にいる兵士たちの半数は一セントも持っていなかった。

一八六四年の夏のある日、ホイットマンは十ガロンのアイスクリームを持って現われた。まるで誰かの祖父のように、みなに少しずつアイスクリームを分け与え、カーバー病院の十五の病棟を回った（「西部の少年たちの多くはそれまでにアイスクリームを食べたことがなかった」）。彼はいつも腰かけて文字を書けない少年たちのために家族への手紙を口述筆記してやり、ページの最後に「この手紙は病院の訪問者ウォルト・ホイットマンによって書かれた」と付け足した。亡くなった兵士の両親にも手紙を書き送った。ときには個人的に、または病棟の兵士たち全員を集めて、ニュースや最前線からの報告、流行小説、『オデュッセイア』、シェイクスピアやスコットからの一節、自分の詩などを読んで聞かせた。

戦争二年目のホイットマンの一通の手紙には、訪問がどのようなものであったかが綴られている。その日は日曜日で、彼は病院に午後の中ごろに着いた。夕方は自分で食べられない負傷者たちの口に食物を運ぶ仕事をして過ごした。ベッドの横にすわり、桃をむき、小さく切ってガラスの器に入れ、砂糖をまぶした。数名に少額の金をやった。「真新しい十セントや五セント紙幣を用意した……新しい十セント紙幣を与えることは、他のどんなものにもまして、病院生活の単調さを打ち破るのに役立つ」。兵士たちは八時から九時に早々と床につき、ホイットマンは隅にすわって手紙を書きながら、起きていた。「不思議な光景だ――病棟は百二十ないし百三十フィートほどの長さ――どの簡易ベッドにも白い蚊帳がつられている――あたりは水をうったような静けさ――ときおりため息やうめき声が聞こえる――病棟の中ほどで、看護婦がシェードランプつきの小さなテーブルにすわって読書をしている――壁も天井もみんな漆喰――病室の明かりの約半数が消えている」。

ワシントンへの初めての訪問で、一つの病院の近くをぶらついていたとき、ホイットマンはふと気がつくと、「墓の列の近くの庭の中の――たくさんの足、脚、腕、人間の肉片、切断され、血を流し、黒ずんだもの、膨張して吐き気を催すようなもの」の前に立っていた。病院でおきていることはとても恐ろしいことで、この恐怖こそある意味でホイットマンをここでの仕事に引き込んだ。病院は簡略なものでしかも人手不足だったため、ホイットマンは患者たちの生活の細部にまで入り込むことができた。彼は死にゆく兵士たちのそばに一晩中ついていていた。傷を消毒し（前線から戻った兵士の傷口にはうじがわいていることがあった）、手術に付き添った。お気に入りの兵士の一人ルイス・ブラウンの脚が切断されるときも立ち会った。

こうした恐ろしさには――自動車事故に人だかりができるように――ぞくぞくするような魅力があり、

彼に衝撃を与えたにちがいない。しかし、こうした魅力があるにせよ、またホイットマンが死に対して脅迫観念を抱いていたにせよ、人々が病院の仕事に引きつけられるのには、他にも理由がある。すなわち、子供が誕生したり、男や女が死にかけていたり、極限の苦しみを味わったりする場所にいることは、生命の中枢近くにいることを意味する。慣れていない人々は、その仕事には不思議なほど活気があふれていると気づく。特に死は生を集中させ、深める。死に直面して、われわれは重要なものとささいなものとを区別できる。ときどきわれわれは習慣的または守護的な沈黙を捨て、はっきりと話す。

少なくとも、この最後の説明は、ホイットマン自身が、病棟の仕事になぜそれほど深くかかわったかを説明するために選んだ方法の一つだった。彼は愛情の大ぴらな表わし方を偶然に見つけた。それが彼にとって、森に隠遁せずに「偽りのない、ありのままの姿」でいる方法だった。病院での様子を、彼はこう書いている。「私は堅苦しい慣習をすべて捨て去った（死と苦痛が少年たちと私の間にある堅苦しさを追い払う）――彼らを可愛がれば、それがよい効果をもたらす。兵士たちはとても弱々しく――孤独で――夜の別れ際、私は彼らの両頬にキスをしてやる――どんな麻薬も酒も粉薬もどうすることもできなかった患者に特効薬を与えてくれたと、医者は言う」。死の存在がこれまでにないさらに広い感情的な生へとホイットマンを導いたのだ（このことにかんしてはすぐに戻ってくることになるだろう）。

ホイットマンは母性的な人――生命を世話し、守る人だった。病院は彼の母性を、「人間的な優しさ」を、発揮する場を提供した。ほとんどの兵士は二十五歳以下、多くは十五、六歳で、文字通り「母親の膝から早々と奪い取られた赤子」であり、負傷しているか病気を患っているかで、衰弱して無力だった。ホイットマンは母親のように彼らの世話をした。積極的な慈悲の生活へ入ったのだ。病棟で彼がしたことを振り返るなら、「私は与える……私は与える……私は与える」という構造がそこにあるだけだ。看護は己を具体的に授与する機会を彼に与えた。かつて自己を授ける姿を表現した肉体的精神的流出の言葉で、彼は表現する。少年たちは「個人的な人をひきつける魅力」を必要とし、「愛の糧食に飢え」、「電撃的に、必ず、愛情に応える」。「それは一つ以上の生命を救った」。人が孤独により死ぬのは誰もが知るところだ。妻や夫を失った人たちは配偶者がいる人たちよりも早死にする傾向がある。したがって故郷から遠くはなれた兵士たちが生きる力を失っても不思議はなかった。ホイットマンは自分の「存在と人をひきつける魅力」を使って、どんな医者も処方できない微妙な薬を供給しようとした。彼は状況を見て、すぐに仕事にとりかかった――衰弱した少年の本当の望みを聞いてくれる者など、それまではいなかった。ホイットマンがはじめて話しかけ、彼のために手紙を書き、ミルクを買う五セントを与えたのだ。それは文字どおり生きる力を授与する贈与であった。

ホイットマンは兵士たちを「自分の子供か弟のように」扱ったと、手紙に綴っている。彼は親が病気の子供を看病するように兵士たちを看病し、兵士たちも同じようにそれに応えた。感謝の手紙がいくつか残されている。兵士たちは彼に「親愛なる父上」と呼びかける。彼らはホイットマンにちなんで、子供に名前をつけた。一八六四年にホイットマンが病気になったとき、イリノイ出身の兵士はこう書いた。「ああ！ 私がそばにいて、あなたを看病し、体力と健康を取り戻して差し上げたい……私が病院にいた頃にあなたがしてくださったことに報いようとしても、とうてい無理な話だろう……実の子供が相手でも、あそこまで尽くす父親はいない」。ホイットマン自身、彼の満足や目的意識が、多分に、感謝の対象であることの結果もたらされたものであることを承知していた。彼がニューヨークの友達に書き送ったように、「病院での看護ほど、楽しいことはかつてなかった」。

看護は、ホイットマンに肉体的な愛情を与えたり受けたりする機会も与えた。彼は他の看護婦が兵士たちに対してあまりにも控えめで、「とても冷たく儀礼的で、彼らに触れるのを恐れる」のに対して不満を述べている。肉体に触れることなく、どうして癒しが伝わるのか。ホイットマンは少年たちをかわいがり、抱きしめ愛撫する。彼は兵士たちとキスを交わしたと、何度も何度も手紙に記している。「幾人かは胸にからみついて、夜の別れ際には子供のようにキスを求める——二年間、戦闘やキャンプの生活をしてきたつわものでも」。彼のキスはときに親のキスではなく、恋人のキスになった。共通の友人へ宛てた手紙の中で、ルイス・ブラウンへの訪問について、ホイットマンは次のように綴っている。「[彼]はとてもよい子で、愛情にあふれている——別れ際、彼は顔を近づけてくる。私は彼に腕を回し、長く三十秒ほどのキスを交わす」。

戦争の後半、四十五歳のとき、ホイットマンは生涯で初めて病気をし、頭痛とめまいの発作に悩まされた。どこが悪いのかはっきりしなかった。ホイットマン自身の言うところによると、ある医者は「病院のウイルスに冒された」と言い、別の医者は「組織内に毒素を深く吸い込んだ」と言い、また他の医者は「マラリアにやられた」と言った。(11) ホイットマンがしてきた看護は大胆かつ不注意だった。天然痘の犠牲者のところに行き、意図的に症状の一番重い熱病人や怪我人の世話をしたりした(「私は行く——誰も他の人が行かないところに」)。自身が衰弱しはじめたため、仕事をやめようと思ったものの、すぐにその仕事が自分にとってあまりにも重要であると気づいた。母に宛てた手紙には「私や、多くの重傷の者たちや腐り死にゆく者たちについて、これから書く……それでも、私はここに残るつもりだ……ああした患者たちの世話をやめることはできない……」。

ホイットマンが肉体的に病んでいたのはまちがいないが、彼の病いには精神的な要因もあっただろうと思われる。看護にあたっていた頃、兵士たちとの触れ合いに感情的な比重があったことはまちがいない。彼は人間的な優しさを捧げる場を得、それと知って、すっかり没頭してしてゆき、自己を与え、そのお返しに愛情を受け取った。だが、病いに冒されてしまった。彼のジレンマを概括し、大胆に言ってみれば、愛情がアイデンティティーを腐敗させたということになる。一人の自我はすすんで愛に傷つき、愛する者を受け入れるために壊れる。兵士の負傷や腐敗の中に、自我はそこに反映された己を、その恐怖を、見る。自己が身を守る鎧を捨てたとき、恋人が来て空の場所を満たすのか、それとも傷が腐っていくだけなのか。病人を個人的な魅力《マグネティズム》によって癒すというホイットマンの主張は、「ぼくの身体が腐るのはわかっている」という魔術的な言葉に即している。というのも、その腐敗の認識を内に閉じ込め、「ぼく自身の歌」の詩人は自己を与える腐敗、恐怖と魅力の混ざり合ったオシリスの腐敗を選んだからである。オシリスは手足を切断することで、その最初の果実として新しい生命を得た。

戦前の詩「この腐食土」（前に私がオシリスのエッチングと関連づけた詩）には、ホイットマンの病院での仕事ぶりが詳細に記されている。詩の始まりには、愛に身をゆだねることを躊躇する男が出てくる。

もう私は牧場へ散歩には出かけまい、
私の愛する海との逢う瀬を楽しむために、我がからだから衣服を脱ぎ捨てることもすまい、
新たないのちに蘇るために他人の肌に触れるように、我が肌を大地に触れさせることもすまい。

彼は病気の脅威を感じている。どうして肉体を大地に押しつけることができるのかと、彼は問う。「君らのなかにはひっきりなしに伝染病にかかった死体が投げこまれているではないか／すべての大陸が悪

臭を放つ死者のために何度もそっくり作り変えられているではないか」。ホイットマンはいつもの方法、すなわち「蘇る小麦」の祈りを通して、その恐怖をなくしている。自然は腐敗を変化させる。

その畝のなかから黄色いとうもろこしの茎が伸び、ライラックの花は前庭に咲き、
夏の繁茂はそれら腐臭を放つ死者どものすべての層を遥かに侮蔑しつつ無心に栄える。

何という自然の働き!
風がまことは病毒を運ばず、
私を慕って言い寄る海のこの緑色した透明な波、これはいささかもまやかしにあらず、
私の裸身をところきらわずその舌に、思うがままになめまわらせても害にはならず、
そのなかにあまたの熱病が沈んでいても、いっこう私には危険ではなく、……

最後は詩人の草に対する際立ったイメージでしめくくられる。

何という自然の働き!……
私が草に横たわってもどんな病気もうつりはしない、
草の茎のひとつひとつが、かつてはうつる病いであったものから、おそらくは生え出ているのであっても。

新しい愛は傷つきやすいがために、用心深い。自然には暗い面がある。緑のオシリスには、不毛の地を治める弟セトがいる。われわれが愛に心を開いたとき、愛は返ってくるのか、それとも毒となるのか。新しいアイデンティティーが現われるのか、それとも不安な魂を残す行き止まりの死があるだけなのか。詩の中で、少なくともホイットマンは、ギブ・アンド・テイクの植物の生命――大地が「これほどの腐敗からこれほどの甘美なものを生い茂らせる」――に眼を向けることによって、躊躇をとり除く。明らかな腐敗の中に、信仰をもつ男は腐食土の新しい生命を見つけ出す。

このようにして、ホイットマンは少なくも詩の中で、愛と腐敗の関連を解決する。中心的なメタファーは思いやりのある自己が恐れと喜びをもつ外の世界（対象物もしくは恋人の世界）を受け入れることに始まり、死の類に苦しみ、春小麦や新芽や墓場の草を導く「自然の神秘」へと続いていく。しかし、人生において、事情はもう少し複雑である。ホイットマンにとって、「ゲームの中で」の連鎖は、思いやりのある男が、心に入ってくる兵士たちを認めることに始まり、やがて男は魅力と危険を同時に感じることになる。兵士たちとおやすみのキスをするとき、「ウイルス」が彼の組織を冒す。しかし、ここで趣向を変えなければならない。なぜなら、血に別のものを浸透させて恋人の生命を確実にする「自然の神秘」があるように、「人の神秘」というものはないというのだろうか。

ある興味深い逸話がホイットマンその人が使ったであろう用語を用いてこの質問に答えてくれるだろう。ホイットマンの戦後の友人ピーター・ドイルは、ある時「床屋疹《バーバーズ・イッチ》」という発疹を患っていた。ホイットマンは治療のために彼を医者に連れていった。その直後、手紙の中でホイットマンはドイルに言った。「この病いの極端なケースは……梅毒菌が侵入した、ひどく冒された血液を遺伝的に持つ人が発症したものだ――患者には発病する根拠がない」。ホイットマンとドイルは明らかに、発疹が梅毒の徴候なのではないかと心配していた（愛と病気の結びつきは、想像力よりもペニシリンを必要とした。ホイットマンの兄ジェシーは売春婦から梅毒を移され、後に施設で亡くなった）。ホイットマンの家系には「血の病気」は見あたらないが、彼はそれを身近に感じていた。植物の生が腐食土の神秘をもつように、われわれ人間は愛の神秘を通して自身の血を浄化できるかもしれないと、ホイットマンは考えた。「愛しい人よ」彼はドイルに綴る。「私が戻っても君の具合が悪いなら……いっしょに暮らして、二人して君を治す治療に専念しよう……」。

しかし、『カラマス』に見られるように、願望と成就には隔たりがある。ホイットマンは自分の血もピーターの血も、豊富な人間愛の中で浄化することができなかった。彼は自分が空想したような形で愛を生き抜くことができず、病を引きずっていた――おそらく、彼の健康を最初に蝕んだ実際の病気ではなく、もっと比喩的な「ふつうの治療がきかない、病院のウイルス……」だったにちがいない。ホイットマンは残りの人生で、衰弱や病いを「数年前に組織に入り込んだ病院の毒」のせいにするようになった。自分は治らないと感じていた。戦争中、彼は日誌の中で考えたような「すばらしい、静かな人格」でいることをやめ、「愛や友情がお返しされる」ことに無関心だった。代わりに、危険を冒して、自分自身をさらけ出した。兵士たちはそれに応えたが、ホイットマンが望んでいた形ではなかった。兵士たちにとって、彼は「親愛なる父上」であり、決して「恋人」ではなかった。彼の病は「しつこく、独特で、当惑するようなもの」で長引いていた。違う国、違う時代に生まれていたら、彼は別の道を見つけていただろう。しかし、十九世紀中ごろの新世界の首都では、

しかし愛し合う男たちの固い契りのことを聞き、彼らの愛がどうであったか、

彼らが生涯寄りそいあって、危険をくぐり非難を受けつつ、変わることなく、いつまでもいつまでも、
若いあいだはむろんのこと壮年になり老年になってからも、どんなに彼らが挫けることなく、どんなに愛情豊かでどんなに忠実であったかを聞けば、
そのとき初めてぼくの心は悲しくなり――この上なく苦しい羨望に溢れて、急ぎ足にぼくはその場を離れてしまう。

一八七三年の一月、ホイットマンは左半身の麻痺に苦しみ、数カ月間寝たきりの生活を強いられた。いつもの癖で、衰弱は戦争中の病のせいだと考えた。「六、七年間、じっくりと内部で煮つめられ……今や、どんな治療もきかない発作が起きた」。四カ月後、ようやく歩けるようになったころ、ホイットマンの母親が死んだ。「今まで味わったことのない、ただただ呆然とするショック」だったと、彼は友人に書き送っている。「言葉では言い表わせない――私の身体の病などそれにとってみれば何でもないこと」。一八七五年の二月、今度は右半身の麻痺が起こった。母親が亡くなった後、ホイットマンはワシントンＤＣからニュージャージー州のキャムデンに移り住み、初めは弟のジョージと暮らし、やがてミックル街に自分の家を構えた。初めての持ち家だったが、最悪の日々が続き、ホイットマンは孤立し、衰弱し、絶望していた。
一八七六年の初め、ホイットマンはハリー・スタフォードと出会った。十八歳のこの少年は、ホイットマンの『二つの小川』が活字に組まれる印刷所で働いていた。スタフォードの両親はニュージャージー州の田舎のさほど遠くないところに農場を営んでいた。ホイットマンはまもなく、そこへ足しげく通

うようになった。ジョージとスーザン・スタフォード夫妻は七人の子供をもち、まもなくホイットマンは子供たちのおじいさんとして、暖炉のそばに居場所ができた。彼は幼いハリーの世話をした。二人は互いに取っ組み合い、大騒ぎをした。「半病人のウォルトを相手に、若者は力を出し、ウォルトは床に組みふせられた……」と、ジャスティン・カプランは言った。「二人は子供のようにふざけ合い、ときどき私を困惑させた」。友人でありナチュラリストでもあるジョン・バロウズは訪問の後、日記にそう記している。ホイットマンは少年にとって父であり母であった。読み書きを教えたり、仕事や教育についてのアドバイスをしたり、服を買ってやったり、(クリスマスには)金時計を与えたり、活字の組み方を教えてやってくれと印刷所に頼んだりした。

ホイットマンは両親以上の何かになりたがっていたのだろう。「甥と私は旅行に出かけては、よく一つのベッドに二人で寝た……」と、彼は将来のホストに語っている。一八七六年九月、彼はハリーに表向きには「友情のリング」と称するものを贈った。だが、その後の面倒がはっきり示すように、それはもっと深い意味をもっていた。ホイットマンの予備の日誌の記録に、われわれは触れなければならない。住所や現金を記した記録の行間に、こう綴られている。

七六年九月二十六日、HSと話し、リ[ング]を渡す(リ〔ング〕を取り戻した)。

十一月一日、S通りの居間で、HSと話す——リ〔ング〕を再び彼に与えた。

十一月二十五、二十六、二十七、二十八日、ホワイト・ホース[スタッフォード家の農場]へ行った——ＨＳとの記念すべき話——一件落着。

十二月十九日——……

夕方、部屋にすわり、心のうちを再検討し確信——はっきりわかった……本当のことが——本当に意味するものが、はっきりとわかった——

——奥の深い瞑想——やっと幸せ、満足感……

（これ以上動揺することなく、この状態が続きますように）

四月二十九日、ハ〔リー〕とともに客間に

七七年七月二十日、ホワイトホースの部屋で「さようなら」

などである。関係が断たれたわけではなく、二人の男はその年、規則的に会い続けた。しかし、スタフォードはふさぎ込んで短気になり、察するに、ホイットマンは心をかき乱された。リングは詩人のところにあったようだ。冬の初めごろ、ホイットマンの訪問を受けた後、ハリーはたどたどしいスペルで手紙を書いた。「もう一度ぼくの指にリングをつけてくれたらと思う。いっしょにいてもぼくらの友情を完成させるには何かが欠けているように見える。それを見極めようとしたけれど、何なのかわからない。あなたがリングをつけるとき、二人を分かつのは死だけだ」。ホイットマンの日誌には次のような行がある。「一八七八年、二月十一日、月曜日、ハリーがここにいる、指にリ〔ング〕をはめて」。

ホイットマンは死ぬ前に結婚したいと思っていた。母親の死が彼を自由にし、駆り立てた。母親の死から四カ月が過ぎたころ、ホイットマンはアン・ギルクリストに友情のリングを送った。彼女は彼の熱烈なファンの英国人で、数年にわたってファンレターを送ってきていた。三年後、ホイットマンの警告にもかかわらず、彼女はフィラデルフィアの埠頭に到着した。ホイットマンは便宜上の結婚をすることもできただろう。この女性はこれ以上ないほど彼に尽くした――フィラデルフィアで家事をこなし、彼のために特別な部屋を整え、クリスマスディナーをつくった。……しかし、彼女はエロティックな詩をまったく読み違えていた。ホイットマンの魂が結婚したがっていたのは、ずっと変わることなく、無学の少年だったのだ。「卑しい……無法で、粗野で、無学な人」。

彼のたゆみない願望には脱帽するしかない。ハリー・スタフォードと取っ組み合いをし、同じベッドで眠り、リングを与えたのは、年老いた孤独な不具の男だった。彼は望んでいたものをいくらか手に入れた。数年後、彼はハリーに書いている。「はっきりとわかっている、もしも君と出会わなかったら……私は今こうして生きていないだろう」。そのころまでには、二人の関係は冷めていた。ハリーは大人になったのだ。一八八四年の六月の日誌に次のような記述がある。

HSとエヴァ・ウェストコットが結婚。

ホイットマンは最後にまた父親（少年といつまでもいっしょにいる恋人ではなく、少年を手放す父親）となることに同意し、二人の結婚の儀式に付き添った。

スタフォード農場はホイットマンに、ハリーとその家族の祖父としてふるまう役割以上のものも、もたらした。家からそれほど離れていないところに、森や池や、ティムバー・クリークと呼ばれる小川があった。春、夏、秋には、ときどき地元の農場の少年といっしょに――ほとんどは一人だったが――ホイットマンは水辺に行った。ポータブルの椅子をひきずって歩き、黒い樫の大木（「芳香を発散させる」）の下にすわり、裸になって日光浴をした（帽子だけは脱がなかった）。鉛筆と紙を持参してさまざまなものについて書いた――木々、蜂の群れ、（「グルグル廻っている真鍮盤のような」）蝉の歌、チャイロコツグミ、ウズラ、シーダーアップル、柳の下から湧きでている泉――「ゴボゴボ、ゴボゴボ、絶え間なく……（それを翻訳できたら）」――カラマスの葉と水蛇のいる池、鳥（「入日の最後の光で、なにか軽い輪のきらめきのように、いくつも同心円を描いて、幾十羽となく飛ぶツバメたちの輪遊び」）。

ホイットマンはティンバー・クリークで最初の詩の自己へと戻っていった。朝早く、足をひきずりながら畦道を歩き、黄色い花をつけた背の高いモウズイカの前で足を止め、毛の多い茎や光を反射している葉の面を調べた。「毎年今では三回目の夏になるが、彼らと私は静かに再会する」。彼は参加する官能性を取り戻した。そこでは「対象」と「主体」が解け合って、存在によってとって代わられ、「見えざる医者」、彼はいまやそう呼ぶようになったのだが、の薬は「化学も推論も美学も、いささかもその説明を与えないだろう」。彼は癒されることを望んだ。「明澄なものよ、御身の紺碧の深奥に、わたしのような病症に効く薬をもっているのか」、と彼は空に尋ねる。「そして御身はいま、秘やかに巧妙に神秘的な力で目にみえずともそれを私に降り注いでくれるか」。

若いころもそうであったように、この老いた男にとっての薬は木々だった。黄色いポプラが小川のそばにあり、根元の太さは四フィート、高さは九十フィートだった。「なんという沈黙の雄弁さだ！　人間の特性である単なる〈見かけ〉と較べて、なんと落ちつきと〈存在〉とを明示していることか。……あらゆる天候に対して示すその頑固な常に変わらぬ木々の平静さによって、この気紛れなつまらぬ人間をいかに非難していることか」。動物と同じように、これらの木々は、愛を失っても、欲望が満たされなくても、文句を言わない。それらは自身を称賛する。ホイットマンはドリュアス（二〇）の空想を抱くようになり、木々が話しかけてくるのを夢見た。「人は、樹木の中にある抗がい難い無言の力の神秘的な現実性に恍惚となり、人間が樹木に恋わずらいしたという古い寓話にも驚かなくなる――〈力〉……」。

ホイットマンはたわむ若木を使って手足を訓練することを思いついた（「自然の体操場」と呼んでいた）。初日、彼は樫の若木を押したり引いたりして一時間ほど過ごした。その木は男の手首のように太く、高さは十二フィートだった。「しばらくその木と相撲をとると、その若々しい生気と活力とが地中から湧き上がってきて、頭のてっぺんから足の爪先まで、健康を招く酒のように、体中でうずくのが感じられる」。彼は歌い始めた。「発声練習をはじめる。私の覚えている詩人や戯曲の中から感傷、悲愁、憤怒等、朗誦詩篇を高らかに叫ぶか――あるいは肺を一杯にふくらませて、南部の黒人から聞いた荒々しい歌やリフレインや、愛国の歌をうたう……」。一八七六年の夏の間じゅう、彼は木々と相撲をとって過ごした。

ホイットマンの戦争中の看護は、愛に対して彼の心を開かせた。それは彼の人生を変えた。戦争以前には、後にドイルやスタフォードと築いたような関係――激しく、明瞭で、長く続く――は見られない。だが、それほど心を開いたために、傷つくこともあった。彼の血には、治療すべき何かがあった。「ぼくのからだを誰かのからだに触れさせることそれはぼくには堪えきれぬほどの法悦だ」。人間愛によって自分を治療できなかったのは人生の悲しみだった。当惑した動物のように、彼は最後に木に戻っていった。しかし、ティムバー・クリークの話をする前に、彼が打ち明けたように、「事業、政治、歓楽、恋愛その他の中に存するもののすべてを尽くしたのち――これらのどれ一つとして結局は満足できるものではなく、あるいは永遠に続くものではないということを知ったのち――一体何が残るのか。自然が残る……」。人生の悲しさを超えたところに、天賦の才は存在する。すなわち、ホイットマンは、ギブ・アンド・テイクを見つけて自分を癒し、緑の力を見つけて血の腐敗に打ち勝った。彼は無学の少年と決して結婚しなかったが、いっそう無学な自然から美徳を受け、それを言葉にした。

原注

(1) ホイットマンの人生の軌道を見つめたとき、彼がより抽象的な精神性に向かう傾向を人は認めることができる。年とった男として彼が書いた『草の葉』は肉体の歌のコレクションであった。しかも彼は「目に見えない魂が絶対的に最後は支配する」ことを示す二番目の本を書きたいと思っていたとも書いている。それにもかかわらず彼は、「このことは自分の力ではどうにもできない。肉体的なものと感覚的なものが……私を捉えつづけ、決して完全に解放されることはないのではないかと思う」とつけ加えてもいる。

(2) ホイットマンが南北戦争時の病院における仕事のために、後になってお金を集めようとしたとき、ボストンから友人が次のように彼に書いてよこした。「超絶主義の『お上品な』紳士淑女の間で、ここではあなたに対する偏見がある。あなたが生殖器官を恥ずかしく思っていないと信じられており、どういうわけか、それは去勢された男だけが看護に適しているという彼らの論理の結果であるように思われる」。

(3) この蛤貝は空腹な魂が描くファンタジーに現われたものと同じものだ。「さて私は私のことや彼のことなどを話しましょうか？　イカや蛤貝の貝殻以上の激しい感情を私の心はもちろん持っているのです」。

(4) これらの詩行がとられている詩は、D・H・ロレンスが鋭く「ホイットマンは生涯の終わりには、非常に素晴らしい詩人である」とコメントしたもののひとつである。この言葉はホイットマンが単に死についてのみ語る詩人にすぎないことを時に示すぐらい、その語られた文脈なしでしばしば引用される。けれどもここでの文脈は私が提示しているものと同じだ。ロレンスは「生涯の終わり」と述べ、次のように付け加えている。「我々は皆死ななければならず、その後、分解する。我々は生きている間にも死なねばならず、また、分解しなければならない……何か他のものがやってこよう。『果てしなく揺れる揺籃から』」。

（5） 贈与としての増殖について話すためには、ホイットマンは性に対する彼の習慣的な公平無私な態度を断念させられる。男性の本質は精子を射出し、女性のそれは赤ん坊を出産することだ。

（6） ホイットマンが魂と呼んでいるもののほかに別の「語りの中心」がある。知識人は話をすることができる——周知の世界を記述することができる。論理的な結論を引き出す。けれども物言わぬものに対する語りを創造することはできない。自己が語ることができない内容に言葉を与えるのは目覚めた魂の持つ動作である。「初めと終わりを語る……語り手たち」にはとうていできないことで、ただ魂や想像力、瞑想やゲニウスのみができることなのだ。

（7） 私が祝賀について話すとき、われわれのすべての芸術が陽気な確信であるべきだというようなことを意味してはいない。悲しみや喪失について語ることもまた応答的な語りであり、祝賀の形式のひとつなのだ。もちろん、私はその言葉を広く用いる。ちょうど誰かの命日を「祝う」ことについて話すときのように。「歌うべき悲しみ／黒い水を飲まなければならない」、とスペインの詩人ホセ・ルイス・ヒダルゴは述べる。誰も深い悲しみの黒い水を歓迎しない。しかしそれが来るとき、それはまた受け入れられ、明瞭に表現されよう。語られた悲しみ——あるいは絶望、あるいはあこがれ——それは失われたものを述べる。語りを通じてわれわれはわれわれが持っていないものの霊を生かしつづける。われわれは死者の名を口にすること、また必要ではあるが見いだすことができないものの名を口にすることによって、精神的に生き残る（ところで、ホイットマンはこのことをめったにしない。ただ『カラマス』や老年になってからの若干の詩においてだけ、彼が見いだすことができなかったものを名指そうとしているのを感じる。彼は賛美を主とする詩人である。「私は悲嘆についての言葉は持っていない」と彼は以前に書いていた。たしかにその証拠には、彼の悲しみのいくらかは無言のままであり、彼の強い感情のあるもののもまた生命を見いださなかった）。

（8） カリフォルニアのユダヤの老人福祉施設の記述のなかで、人類学者バーバラ・マイヤアロフは物語ることについて次のような考察を述べた。「物語は言葉の再生で、語られることにより生気を帯び、人から人へと伝えられ、正確さや法から解放される。ブラッラヴのニックマン師《ラビ》は、教えの記録は破棄するようにと命令した。彼の言葉は口から口へと伝えられねばならず、心によって心の中でそらんじられねばならない、と。「私の言葉は服を持たない」と彼は言った。「人が他人に何かを語るとき、ひとすじの光と、照り返される光とが生じる」。

口頭伝承――物語、歌、詩歌などは口から口へと伝えられ――生き生きとした語りの贈与を保持しつづける。詩人ゲーリー・スナイダーは、インタビューで、なぜ口頭伝承は合衆国では強力ではないのかを尋ねられ、次のように答えた。「個別の名前を強調したり、テキストを純粋に伝えることに力を注いでいるから」。

こうしたことへの専心が、つまり市場への関心や権威者集団《アカデミー》への配慮などが、芸術を贈与ではなく所有財産という作品として扱わせている。

（9） これはわれわれが芸術家の人生によりその作品を読み解くことができないひとつの理由である。もちろんわれわれは芸術家の伝記を読むことで何かを学びはする。しかし真の芸術家は、芸術家の実体験がその創造物を説明し尽くすことはできない、という不思議な感覚をわれわれに残すものだ。

（10） たとえば、毛沢東の政治美学においては、「文学や芸術作品は……党により設けられた革命の仕事に従属させられる」。

（11） ホイットマンの最近の伝記作家であるジャスティン・カプリンが、ホイットマンの症状はおそらく、塩化第一水銀の過量摂取によるひどい高血圧と、水銀中毒とを示していると述べている。

訳　注

（一） エマソン（一八〇三―八二）　米国の思想家、詩人。コンコードにて思索と読書と著作の静かな生活を送った。人間は自然の一部。自然は神の意志の反映。したがって人間は神性を受けているので、自然に近い生活をし、その神性を発展させようというトランセンデンタリズムを主張。

（二） 聖マルティヌス（三一五？―三九七？）　フランスの守護聖人。トゥールの司教。

(三) ペイン(一七三七―一八〇九) 英国生まれの米国の思想家、作家。
(四) スートラ 仏教の経典のこと。
(五) カビール(一四四〇―一五一八) 中世インドの宗教改革者、詩人。ヒンドゥー教徒とイスラム教徒とを融和させるため一神教を説いた。現世肯定の激しい情熱が見られる。
(六) シェーカー教徒 十八世紀中頃英国に起こり、米国に現存するキリスト教の一派。その礼拝の一部をなす踊りからその名がつけられている。
(七) ペンテコスト派 二十世紀初め米国に始まったファンダメンタルに近い一派。
(八) チャーンシ(一五九二―一六七二) イギリス生まれの米国牧師、教育者。ハーヴァード大学学長(一六五四―七二)。
(九) ダヴンポート(一七一六―五七) アメリカの〈大覚醒〉期における巡回説教者。コネティカット植民地のスタンフォードに生まれ、一七三二年イェール・カレッジを卒業。過度に激情にかられた説教や既存の教会に対する攻撃により、一般の反感を招き、他の伝道者の支持も失った。
(一〇) ロレンス 序論訳注(三)参照。
(一一) ダルウィーシュ イスラム神秘主義教団の修道者。
(一二) レヴィン(一九三九―) 米国女流詩人。
(一三) コンラッド 序論訳注(一)参照。
(一四) キーツ(一七九五―一八二一) イギリス・ロマン派の詩人。『エンディミオン』(一八一八)他。
(一五) サンド(一八〇四―七六) フランスの女流小説家。ショパンやミュッセとの恋愛は有名。代表作『自叙伝』(一八五四―五五)。
(一六) ブライ(一九二六―) 米国の詩人。文学雑誌『シクスティーズ』を編集。
(一七) ロングフェロー(一八〇七―八二) 米国の詩人。『エバンジェリン』(四八)などの長編物語詩が広く愛読されている。
(一八) デーナ(一八一五―八二) 米国の小説家、弁護士。水夫のための弁護士として活躍。

（一九）　レトケ　八章訳注（五）参照。
（二〇）　ドリュアス　ギリシア神話における木の精、森の仙女。

第十章　エズラ・パウンドと野菜通貨の運命

I　光の散乱

「神々のイメージが……精神を瞑想へと導き、分割されない光の伝統を維持する」とエズラ・パウンドは書いた。けれどもエズラ・パウンドの詩歌あるいは政治経済学に向き合う人々は、彼らを導くどんな光もそこに見いだせない。何かがその光をあらゆる方向に散乱させてしまっている。したがってパウンドについて話すなら、まずわれわれが専心すべきものはまさにその散乱した光ということになろう。

一八八五年、ホイットマンが死ぬ七年前に生まれたパウンドはフィラデルフィア付近で大きくなった。そこで彼の父親は米国造幣局における試金分析者をしていた。彼はペンシルバニア大学に在席し、短期間、ニューヨーク北部のハミルトン大学へも通った。卒業後、パウンドはインディアナのウォーバッシュ大学で教えた。しかしそれも長い間ではなかった。ある朝、彼の下宿屋の女主人が、彼の部屋で「女優」を見つけて、そのことを大学当局に報告してしまった。大学側は彼にその女の人と結婚するか、そうでなければ大学を去ることを提案した。そこで彼は立ち去ったのだ。事実彼はアメリカを去り、第二次大戦が終わるまで、二度の短い帰国をのぞいては、帰ることがなかった。大戦後アメリカ合衆国は、第二次大戦中、日独伊枢軸国に、言論で加担した国事犯として彼に帰国を命じたのであった。

　エズラ・パウンドの長い人生（彼は一九七二年になって死んだのだ）の間に彼はたくさんの著書と共に、八百ページにも及ぶ『詩編』と、入念な経済理論を広めた。この詩人の作品と運命を述べるにあたり、われわれは芸術についてのものと共に政治についてのものの、いずれにも触れることになろう。ここでわれわれの注意の多くを引くであろうものは政治だが、それを強調するからといって、完全に詩歌を軽視することにはならない。なぜなら一方の政治について語るときには、他方の詩歌について少なくとも概略を述べるようになろうから。この二つは同じ構想をもつように私には思われる。すなわち、増殖の力と規律の力の間でゆれるパウンドの気質に内在する対立から生じている。言い換えると、魂の持つ二つの力、想像力と意志力の対立からきている。何人かの人々がそのことを指摘してるが、クラーク・エメリーこそ、パウンド自身が使ったであろう用法でそれを述べた最初の人であっただろう。「『詩編』に見られる」緊張の一つは……自然の多産性を示すエレウシスの（あるいはディオニュソスの）概念と人間の秩序に関する孔子の概念とを結び合わせる努力である。……エレウシスのエネルギー無しでは文明社会は起こらないであろう。孔子の秩序無しでは文明社会は自滅する。闘争と秩序という二つの力が釣り合うとき、文明が生じ持続する」。(二)

　「縫う前に人は裁断しなくてはならない」と格言は言う。したがって話を始めるためには、われわれはこうした二つの力の原型を裁断せねばならない。まずエレウシスの多産性から始めてみよう。

　パウンドは「異教」としてすべての多神教にひろく言及した。彼がそれらについて話すとき、彼は神秘性、多産性、そして繁殖について語る傾向がある。パウンドの一九三九年の主張「宗教」は次のように読める。

異教には、ミステリウム(二)である交接に対するある種の態度や理解が含まれる。その他の儀式とは穀物の多産性の祝祭や太陽の祭り。そうした祝祭による再生がなければ、人々の心に宗教が戻ることはない。

十年ほど前、彼は書いていた。「どんな神秘であれ、その根底には」われわれが言うところの「自然の持つ統一性《ユニティー》への意識」がある。要点は簡単だ。つまり自然の多産性はその統一性に依っているということだ。したがって、もしわれわれがその統一性を認知することができないなら、その多産性の産物を長い間楽しむことはないであろう。古代におけるあまたの神秘的儀式はこの統一性の理解（と保存）に向けられていた。

しかしながらパウンドが、神秘について語るとき、彼は農作物の多産以上のより広いあるものを指そうとしている。散文テキストのなかに、パウンドは人が突然 *nous*《ヌース》(三)――「それはいかなる個人の心からも離れた、水晶のように透明で永遠的な海の、輝く……光にみちて、私たちを包む溶融状態の〔溶けて液状化した〕ガラス、の心」であるが――そのヌースの実在《リアリティ》を認識するさまを記述している。彼がエレウシスの神秘性について語るとき、その再生が自然の多産性の証である小麦についてだけではなく、精神の多産性を証すこの光についても述べているのだ。エリオットに宗教的な信念を明らかにするようにかつてそそのかされたとき、パウンドは（孔子とオヴィディウス(四)にわれわれの注意を向けたあと）次のように書いた。「私はエレウシスからの光が中世を通じて持続して、プロヴァンスやイタリアの歌に美を添えたと信じる」。この「分断されない光」は芸術に美を誘発するが、また逆もしかり――すなわち、芸術美が人の心にこの光の知識に、気づかせたり、目覚めさせたりする。

繰り返し、エッセイや『詩編』のなかで、パウンドは自然のこの統一性を分断したり、分散させると、多産性が破壊されるという主張を明白にしている。芸術と精神生活においてはこの破壊的な力は抽象概念の一種であるといえる。

われわれは歴史の中に二つの力を見いだす。一つは神秘性がもつ統一性を分割し……もう一つはそれを瞑想する。明白に描写された象徴をことごとく破壊し、人を抽象的な宗教論の迷路に引きずり込み、一つなどではなくあらゆる宗教を破壊する。そうした力が存在する。

これ以上先に進む前に、今あげた一連の考えは、イマジズムの主要な信条の一部であることを指摘しておきたい。このイマジズムという文学運動では、パウンドの名前が永久に残るであろう。「抽象概念を恐れよ」はパウンド自身の一九一三年の宣言によれば基本的なイマジスト指令であった。「『平和にひたった薄暗い国』のような表現を使ってはいけない。それはイメージを鈍らせる。具象に抽象を混ぜている」。パウンドは漢字の研究へと引きつけられた。なぜならそれらはイメージの記述であり、具体的な言語であるから。絵文字〔象形文字〕は「詩的なままでなければならない」とパウンドは述べる。なぜならば、それらの書体自身が自然の統一性を破壊する抽象概念の「迷路」を阻むからである。彼は『読書のABC』のなかで次のように説明する。[五]

ヨーロッパでは、人に何かを定義するよう依頼すると、完全によく知っている単純なものから出発し、未知の領域へと常にその定義は向かう。それは身近なものより数段離れた、抽象概念の領域である。

かくして、あなたが赤が何であるか尋ねるなら、彼はそれは「色」であると言う。もしあなたが彼に色が何であるかを尋ねるなら、彼はあなたにそれは光の振動あるいは反射で、光の屈折であると言う。

そしてもしあなたが彼に振動とは何か尋ねるなら、彼はあなたにそれはエネルギーの一形式であるという。あるいは、あなたの存在ないしは非‐存在の本質に到達するまでの、もしくはあなたの存在の深さにつき入り、また超えるまでの何かであると言う。

けれども中国人がある概念を明確にしたいと望んだとき、彼はどのようにするだろうか？　赤を表わしたいとする。いかにして彼は赤の色彩を使わない絵で赤を示すことができようか？

彼は次のような絵の概略を描くであろう。

バラ　　　　桜

鉄さび　　　フラミンゴ

エズラ・パウンドは本質的に宗教詩人である。芸術における抽象に対する彼の警告は、芸術作品の精神的目的に寄与する。それらは単に形式上のアドバイスではない。イタリアの田舎の司祭がかつてリミニにある聖フランチェスコ寺院の角を曲がった――その寺院は『詩編』の英雄、シグモンド・マラテスタによって建てられたものである――すると詩人パウンドが祭壇に向かってではなく、建物の側面に刻まれた石像にお辞儀をしているのを目にとめた。パウンドは古い意味での偶像崇拝者であったので、像に対して礼拝していたのだ。『詩編』で最も注目に値するものの一つは、あの分割されていない光を具体的な文体で伝達するパウンドの能力である。

雨が打つ　長石色に染まり
陰鬱に、それに照り映えて金が光を集める
大海のように空は濡れ／流れる石板を降らす
　　　その光は海の洞窟のなかにある
美しいシプリィグナよ
　　そこでは銅が炎を投げ返す
釘で刺された眼からの炎が
　　　　その炎が緑の大気に吸収される。

老年では——。

自分の友人たちがお互いを憎むとき
　世界に平和がありえようか？
彼らの辛辣な言葉は私を緑の時代に遊ばせる。

投げかけられたしゃがれ声はやみ
　光が永遠にうたう
湿地の上に輝く青白い光
　そこでは塩生草の干草が潮流の変化に合わせつぶやく……

漢字と出会うはるか以前に、インディアナで教えていたとき、パウンドはウィリアム・カルロス・ウィリアムズ[七]に次のように書き送った。「私は芸術と恍惚にひかれる。私は恍惚を上昇する魂の興奮と定義し……その恍惚を他の人々へ伝達する唯一の手段かつ表現として芸術を定義する」。小説芸術についてのエッセイで、フラナリー・オコーナーはかつて次のように書いた。「小説家の世界は出来事にあふれている」。小説は「人間の姿をとった芸術である」と彼女は述べる。「地上におけるわれわれの存在の神秘を現実的なものとする、人生の具体的な詳細が小説には詰っている」。私はパウンドがその考えを大きく広げたと思う。すべての芸術は、事象に満ちあふれ、具体化されている。同様に、神秘を具体化してもいる。パウンドは正しい。ある知識は抽象化に耐えられない。ゆえに、そのような知識を維持するために、われわれは芸術を持たねばならない。液状の光、ヌース、自然の多産性、魂の高揚感——想像力だけがこうしたものの理解を明確に語ることができる。想像力はイメージでわれわれに語りかけてくる。

孔子（または孔夫子——この孔子の中国名をパウンドはよく使う）は詩編十三に最初に現われる。「孔子の秩序」についての重要な詩行は次のごとくである。

孔子はこう言って菩提樹の葉に書きつけた。

　自分を治めることがなければ
他の人に秩序を及ぼすことはできない。
また自分を治めることがなければ
彼の家は秩序を保てない。
　また王が自分を治められなければ
彼の国を治めることはできない。

「善の原則は孔子によって明確に述べられている」、とパウンドは彼の雑誌『エグザイル』で説明していた。「それは自分自身の中に秩序を確立することに在る。この秩序あるいは調和が特定の努力無しで一種の接触感染によって広まる。悪の原則は他の人々の問題に干渉することに在る」。

クラーク・エメリーは『詩編』におけるエレウシスの多産性と孔子の秩序の間の「緊張」について語る。しかしながら、なぜそのような緊張が存在しなければならないかが一目瞭然だという確信が私にはない。多産性には秩序がなくはない。秩序は自然の肥沃なものすべてに備わっている、そしてヌースの液状の光は、それを認知する人たちのなかに秩序を誘発する、とパウンドは言う。

　この液体は確かに
　　心の財産である
偶然ではなく　心が作り出す

ひとつの要素……
なんじはくず鉄のなかにバラを見たことがあるのか
(あるいは白鳥の綿毛のなかに?)
そのように光はしきりに促す、そのように秩序づけられた鉄の黒ずんだ花弁
忘却の川レーテ川を渡った私たち。

芸術および人のなすことがらのなかに、白鳥の綿毛に美を与えることに照応する力がある。そしてその力は美徳である(「光のなかの光に美徳がある」と、同じ詩編は述べている)。ちょうど電磁気が鉄くずの層に秩序を誘発するように、美徳は人間の作品のなかに秩序を誘発する。そして磁石のように、この磁石のイメージがわれわれにかくのごとく信じさせるのだが、美徳は「特別の努力もせず一種の接触感染によって」、その存在だけで、秩序をつくる。

しかしながらこの時点で、パウンドの秩序に対する考えのわずかな食い違いへとわれわれはつきあたる。彼の散文作品に妙な句がある——少なくとも、もしこの句を「接触感染」に関する句と並置したなら妙である——それは「秩序に向かう意志」という句だ。美徳は意志の力と同じではない。しかしパウンドにとって美徳の力を指揮するのは意志で、それゆえに、最終的には、秩序を媒介するのは意志なのだ。この句が使われていた元来の文脈では、「秩序に向かう意志」は社会の秩序に関係していた。人々の意志により社会が発展し、その構造が持続する、そうした人々と社会秩序に言及していた。パウンドの美学においてもこの意志の力は同じ役割をする。「芸術家が偉大であればあるほど、その創造物は永久である。そしてこれは〈意志〉の問題である」。クラーク・エミリーの書いた説明文の傍らに置いて

みたいと思わせる文章で、パウンドは次のように述べる。「エレウシスのエネルギー無しでは文明社会は起こらないだろう。孔子の秩序無しでは、それらは自滅してしまう」。この時点で、こうした考えの正当性を扱おうとは思わない。私はただ、パウンドにとっては、孔子の秩序が二つのもの、意志力と耐久性、に結びつけられていることを指摘しようとしているだけだ。意志力は秩序の力の元であり、耐久性とはその働きの結果である。

この章の後半で政治的な意志についてもっと述べたいと思う。今の時点では、芸術における意志力の役割について少し述べてみたい。芸術作品の完成には少なくとも二つの面がある。一つは意志が停止している状態であり、他方は意志が活動している状態なのだ。停止が第一歩だ。それは出来事や直観力やイメージでわれわれが感動したり、圧倒されたりして意志がゆるんでいるときである。〈題材《マテリア》〉は使われる前に流れはじめなければならない。意志はこの流出を促すことに無力であるだけではなく、実はその流出を妨害しているように見うけられる。というのも、芸術家は意志力を中断するために――薬、断食、昏睡状態、睡眠妨害、ダンス――さまざまな方法を伝統的に用い、その結果なにか「別の」ものがやってくるのを待つ。ついに何かが現われたとき、通常それは混乱状態で、個人的には感動的ではあっても、他の人にはあまり役立たない、少なくとも芸術作品としては。もちろん例外はあるが、しかし作品の最初の表現はめったに満足できるものではない。つまり、想像力自体にとっても満足のいくものではない。というのも、自分のいいたいことを言うのに努力が必要な人のように、想像力もその感情を明確に表現できるまでには吃音に悩まされるからだ。意志は題材を想像力へと戻す力を持ち、それが再形成されるまでそこに保持する力を持つ。意志は芸術作品の「イメージの萌芽」を創ることはできない。また、作品に形態を与えることもできない。しかしながら、エネルギーと想像力との呼応に必要とされる集中力を供給することができる。

芸術家は作品のこの二つの段階の比重のかけ方により分類されるかもしれない。ホイットマン、あるいはジャック・ケルアック(八)のような散文作家は意志の中断・阻止という範疇に入る。ホイットマンは草の上を転がりながら創作を始める。ケルアックの「近代的な散文のための信念と技術」という、三十の金言のリストには次の言葉が含まれている。

・すべてに従順となり、聴覚を全開せよ
・あなたが感じることはそれ自体が形象をなす
・精神の無言のものに心を寄せよ
・詩歌には、正確に何によるなどというものはない
・眼前のものを恍惚状態になるまで見つづけよ
・心の底から無秩序に、規制されずに、純粋にものを書け、それは狂おしいほど良好となろう。

これらの他にもう一つ意志を働かせない想像力の美学についてのものがある。それは「立ち止まるときは、言葉について考えてはいけない。ただもっとよく映像を見よ」というものだ。イメージが来るままに受け入れる「自然発生的なバップ(九)韻律」がそれである(イエイツの昏睡状態での著述は、この一つの例である。実際、ケルアックはこれを彼の手本とした)。「決して修正してはいけない」とはケルアックの戒律であった。彼は覚醒剤ベンゼドリンを吸入しながらタイプし、二週間座りづくめで、テレタイプ

ペーパーに「路上で」の初稿を書いたと主張したものであった。このような著述物は意志が大きく介在したものより、非常にオリジナルで、いっそう混沌としているものだ。それはとても個人的で、一層瞬間的なものでもある。その最上のものは、最初のメッセージを信頼して想像力を強化し、読者にその信頼を伝える。イメージと体験の無条件の転写すなわちすべて与えられたものを聖なるものとして扱うことから来る「狂おしい」エネルギーとともに、それは伝えられる。

意志に大いなる信用を寄せる作家は、瞬間のプラズマを永続性のある珠玉に代える作品を作る。（二〇）このような作品は修正――精度、抑制、知的な一貫性、イメージの密度、首尾一貫性などから生ずる美徳を持つ。ある種の著者について、意志の存在と創造の永続性とを関連づけたパウンドは正しいと思う。例えばイエイツは、彼の「幽霊」を育て、昏睡状態で書いたかもしれない。しかしケルアックとは異なり、イエイツは意志を育てた。彼は技をみがき、想像力が彼に与えたものを洗練した。

私は意志力について少々言及しすぎた。とはいえその理由の一端は、多産性と秩序の間の緊張を理解するには、パウンドの孔子についてのこの特別の要素を知ることが必要だからだ。パウンドの作品は不思議な矛盾を見せる。その作品は枠組として情愛に満ちた宗教的目的を明らかに宣言しながら、その目的が達成されていないのだ。『詩編』には、確かに、顕著な光の瞬間がある。しかし全体としてみると、その詩はそれが維持しようとしてきたまさにその統一性を散乱させてしまっている（そして最後の詩編の最終の数行は次のようだ。「私が愛するそれらのものに許さしめよう／私が作ったものを」）。パウンドの作品は、辛辣で、何かに憑かれていて、しかも失望し、議論好きで、いらいらしている。若きパウンドは「芸術と恍惚に興味を持っている」と書いた。しかし彼が書くようになった詩は「魂の高揚感」を伝えていない。それは苦悩する魂の感情を伝えている。

パウンドの散文の口調は、この矛盾に近づく糸口を与えている。「愚鈍」と呼ばれるものに対する彼の気短さは、特に意味深長である。例えば、『読書のＡＢＣ』の口調は、生徒の無知にいらいらさせられる先生のものである。共感してこの本に近づく読者は、講義を受ける劣等生かあるいはクラスを教えるいらいらした先生のように感じ始める。どちらでも共感は裏切られ、自己は分断される。エリオットは雑誌『クライテリオン』にシルビオ・ゲゼル（二二）の経済思想についての解説をパウンドに書くようにかつて頼んだ。パウンドは聴衆の愚鈍さについて、彼のいつもの苦情を提言した。パウンドにエリオットが言った。「私はあなたに、それを一度も聞いたことがない人々にこの問題を説明する記事を書くように頼んだ。しかしあなたは、読者がすでにこの問題について知っていながら理解しそこねたかのように書いている」。

もしわれわれが少しの間ホイットマンに戻るなら、これらの例が明らかにした怒りっぽさを推し量ることができるかもしれない。われわれはすでにパウンドの「宗教」を見てきた。ホイットマンのものは『草の葉』の最初の序文に見いだされる。

> これはあなたがするであろうこと。すなわち地球と太陽と動物を愛し、富を嫌悪し、求めるすべての者に施しを与え、愚かなものや狂人の味方をする……、神に関してあれこれ言わず、人々には辛抱強さと寛容を持つこと……、力にみちた無知な人々と一緒に、若者と一緒に、そして家族の母親と一緒に、心の向くままに進む……、あなた自身の精神を侮辱することはすべて退けなさい。そうすればあなたの肉体そのものが偉大な詩歌となり、その言葉によるだけではなく、その唇と顔に、目のまつげの間に、そしてすべての行動、肉体のあらゆる関節が無言の詩行となって、最も豊かで

流暢に流れるはずである。

パウンドの『文化案内』の冒頭のパラグラフとこの節とを対照してみよう。「教養や言説、愚行を攻撃するとき、必ずしも人を攻撃する必要がないことを忘れてはいけない……その人に対して教養が作られた、あるいは、その人ゆえに教養が非難される、などというように。人はかつて戦った同じ愚行と戦っているということもよくあることなのだ、そこに彼につづく人々もまた怠惰と愚かさから再び落ち込んでいるのだ。……」。大切な点はうまく語られているかもしれないが、隠されている想定に注意しなくてはならない。すなわち、われわれが愚行や、白痴的な行為や、怠惰などと戦った時にのみ文化は存続するであろうというものだ。あたかも文化がペンシルベニアの陸軍士官学校に送られた猫背の思春期の若者であるかのように。

私はこの一つの章だけでパウンドの心理の微細なところまで解明できるなどというつもりはない。しかし少なくともある直観を提言できる。パウンドが「愚行」と「白痴的行為」と「怠惰」と呼んでいるものはエロティックなものと関連がある。したがって、彼の気質のエレウシス的側面と結びついている。ホイットマンが理解したように(そして同じようにパウンドも時々理解したように)、創造的な精神の源泉は、「愚かなもの、狂ったもの、教育が施されていないもの」にあり、怠惰にもひそんでいる。多産性とはそれ自体は何も語らず、怠惰なものである。また次のようにも表現できる。統一性——自然の、あるいは「性交の……神秘性」の、ヌースの統一性など——には意志も分別も働いていない。それゆえ、もしわれわれが賢い思考とは思慮された思考であり、また活発な人とは意志ある人とのみ考えるなら、多産性そのものはほどなく愚行と怠惰に染められたかのように見えるであろう。

パウンドのいらだち、あるいはもっと良い言葉で言えば、彼のフラストレーションをエロティックなものに関連づけて話すことは奇妙に思われるかもしれない。そのことを私も承知している。けれども次のことは事実なのだ。彼は創造生活のそうした面にあきらかに価値観と力とを感じている。しかし彼は同様にそれによりいらだたされてもいるのだ。

この不調和の解消を求めているうちに、若き詩人としてのパウンドの寓話を思い描いている自分に気づかされた。パウンド自身がこの「上昇する魂」の経験を持ったときがあっただろうか。ホイットマンのように、あるいはギンズバーグのように、あるいは若きエリオットがボストンを歩いていて、通りや他のあらゆるものが光に変わる瞬間を味わうような、そうしたエピファニーがパウンドにもあったのだろうか？　このような瞬間は、生涯で一度か二度しか与えられないほどまれなものである。が、それでいながら生命を捧げる芸術作品の源泉としてずっと役立つものなのだ。こうしたエピファニーをパウンドは経験したであろうか？　もしそうであったなら、何がその後起きたというのであろうか？『パヴァナスと余談』のなかでパウンドはどのように神話的事柄が起こったかを瞑想し、思索してみた。それは次のようである。

原初的神話は、ひとりの男が真っ直ぐに「無意味」なもののなかに歩み入った時に、生じた。つまり、とても生き生きした、しかも否定し難いある冒険が彼の身にふりかかった時ということだ。彼はそのことをほかの者に話したが、その者は、彼をうそつきと呼んだ。そのひどく辛い経験の後、彼は自分が「木になった」と言っても、誰も彼が言わんとすることを理解できないことが分かったので、神話を作った——つまり、芸術作品を作った——すなわち、言葉で表現できる一番近いものとして、彼自身の感情が織り込まれた一般的、もしくは客観的物語としての芸術作品、神話を作った。物語は多分、他の人々のなかに彼と同じ感情のかなり弱いものを呼び起こしたはずだ。そして、それがついに神々についてのたわごとを理解できる人々の集団、熱狂的宗派《カルト》、を生じさせるまでとなる。

今述べてきたパウンドの思索と、これから引用する彼の『ペルソナ』のなかの最初の詩とを並べておいてみよう。

木

わたしは静かに立っている森の中の一本の木、
以前には見えなかった物事の真実を知る。
ダフネとアポロの月桂樹の弓のことや
神々をもてなして森の楡樫になった
年老いた夫婦のことを知っている。
二人が祈りをささげ、
自分たちの心の炉辺に
神々を招き、もてなした時、
初めて神々はそんな不思議なことをしたのかもしれない。
ともあれ、今では私は森の中の一本の木で、

以前私の頭では馬鹿げたことに思われた
数多くの新しいことを知ったのだ。

確かに、パウンドが自身が「木に変わった」のを感じたとき（あるいはもっと簡単に言うと、彼がトラステベレのサンタマリアのモザイクにより、自己の内面の中心へと突き動かされたと感じ、突然ヌースの実在を意識したとき）があったということをわれわれが想像しても、作品の精神を犯したことにはならない。また、彼の全存在で、彼の経験の価値を感じるやいなや、彼がその変身やその形象あるいはその光に奉仕して働き始めたということもなくはないように思われる。

それから、あの「辛い経験」がやってくる。人々は彼をうそつきだと思う。彼を最もつき動かしたことがらは、それもある意味ではしかたのないことだったが、まだ彼の時代と国では時流を得ていないことを彼は悟った。それ以上に悪いことには、彼はあらゆる方面から無視され、過小評価され、そして蔑まれ攻撃をうけた。ギンズバーグは彼の経験したブレイクの幻影に対する次のような反応について語っている。

私は私の経験の感動を呼び醒まそうと努め、人偽的に自分流の呪文《マントラ》のたぐいをとなえてアパートの周りを踊り狂った。「来たれ、精霊。ああ、精霊よ、精霊よ来たれ。来たれ精霊よ、ああ、精霊よ、精霊よ来たれ」。このようなマントラだった。私は、暗やみのなか、ハーレムの真ん中にあるアパートで、イスラム教の熱狂僧《ダルウィーシュ》のようにぐるぐる回り、精霊を呼び出していた。

そして私がそれについて話をしようとすると、誰もが私が狂ったと思った。［私の］精神科医のみならず、隣に住む二人の少女たち、私の父、私の先生、私の友人たちの大部分さえもそう思った。ところで、インドのような、精霊に対してひらかれた、また献身する社会にあったなら、私の行動と私の精霊への呼びかけはまったく正常なことと思われたであろう。もし私がベナレスの街角のジャガイモカレー店に移送《トランスポート》させられてそうした行動をしたなら、私はある特別な、神聖な精神状態にあるように見られて、座禅をくんで、瞑想するように、白熱した大地に追いやられただろう。そして私が家に帰ったときには、心のうちを話すように穏やかに励まされ、この問題を解決し、そしてそれから唯ひとり残されたであろう。

それは一九四八年のことであった。それより半世紀前のパウンドを想像するとよい！　彼のエピファニーといえる光の瞬間は、一九〇八年以前のある時に起こったのであろう。二十世紀の変わり目のアメリカは、大いなる精神の覚醒の時代ではなかった。アメリカの商業主義の拡張が頂点に達し、義和団の乱（二二）がちょうど鎮められた中国から、新たにスペインより「解放された」南アメリカへと急速に進展していた時期であった。米西戦争当時の米国の義勇騎兵隊がホワイトハウスに駐屯し、テディー・ルーズベルトが好んだ詩人、エドウィン・アーリントン・ロビンソン（二三）を除いては、アメリカ大陸では偉大な詩人はすべて息をひそめ、読まれることもなかったと思う。パウンドの苦難を、すべて外的な原因に帰すつもりはない。しかしたとえ彼の苦悩が内的なものとしてのほうがよく説明がついたとしても、彼の国の人々が多くのなぐさめを彼に与えたと言うことはできない。

　とにかく、彼の作品に見いだされるエロティックなものと分裂的な調子との奇妙なコンビネーションを理解し、その溝を埋めるために、パウンドのこうしたエピファニーの瞬間に私は思いをめぐらした。

『パヴァナスと余談』にあるちょっとしたこの物語は私の目を引きつけた。それというのも、失われた価値の辛苦や、伝えることのできなかった精神的な知識についてそれは語っているから。多産性への信奉は時たまきらめくように見うけられはするが、エズラ・パウンドの詩歌の表面にあるものは恨みと失望である。

ホイットマンのように、パウンドは彼の芸術の精神に対して受容能力のある世界に自分が生まれていないことを十分承知していた。

メイナー・ヘイマット
　そこは死者が歩いた所
　　生者はそこではボール紙で作られていた。

パウンドは決して彼の時代の不毛さを受け入れなかった。また彼が受け入れるべきだった理由もない。ともかく、その不毛さに対処する自分の能力に限界があることをも彼は受け入れなかった。何一つ存在しない大地を肥沃な土地に改造するためになすべきことはあまりにもたくさんある。自然やヌースやプリンスの統一性から調和《ハーモニー》が発散するかもしれないが、しかしそれを受け入れる用意ができていない人々に押しつけることはできない。電磁気は鉄くずでバラを形づくることができるかもしれないが、おがくずに秩序を導き入れることには無力である。多産性はある特定の状況では力をもたない。多産と秩序、想像力と意志力の間にある緊張のまことの原因は、この無力に対するパウンドの反応のなかにこそ見いだされるように思われる。われわれが「愚行」から「怠惰」へと落ち込むというパウンドの考えは、その逆のことを暗示している。すなわち、それを勤勉によって克服しなければならないということである。ホイットマンが芸術の目的が怠惰の長い時間を必要とすることに気づいているように、パウンドは芸術は修業と努力により完成するのかもしれないと想像する。妻がもう彼を愛していないことが発覚しても、深く悲しむことができない人のように、愛は力ずくで取り戻すことができるという盲目的信念でよりいっそう攻撃的になるような男がパウンドである。パウンドの孔子的側面は意志によってだけではなく、愛の無力に対するフラストレーションの度合いにただちに応じて強まる意志の堅固さによっても特徴づけられている。

われわれはパウンドの歴史の読みのなかにこのいくつかを見ることができる。あからさまな表現によれば、「孔子の秩序」の考えはアナーキストの理想のようで、秩序は圧制によって保たれるのではなく、「一種の接触感染によって」広まる。しかし実際には、孔子にひかれる人たちは、通常、州政府に仕えて(あるいは行政をおこなって)終わってしまう。中国の諺にも似たアドバイスには、公務員である間は孔子を学ぶべきであるが引退後は仏教を学べとある。なぜであろうか? 孔子が内を向いたときに彼は州官僚の「正しい秩序」を発見したように思われる(あるいは彼を見つけたのは官僚のほうだったかもしれない。いずれにしても関連がそこにある)。アナーキストが内面の、自然な、制圧的ではない秩序について話すとき、彼は突如として飛躍はしない。「もし君子が心の中に秩序を保っているなら、彼は自分の領土を秩序正しく保つことができる」というように。アナーキストは一人として君子を見いだせていない。少なくとも心をくだく領土を持つ君子を見いだせていない。けれども孔子は見いだした、同様にエズラ・パウンドも見いだした。

パウンドが己の内面に見いだした君子は詩歌が好きな人であった、ということにわれわれは注目しなくてはならない。「そして孔子は次のように語る……」とある詩編は告げる。『君子が自分のまわりに／あらゆる召使いと芸術家とを集めたとき、彼の富は完全に使われるであろう』」。芸術を好む支配者以上にパウンドを引き付けたものは、歴史上にも、政治上にも見いだせない。彼は秘儀に通じた「支配者」を愛した。それはオデュッセウスからルネッサンスの支配者にまで至り（マラテスタ[二四]、エステ家[二五]の人々、メディチ家[二六]の人々）、またジェファーソン[二七]――彼はフレンチホルン[二八]を吹く庭師を見つけてくれるようにと友に頼む手紙をたずさえて詩編二十一に登場する――からナポレオンに至る支配者である。ナポレオンは、詩編四十三で弓をとり次のように述べたと推定されている。

「芸術家は高く位置づけられる。事実、唯一社会的頂点にあるものだそこには政治的大動揺も決して届かない」。

そしてナポレオンからムッソリーニに至るまで、「イルドゥーチェ〔イタリアのファシスト党首の称号〕も孔子も人々が詩歌を必要とすることを等しく理解している……」。

けれどもこれらの人々は強いだけの男たちではない。ジェファーソンを例外として、彼らは皆がき大将である。これらの君子について話すときは必ず自信過剰な意志のことを人は述べる。『オデュッセイア』のなかでオデュッセイはトロイ人に苦しめられたのではなく、結局のところ、眠気、忘却、動物、空想、そして女たちに悩まされたのだった。彼は暴力、権力、狡猾、嘘、誘惑、そして虚勢によりこうしたこととかかわった。彼はロートパゴス人[二九]とともに、そこに滞在したいと望む部下をむちで打つ。彼は剣の先を突きつけてキルケー[三〇]をベッドに連れて行く。彼が故郷に帰航したとき、彼は今まで求婚者と寝ていたすべての侍女たちを殺害して情事に秩序を取り戻した。彼は古代世界におけるムッソリーニである。

パウンドに公平な扱いをするために、彼の英雄は強い意志の男たちだが、パウンドは悪意と善意とを区別しようと相当努力していることをつけ加えねばならない。「芸術家が偉大であればあるほど、その作品は永遠である。これは意志の問題である」とパウンドが述べるとき、彼は次のことも付け加える。「それは意志の方向性の問題である……」。善き意志はわれわれを高揚し、悪しき意志はわれわれを引きずり下ろす。パウンドは彼の英雄を善き意志を持つ男たちであるととった。エメリーは次のように述べる。「多分［『詩編』］では、善と悪は自由意志の方向性の問題であり、財力は……悪しき意志の最も強力な遂行手段である、と言っても単純化しすぎということはない」。

この二分法が引き起こす問題はそれが、もう一つの悪の型を排除していることである。つまり意志など役に立たないときの意志の使い方のことだ。このような悪は通常意志の強い人には見えない。善き意志は悪しき意志と戦うことができるが、そのためにはまず意志が必要とされねばならない。意志が停止されねばならないとき、意志が良いか、悪いかは関係がない。あるいはもっと極端な言い方をすれば、そのような場合には、すべての意志は方向性とは関係なく悪となる。というのも、意志が優位を占めるときには美徳が入る隙間はなく、秩序だった進行には誤りが逃げる切れ目もなく、無能な君子が人民より美徳を受け取る方法もなく、芸術家が、次々に涌き出るイメージを受けとめる瞬間もない。

意志を強化する芸術家は、覇権という危険を冒す。もし彼が自己を超えたものを受け入れる共感というものに、とても用心深ければ、意志の力が使い果たされたとしても、その場所を明け渡すようなことはしないであろう。家父長制社会に生きる男の場合は特に、意志力は想像力の機能を奪う傾向を持っている。イエイツの使い古された言辞――「レトリックとは想像力を働かせる意志である」――は、この状態を示している。なぜなら意志が単独で作動するとき、それは辞書的学問、統語論的な技巧、知的な文句、記憶、歴史および慣例に必然的に向けられる――そしてそれは実際にそれらを顕すことをさせずに想像力の成果を模倣するあらゆる源泉となる。情緒的なものの力に限界があるように、意志の力にも限界がある。意志力は生存と持久力について知っている。意志力は注意力とエネルギーを指図することができる。それはものごとを終えることができる。だが、意志力にかんする歌や夢をわれわれは想い出すことができない。また意志力で目覚め続けていることもできない。意志は美徳を指揮するかもしれないが、世の中に美徳をもたらすことはできない。意志だけでは魂を癒すことはできない。しかも意志力は創造することもできはしない。

パウンドは情緒的なものの限界を深く感じていたように思われる。しかし私には彼が意志力の限界を感じたかどうかは確かではない。『詩編』の大部分――特に一九三五年から四五年の十年間に書かれたもの――はイエイツ的な意味で修辞的なものである。その声には情緒的な熱いものがない。まるで理髪店でぶつぶつと政治に対する失望をつぶやく年老いた年金受給者のようである。特に歴史詩編は――中国についてのあらゆることや、ジョン・アダムズ(二二)についての長い描写など――死ぬほど退屈で、生き生きとしたイメージの特徴といえる驚きや複雑さや燃え立つようなものに満たされていない。それらはわずか二パーセントだけが詩歌で残り九八パーセントは不平と強迫観念である。すなわち、その理論は、ホイットマンが「話」と呼んでいた御託《ごたく》なのだ「善意」だけから創作された詩は、時に苦境にはまり、議論や説明となり、詩が守るべく生じたもとである永遠の神秘性を忘れてしまう。

私は一カ月一シリングを受け取らない、とアビゲイルにアダムズは
　　　　　　　　　　一七七四年に書いた
六月七日いくつかの植民地の委員会を承認する
ボウドイン、クッシング、サム・アダムズ、ジョン・A・ペイン（ロバート）
ふさぎ込み、瞑想し、熟考する
われわれは時に挫折したい人を時代の男としてとらえない
いとしい妻よ　費用をきりつめ、君の／目を農場にそそげ
輸入もなく、食事もなく、輸出もない、あらゆる虫が流れる
しかし彼らがそれを証明するまで
　　　　　実験で
彼らにそれを言ってもむだである
地方立法／それが基本／
　われわれは帝国貿易の問題で同意をする
外国と取引することは決して本質的なことではない
　チャールズ・フランシスは言い、中国と日本がそれを証明したように……

など、など、など。話は、われわれがピサの詩編で再び真の詩歌に到達するまで、二百ページにもわたり延々とつづくのだ。

ピサの詩編はどこで書かれたのであろうか？　パウンドは、同盟国を非難したラジオ放送をしたあの

第二次世界大戦の間、イタリアに滞在した。戦争が終わった時、米国陸軍は彼を捕えて、ピサの近くの陸軍刑務所に彼を閉じ込めた。彼らは残虐に彼を取り扱った。彼らは光があたる鉄条網の獄舎に彼を入れて戸外に放置したのだ。彼らは誰にも彼と話をすることを許さなかった。彼は挫折した。要するに、彼らは彼の意志を打ち砕いたのだ。彼は力ずくで後退させられ、高慢な誇りを捨て共感の想いへと導かれた。「彼の竜《ドラゴン》の世界にあっては、アリはケンタウロスである。(二二)／汝の虚栄を捨てよ……」。彼は一本調子の意見から脱して、再び内的世界へと導かれた。そしてしばらくの間、また彼の詩は詩情をとりもどした。

II　永続性のある宝

パウンドはかつてルイス・ズコフスキー(二三)に手紙を書いた。「私の詩歌と経済学は別個のものでもないし、対立してもいない。本質的に一つである」。その関連を例証し、そうすることによって経済学に話を移すために、私はパウンドと彼の仲間のモダニスト文学者についての古い逸話をまた語りたい。エズラ・パウンドがときどき横柄で、独裁的であることを誰も否定しないように思われるが、彼の性格の優しい側面の証言もまた残っている。それらのすべてが芸術と寛容の心との関連性を示している。

T・S・エリオットは第一次世界大戦の少し前に、船でロンドンに行った。彼は博士論文に取り組んでいた。彼はすでにいくつかの詩を書いていたが、その大部分は数年間引き出しに眠っていた。パウンドがそれらを読んだ。「それはなんと心を慰めるものであったことか」と、彼はハリエット・モンロー(二四)に書き送った。「ある男に会ったが、その男に顔を洗い、足を拭き、カレンダーの日付（一九一四）を心に刻み付けるようにと言う必要もないのだ」。彼はエリオットの詩「プルーフロック[二五]」を『ポエトリー』誌に送って、出版の労をとった。しかもモンローがその作品に手を加えることを拒否して、彼女にエリオットのアドレスさえも教えようとしなかった。パウンドの表現によれば、彼女が変更の要求の手紙を出して、エリオットを「侮辱する」かもしれないからである。

一九二一年にエリオットは『荒地』の詩稿をパウンドに預けた。パウンドは赤鉛筆片手にそれを通読した。彼はそれが傑作であると思った。そしてなぜその著者がこのような傑作を書き続けられないのか？　とも考えた。それはエリオットがロンドンのロイド銀行の事務員として働いていて、執筆の時間がなかったからなのだ。パウンドはエリオットをそうした仕事から解放してやることを決意した。彼は「素晴らしい英知」と呼ぶ予約講読を組織化した。それはエリオットを援助し、各々五十ドル払うことのできる人を三十人見つけるというものだった。パウンドはもちろんのこと、ヘミングウェイ[二六]、リチャード・オルディングトン[二七]、その他の人々も寄付してくれた。パウンドは熱中し、自らタイプライターをたたき、ちらしを印刷して、次から次へと手紙を送った（結局は、定期購読者は十分に見いだされず、またエリオットもこの騒動に困らせられた。しかしながら、一九二二年にエリオットがダイアル賞二千ドルを稼ぐのにそれは貢献したようだった）。

四分の一世紀たって、エリオットは彼の後援者であるパウンドの人となりについて述べた。

> 誰も自分より若い人々に、あるいは素質はあるが認められていないように思われる作家に対して、彼以上に親切であることなどできない。どんな詩人も、卑下ではなく、自身が詩歌で達成したものについて彼ほど謙虚になれようか。人々が、彼のなかに見いだした横柄さは本当は何か他のものな

のであろう。そしてそれが何であれ、それは彼の詩の価値に不当なものを与えてはいない。
彼は若い人たちの後援者であることを好み、同時に彼が身をおく芸術活動の場に活気を与える鼓舞者でありたいと望んでいた。この役割にあっては、彼はいくらでも寛容で親切であった。栄養不良と思われる苦闘する芸術家を定期的に夕食に招待したり、衣類を人にやる（ただしパウンドの靴と肌着だって他の人たちのように古いものであったけれども）ことからはじめて、就職を斡旋したり、助成金を集めようとしたり、作品が出版されるよう面倒をみたり、そしてそれが批評され、しかも称賛されるようにしてあげたりした。

W・B・イエイツがパウンドにジェイムズ・ジョイス(二八)の詩の一つを見せたとき、パウンドは、当時イタリアに住んでいたジョイスに手紙を書いた。ほどなくパウンドはジョイスの作品『ダブリン市民』を批評し、『芸術家の肖像』を文芸誌『エゴイスト』に連続ものとして掲載し、単行本として出版するように手はずを整えた。ジョイスは英語を教えてイタリアでの生活費を得ていた。そこでそののち、妻と子供と共にチューリッヒに移り住んだときも、同じようにして生計を立てようとした。その頃まで彼は『ユリシーズ』を執筆していた。ジョイスの労働の中心に芸術を据えようとするパウンドの努力は疲れを知らなかった。彼はジョイスのために英国の文学資金から七十五ポンドを絞り取ろうとイエイツを説得し、そのうえ自分の金二十五ポンドをジョイスに郵送した。しかもそれが匿名の寄付であると述べた。ジョイスに三カ月間、週二ポンドを送ることを作家協会にさせもした。

この二人の男がパリでついに出会ったとき、ジョイスは棒のようにやせて、長いオーバーコートとテニスシューズを身につけてやってきた。パウンドはロンドンへ帰る途中で、一つの荷物を英仏海峡を越えて送り届けた。その荷ひもをジョイスがほどいてみると、古着と茶色の古靴が現われた。
最後に、ウィンダム・ルイスが言っているように、

> エズラ・パウンドはハリエット・ウィーバー[二九]にジョイスについての考えを「売り込んだ」。その後その婦人は資金を蓄え、いろいろと画策し、ジョイスを一晩で一文無しの語学教師からつつましい利子生活者へと変えた。彼が十分にくつろいでパリに住み、『ユリシーズ』を書き、定期的に眼の治療を受けられるように。彼が非常に有名な人となるまで、これらの定期収入は彼のものであった。私はこれ以上は何も知らない。したがってこの「アラビアン・ナイト物語」の奇術師はエズラ・パウンドに他ならない。

類似の話がいくらでもある――ヘミングウェイ、フロスト、ブラント、カミングス、ズコフスキー、他。一九二七年にはダイアル賞の二千ドルがパウンドその人へ与えられた。彼はその金を利子五％のものに投資した（言い換えると銀行にそれを預けた）。そしてその利子を分配した。彼はそのうちのいくらかのお金をジョン・クアノス[三〇]へ次のように書状を添えて送った。「ダイアル賞の投資は一年につきおよそ百ドルをもたらすことになっています。最初の百ドルはすでに三つに分けられてありません。必要なら今週の早い時期に、十ギニー[三一]でどうでしょう。……同封のものは気候がもっとよくなったときに『エグザイル』のために何か書いていただく前払いとお考えください」。パウンドの雑誌『エグザイル』はまさにこのダイヤル賞の成果なのだ。

パウンドに来た富が彼を芸術に奉仕させた。ヘミングウェイが「エズラへの敬意」としてそのことを

次のように書いた。

パウンドは彼の時間の五分の一を詩歌に捧げた。残りの時間を彼は物質的にも芸術的にも、友人達の富を増やそうと努めた。彼らが攻撃されると、彼は彼らを弁護する。雑誌社に彼らを紹介し、刑務所に入っていればそこから救い出す。彼は彼らに金を貸す。彼らの絵を売る。彼らのためにコンサートを手配する。彼らについての記事を書く。裕福な女性たちを紹介する。出版社に彼らの本を出版するようにさせる。彼らが死にかけていると彼は一晩中座って、彼らの遺言書の証人になる。彼は病院費を前払いして、彼らに自殺を思いとどまらせる。

誰もがパウンドの精神のこの芸術に奉仕する部分に言及する。それは彼の生き方の基礎である。それぞれの逸話が単純な構成を持っている、すなわち、「素晴らしい英知」の話から古い茶色の靴の話に至るまで芸術に感動したときに気前のよい寛大さで彼が反応するのがわかる。このような人にとって真の価値は、創造的な精神に宿っており、世の中の事物は、何か別の錯覚による価値によらずに、この真の価値に従って動くべきであるのだ。パウンドのエッセイ「金は何のためにあるか？」は、それに対する答えで始まる。金は「公正に分配された国家の食物と商品を得るためのもの」である。タイトルは「なぜ適切な靴がジェイムズ・ジョイスに配られなかったか？」とあってもよかったはずだ。パウンドの経済理論に取り組むにあたって、これらの逸話を背景として用い、逸話の表わす精神を具体化した政治的経済を見つけだすひとつの試みとしてその作品をとらえると、最も得るところが多いと思われる。パウンドは創造的生命から発散する価値形態を複製したり、少なくとも支えるであろう「金銭体系」を求めた。彼はマルクス主義や中産階級の唯物論のいずれにも気をとられない。なぜならどちらも芸術家に対して何の余地も持ち合わせていないと感じられるから。彼は英国人――C・H・ダグラス少佐――の理論に魅せられていた。なぜなら、ダグラスはパウンドによると、「経済体系のなかに芸術、文学、娯楽の位置を主張した」最初の一人であるから。一九三〇年代にパウンドは一連の「金銭パンフレット」で経済についての彼の考えを明らかにした。その中で彼は二つの異なった種類の銀行を記述する――一つはシエナのもの、他の一つはジェノアのもの――最初のものは「慈善のために」、二番目のものは「人々をえじきにするために」設立された。彼の分析の最後は次のようだ。「芸術はジェノアで繁栄しなかった。ジェノアはルネッサンスの知的活動には何にも寄与しなかった。ジェノアの一分の一の大きさの都市がそれよりもはるかに永続的な文化的富を残した」。

大切なことは、シエナの銀行について、またダグラス少佐についてパウンドが正しかったのか、それとも間違っていたのかではない。大事なことは、パウンドの金銭理論は、そもそもの初めから少なくとも、芸術家の状況や文化の活気というところに向けて述べられていたことである。ルネッサンス後に芸術を蝕み、芸術家にほどほどの一足の靴すら手に入れられないなんらかの状況が生じたと彼は感じた。詩編四十六のなかに一五二七年という日付を見いだす――おおざっぱにいえば、小作農戦争、ルターの「申命記」についての説教とトーマス・ミュンツァーの殉教などの時代である――その日付と共に次のような詩行がくる。「その後芸術は不鮮明になり、その後デザインは地獄に落ちた」。中世末期が政治経済学に（そして宗教と哲学に）もたらした変化は、パウンドにとって価値観の変動を説明する試金石である。全体を説明するために、パウンドは高利貸しの宗教革命後の再現に焦点を合わせた。

詩編四十五

利子ではだれも美しい石の家をもつことはない
ひとつずつきれいにぴったりと切られて
模様が表面をかざる石の家を、
利子では
だれも自分の教会の壁に彩られた天国をもつことはない
「竪琴とリュート」
や処女がお告げを受けて
光背が切り込みから射しこむ天国を
利子では
だれもゴンザーガ（三二）と彼の子孫や妾たちを見ることはない
どんな絵も永く保つためやともに暮らすためにつくられず
ただ売るために急いで売るためにつくられる
利子、この自然に逆らう罪によって、
なんじのパンはますます饐《す》えてぼろぼろになり
なんじのパンは紙のようにひからびて、
山地の小麦も、混り気のない小麦粉も用いられることはない
利子では線は太くなり
利子では明確な輪郭は失われる

そしてだれも自分の住む土地を見つけることができない。
石工は石から遠ざけられ
織工は織機から遠ざけられる
利子では
毛糸は市場に回ることなく
羊も高利では益をもたらすことはない
利子は疫病のひとつ、利子は
乙女の手にもつ針を鈍くし
紡ぎ手の巧みも生かされない。ピエトロ・ロンバルド(三三)は
利子では世に現われず
ドゥッチオも利子では世に現われず
またピエル・デラ・フランチェスカもペリーニも　利子では現われない
「ラ・カルンニア」も描かれなかった。
利子ではアンジェリコもアンブロギオ・プレディスも現われず、
「アダモ・メ・ヘシト」としるされた石で教会も建てられなかった。
利子では聖トロフィム教会も建たず
利子では聖ヒレエール教会も建たなかった、
利子は鑿を錆つかせ
利子はわざと匠を錆つかせる

利子は織機の糸を噛み切る
だれも金の糸を模様に織ることを学ばない。
藍は利子で腐食し、緋色の生地は縫い取りをほどこされず
メムリングはエメラルドを見つけることがない
利子は胎内の子供を殺し
若者の求愛をとどめる
利子はベッドに、中風をもたらし
若い花嫁と花婿の間に横たわる
　　　　　自然に逆らって
ひとびとはエルウシスに娼婦をもたらし
利子の命令で
宴会に屍が並べられる。

この詩は中世末期の感受性で書かれたものだ。以前にこの問題をわれわれは扱った。他の学者の分析と同じように、パウンドはアリストテレス学派の「利子、すなわち自然に反する罪」からはじめて、伝統的な自然の比喩に従い、もしこのような「不自然な価値」が市場を支配するなら、すべての他の価値の領域、すなわち人間の求愛と生殖はもとより、工芸と芸術、そして最終的には宗教に至るまで朽ち果てるであろう、と宣言する。初めのほうの詩編のなかで、イタリアを訪問した若いパウンドは「神々が青々とした空に浮かぶ」のを見る。「その青い空が利子により緑青色を帯びた」とき、精霊そのものが

病んでしまったのだ。

この詩は中世の主張を持っているにしても、近代的な詩だ。私はここで二十世紀の高利貸しの一例を取り上げようと思う。前章の主張を思い出し、現在の枠組みのなかにそれをおくために。「高利貸し」という言葉で、パウンドは金銭のローンに対する法外な賃貸料を通常示している。他の時には「購買力利用代金」を単に意味している。しかしパウンドもまた、高利貸しを想像力の生命と関連させている。したがってその関連のなかにこそ、われわれは真の意味を探さなくてはならない。われわれが探し出したいのは高利貸しの精神であり、ローンに適用されるパーセンテージではない。

近代的な高利貸し精神の例として、子供向き商品市場という二つの例をあげてみよう。何年もの間フィリップ・ダフティは『ニューヨーク・タイムズ』誌上に広告についての魅力的な記事を書いている。これらの記事の一つで、ユニオン肌着会社（ＢＶＤとフルート・オブ・ザ・ルームの製造メーカー）が子供の商品市場で、一九七七年にその利益を増やし始めたと述べている。会社の調査員は合衆国の子供たちが一年で二億五千万組の上下一対の肌着を着つぶすことを認めていた。販売価格を一対二ドル二十五セントとして、年商約六億ドルとなる。これを念頭に入れて、会社は広告代理業者を雇い、代表的な広告キャラクター（スパイダーマン、スーパーウーマン、スーパーマン、アーチー、ヴェロニカなど）を使用するために一連の漫画雑誌会社と次々に契約した。これらのキャラクターの像やバッジが下着に印刷され、現在「Underoos《ウンデルーズ》」と命名されて、一対四ドル七十九セントと値札を付け替えられている。これは通常プライスの二倍以上なのだ。『タイムズ』のコラムニストは次のように報告している。

「このような商品は以前はひとつもなかった」と［ジェイムズ・W・］ジョンストン氏［ユニオン

会社の市場担当副部長」は説明する。彼はこれが従来の肌着より高い利潤を生みだすだけではなく、より秀れた宣伝効果があり、下着に関して『初めて買うときの判断に、子供たちが影響を及ぼす』ようにさせた、と主張している。さらに彼は若者向きセット商品で『物欲』をあおることについて、話をすすめる……」。

ジョンストン氏は……後に次のように語った。「宣伝は下着製品を売るのには必要ない。なぜなら下着は必ず売れる商品だから。しかし宣伝は、子供たちの文化のなかで永遠の部分としてこれを確立するために必要である」。

これとはわずかに異なる市場でのことだが、アメリカで二番目に大きいファーストフードチェーン、バーガーキングの調査員たちは、家族でファーストフードに出掛けた場合、三度に一度は商品《ブランド》を選択するのは子供であることを発見した。疲れはてた父親が家に帰って来、そしてくたびれた母親が「外食しよう」と言うとき、父親は「どこか安いところで」と言う。そしてそれから両親は子供たちの言うとおりにする。この市場での小売販売高は一九七七年には百四十五億ドルであった。だからその年、子供たちの願望がおよそ五十億ドルの行方を決めたことになる。

一九七七年にバーガーキングは一つのキャラクター——バーガーキングと命名された奇術師——を開発したが、それはロナルド・マクドナルドという名のピエロに代表されるマクドナルドからおなかがすいた子供たちを引き離し、自分の店におびき寄せようという試みであった。バーガーキングはアメリカの子供たちに小さいおもちゃ四百万ドル分を「与える」という「景品」プログラムの投資にも乗り出した。「これはロナルドからキングへと愛着を移し替えた子供に対して与える、形のある報酬だ」と、バーガーキングの販売副部長は語った。彼らの奇術師が子供たちの愛着を引きつけて勝ち取ることができるかどうかを見ようと、年間四百万ドルの広告費を使う用意をバーガーキングはしたのだった。

いくつかのことがらがこれらの広告キャンペーンのどちらをも特徴づけている。最初に、それぞれの会社がイメージを売り込むことによって利益を得ようとしている。イメージはどんな種類のものでもいいというわけではない。奇術師やピエロ、超能力を持つスーパーマンやスーパーウーマンが、子供たちは大好きだ。それは子供というものは無力なため、想像力により自分の無力さから解放されることを求めるためでもあるし、また超能力の人々はおとぎ話や神話に属するからでもある。第二に、この販売形態は、ギフトのおとりを使っている。バーガーキングの「景品」のおもちゃは法的には、ギフトではなく、賄賂である。しかしながら販売は、この区別をわざとわからなくするように気を配っている。なぜなら販売の意図は子供たちが製品にとびつくようにギフトの力を使うことにあるから。すなわち、ギフト交換から生ずる増加のためにきずなが使われるのではなくて、販売利益のために使われているのだ。最後に、これらのキャンペーンは、子供たちが大人ほど皮肉屋ではないために、子供たちに向けられている。子供たちは原型的イメージにより容易に心が動かされやすく、情緒的きずなから自分を切り離すこともできにくい。さらに、子供はお金を握っている大人に対して、感情的に訴える必要がある。収益はこの方式に依存している。つまり、純粋で想像力豊かな子供と、金を持っている親と、その両者の情愛深いきずなに。ウンデルーズを市場に出した人々は、洋品店ではなくスーパーマーケットでそれらを売った。というのも、子供たちは母親に伴ってよくスーパーへ行くからだ。もしきずなの二番目の要素、つまり親と子のきずなを販売時に欠くようであれば、販売促進戦略全体が壊れてしまうと彼らは考えたのである。

古い意味での高利貸しが、贈与交換の相互性とその増殖の合理化に適用される。元本と利益が品物の元の「所有者」に戻ってくるということを、交易の前提条件とするためである。この合理化が進むにつれ、物は残るが、交易の情緒的、精神的増加は失われる。高利貸しの罪は善意をその媒介物から断ち切ることである。高利貸しはギフトであるべきものを賃貸する（あるいはギフトであるべきものを売る）。したがって、誰かがギフト状態を収益状態に変換しようとするときにはいつでもこの意味での高利貸しが生じる。さらに、高利貸しは商品形態とギフト形態の区別をぼんやりさせることが自分の利益になることを知っている。なぜなら、商品形態がギフト形態のエネルギーを借り利益を得ることができるからである。要するに、高利貸しは情愛のエネルギーを金銭に、善意を利益に、価値を値段に変換するのだ。

高利貸しは、様々に変化して生計を立てているから、真の友でも、他人でもない。彼は朝テレビを使って、子供たちに自分を気に入られるようにする。母親が午後食物の買い出しに出掛けたときに、販売利益を増やせるように。彼はあなたの家族の健康を心から心配はしていないかもしれないが、砂糖には砂糖、塩には塩というように少なくとも本物を与える単なる商人とは種類が異なる。高利貸しはこうした物の平衡に甘んじてはいない。自分は「甘い汁《ジュース》の商売」をしている、とシカゴのペテン師は言う。彼は生命を与えるジュース（この場合幻想と愛着）を金銭に変換しているのだ。

バーガーキングとユニオン肌着は現代の高利貸しである。子供たちの愛着は、情緒的生活と想像力の中に根を張るイメージキャラクターとまがいもののギフトを次々に提示する市場へと、引き込まれていく。それから子供の目覚めさせられた欲望は愛情のきずなを伝わり大人の感情に訴える。すると大人は、子供との情愛のあるかかわりゆえに、判断を棚上げし、贈与の心理に浸り、現金を手放す。結局、高利貸しは、愛情と想像力が活発に働くきずなが、彼自身の利益のために、彼自身の製品へ向けられていくことを探り当てる。このシステムが働くとき、つまり子供たちが新しい製品に彼らの「愛着を切り替える」とき、広告会社や宣伝マンに、漫画雑誌会社の特許権使用料に対して十分支払いができる利益が出たとき、そのときにはイメージキャラクターは宣伝により「生き」続けさせられ、それらは「子供たちの文化の永久に残るもの」となる（広告は商品文明の「文化」であり、そしてイメージキャラクターは、それらが利益を生む限り、「生き」続ける――通常は約一年であるが）。

だが、商業主義に流されるときにはいつでも、見知らぬ人が料金を集めているところを常に通らなければならないとしたら、愛着と想像力の運命は、はたしてどうなるのか？

利子は胎内の子供を殺し
若者の求愛をとどめる
利子はベッドに、中風をもたらし
若い花嫁と花婿の間に横たわる。

善意がそれを伝えるものから切り離された途端に、物質は精神を失った状態となって増殖する。人間の手が作り出したものであるにもかかわらず、なんら社会的、精神的感情を伝達しない物が現われはじめるだろう。

利子は技と匠を錆つかせる。
利子は織機の糸を嚙み切る。

われわれはいまやイマジズムに対してわずかに異なった用語で語りかけることができるかもしれない。もし、あなたが想像力に心を向けるにあたって、パウンドの具体的な話に対する要求（とその要求のもつ精神的目的）で始めるなら、あるいはウィリアム・カルロス・ウィリアムズの「思想ではなく物で」で始めるなら、あるいは、T・S・エリオットの「客観的相対物」で始めるなら、そして、もし、カレンダーの日付が一九一四年であるなら、あなたは苦境に立たされている。なぜなら、すべての客観物が思うがままに売られるとき、高利貸しが家族の衣食の中にさえその居場所を見いだしているとき、客観物は、もはや十分な感情的かつ精神的である生命をもたらすことができない。想像力が商品のなかに感情と精神とを具現化しようとするとき、感情と精神とは奇妙にも尽き果ててしまう。確かにこの状態は、男性と女性がコーヒースプーンとタバコに囲まれていても、互いに話をすることができないというエリオットの詩のなかでの憂鬱の一部である。『荒地』はマルクスの「われわれが互いに話すことができる唯一の理解可能な言語は……われわれ自身のそれではなく、われわれの商品とそれらの相互関係がもつ言語に過ぎない」という宣言についての注釈になるかもしれない。想像力は、何箱ものタバコやカフェテリアの盆が愛《エロス》の発散物ではないことを感知する。創造的な精神以外の、ある精神がそれらの製造過程に参与したのだ。このような素材で作品を作り続けている近代詩人の系列がある。彼らは詩のなかで情緒的かつ精神的である生命が制限されることを受け入れている（あるいは、まったく感じていない）。しかしもう一つの別の近代詩人のグループ——エリオットとパウンドはこちらに属する——は、喪失した生命の緊張を詩の中に書きこみ、失われた活気が詩の表面を乱すのを許している。こうした芸術家のうち何人かは、外へと向かい、商品の領域を制限することを約束するイデオロギーへと向かう。要するに彼らは、想像力の救済に着手し、その任務が、彼らを否応なしに政治へと導いたのだ。パウンド、ネルーダ、ヴァレジョといったそれぞれ気質がまったく異なる詩人たちが、皆「イメージで考える」ということに初めは強い魅力を感じた。しかし彼らは皆すぐにそれをやめ、政治へ転向してしまった。(三四)

しかしながら、さらに論を進める前に、もう二つほどエズラ・パウンドがギフトを与える逸話を語らなければならない――これらの二つの逸話は、この特異な詩人が詩歌から政治経済へと心を動かした方法に一歩われわれを近づけてくれる。

一九二〇年代末に、W・B・イエイツは、健康上の理由で、「ダブリンの冬を禁じられ」、パウンドと彼の妻が最終的に居を構えたイタリアの町ラパロに滞在した。この二人の男は、互いにぎこちなかった。当時自身の作品に自信のなかったイエイツは、パウンドに自分の新しい詩劇を見せた。するとパウンドは「不快だ！」という一語のコメントを最初のページに付けて返した。パウンドは政治以外は何も話そうとしなかった。『ビジョン』のなかで、イエイツは二人の夕べの散歩を思い出している。

時々夜十時ごろに、片側にはホテルが立ち並び、もう一方はヤシの木と海になっている通りを彼と散歩した。彼は骨と肉片をポケットから取り出し、猫を呼び始める。彼は猫たちのすべての歴史を知っている――斑点がある猫は、彼が食べ物をやり始めるまでは、骸骨のようにやせていた。あの太った灰色の猫はホテル所有者のお気に入りである。客のテーブルで食物を嘆願することは決してないし、ホテルのものではない猫を庭から追い出す。この黒猫とあそこにいるあの灰色の猫は数週間前に四階建の家の屋根の上でけんかをして、鉤爪と毛皮のぐるぐる回るボールとなって落ち、今は互いを避けている。

しかし、今あの光景を思い出すと、彼は猫になんら愛情を持っていないと私は思う。――「奴らのあるものはとても恩知らずだ」、と友は述べる――彼は決してカフェーの猫を抱いたりしないし、私は彼が自分の猫を飼うことなど想像もできない。

猫は虐げられている、犬が猫を怖がらせる、下宿屋の女主人たちが彼らを飢えさせる、少年たちは石を投げ、皆が軽蔑を込めて猫について話す。もし猫たちが人間であったなら、私たちは彼らの圧制者たちのことを考えぬかれた激しい言葉で語り、私たちの力を彼らの力に加えて、虐げられている人々を組織さえして、有能な政治家のように権力を得るために慈善を売ることができるだろう。私はこの新しい光をあててパウンドの批評を吟味できる。すなわち、不運につきまとわれ、戦争で不具になったり、寝たきりの不運にみまわれた作家たちに対する彼の称賛を……

イエイツはパウンドの寛容のなかにある種の冷たさを感じていた。ここでは贈与は単純な同情からは出ておらず、魂の抑圧されているある部分の権力を握りたいという欲望から出ているのだ。そしてイエイツはこれらのねじれた糸をほどいてみせる。なぜなら有能な政治家が権力を得るために慈善を売り物にするとき、慈善は生き残らないから。時折権力と寛容が共存することがある。しかしその調和は微妙なバランスで、まれにしか生じない。政治において――イエイツはパウンドのなかにこの点を跡づけたいのだが、――愛情と寛容は通常自らの自由を失い、権力の奴隷となる。(三五)

ソウル・ベローの小説『フンボルトの贈り物』のなかで、チャーリー・シトラインは権力と詩人について考え、自己破壊的な芸術家に対するアメリカの態度について思いを馳せる。彼は故人となった詩人を列挙する――エドガー・アラン・ポー、ハート・クレイン、ランドル・ジャレル、ジョン・ベリマン(三六)――そして次のようにコメントする。

この国はこの国の物故詩人を誇りに思っている。この国は、アメリカ合衆国があまりにも堅固で、あまりにも大きく、あまりに多彩で、すべてを含み込んでいくので、アメリカの現実は人を圧倒するものであるという、詩人の証言に素晴らしく満足している。しかも、詩人であることは、学校やスカートや教会のことのようにめめしいことなのだ。精神的な力の弱さはこれらの殉教者の子供っぽさ、狂気、酒びたり、そして絶望に明らかである。オルフェウスは石と木をも動かした。けれども詩人は子宮摘出手術も行なえず、ロケットを太陽系の外へ打ち上げることもできない。奇跡も権力も、もはや詩人にはない。したがって詩人は愛されてはいるが、それはここで成功できないからだ。詩人はひどくもつれた極悪なものに光を当て、次のように語る人々の冷笑を正当化するために存在する。「もし私がこのように堕落して鈍感な畜生、こそ泥、泥棒、ハゲタカなどではなかったなら、私もまたこんな状態には耐えていけないだろうに。ほら、あの善良で、優しく、柔和な人たち、私たちのなかで最善の人たちを見てごらん。彼らはみな屈服したんだ、かわいそうな狂人だよ」。

この文章は、二つの力を混同している。木を歌へと引きつける「力」は、人を月に送る「力」ではない。ブレイクの「エネルギーは永遠の喜びである」というときの「エネルギー」が「エネルギー危機」のエネルギーと同じでないように。だがしかし、これは現代の混乱でもある。われわれは毎朝起きるたびにそれを見いだす。抑圧された同情心のある男が、権力と引き換えに彼の同情を売り始める現代のドラマである。イエイツは、パウンドの政治学のなかに、われわれが詩歌のなかで表明したのと同じ緊張を感じた。すなわち、抑圧された同情から生まれた権力への意志が、それ自身の生命を獲得して、その同情から離れて生き始める、ということを。

　こうしてわれわれはムッソリーニへと至る。パウンドが彼のイタリアの英雄に言及する最初のものの一つであるために、しばしば引用される、ハリエット・モンローへ宛てたパウンドの手紙がある。「私は個人的にはムッソリーニに対して非常な好意を持っている。もし人が彼をアメリカの大統領（最近の三人）あるいは英国の首相などと比較するなら、実際どれほど彼に対して失礼であることか。もし知識人が彼のことをよく思わないとするなら、それは彼らが「国」および政府について何も知りもせず、特大の価値観を持ち合わせていないからである」。パウンドの発言の文脈は通常注目されない。この手紙の大部分は芸術家が生計を立てられない問題について述べている。モンローはパウンドにアメリカでの講演旅行を考えるように頼んでいた。パウンドは、それが彼を労働から自由にするのに十分引き合うものかどうかを尋ねている。「もし私がそれにすべてのエネルギーを注ぐなら、何の心配もない悩みのない数年を持ちたいものだ。貧乏はここでは上品で、高潔である。アメリカにあっては、貧乏であることにより、人はあらゆる方面から絶え間のない侮辱を受ける……」。手紙の後のほうには次のように書かれている。「あなたはポーの「タマムなんとか」という原稿に対して二万ドル払った男の心理を最もよく推察した詩を選ぶコンテストの特集号を出してもいいだろう。二万ドルから生まれる利子があれば、一生作家の生計を支えるだろう。こうしたばかな奴に欠けているものは、少しばかりの知性だ」。

　私が述べてきたように、パウンドは芸術家を厚遇するように思われるどのような経済体制にも魅せられた。そして、彼の考えでは、ムッソリーニは人々が詩歌を必要としていることを知るリーダーであった。さらに、彼は行動の人であった。彼は人々のために家を建てた。彼は沼地を農耕地に変えた。「チベリウスの時代からイタリアの知識人は沼地干拓について語ってきた。だが、ムッソリーニだけがそれを成し遂げた」とパウンドは言う。彼は「並はずれた暴露屋」であった。彼は金融業者のばか話をまともに扱わなかった。

　彼らは組合を持つはずだった
太鼓腹の一人が言う、
　千二百万の分け前がほしい
もう一人が　おれの分け前は三百万、
おれたちゃ八百万、と他のもの、
そこでボスが言った、だがあんたは
　その金で何をするのかね？
だが！　だが！　旦那よ、あんたは人に聞いてはならねえ
その金で何をするのかなんて。
それはおれの勝手だ。
また、ボスが言った、だがあんたは何をするのかね？

ムッソリーニは貨幣制度が、特に産業革命後は、貧困を取り扱うのではなく、富の分配に向けられるべきであることを理解していた。ムッソリーニは一九三四年のあるスピーチのなかで、「人々の心にしみ入るように」、四単語か五単語ごとに切って、非常に明瞭に話しながら、……生産高の問題は解決され、人々は今や関心を分配に向けることができるとムッソリーニは宣言した、とパウンドは報告している。

パウンドは大喜びであった。彼はロンドンの『クライテリオン』に死亡記事を送った。「ミラノの大聖堂《ドゥオーモ》広場で四時十四分に……、貧困の経済学が死亡した」。

最終的に、ムッソリーニは「秩序に向かう……、意志で満たされた」男であった。一九三二年の手紙で、パウンドは友人に忠告した。「ムッソリーニをけなしてはいけない……彼は最終的にはシギスムント(三七)、秩序の人となり、世の中のクズや破壊者などでは終わらない。人間の意志と現代イタリアの理解が成し遂げることのできるものは、彼がすでにこれを成し、そしてこれからも成し続けるであろうと私は信じる」。

これをもって、エズラ・パウンドがギフトを与える最後の逸話にわれわれはすすむことができる。一九三〇年代初期にパウンドの求めで、ムッソリーニがインタビューにローマで応じた。およそ十カ月前ムッソリーニの秘書に、彼はファシズムの業績、コルク産業、硫黄鉱山の状態について話をしたいと会見を要請してあった。一九三三年一月三十日の午後、パウンドはムッソリーニと会うことが許された。彼はムッソリーニにタイプした彼の経済についての考えの要旨とパリで数年前に出版された『三十の詩編の草稿』の上皮紙版を差し出した。後に書かれた詩編がムッソリーニの反応を伝えている。

「だが、これは」、
とボスは言った、「面白い」。
唯美主義者が行き着く前にポイントをとらえながら……

パウンドは彼への月桂冠〔称賛〕としてその発言を受け入れた。ムッソリーニに対する彼の賛美は非常な飛躍をとげた。一カ月を待たずして彼は小論『ジェファーソンそして／あるいはムッソリーニ』を書いた（「献身的な敬意」をこめてそのコピーをムッソリーニに送っている）。

この記述は少し妙ではないだろうか？　パウンドは、彼らが会う前に（あるいはその後でさえ）、本当にムッソリーニが『詩編』を読んでいたと信じたのだろうか？　彼は一度も儀礼的な会話を聞いたことがなかったとでもいうのだろうか？　そして首領《ムッソリーニ》は詩人について何と思ったのだろうか？　パウンドは言葉のあやなしに自分の意見を述べる頑固な習慣があった。われわれはムッソリーニの側近の複数のイタリア人のファシストが詩人を「情緒不安定」であるとし、そして彼の書いたイタリア語が「理解できなかった」ことを事実として知っている。とにかく、パウンドがムッソリーニのイタリアに詩人の国を見たように、ムッソリーニがパウンドのなかに政治詩人を見るほど、円熟していたとは思えない。会見の真の意味はパウンド自身の世界観にある。なぜならムッソリーニはパウンドが抱く孔子的側面の化身であるから。このような述べ方で言うなら、パウンドの、ムッソリーニへの『詩編』の贈与は、想像力が意志にゆだねられる瞬間を具体化し、記しているのだ。一九三三年にパウンドは文字どおり詩歌をムッソリーニに引き渡した。ギフトはその贈与の霊を破壊せざるを得なかった。なぜなら、ギフトにしても想像力にしても、秩序へ向かう意志の召使いとしては生き残ることができないからである。

III　生け垣にいるユダヤ教徒

彼を撃つな、彼を撃つな、大統領を撃つな。暗殺者はよりひどい報いに値しようとも、彼を撃つな。暗殺は殺人犯をふやすだけだ。……彼を撃つな、彼を糾明せよ、彼を糾明せよ。

エズラ・パウンド
ローマからのラジオ放送
一九四三年二月十八日

エズラ・パウンドの経済に関する考えを単刀直入に語ることは難しい。彼は単純に「二＋二＝四」などとめったに口にしない男であった。彼は、そう言うかわりに、「ユダヤ人の統制するラジオ放送の紛糾を黙らせた高利貸しや筋金入りのユダ公に完全に化かされたまぬけでなければ誰にだってわかるように、二＋二＝四である」と言うのであった。彼の主張の特徴は文末のところに表われている。つまり挑戦とからかいの言葉である。したがってわれわれは内容と文体という双方について語らなくてはならない——もしわれわれが本当に語るつもりなら。

ここでわれわれは必然的にパウンドの精神が正常か否かの問題に向かってしまう。第二次世界大戦が勃発したとき、パウンドはイタリアに滞在していた。彼は数年間ローマの大衆文化省で働き、アメリカと、ヨーロッパ、北アフリカにいる同盟部隊に流すラジオ放送を制作していた。彼の放送はファシズムの賢明さの勧めと同盟国のリーダーへの侮辱、そして経済理論の混合であった。イタリアが陥落した時、同盟国は五十九歳の詩人を捕えて、強制収容所に入れた。彼らは、彼が参るまで、以前に私が言及したように、屋外の独房に彼を閉じ込めて彼に劣悪な扱いをした。挫折してからは、彼は屋内の部屋を与えられ、書くことを許された。長い遅延の後に、陸軍は、ラジオ放送による反逆罪のかどで裁判にかけるために、彼を飛行機でワシントンに輸送した。彼の出版社であるニュー・ディレクションズは、パウンドに自分の狂気を申し立てて弁明することを提案する弁護士を雇った。パウンドは同意した。政府や個人の精神科医の診断の結果、彼の主張は受け入れられた。彼はワシントンDCにある聖エリザベス病院に送られた。罪を問うにはあまりに狂っているが、あまりにも狂っているため釈放もできないと宣告されて、彼は一種の法律上の監禁状態で、つづく十二年を過ごした。政府は一九五八年、ついに彼を釈放した。彼はほとんどすぐにイタリアに戻った。

彼の頭が少しおかしいと思ったのは政府あるいはパウンドの弁護士だけではなかった。彼に近い人々が時折同じように感じていた。ジョイスが一九三五年にパリで彼を見たとき、ジョイスはパウンドが「狂っている」と思い、「彼に心よりの恐れを」感じたのだった。彼と二人きりになることを恐れて、ジョイスはヘミングウェイに来てもらって共に夕食をとろうとヘミングウェイを招いた。ヘミングウェイは、彼が「とっぴ」で、「散漫」であることを見いだした。後に、T・S・エリオットも彼の友人であるパウンドが精神的に不安定である(「誇大妄想」)と結論を下した。パウンドの娘メアリーもだ(〔彼女はそれを〕「彼自身の舌が彼をだまし、彼と共に逃げ出し、過剰へと彼を導き、彼は彼の心軸からはずれて暗い闇の中に導かれていった」〔と表現した〕)。「心軸からはずれた」人の感じを味わうには、われわれはラジオ放送の二、三のものを読むだけでよい。漫然としており、とっぴで、挫折しており、ユーモアや謙虚さ、あるいは同情などにより中断されることのない怒りにみちた放送原稿は、読者を疲れさせ、苦い思いを残すだけである。

パウンドの経済学のばかげた側面を話すとき、避けるべき落とし穴が二つある。一つは、〔パウンドの〕考えを心理学的領域へと帰することには慎重でなければならないということだ。トーマス・サスがパウンドの症例についての論文のなかで指摘するように、人の考えを取り上げ、「あなたは正しい」あるいは「あなたは間違っている」と言う代わりに、「あなたは頭がおかしい」と言う、安易な言葉の暴力《パワープレイ》のことである。それは思索している人の状況を攻撃し、会話を切断する。だが一方では、われわれが考えを「ただ心理上のこと」としてとらえることをやめた途端に、われわれは考えを考えとしてそのままとらえることもできなくなってしまうということである。マイクロホンに向かったパウンドの三十秒の放送に耳を傾けてみよう。

この戦争はこのような膨大な理解不足、このようなもつれた無知、このような多くの種類の無知の証明である。私はタイプライターのリボンを変えるために必要とされる遅れによって、激怒に襲われる。タイプするべきものがたくさんある。若いアメリカ人の頭に入れなければならないたくさんのものが。私は何を書くべきかわからないし、二つの台本を同時に書くこともできない。必要な事実と考えが乱れてやってくる。私は十分間にあまりにも多くをつめこもうとする……多分もし私が形式、法律上の訓練についてもっと多くの常識を持っていたら、いいですか、私は大西洋の向こう側にこの問題を伝えることができたであろうに……

パウンドの考えが、こんなにもでたらめで、妄想に満ち、息づかいがとても乱れているからといって、それを筋が通った主義主張のようにしようとしてはならない。なぜならそれはパウンドが決してしなかったことなので、パウンドの話の内容を歪曲することになるからである。

パウンドの経済学のばかげた側面に接近するにあたって、われわれは彼の調子が突然低下したり、なぜかかん高くなる箇所を、彼の放送のなかに探すことから始めてもよい。たとえばパウンドは金銭について常に演説するが、語句と感情の妙なねじれをみせて金貸しとしてのユダヤ人が登場するのだ。議論にたえうるほどに十分な説得力のある考えでパウンドは金銭に関する小冊子を書くこともできた。しかしその最後のページは突然次のようになるのだった。「ユダヤ人の新聞、またそれよりもっと悪い新聞」は、大衆から事実を隠しつづけてきた、と。

もしわれわれがこうしたうさんくさいトピックをリストアップすると、次のことがらになるといえる。愚かで無知な人々、怠け者、アメリカ人、イギリス人、連合国のリーダー（特にルーズベルトとチャーチル、アメリカの大統領全般）、高利貸し、貨幣の犯罪者、ユダヤ教徒、そして、それよりも程度は劣るが、プロテスタント、となる。このリストの構成要素はパウンドの宇宙観の中ですべてお互いに関連している。怠け者は無知である、無知な人は通常アメリカ人である、アメリカ人は「彼らの下水汚物」を選択する（その最もよい例がルーズベルトである。パウンドは彼を「ユダヤくずれ」、「臭いルーゼンスタイン」などと呼んで、ユダヤ人として〔彼のことを〕考えた）。イギリスは高利貸しと貨幣の犯罪者の最もよい例であるユダヤ教徒を受け入れて以来、すっかり変わってしまった。われわれはここで関連のない個々の要素を扱っているのではない。ひとかたまりのものを扱っているのだ。われわれがかたまりのうちのどのような部分について話したとしても、全体を説明することになるであろう。私が焦点を合わせる部分は、パウンドの著述に現われるユダヤ教徒である。

私がイメージとして呼び出す「パウンドのユダヤ教徒」は、私には古典の神ヘルメス[三八]の翻案のように思われる。パウンドの初期の詩の一つがマーキュリー、すなわちヘルメスに相当するローマの神、に祈願している。

おお神よ、おおヴィーナスよ、おおマーキュリーよ、泥棒の後援者、
時が来たら私にくださいお願いします、小さなタバコ店を、
小さな明るい箱で
　棚がきっちりとつまっている
ほのかな香りの板タバコに(三九)
　質の悪い強い刻みタバコ、
明るいヴァージニア・タバコが
　輝くガラスケースの下に何気なく、
あまり油じみていない一対の秤、
通りすがりに売春婦が立ち寄るひと言ふた言言葉をかけるために、
軽薄な言葉を、それから髪をちょっとまとめるために。

おお神よ、おおヴィーナスよ、おおマーキュリーよ、泥棒の守護神、
わたしにタバコ店を貸してほしい、
　さもなければどんな職業にでもわたしをつかせてほしい
この著述業というやくざなもの以外なら何でも、
　著述業は、いつでも人に頭を使わせる。

ヘルメスは商業の神である――金と商品と公道《オープンロード》の神である。私はほどなく彼についてさらに語ろう。

今のところは、この神がある拘束から詩人を解放することができたところの詩が述べていることに注目する必要があるだけだ。もしヘルメスが呼びかけに答えるなら――小さい店、若干の汚れた金、けちなセックスなどで――パウンドは彼の職業の厄介な重荷から解放されるかもしれない。ここでの私の立場はヘルメスが実際にパウンドの祈りに答えたということである。しかしパウンドは後ずさり、彼の接近を拒否し、自分の影に神をゆだねたのだ。

　精神分析学の用語で、「影」とは、自我の中に統合されえた自己の一部であるにもかかわらずなんらかの理由により、それがなされなかったものの擬人化である。たとえば多くの人は影の中に死の感覚を残しておく。その感覚は日中の光の中にいる自己へ引き入れることもできるが、話されないままにしておかれる。たいていの人々は影の中に、一定ではない性欲を残留させておく。それは公然と行動を起こし、認められ、退けられることもできた（それだけでもそれは影から離れる）、だがそうはしない。自我が必要とするが、受け入れることができないものを、精神《プシケ》は人格化し、夢の中に提示するか、あるいは外界にいる誰かに投影するようになる。これらの影の人物は、同時に魅力と嫌悪の対象となる。夢の中に繰り返し出て悩ませる人影となったり、嫌いであるのにその人のことを話すのをやめられない近所の人となる。

　パウンドは金銭の問題に、一九一五年頃に取りつかれ始めた、それで私はそれを、ヘルメスが彼の祈りに答えたときのおよその日付であるととる。けれども、私が語ったように、パウンドは後ずさりした。それから、はねつけられた神がするように、ヘルメスは力を強め始め、ますますいっそう脅迫的な様相を帯び、一九三五年までに自我をその心軸から除去するに十分な力を持つに至った。その時までにパウンドは彼自身のもっと暗い側面からでたこの「破壊的な」人影をユダヤ教徒に投影していた。彼の、ユダヤ教徒のイメージは実際のユダヤ教徒と少しも関連がなかった。それは、これから見るように、ほとんど古典のヘルメスの文字どおりのイメージである。

もしわれわれが夕闇のなかに潜む古代の道路、それは無人地帯をぬけ、二つの町を結ぶが、どこにもないような道路を想像するときには、古代のヘルメスをわれわれは想像し始めるであろう。なぜなら彼は家や荒野や山とではなく、街道を行く旅人と同一視された道路の神であるから。彼の名前は「石を積み重ねた人」を意味する。ヘルメスの保護を求める旅人は、道路脇にピラミッド形に岩を積み上げたケルン（四〇）や、石の台座の上にヘルメスの頭をのせた石柱のヘルメス像（四一）を立てたものである。

これらの路傍祭壇においてヘルメスは古代にとった他の姿の役割をも引き受けた。すなわち、商業の神と盗賊の守護神である。彼はすべてのものが旅をしていることを望む。旅人や金銭や商品とが。商人と泥棒両人の後援者であることが示しているように、交易の道義的なものは彼にはかかわりがない。ヘルメスは道徳を超えている結びの神である。彼が神々の使者であるとき、彼は郵便局のようになる。彼はラブレター、憎悪の手紙、愚かな手紙あるいは賢い手紙などを運ぶ。彼の関心は、封筒の中身にあるのではなく、配達にある。彼は金銭が次々に人手に渡ることを欲する、しかし彼は公正な価格と、すり取られた金とを区別しない。競売人がわれわれの「掘り出しものをする」白日夢を目覚めさせるときはいつでも、田舎の競売にヘルメスはいまだに現われ、交易と窃盗とを混同させ現金を必ず手放させる。後で我に返って、なぜパンの耳でいっぱいの段ボールを買ったのか不思議に思うとき、ヘルメスが競売人であったことをわれわれは知るのだ。

しかしながらヘルメスは貪欲ではない。彼はコインのチャリンと鳴る音が好きだが、隠し金は持っていない。ヘルメスの肖像はちょうど通商が始められるだけの小銭を入れた小さな小銭入れを通常持っている。彼はたくさんの金の山の上に眠っているけちん坊ではない。彼は、金銭の重量ではなく、金銭の流通性が好きなのだ。泥棒のときの彼は、通常気前がよい泥棒である。『ヘルメスに寄せるホメーロス賛歌』では、生まれたてのヘルメスはアポロの牛を盗むが、すぐにそれを他の神々に捧げる。後に彼は竪琴を発案し、それをアポロへのギフトとする。アポロは牛のことはまだ怒っていたが、お返しにヘルメスに杖《つえ》を与える。ヘルメスが贈与交換の神であるとはとてもいえない。しかし贈与がその移動によって特徴づけられることからわかるように、彼は、その敵対者であるともいえない。

他の神々と異なり、ヘルメスは決して場所と結びつけられない。彼は、防御するべき領土を持っていないので、「旅を続ける」ことができる。他のギリシアの神々は、いわば、守るべき場所を持っているので、常に、虚栄に捕えられて、動けなくされる可能性がある。ヘルメスはしばられない。それは彼が謙虚であるからではなく、彼が破廉恥だからだ。彼がアポロの牛を盗んだ後、アポロ（彼は正義と不正に関して非常に厳格である）はゼウスの前に泥棒を連れ出した。けれどもヘルメスが、とてもうまい嘘をついたので、すべてを知っているゼウスもついに素晴らしい嘘のでっち上げに笑い始めたのだ。その笑いでヘルメスは自由の身にとどまった。彼がアポロの徳の手にひっかかるはずがない。(四二)

ヘルメスは性的(四三)にも破廉恥である。『オデュッセイア』のなかで、ヘーファイストスは魔法のネットを作って、アレースと一緒に床に就いている彼の妻をとらえた。神々が罠にかけられた姦通者をあざけり笑って集まると、誰かが「アレースの立場にいる自分を想像することができる者はいるか？」と、問うた。ただヘルメスだけが「はい！」と声高く答えた。彼はチャンスがあれば、ベッドの上によじ登ることができるが、決してそこで捕われたりはしない。彼は家庭の美徳など持ち合わせていない。彼はわれわれが「けちなセックス」と呼ぶ、行きずりのセックスの神である。離婚後に一連の行きずりの情事を体験する人々は、ヘルメスの世話に身をゆだねているのだ。彼らの他の神々、より永続的な愛を要求する神々は、声を高めるかもしれない（「彼はクリスマスにあなたと一緒にいるのか？」）。しかしエロティックな幻想から生じる最初の火花は、このような真面目な声により消えることはない。

ヘルメスは、もちろん信頼できない。人は「ヘルメスは道案内をするか、あるいは迷わせる」と言う。もしあなたが捕われたら、ヘルメスがあなたをベッドに連れていくか、あなたに何かを売るか、あるいはあなたの背中を押して道を歩ませるかであろう。しかしその後は何の保証もない。かくして彼は奸計と発明とに同一視される。ヘルメス的な気分のとき、われわれは百もの知的関係をもつが、ヘルメスより落ち着きがある神々とその知的関係をチェックした場合、その九十九パーセントが無駄となるのを見いだす結果となる。

ホーマーによれば、ゼウスがヘルメスに、「肥沃な大地を使い人々が物々交換するのを確立する……仕事」を与え、彼はよくそれをなした。彼は二十世紀における最も健康なギリシアの神であるかも知れない。物事が特別に道徳的内容を顧みないところには、あらゆるところにヘルメスが存在している。たとえば、すべての電子コミュニケーション、通信、コンピューター、株式取引所（特に国際金融市場）などに。

ヘルメスは、贈与交換をする。しかし彼は、他の贈与の神々とまったく違っている。なぜなら、彼のかかわりには永続的な愛に対する気づかいが欠けているからである。彼は永続的なきずなと対立しはしない、ただ気にしないだけなのだ。したがって厳密な贈与の意識や、道義的に高い意識のところでは、彼はうしろに追いやられてしまうだろう。もしあなたの神が「なんじ盗みを働くべからず」と言うなら、ヘルメスは立ち去らず（彼はあまりにもずるいので）、自らを偽るはずである。彼は転職し、ラジオを通じて聖書を売るであろう。

　ヘルメス神話とユダヤ教徒についてのヨーロッパの神話との間には明白な関連がある。モーセの二通りにとれる曖昧な律法が不評となったとき、キリスト教徒は前半の兄弟への呼びかけを自分たちの戒律とし、ユダヤ教徒は後半、つまり高利貸しの承認を基本とした。「寛容の限界」が集団のとるべき態度からはずされたとき、それは、交易に熟練し、グループ外のものである油断がならないユダヤ教徒として、集団的影のなかに再び現われた。さらに、ディアスポラ(四四)以来、ユダヤ教徒は追い立てられた者、根のない放浪者、見知らぬ人として見られてきた。ヨーロッパでのユダヤ教徒は、その地に属さない者として見られ、その地に一体化することなく住むことができる地元《ローカル》住民だ。したがって、ユダヤ教徒はその地域《ローカル》の愛国心がおこったときは常に攻撃されてきた(1)。

　エズラ・パウンドが持つユダヤ教徒のイメージは基本的にこの神話を精巧にしたものだ。まず第一に、パウンドにとってユダヤ教徒は特定な国に忠誠を誓わず、したがってすべての国にとって破壊的な、国際的な勢力だ。たとえばパウンドは、イギリス人に、あなたたちはかつては素晴らしい帝国を持ったものであったが、「ユダヤ教徒を受け入れた。そこでユダヤ教徒はあなたたちの帝国を腐敗させた、そこであなたたち自身がユダヤ人顔負けになった。あなたたちの犠牲となった保有地の同盟者はバンヤ、すなわち、金貸しである」と述べた。

　第二に、この引用文がすでに明らかにしているように、パウンドにとってユダヤ教徒は、高利貸しである。金融に熟練しているだけではなく国民の血を吸い取ることこそ泥の高利貸しである。「ユダヤの神」は独占と同じなのだ。これら邪悪な人々の「最初の捏造」はユダヤの神を普遍的な神とすりかえたことにある。ユダヤの銀行家の策略は地方自治体からひそかに銀行業務権力を盗むことだ。「リンカーンの死後の合衆国の真の力は、政府の手からロスチャイルド金融業一家とその連合の手に渡った」。

三番目に、パウンドにとって、ユダヤ教徒はコミュニケーションを支配している。新聞《ニュースペーパー》が実際には「ユダヤ新聞《ジューズペーパー》」であるだけでなく、「モーゲンソー&リーマングループが合衆国内のすべてのコミュニケーション手段の九十九パーセントを支配している……そして彼らはほとんどすべての敵を排除し買収することができる……」。ユダヤ教徒は自らの利己的な利益のために、嘘で新聞とラジオ電波を満たす。「高利貸しの印刷機により、人工的に作られた、人為的無知が広まる」等々。

最後に、今までみてきたように、パウンドのイメージするユダヤ教徒は大変な権力を持っている。彼はひそかに多くの国々をコントロールし、思想と知的生活を、そして金をコントロールする。しかも彼は「すべてのコミュニケーション手段の九十九パーセント」をコントロールする。確かにわれわれは神の面前にいる！　ただその神ヘルメスはパウンドがその性格のなかに見いだした貪欲によってのみ特徴づけられてはいない。この貪欲さ以外の性格は、純粋なヘルメスで、泥棒からの守護神、貿易の神、神々の使者、そして道路をつかさどる神なのである。

パウンドが記述しようとする性格は一つの最終的特徴を持つ。すなわち彼は病んでいる（あるいは病気を伝達している）。パウンドは単純な「ユダヤ教徒、つまり人の姿をした病気」というタイトルで新聞論説をかつて書いた。病気は性的なものである。「ユダヤ支配は非ユダヤ国民の梅毒となる」。ユダヤ教徒は、国際金融の「淋菌性のもの」である。「教会が地獄行きとして、同じ理由のために一対にして非難するものは、高利貸しと男色だ。その理由はその二つともが自然の増加に反するというものだ」。ここでのイメージは、自然の比喩の拡張（自然の増加が性的であるように、その敵は性病）である。しかし私はパウンドのユダヤ教徒についてのこの解釈部分と彼の思想とを関連づけるのにやぶさかではない。それはヘルメスに大いに関係があるわけではない。それは心理上の抑制と関連せねばならない。影の中に残ることを強いられた自己の局面が、まったく内在しないもののなかにうつしだされたのだ。それは汚れていたり、または乱暴であったり、些細で微小なものか、巨大なものか、病んでいるか、あるいは有害なものとなる。影を自我と統合することは影とある種の対話をすることが含まれる。その対話においてこれらの否定的局面はぬけおち、抑圧されていた要素が単純化された形で前面に出、「大したことではない」として日のあたる自己の中に受け入れられるのである。しかしながら、自我が影との交流をこばむ限り、影は常に嫌悪をいだかせるものとみなされる。

これまで述べてきた物語のすべての糸を一つにするグリム兄弟の奇妙なおとぎ話がある。つまりパウンドによる芸術家への寛容、彼の金と政治経済学への傾斜、彼のムッソリーニへの献身、彼の強情、彼のユダヤ教徒への考え、そして抑制の結果などというさまざまな糸を一つにまとめるものだ。物語はヨーロッパのキリスト教徒の影のなかにいるユダヤ教徒のドラマで、エズラ・パウンドの人牛の寓話でもある。

セイヨウサンザシの生け垣にいるユダヤ教徒

昔々金持ちでけちん坊の主人に仕える正直で、よく働く召使いがいた。その召使いは、いつも朝は一番にベッドから起き、夜は最後に寝た。誰もしたがらない難しい仕事があるときはいつも、彼がしていた。彼は決して不平を言わなかったし、いつも陽気であった。

けちん坊は彼に決して賃金を払わずにその召使いを手許に引き留めていた。しかしながら三年後に、その召使いは世間を少し見てみたいと言った。そして彼の給料を求めた。けちん坊は、一年につき一ファージングとし、彼に三ファージングを与え、次のように言った。「多くの主人から人が受け取るより、ずっと大金で、かなりの賃金だよ」と。金についてほとんど知らない気のよい召使いは彼の資本を懐中に入れて、満足してスキップしたり歌ったりしながら丘を越え谷を下り、進んでいった。

間もなく召使いは、貧しく、ものもなく、年をとりすぎて働けない、と言って、彼に助けを求める小人に会った。親切な召使いは小人に哀れを感じて、彼のファージング銅貨をあげた。するとその小人は次のように言った。「あなたが私に親切にしてくれたので、あなたの三つの願いをかなえてあげよう」。「ではお願いしよう」と召使いが言った。「第一に、私が狙ったものはすべて射止める吹き矢がほしい。第二に、私が演奏すると、その音色を聞いた誰もが踊らずにはいられないようなバイオリンがほしい。そして第三に、もし私が誰かに何かを頼んだとき、彼がそれをぜったい断らないことを望む」。

願いは認められ、召使いは陽気に道を先に進んだ。間もなく彼は、道端に立ち、鳥が高い木の上で歌っているのに耳を傾けているユダヤ教徒に会った。「神の奇跡だ！」とユダヤ教徒が叫んだ。「このような小さい生き物がこうした力強い声を持てるなんて考えてもごらんなさい！　これが私のものでありさえしたら、よかったのに！」。そこで召使いは、彼が新たに獲得した吹き矢で鳥を撃った。それはセイヨウサンザシの生け垣の中に落ちて死んだ。

「汚い犬め」とユダヤ教徒に召使いが言った。「行って、あなたの鳥を取って来なさい！」。「ああ！」ユダヤ教徒は言った。「もし『汚い』という言葉をとってくれたら、『犬』は走って来るであろう！　私は鳥を拾い上げることをいとわない、なぜなら結局のところ、あなたはそれを射てくれたのだから」。彼は地上に四つんばいになって、低木の茂みの中に骨折りながら進み始めた。彼がセイヨウサンザシの真ん中にいるとき、いたずら心が善良な召使いに勝ってしまった。彼は彼のバイオリンを取り上げて、演奏し始めた。するとユダヤ教徒は激しく踊り始め、とげは彼のコートを引き裂き、彼の下あごヒゲをひっかき、彼のいたる所を刺した。ユダヤ教徒は召使いに演奏をやめるよう懇願した。しかし彼はやめようとしなかった。「あなたはたくさんの人々をすりむいた。セイヨウサンザシの生け垣はあなたにはまだ親切すぎるくらいだ」と考えたからである。ついにユダヤ教徒は、もし彼がバイオリンを弾くのをやめるなら、召使いに財布の中の金を全部与えようと申し出た。召使いは金をもらい、また自分の道を進んで行った。

召使いが見えなくなったとき、ユダヤ教徒は彼をののろい始めた。「あのよこしまな音楽家。居酒屋のバイオリン弾き！　あのごろつき。一ペニーをおまえの口の中に入れろ、そうすればおまえは四ファージング銅貨の価値の男ということになる」。彼はこのように感情をはき出してから、裁判官を見つけようと町に入った。裁判官は町に連れ戻そうと追手に召使いの後を追わせた。召使いは町に連れ戻されて、追いはぎの罪で絞首刑を言い渡された。しかしながら、彼が絞首刑執行人と一緒にはしごを登ったとき、召使いは裁判官に最後の望みを聞いてくれるように頼んだ。つまりそれは「最後に私にバイオリンを弾かせてほしい」というものだった。もちろん彼が弾き始めるとすぐに、皆が踊り始めた。町の犬までも踊った。ついに皆がひどく疲れたので、裁判官は彼が弾くのをさえやめてくれたら、彼を自由の身とし、何でも彼に与えようと申し出た。善良な召使いは彼のバイオリンを下に置いて、絞首台から降りた。彼は大地にのびてあえぎあえぎ息をしているユダヤ教徒に歩み寄った。「汚い犬め。どこでおまえの金を得たか白状せよ。さもなければ私はまた弾き始めよう」。「私はそれを盗んだ。私はそれを盗んだ！　けれどもあなたは正直にそれを稼いだのです」とユダヤ教徒が絶叫した。裁判官はユダヤ教徒を絞首台にひいていき、泥棒として処刑した。

この不快な物語は、収集時に想像力豊かなプロットが切断されているグリム童話のグループに属する。それはパウンド以上に、生け垣にいるユダヤ教徒と共存することを学ばなかった文化（十九世紀初頭のドイツ）から生まれた話である。

物語の召使いは「優しい心の持ち主」で、贈与交換はくつろいでできるが、金銭取引は苦手な性格だ。注目すべき最初の点は、彼の心の優しさそれ自体は心の弱さや欠点ではないということだ。彼の贈与交換は効力をもつ。それは自らの力を持つ。彼は望むものを得る。たとえば、これが違う物語で、物語の問題が召使いに花嫁を見つけてやることであったなら、小人との贈与交換の後に、それ以上の大騒ぎはなく話は先に進んだであろう。けれどもこの物語で問題とされているのは、力、貪欲さ、金によって取りつかれている社会的関係である。ここは人々が市場で労働を売る国のように見うけられる。召使いの優しい心だけでは十分ではない。彼は人を疑うことを知らない、ボートから降りたばかりの人だ。彼は一八六二年のある内戦病院から連れ出され、一九一四年のロンドンに降りたったウォルト・ホイットマンなのだ。

この物語の初めで、けちん坊が召使いをだますが、召使いは侮辱を感じない。意識のレベルでは、彼は三年の労働がどれだけの価値を持つか知らない。彼は歌いながらスキップして道を進む。われわれはどうなることかと物語の進展に気をもみながら待つ。それから、第一の願いで、われわれの幸せな働き

アーサー・ラカムズによる「セイヨウサンザシの生け垣にいるユダヤ教徒」のイラスト

者は武器を求めた！　ドシンという音。いまやわれわれは侮辱が感じられたのを知る。しかしまだ意識的にではない。しかし召使いは金の側面を確かに持った。つまり彼がだまされたとき、傷つき、自分が武装していないことを感じたのだ。

　ユダヤ教徒が現われた。私はユダヤ教徒を召使いの影、打撃を感じた彼の部分の擬人化であるととらえる。またユダヤ教徒はまさに召使いが会う必然性のある男でもある。ここに金について知っていて、彼に一年の仕事の市場価格を話すことができる人がいる。ユダヤ教徒は別れ際の侮辱によりこのことを明らかにする。「一ペニーをおまえの口に入れろ、そうすればおまえは四ファージング銅貨の価値となるだろうから」。このイメージは問題を要約する。つまり三ファージング銅貨を持っているわれわれの愚か者は、いわば、四分の三ほどの知恵しかなく、四番目のコインを得るためにユダヤ教徒を必要としているのだ。

　ユダヤ教徒は貪欲の触手を伸ばすが（「それが私のものであったなら、よかったのに！」）、彼はまず精神的に美に反応する男として現われる。彼は鳥の歌声に感動し、神を称賛する。しかも彼は、贈与交換の直後に現われる。あたかも召使いが彼を必要としているだけではなく、彼自身が何か――歌とギフトに関連のある何か――を求めているために、意識の環に引き入れられていくかのように。

　こうしてわれわれは二人の男が相互の必要により互いに引き寄せられたのを見た。召使いは贈与についてユダヤ教徒に教え、ユダヤ教徒は金について彼に教えることができた。さえずる鳥は彼らの調和への約束であり、美しく、より高潔な何かである。一瞬われわれはこの三者の合一を見る。

　だが召使いは鳥を殺す。彼の怒りとユダヤ教徒の持つ貪欲の感情がその合一を抑制し妨げた。その時「いたずら心」が召使いに起こり、彼はユダヤ教徒を苦しめる。物語の初めには単純な怒りであったかもしれないものが召使いの心をとらえる恨みへと変化して、物語後半には彼を気難かしくする。

　召使いに金を奪われたユダヤ教徒が裁判官を探しに行くとき、物語の想像力豊かな緊張は崩壊する。裁判官は堅固な集団の姿勢を担う。彼はただ一つの法律を知っているように思われる――「なんじ盗むべからず」――そこでまず召使いに、それからユダヤ教徒にそれを当てはめ、細かな事情など、いっさいかえりみなかった。物語の終わりで、ユダヤ教徒はただ殺される、そこで物語の問題は未解決のまま残される。けちん坊は決して物語では処罰されない（ところで、ここでいうけちん坊はユダヤ教徒ではないけちん坊という意味だ）。召使いの無慈悲と貪欲さ（金を盗むのは召使いなのだ）も問題にされない。しかも彼の純真さはそこなわれないままだ。また、ユダヤ教徒の驚きと精神的なあこがれはどこにも彼を導かない。鳥は殺される。対話も変化もない。物語の最終部の死は誰もあがなわない、それはただ残忍なばかりだ。

影のものたちを扱う方法は、三ないしは四ある。キリスト教徒の流儀では闇にあるものすべてが「否-神」と言われており、避けるか、あるいは攻撃されなくてはならない。もう一つの方法は、影に対面し、それに呼びかけ、そしてそれが何を望んでいるかをつかむ。そうした対話は次のことを必要とする。つまり、影が実際に語りはじめるために自我の場所はしばらく見合わせられねばならない。自我からも影からも自己を切り離すという秘教にも似た、仏教的なアプローチがある。最終的には、人は忠誠を切り換え、影自体と同一化できる。たとえば黒ミサでは、司祭は戦ったり討論することなく黒い闇の側につき、それを崇める。多くの文化が一年を通じてさまざまな祝祭——懺悔火曜日のようなもの——を持つが、この祝祭の間は、皆がマスクをつけ、他の時には隠されているものを実演してもよいのだ。

われわれの物語の召使いは、もちろん決して影に近よらない。召使いはユダヤ教徒と話をしたり、彼を用心するほど、彼を真面目に受けとめているわけではない。その結果、彼自身の影の部分が、自意識がそれと気づくことがないままに、支配することになる。物語の終わりには、盗んだ金を投資しながら口汚なくユダヤ教徒をののしる、みなが予期するような、信心ぶったけちん坊に召使い自身がなってしまっている。結局、召使いはこの物語を、スキップし、歌を口ずさみ、鳥を殺す、取りつかれた愚か者の話にしてしまう。

エズラ・パウンドは、大学を去ったときから一九二〇年代のあるときまで、よく働く召使いであった。朝は一番早くベッドから起き、夜は最後に眠った。われわれの物語の主人公のように、彼は贈与の正しい感覚とその力とを持っていた。単に彼は個人として贈与されていたわけではない。彼の外界との関係が寛容によってずっと仲介されていたのだった。しかし、同時に、彼は無意識の中に沈められているある侮辱に苦しんでいた。ウィリアム・カルロス・ウィリアムズは詩人にふさわしい食物はパンかあるいはキャビアかについて、パウンドと議論したと言う。パウンドはキャビアをよしとした。パウンドのある部分が、自分が国王であると感じていた。にもかかわらず、彼は城も王にふさわしい権力をも持ちあわせなかった。失望から――交換されない贈与、失われた王国に対する失望から――詩人は金銭問題へと方向転換し、泥棒を捜し始めた。彼のこうした祈りに答えて、あるものが彼に近づいてきた。それは、失われたファージング銅貨を運んでいるかもしれないヘルメスもしくはユダヤ教徒であった。仮にそれが旧約聖書のユダヤ教徒であったなら、彼はパウンドに彼の贈与を守る方法、生活がそれによりできるように、自己のすれすれのところで現金とどのようにかかわるかを教えることができたかもしれない。

だがパウンドは、あの話の召使いのように、ユダヤ教徒に会ったとき、狂ってしまった。

神を呼び出しがちな人としては、パウンドは奇妙にも心理現象に対して軽蔑的であった。彼はかつてジョイスに「公共の徳行を維持することは、心理の未開拓部分を探求するより重要である」と手紙を書き送った。近代的な心理療法に関して次のように述べている。

フロイトの一般的な成果はドストエフスキーのような失敗である。自分たちのたいして重要でもない内面について、チョッキにパン粉をいっぱいつけた酔っぱらったジムが、注意力を集中しようとしながらあれこれ考えるようなものだ。

私は古代ローマ軍団に対するこの心理療法には何の利点も見いださない。救済価値のある個人は、限られた期間与えられた目的に対して実施される理にかなった服従により破壊されはしない。衰弱したものたちに対する心霊的なセッションより国民軍に対する戒律のほうがむしろ優れている。

要するに、悪夢を持つ人のための最も良い薬は陸軍への入隊である。
魂に対するこのような態度と一緒になったパウンド自身の義に対して、ヘルメスが決して影から出てこないことは不思議ではない。召使いと同様に、パウンドが自分自身の価値に対して感じた侮辱は、果てしない恨みに変わった。歌っていたものが落ちて死んだ。金銭に対する強迫観念と政治的な思考が、イエイツが恐れたように、詩歌を断ち切り始めた。その時すべてのものが極端へと向かった。パウンドは、増大していく活気のなさをユダヤ教徒により引き起こされたものとしてとらえた。ユダヤ教徒はニュースから彼を断ち切り、ユダヤ教徒は金を盗み、ユダヤ教徒は農作物を破壊し、ユダヤ教徒は巣を汚した。召使いと同じく、パウンドも彼自身の一部として、ユダヤ教徒に対面することは決してなかった。彼は「公共の徳行」を施行することができる規律への意志を持つ人々である裁判官を求めた。一九三〇年代までに彼は同情一つさしはさまず、富を共有することについての論文を書き終えることができた。一九四〇年代までに彼の衰退した想像力は、昔の物語に昔の解決を見いだしただけであった。――ユダヤ教徒を殺せ。

ポグロム〔ユダヤ人虐殺〕を始めてはならない。つまり今言っているポグロムは少数のユダヤ教徒を殺す古いスタイルの殺害の意味である。そのシステムはまったく何の役にも立たない。もちろん誰かが才能あふれる一撃をふるい、組織の一番上でポグロムを始めることができたなら……、それに賛成して言いたいことはあるのだが。

Ⅳ　イマジストの金銭

フェデリコ・フェリーニ(四五)の映画『アマコルド』のなかで、家を建てる労働者の一人が、手を休め詩を語るところがある。

私の祖父は煉瓦職人。
私の父も煉瓦職人。
私も煉瓦職人。
だけど私が家をもたないのはなぜ？

第一次世界大戦前のロンドンで、パウンドは社会資産説と呼ばれた経済改革の動きに熱中した。スコットランドのエンジニア、C・H・ダグラス少佐の考えにより組織されたもので、社会の債権者が先の煉瓦職人の疑問に答えようと努めたものだ。今は払えないがその借金をいつか支払う負債者の能力と意思に信頼をよせる信用貸しを指す。信用貸しによって、時間をかけて得られる金が、現時点で換算され、その結果三世代目の労働者が彼の祖父がかつて「クレジットで」買った家を完全に所有できる。「クレジットはお金の未来時制だ」とパウンドは言う。

なぜ、煉瓦職人が実際に家を所有できないのかを説明するために、社会資産説を述べる人は「真のクレジット」と「金融のクレジット」とを区別した。真のクレジットとは、長い時間にわたるグループの購買力である。労働、技術、自然の贈与から生ずるすべてである。金融のクレジットとは同じものを金で表わしたものだ。社会資産説者はクレジットという貨幣表現に反対しなかった。大産業や国は金融のクレジットという抽象概念なしにはやっていくことができない。ともかく彼らは金融のクレジットが真のクレジットに匹敵すべきである、と述べた。その代償として起こることは、利己的な官僚が金融のクレジットの運営を引き受け、それが本来のものから離れ始めるということだ。仮に家を持っている金融マネージャーが、家を持つための借金ができない煉瓦職人と並んで現われ始めたら、クレジットになんらかの問題があるということになる。

こうした考えをいろいろと展開する中で、パウンドは金融のクレジットを実際の富の上にだけではなく、特に自然の増加の上に置いた。「クレジットの堅固な基礎を構成するものは……かつてもそうであったし、今も次のようなものである。すなわち、すべての人の責任と自然の豊饒と生産力である」。たとえば、しばらく前に私が言及した二銀行を比較すると、シエナの銀行は、クレジットを自然の豊饒性に基づかせていたから、良い銀行であった。パウンドはそれを次のように記述する。

> シエナはフィレンツェ征服後、金銭もなく、なだらかな地帯であった。トスカーナの最初の公爵コジモは、[銀行の]資本を保証した……
>
> シエナはグロッセートへとなだらかにくだる牧草地帯を有し、ここで草を食わせる権利は年間一万ダカット(四六)となる。この基礎に立ち、これを主なる担保としてコジモ(四七)は五・五パーセントで貸しだし、株主には五パーセントを支払うために二十万ダカットの出資に署名した。一般経費が最小限まで下がった。最小限の給料ですみ、すべての超過利得は病院に向けられ、シエナの人々の利益のた

めにうまく使われた。

すなわち、この教訓はその堅実な銀行業務にある。クレジットは基本的に自然の持つ豊饒性の上にあり、生命ある羊を養える草の上に存在する……

パウンドがあげるおきまりの悪い銀行の例はイングランド銀行だ。クリストファー・ホリスの『二つの国』と呼ばれる本のなかで、パウンドはこの銀行の創設者ウィリアム・パターソンの手による一文をたまたま見つけた。投資者になる可能性のある者のために一六九四年に書かれた案内書のなかにそれはあった。「銀行はすべての金銭に対して無から生じた利子という利益を得る」。パウンドは『詩編』や彼の散文のなかで何度もこの一文を繰り返す。ここでは価値は自然界におろしている根から分離している。ここには真のクレジットと、金融のクレジットとの間の分離の種がある。「無から生じた」金などは本当の価値あるいは真の増加を持てるはずがない。しかしながら「地獄の銀行」は搾取とごまかしを通じて、それらを双方ともに持つかのように思わせる。このような偽金が多数を占めた途端に、それは伸びていく草と生きている羊の上に生じる本当の価値をひそかにかじって滅ぼしていく。

パウンドはすべての商品を三つのクラスに分けた。

㈠ 滅びやすい商品（「新鮮な野菜、ぜいたく品、ずさんに建てられた家、偽物の芸術、見掛け倒しの本、戦艦」）。

㈡ 耐久性のある商品（「上手に建設された建物、道路、公共事業、運河、賢明な植林」）。

㈢ 永遠の商品（「科学的な発見、芸術作品、古典」）。

われわれの、贈与の記述によく似た表現を使って、パウンドは三番目のグループの商品は「常に使われるが、消費し尽くすことができない、……また消費により破壊されないものとして区分けできる」と付け足す。私がこれらのグループ分けのなかで提案する唯一の変更は、野菜を最後のグループへ動かすことであろう――野菜もしくは周期的に再生する生命はどんなものでも――最後のグループに入る。遅い時期に書かれたある詩編のなかにそうしたパウンドの精神が見られる。「クローバーは牛き延びている／玄武岩は時とともに砕けて消失した」。クローバーは芸術が生きのびるように耐えられる。ここで使われている動詞は高利貸し詩編と同じものだ。「絵は生き延びるためではなく、共に生きるためでもなく／売るためにそれもすばやく売るために制作される」。

金を価値のシンボルとして用いる限り、そこにはさまざまな価値を示すいろいろな種類の金があるはずだと、パウンドは感じていた。クローバーにはクローバー金、玄武岩には玄武岩の金というものが。「すべての耐久性のある商品に関しては、確かにチケット［たとえば、硬貨《コイン》］があるべきである。……しかし滅びやすい商品、腐ったり、食べられてしまう商品はどうだろうか？」とパウンドは問う。「商品が滅びるとすぐさま金がなくなるというのなら……それはそれで良いだろう。商品が消費され、食物が食べられてしまっているのに永続につづくより」。彼は、それゆえ、「ジャガイモ、農作物あるいは織物……などが滅びやすいのと同様に滅びやすい」通貨を探した。価値のシンボルが種々の富を正確に反映するまでは、不公平な状況は常にあるだろう。ある者たちが食料品庫に朽ちる「ジャガイモ富」を持っているのに、他の者たちが、銀行預金口座で増加する「金富」を持つ、といった状況が。そこでパウンドは、妖精が夜置いていったパンのように、使わないとその人たちの手の中で滅びる野菜通貨を提案した。

彼は特に臨時印紙紙幣に夢中になっていた。それはドイツの経済人、シィルヴィオ・ゲゼルが提案した通貨の一形式だ。パウンドは次のように言っている。ゲゼルは「金がためこまれる危険を見てとったので、これに対処するために〈臨時印紙紙幣〉の発行を提案した。毎月、月初めに、額面価値の一パーセントまでの印紙を貼るよう持参者に求める政府の紙幣がこれである。毎月の補充分の金額に相当する印紙が貼られていない限り、その紙幣は有効ではない」。臨時印紙紙幣により、金を所有することにより人は金を失う。月の初めに自分のポケットにいくらかを持っている人は誰であれ、それが増殖するよりも、一パーセントの割合で縮むのを見るであろう。もしあなたがそれを百カ月間とっておくなら、それは完全に消えてしまうであろう（臨時印紙紙幣とはドイツ語で、「縮小する金」という意味である。パウンドは時々それを「逆‐高利貸し」と呼んでおり、ムッソリーニへの手紙で「一時的通貨」、または「負の利子」を生む金としてそれに言及している。それは朽ちる金である）。

　パウンドとゲゼルの双方が臨時印紙紙幣は金の貯蔵を妨げて、その循環の速度を増すであろうと考えた。誰も臨時印紙紙幣を所持していたいと思わない。私はそれが従来の利子以上に利益を生むかどうか確かではない——すべての金が利子を生み、投資しない金が縮むようなときに。けれども臨時印紙紙幣と従来の利子の間に一つ明白な相違がある。つまり増加の方向が反転していることだ。従来の利子支払いは金の所有者に向かう。一方、臨時印紙紙幣は（贈与と同じように）増加は富の所有者から離れて行く（それは国へと向かう。このことについてはずっと後〔V　アルカリに浸る〕に述べる）。さらに、再び贈与の交換と同じように、臨時印紙紙幣の増加は、個人にではなく、全体としてのグループに行く。「それを貯蔵しておこうと思う人は誰でもそれがゆっくりと消え去っていくのを見いだすであろう。それによって生きることを必要とする人や、あるいはそれを国の活性化、および刺激を与えるものとして役立てたいと思う人は誰でも、それにより利益を得る」。

パウンドの議論のイメージは、彼がクレジットを「成長している草」に結びつけたように、臨時印紙紙幣を自然の増殖性に結びつけている。金属の金は、その耐久性が「ジャガイモやトマトには所有できないある利点を与える」から、腐敗しやすい商品を表わせない。同様にそれは自然により増加する商品の価値も表わすべきでない（「金は、……それ自体で増殖しはしない……」）。しかし臨時印紙紙幣により――国家が紙幣を印刷して、印紙を売る限り――ある種の自然のサイクルが確立される。つまり金が国のなかで死に、それから国家がそれに再び生命を与える。それは消滅するが、「永続するクローバー」のように、再生する（しかも、グループの富が増加すれば、増える）。国家が表土の役割を演じると共に、いうなれば、臨時印紙紙幣は朽ちて肥沃な堆肥となる動物と野菜商品とを模倣する。

国家はパウンドの経済理論のなかでこのような中心的役割を演ずる。だから、ただ彼が国家に割り当てた機能をリストアップするだけで、残りのほとんどすべての要素にわれわれは簡単に言及することができる。

- 国家は銀行を営む。
- 国家は通貨を発行し、支配する（その時それは「銀行券」ではなく「国家券」となる）。個人の金融業者から借用した公共の負債に利子を支払うよりむしろ、国家はその通貨として非利子の国債を配布すべきである。
- 国家は購買力を拡充する。ある者がローンを必要としたり、あるいは大きな企画が融資を必要とするとき、国家は貸し主となる。通貨それ自体――購買力の単位――は「国家のためになされた仕事」を基本にして発行される。また国家の富が増加するとき、国家はそれぞれの市民に国家の配当を払うことによって富を広げる。

・国家は価格を設定する――「製品の原料を国営で保管」することによりマーケットに影響を与えたり、あるいは労働価値を統制することによって価格を安定させる。

・国家は明らかに多くの権力を持っている。しかしパウンドは特にその乱用のことなどは心配しなかった。彼は国家が主人ではなく召使いであるように意図した。国家は共和国で、パウンドは次のように言うのを好んだ。「共和国《レースパブリカ》とは『公衆の便宜』を意味する、いや意味すべきである」。

パウンドの経済学の重要な点は――われわれはずっと前にそれに言及したが――「国家の食物と商品が公正に分配されること」なのだ。少なくとも、要点を肯定的な表現を使って表わすとそうなる。しかし否定的に表現したほうがしばしばいっそう正確に思われる――彼は不公正な分配をさけることを望んでいる。すなわち詐欺師が公衆から血を抜き取ることを阻止し、くせ者を捕え、そのペテンをぬぐいたいとパウンドは思う。パウンドの抱く政治経済学の理念は、阻止したいと望む犯罪の記述なしには完全とならない。われわれはすでに最初の例をみている。それはイングランド銀行で、無から金を生む銀行であった。さらに次の三つの特例が、こうしたものを明らかにするであろう。

・「アリストテレスは……オリーブの豊富な収穫が見込まれたとき、タレスが小額の保証金を支払って、島中のオリーブ圧搾機をどうやって借りたかを述べる。……豊かな収穫が訪れたとき、皆がタレスに会いに行った。……交易による詐欺はこの論題の［あらゆる］変形である。――穀物のそして商品の人為的な不足や、金の人為的な不足がそれである……」。

・「アメリカの選挙システムの欠陥は……革命軍の兵隊に支給された『未払い給料証明書』に投機した下院議員のスキャンダルによって明らかにされた。……それは昔からのトリックで単純なものであった。すなわち、貨幣単位の価値を変えることなのだ。二十九人の下院議員が……額面の二〇パーセントの価格で、退役軍人などからその証明書を買い上げた。それから国は……それらを額面通りの価格で『引き受けた』」「これは『横領のスキャンダル』であった」。

・「ただ神だけが戦争の間に、すなわち、一九三九年から現在までに、人々がどれほどの金《ゴールド》を買ったか知っている。トリックは単純だ。金《ゴールド》ビジネスにかかわっているロスチャイルドと他の紳士たちが売りたい金《ゴールド》を持っている時はいつでも、彼らは「金の」価格をつり上げる。ドルや、犠牲として選ばれた他の国の貨幣の切り下げの宣伝によって、大衆は騙される」。

こうした犯罪を概説的に説明するにあたり、われわれは具体化された価値と抽象的な価値とをまず区別する必要がある。商品を現金に交換するとき、そのもの——つまり形ある物体——は手放され、あなたはその市場価格のシンボル、つまりドル札をポケットの中に得て、とり残されることになる。マーケット交換の諸相の一つに、価値が物そのものから離れてしまい、象徴的に持ち運びされるということがある。市場価格のシンボルは、商品と関係があると思われている。もちろん——あなたはそれが十二ドルする弓のこと思わない限り、弓のこに対して十二ドルを支払わない——けれどもそのあたりの価格には多少の余裕はある。シンボルは譲渡できる。シンボルと物体との間にはギャップがある。アルバート・アインシュタインが書いた有名なエッセイ「幾何学と経験」のなかで、アインシュタインは「数学の法則が現実を述べる限り、それらは確かなものではない。それらが確かなものであれば、それらは現実を表わしてはいない」と述べている。交換あるいは認知における象徴化は、シンボルが特定のものから分離していることを要請する。(2) 子供が一年生のクラスでするように、本物のオレンジとりんごを常に使っていたら、われわれは数学的に考えることができなかった。すなわち、市場経済では金銭というものがなかったら、ビーフステーキとワインを必要とした時、われわれは店にテーブルと椅子を力まかせに引っぱって行かねばならないであろう。象徴的交易では、通貨あるいは数学が、現実に舞い戻ったときにも、現実とつながりをもっていることをわれわれはもちろん希望する。しかし、象徴的交易が続いている間は、そのつながりをわれわれは切っているのだ。

この意味で、パウンドにとっての一番の大悪党は、確固とした物体から価値が分離しているのを確信し、それからシンボルと物体との間、象徴金と具体的富との間の「相違を行ったり来たりして遊ぶ」人である。詐欺師は幻の通貨を使うように大衆をだまして、その増加により金持ちになる。あるいは（特定の商品に、あるいは、もっと良ければ、実際の価値のシンボルに）独占権を得て、市場を動き回り、具体的な価値と象徴的な価値の関係の変動を誘発し、他と対抗しながら金持ちになる。注意するように、パウンドが警告を与えるあらゆる犯罪は、結局一つである。すなわち、現実のものから象徴へと変動するときに利益を得ることである。「金融業者の金融は、特別の値札に対して一般的な値札を操ることが大部分である」。不正な経済では、くせ者が市場操作により金を得たり、あるいはもっと悪いことには、無から金を作るようなことをするたびごとに、人間の創造物の真の価値が落ちる。その［真価の］証明を決して得るわけではない「商品の割合が、ますます増大する……」とパウンドは述べる。「われわれ芸術家は古い昔からこのことを知っており、笑い飛ばしている。われわれはそれを芸術家であることの罰ととらえている。われわれは他に何も期待しなかった。しかし今やそのことが職人にも起こり始めている……」。

イメージとシンボルの相違は単純である。イメージは実質のあるものを持つが、シンボルはそうではない。イメージが変化するときには変貌がともなう。だが、実体は実体へと抽象概念の介入なしで変化する――つまり、象徴―思考と象徴―変化の自由および疎外という相違なしで変化する。パウンドの経済学を彼の美学に関連づけるために、簡単に次のように言う必要があろう。つまり、彼が防ごうとする犯罪は、想像力の敵が象徴思考のペテンにより自らを富ませることである。クレジットを羊と関連づける経済学者や、あるいは「海軍は、偽りの金融操縦ではなく、鉄や材木やタールに頼っている」と書くような経済学者は、一般論をいくつも重ねて主張するより、むしろ「赤」を「バラ　さくら　鉄サビ　フラミンゴ」と定義することを好む、イマジストと同じだ。

精神が安定しているときには、抽象概念あるいは象徴的な考えにパウンドは反対しない。しかし彼の議論の底には、ある願望がある――それは全世界を想像力の中に引き込むという――詩人の憧れである。金自体は、その願望に敵対する罪である。

> 十九世紀、あの悪名高い高利貸しの世紀は……一種の通貨の黒ミサを作り出した。マルクスとミル（四八）は、彼らの皮相的な相違にもかかわらず、二人とも疑似宗教的な特性を金に付与することに同意した。あたかも聖別したパンの神聖な品質を語るかのように、「金に集中した」エネルギーの概念すら二人にはあった。

ミュンツァーがルターを非難した時代にまで戻ってみよう。ある作家が「金だけがただちにあらゆる形態の活動に変わることができる」と宣言したとき、パウンドは叫んだ。「これは黒い神話の成句である！……金はエネルギーなど含んでいない。半リラは入場券を創造できない……あるいはスロットマシンから出て来るチョコレートも作ることができない」。したがってそれがそうできるかのように話をすることは「言葉の偽造」であって、「悪魔の化体説」(四九)を述べていることになる。

パウンドの、イメージについての発言は彼の審美的な考えを詳細に説明するために引用される典型的なものだ。しかし、もしそれらが出てきた文脈から離れて取り出されたならば、また、想像力が作り出す精神的な経済についての論の中からつまみ出されたならば、それらの意味は正確に伝達されることはない。

> 腐敗の力は……神学的な議論にもちこむことにより……一つではなくすべての宗教を破壊することを求める。神学的論争は黙想にとって代わる。論争は信仰を破壊する……偶像を破壊するあらゆる人を疑え……。

そして同じ考え方で、次のようにも述べている。

> 信仰のあるべきところに、理性（論理）をおく神学者は、神学に対して何の興味も持たない神学者になりさがってしまう過程へとすべり落ちていく。
> 神々のイメージに……内在する伝統が、教義上の定義のなかに消滅する。

パウンドが「一体誰が多産性の神秘を破壊し、不毛の崇拝《カルト》を引き入れたのか?」と尋ねるとき、彼自身は「プロテスタントとユダヤ教徒」と答えたであろう。しかしわれわれはむしろ次のように言いたい。価格の形態としての市場価格が上昇したから、と。カール・マルクスは「ロジックは心の金銭である……ロジックは疎外された思考、すなわち自然と真の人間から抽出された思考である」とかつて書いた。パウンドとマルクスの二人はこの一連の思考を識別している。つまり論理的な思考は、現実からの遊離、現金交換であるということを。それがなされる国は、交易の形態が金融業者に特定のものを一般的なもののように操作させて儲けることを許すところ、信仰がロジックにとって代わってしまったところ、イメージが抽象のいくつもの積み重ねのなかにその生命を失ってしまうところなどである。

では一体何がなされるべきであるのか? パウンドは(臨時印紙紙幣や国営銀行など——今までわれわれが見てきたものに付け加えて)二つの解決法を提案する。最初に、われわれは金についてはっきりと話さなくてはならない。孔子が支配者であったなら最初に何をなすかを尋ねられたときの彼の答えを、何度となくパウンドは繰り返し引用している。つまりそれは、「人や物をそれらの適切な名前で呼ぶこと」である。金は「チケット」以外の何ものでもなく、それは何も創造しない。パウンドはわれわれがチケットをチケットと呼ぶ限り、抽象的通貨に対して何も異議をはさまない。正確に金が何をすることができ、そして何ができないかを知っている公衆を、ペテン師はだますことはできない。

けれどもパウンドは象徴的な交易の性質を明確にすることをおおむね望まず、そうすることを免れたがる。彼の「公正《ジャスト》」という言葉の使い方に注意してみよう。「クレジットの(あるいは金の)発行は公正でなければならない。すなわち、多くても少なくてもだめだ。すべての時間労働に対して……公正な時間労働の証明が必要だ」。あるいは逆に、「商品に対して与えられない特典を金が要求するのは公正ではない」。公正は一時間の仕事に対して正当な時間給を要求し、腐敗しやすい商品には腐敗しやすい金を要求する。パウンドは再びシンボルを物に結びつけようとしがちである。かつてソーローがパウンドについて書いている。「彼は風や小川に感銘を与え彼に仕えさせ、彼のために話すようにさせることができるような詩人だっただろう。彼はそれらのものの原始的な感覚に言葉をくぎで打ちつけた。霜で持ち上げられた杭《くい》を農夫が春にたたき込むように……」。詩人は言葉が物であるような言語を望んでいる。スピーチが夢の中の声のように力強く超自然的な言語を望んでいる。「完璧な作家」は「言葉を歌わせ、踊らせ、キスさせ、男と女を抱擁させ、子供をはらませ、涙を流させ、血を流させ、激怒させ、突き刺させ、盗まさせ、大砲をとどろかさせ、船を操縦させ、都市を略奪させ、装甲部隊あるいは歩兵隊と一緒に突進させ、男や女、自然の力ができることは何でもさせるだろう」とホイットマンは述べている。イマジズムの詩人は想像的価値に等しいような象徴的価値を持つことを熱望する。それが公正であるはずだ。ただその時にのみ犯罪の危険はないであろう。しかしどのようにしてわれわれはこの同価値を確立できるのだろうか？　金それ自身の性質を変えたらよいのだろうか（臨時印紙紙幣）、あるいは、「公正」な通貨を強いたらよいのか。それを強制せよ――国家権力をもって。

「印刷された紙幣の背後にある『国家権力』は、『公正』かつ『正直』な通貨を確立する最も良い手段である」。われわれは今や意志力の政治版へと至った。ここでの要点は長々と論ずる必要はない。なぜならよくあるものだからだ。「社会の経済状況はその支配者の意志による」とパウンドは述べる。「公正な価格」は――それは「まこと」の照応により商品に価値をつけるものであるが――交易における善き意志の表われである。もしわれわれが金の性質を変えることができないなら、われわれはそれを監視しなくてはならない。くせ者（ヘルメスのようなくせ者）にこっそり侵入させる危険を冒すよりはむしろ、油断のない善き意志をもって、象徴的な価値と具象的な価値との間の公正な等価を強制することをパウンドは望む(3)。それで彼は自分の政治経済学を「意志主義者の経済学」と呼んでいる。だから、彼はファシストに心をよせるのだ。ムッソリーニは「意志体系」を提示した。十九世紀の名称が高利貸しであったように、「ファシストの時代の名称はヴォルンタース〔意志〕となるのだ」。

V　アルカリに浸る

パウンドの話を語る一つの方法は、世界史としてである。彼の精神はホーマーの時代に目覚め、アリストテレス、聖アンブロシウス、中世をくぐりぬけ、プロヴァンスの詩歌へすすみ、ルネッサンスへ入り込み、そしてそこで止まった。あるいは、創造的な精神と著しい対照をなす宗教革命にあるものを感じて有機体としての成熟をやめ、中世の経済学を現代の状況に接ぎ木するために四百年間を一気に飛び越えた、と述べたほうがいいかもしれない。

パウンドの性向は部族的、古代的なもので、芸術や情愛豊かな生活、自然の増殖性と豊饒性を結びつけている。「ヨーロッパ道徳における対立体系は、結合が農作物に良いと思った人たちと、それは農作物に悪いとする人たち（先史における欠乏の経済学者、少数のエコノミスト）との対立する派閥の間での対立する気質にさかのぼる。アリストテレスの、「自然の」富の獲得（農業など）と「不自然な」外国貿易の区別を受け入れて、パウンドは「自然経済の秩序」（ゲゼルもこう呼称している）を想定することへと進んだ。そこでは、クレジットが牧草地に根をはっており、金はクローバーを模倣する。想像力はこのような秩序のもとではのびのびとするだろう。なぜならそこでは想像力は植物と動物とのなぜか親族であるということや、その産物も穀物や、クローバーや愛のように、贈与されて初めて豊かに増殖するだろうということを感得するからだ。

　このような部族的（あるいは古典的、もしくは農業的）想定から、パウンドは中世へと容易に移動する。彼は教会法に完全に安住している。教会法は人間みな同胞の構造を成文化しようとしたものだ。「私の、この十年間の努力は……ファシスト経済学と教会法の経済学（すなわちカトリック経済学と中世経済学）の相互関係を確立することであった……」と彼は一九四四年に書き始める。

　けれどもこのモダニストは中世に住んでいたわけではなかった。したがって彼の経済はそこにとどまることはできない。彼の思考を発展させていくと、彼はルターとカルヴィンが直面した同じ問題に直面しなくてはならない。すなわち、どのようにして台頭してきた交換（商品、現金、利子の「小さな高利貸し」）の形態と精神界とを調和させるかということだ。パウンドは宗教革命によって提供された解決を拒否した。新しい「二重法」による、宗教生活と世俗生活との分離を拒んだ。それはうまくいかないと、彼は宣言する。「その後意図というものは地獄に堕ちた……蒼穹《そうきゅう》が高利貸しにより蝕《むしば》まれた」。精神的、審美的な生命は抑制のない市場交換と信仰の家に食事に呼ばれた論理により破壊された。

　精神と国家とを切り離すよりむしろ、パウンドは同族的忠誠心と中世教会という両方の要素を持つ観念形態に到達するために、この二つを結合する。[4] しかしここでやっかいなことが始まる。教会法は主に対する共通の生き生きした信仰という想定のもとに安住することができた。しかし、モダニストは、中世の戒律の構造を容認しつつ、国家が神の代わりをすることを認めなくてはならないのだ。信仰共同体においては主がわれわれに日々のパンを与えるが、他方「完璧なファシスト国家」においては、国家が購買力を流通させる。「アポラスが水をやり、神が増殖させた」土地で、労働者は働き、国家は配当金を支払う。ところで臨時印紙紙幣が死んだとき、それはどこへいくのか？　天国にではない。古代では最初の果実は煙と共に神に返された。しかし今や百分の一の部分が、月の初めに臨時印紙紙幣により国家へと行く。自然経済の秩序の下では、贈与は自然のなかでも神秘のなかでも循環しない。それは官庁の繁雑な手続きの中に循環する。

パウンドに好意をもっていえば、国家権力の特徴は、一九三〇年では現在のようには明白ではなかったことを思い出さねばならない。またその十年間においては、公共の福祉と国家を結合するよう駆り立てられた作家は彼だけではなかった。けれどもこの二十世紀が進むにつれ国家権力＋善意＝国家権力という妙な方程式が見られた。その理由は単純である。国家レベルでは、意志が善となる愛情のきずなはもう感じられないから、妙な方程式が成立するのだ。贈与を無政府主義者の財産として話すとき、われわれはこのことにふれている。感情共同体の大きさには明確な限界がある。贈与交換も、感情生活の経済と同じく、小さいグループの経済である。共同体が情緒のきずなに基づくにはあまりにも大きいとき、贈与《ギフト・フィーリング》への思いは建設的要素としては断念されなくてはならない。なぜなら公平ではないからである。それは常に対立するものを抑えようと努めるであろう。小さいグループは、その対立を治めることができる。なぜなら、彼らは愛情を持ち続けることができるから、そのような敵意を吸収することができる。しかし大きいグループの敵意は組織化され冷たくなる。すべての共同体は異邦人に対して用心深い。しかし巨大な共同体は――特に脅された場合――異邦人を死に追いやる。

一五二四―二六年の小作農戦争での問題の一つが、ローマ法、ローマ式財産権、ローマ式現金購入などの、ドイツへの導入であった。全体としてとらえると、これらは共同体でも同胞でもない国家の組織化と運営において必要とされる交換、財産、疎外された思想などの形態を表わす。ヘルメス、今ではローマのメルクリウスであるが、彼がこうした国家では急に生き生きする。なぜなら、愛情のきずなにとっては規模があまりに大きくなりすぎたときに、接続をするのはヘルメスであるのだ。教会と国家を分離するにあたり、ルターとカルヴィンはこの神にいくらかの余地を与えた。(5) もしあなたが宗教革命後に出現した大規模な合理化された制度を受け入れるなら、もしあなたが特に国家の思想を受け入れるなら、あなたは異邦人に関する道徳とは無関係の経済学をも受け入れなくてはならない。

思想史的に表現すると、中世から近代社会への移行は、象徴－思考と象徴－取引の新たな強調（ないしは必要性）に特徴づけられている。近代論理と科学方法の勃興が宗教革命後、急速に続いた。デカルトとニュートンを、ルターとカルヴィンから分離するのには百年もかからなかった。しかし私が二章前で暗示したように、「論理は心の金である」し、想像力は心の贈与である。パウンドが抽象により想像力が傷つけられた瞬間としてこのことに注目したのは正しかった。また彼がその痛手を、マーケット交換とその召使いたち（すなわち、高利貸し、外国貿易、専売、「分離した」価値体系）などの勃興と結びつけたのも正しかった。農民戦争における小作農は、エズラ・パウンドが戦ったとまったく同じ戦闘を戦っていた。まったく同じ絶望的な戦闘を。

エズラ・パウンドは「『暗い森林のなか』から始まり、人間のあやまちの浄罪界を渡り、そして光のなかで終わる叙事詩を書くこと……」を自分に課した。彼の『詩編』の形式の構想では、地獄への下降に続いて、あやまちが「アルカリや酸に浸されて」焼き払われ、上昇するはずであった。けれどもパウンドは冥界から戻らなかった。

ローマの建立にかんするウェルギリウス(五〇)の物語の中で、アイネイアース(五一)も地獄に降りていった。ギリシアとの戦争後、彼はカルタゴ——そこで女王ディードー（五二）が彼と恋に落ちたのだが——の岸に上がるまで地中海のあたりで不運に打ちのめされていた。アイネイアースとディードーは共に楽しい時をすごした。しかし春にはアイネイアースが落ち着かなくなり、恋人を捨て、イタリアに向かって出航する。ディードーは胸がはり裂けるほどであった。彼女は悲しみのあまり死んでしまった。トロイ人は水平線を越えて海を渡っていくときに、彼女の火葬のまきが赤々と燃える光を遥かに見ることができた。

アイネイアースがイタリアへ戻るやいなや、彼が死んだ父と話ができるように巫女がアイネイアースを〔死者の国〕ハーデースへ案内しようと申し出る。彼らがステュクス川を渡るとき、彼はディードーの幽霊を見る。けれども彼女は彼を見ようとしない。彼女は彼の裏切りをまだ憤慨していたので、顔をそむける。アイネイアースは、父を見つけようと、進み続けた。父は彼がいかにしてローマ市を設立するかを彼に予言する。

『アイネイアース』は家父長制の都市文化創立の神話である。政治によって断ち切られた情愛のあるかかわりが背景にある。恋愛は帝国の建立のために破滅させられる。そしてその女性は、自殺した贖なわれることのない、徘徊する幽霊として残される。アイネイアースの地獄下りは、その愛の傷を癒すためではなく、父を捜し、支配について父親のアドバイスを求めるためのものであった。

エズラ・パウンドの父親はフィラデルフィアで米国造幣局の試金分析者であった。もしある人が彼の金が本物かあるいは偽りの金《フールズゴールド》であるか知りたかったなら、ホーマー・パウンドがそれを秤にかけ、穴を開けて、彼に真実を話したであろう。パウンドの幼年時代の最も光を放つ思い出は、彼の父親が彼を造幣局へ連れて行ったときにかかわっている。巨大な地下金庫には、四百万ドルもの銀貨がおかれており、しかも入れてある袋は腐っていたという。「石炭シャベルより大きいシャベルで彼らは枚数をかぞえる機械の中にそれを投げ入れていた。このコインの光景、それがごみでもあるかのように、腰まで裸の男たちがガス照明のなかで次々とそれをシャベルですくう——その光景があなたの想像力をとらえる」。

アイネイアースのように、パウンドは父親のそばへと地獄まで下降した。愛《エロス》の記憶が彼の背後でチラチラする。「結合は農作物に良いと思った」人たちと共に生きたいという願望があった。かつて木に変わった男がいた。才能《ギフト》のある男がいた。エレウシスの完全な光に動かされて、ルネッサンスに意識を向けたが、ひきつづく高利貸しの世紀に用心して、そのギフトをふたたび明晰な状態にして持ちだそうとして冥界に下った。だが彼は、家父長制社会の頂点に生きた近代人で、自身の感情に用心深く、気質は古典的で、ときには強情ともいえるほどだった。彼は意志の道を選んだ。贈与を確認して再び価値を与えるよりむしろ、金銭の性質自体を変えるという見込みのない仕事に彼は着手した。だから彼は地獄でテイレシアースに会わなかった。彼は恋人の少年にも会わず、最愛の人の顔も見なかった。その代わりに彼は、彼自身のなかの悪魔、ヘルメスやユダヤ教徒に会い、一対一で戦うことを選んだのだった。彼は寛容と想像力という名にかけて良い金で良くない金と戦った。善い意志で悪い意志と戦った。政治と政治で戦った。貪欲と力で戦った。

一九六一年にパウンドは沈黙した。晩年の十一年間、彼はめったに話をしなかった。訪問者が彼のアパートに来ると、彼は握手して、訪問者が談笑している間、静かに座っているか、二階に姿を消すのだった。こうした年月の初めの頃、探訪記者が彼に会いに来た。「あなたは今どこで生活しているのですか?」とその記者が尋ねた。「地獄で」、とパウンドが答えた。彼は決してそこからはい上がって来なかった。彼は自分の声を失った。

一九六七年十月にアレン・ギンズバーグはイタリアにパウンドを訪問した。パウンドは八十二歳であった。彼はそれまでの六年間沈黙していた。ギンズバーグは彼と一緒に何日か過ごしたが、その間パウンドはほとんど話をしなかった。そこでギンズバーグは彼に物語った――彼の体験したブレイクのビジョンとドラッグの経験と仏教とアメリカで現在起きていることについて話した。彼はパウンドのために経《スートラ》を吟じ、ボブ・ディラン、ドノバン、ビートルズとアリ・アクバー・カーンのレコードをかけた。こうした日々の三日目に、ベニスの小さいレストランで少数の友人たちに囲まれて、パウンドが『詩編』(五三)のテクストに関する特定の質問に答えると言われたギンズバーグは、やっとパウンドと話し始めることができた。ギンズバーグは後になってこの話のやりとりの一部を思い出した。


[私は説明した」特定の知覚に対する彼の注目がどれほど……この私にとって――そして多くの若い詩人にとっても――言語を発見したり、心のバランスをとったりするにあたって大きな助けとなったかということを。それから「私の言うことがおわかりいただけますか？」と私はたずねた。「はい」、彼はついに返事をして、「けれども私自身の仕事は意味をなさない」……「メチャクチャだ」とぼそぼそと言った。

「何がですか、あなたのこと、あるいは『詩編』のこと、あるいは私のことですか？」。

「私の著作物――ずっと愚かで無知なものだった」と彼が言った。「愚かさと無知」と繰り返した。

[ギンズバーグと他の人たちが反論した。ギンズバーグがしめくくった。]「ウィリアムズは一九六一年に私に語った――私たちは韻律学について話をしていた……とにかくウィリアムズは『パウンドは神秘的な耳を持っている』と、言っていた――彼は今までにあなたにそのことを話したことがありますか？」。

「いや」、とパウンドが言った、「彼は決して私にそのことを言わなかった」——はにかんでいるといえそうな表情で、喜んだ。——目はそらしていたが、微笑み、好奇心にみち、子供っぽいと言っていいほどだった。

「それでは七年後の今私がそれをあなたに報告しましょう——優しい目をした医者のくだした診断を。彼はあなたが『神秘的な耳』を持っている——あてにならない神秘的なという意味ではなく——リズムと音調をとらえる生まれつきの耳を、と言いました」。

私は彼の知覚の具体的価値を説明し続けた。私はそれをユーモアとして加えた——ユーモア——昔からいわれている気質《ユーモア》——彼の、……仏教徒、道教徒、ユダヤ教徒に対するいらだち——は、彼の意図にもかかわらず、彼の心の葛藤の一部としてあるべき所におさまっている。……「パラダイスは、完成されたものの不完全性の中にあるのではなく、願望の中にある——それは私たちすべてが反応する欲望の意図であった——バクティ(五四)——パラダイスは一貫した知覚を言葉によって表現しようとする願望の雅量の中にある」。

「意図が悪かった、それが問題だ——私がしたことは何でも偶然だ——どんな善でも私の意図によって損なわれた——無関係な、そして愚かなことへの没頭によって——」と、パウンドが年とった子供のような声で、静かに語った。「意図」と発言する間、彼は私の目を直視した。

「ああ、わかりました。私があなたに話そうとしていること——私が今回そのためにここに来たものが——あなたに私の祝福を与えるためなのです。なぜならあなたの幻滅にもかかわらず……、『詩編』に飛び石のようにちりばめられている実用的で正確な一連の言語の手本によって「私の」知覚は強められたからです。私が占領して、歩きつづける基盤である飛び石——したがって、あなたの意図にもかかわらず、私の知覚を明晰にする実際的な効果があったのです。とにかく、今、あなたは私の祝福を受け入れてくださいますか？」。

彼は、年とったカメのように、口を開いたままためらっていた。

「受け入れます」、彼は言った――「けれども私の最も悪い誤りは反ユダヤ主義という愚かで偏狭な偏見であった、それがすべてを損なってしまった――」。

「あゝ、あなたがそうおっしゃるのを聞くのは素晴らしい……」(6)

その後ギンズバーグたちは歩いてパウンドのアパートに戻った。ドアのところで、ギンズバーグが彼の肩に手をかけ、言った、「私がここに来たのはあなたに祝福してもらうためでもあったのです。今私を祝福してくださいますか？」。

「はい」、とパウンドがうなずいた、「それに価値があるのなら」。

アメリカの創造的精神の歴史のなかで、この遭遇は、パウンドがムッソリーニに『詩編』を手渡したあの三十五年前の時と比べても同じぐらい重要に思われる。ここに、ユダヤ教徒、いやむしろ、仏教徒のユダヤ人と言ったほうがいいが（なぜなら彼は士師《しし》のもとを去ったのだから）、が辛辣《しんらつ》なしもべと祝福を交わし合うためにやって来たのであるから。パウンドが戦争の間にした放送のために死刑にされて当然と思ったユダヤ教徒がいた。けれどもそれはおとぎ話でユダヤ教徒を殺害するのが解決にならないのと同様、なにも解決しない。悪魔と戦うのに悪魔をもってするよりも、むしろ、ギンズバーグはドラマそのものの形を変えたのだ。すると、誰も気づかなかった窓から突然光が射したのだ。われわれの詩についての話は、一人の男の生命が終わったところで終える必要はない。ギンズバーグがパウンドの苦役から光を導き出している。滅びの力が「愚かさと無知」をはぎとることだろう。ギフトのしもべは再び声を取り戻し、彼の肉体から離れていくすべての言葉とともに、彼自身の価値が完全な光となって彼自身に再び戻ってくるのを感じるのだ。

原　注

（1）あらゆる文化はヘルメス的投影を行なうために、少々異質な地元の人々を見いだすように思われる。すなわちそれは、ベトナム人にとっては中国人であり、中国人にとっては日本人であり、ヒンドゥー教徒にとっては回教徒、北太平洋の種族にとってはチヌーク族、ラテンアメリカやアメリカ南部にとってはヤンキーである。また、ウガンダにあっては東インド人およびパキスタン人、フランスのケベックではイギリス人、スペインのカタロニア人は「スペインのユダヤ教徒」となる。クレタではトルコ人、トルコではアルメニア人など。ローレンス・ダレルがクレタに住んでいたときギリシア人と友達であった。しかし彼が少し土地を購入したいと望んだとき、ギリシア人の友人たちは彼をあるトルコ人のところへつれていった。トルコ人こそ、交易に必要な人であるが、それでいて信用できないと彼にいいながら。

金の取り扱いにたけてはいるが、少し油断がならないという人物は、常に異邦人として扱われている。たとえその家族が何世紀にもわたりその一帯に住んでいたとしても。もちろん、しばしば彼らは実際に外国人である。国家が交易を必要とするとき、彼は招き入れられ、民族意識が高まりはじめると、殺されたり追放されたりするのだ。具体的に述べると、一九七八年ベトナムより追放された中国人、一九四九年中国から排除された日本人、南米からのヤンキー、インディ・アミン下のウガンダからのイランや東インドの人々、一九一五―一六年トルコから追放されたアルメニア人などがそれに当たる。「部外者」は愛国心をあおる手段として常に用いられる。しかも不景気な時代には常にその犠牲者ともなる。

（2）ここにもうひとつ、ヘルメスがなぜ交易と泥棒の双方の神であるかの理由がある。商品交易は象徴的交換のごまかしをも含んでいるからである。

（3）油断ならない金融業者が物価統制委員に任命されないようにするには、どうしたらよいかとわれわれがたずねた場合、パウンドは次のように答えよう。「政府のどんな機能も、緊密な監視下にあるべきではない。また、行政のいかなる部分、あるいは谷間においてもより高い道徳基準は保証されるべきではない」。際だって善意ある人々が、公正価格を定める善意ある人を見張るであろう。

パウンドは銀行業務のなかに詐欺師を見抜くのは非常に鋭かったが、権力と秩序と効率の罪ということになると、少々その眼識はにぶるのだった。

（4）州統治権を求める彼の繰り返された要求と、故国における外国貨幣の禁止の双方は、私にはとても部族的に見うけられる（万一あなたがそうした部族的愛国心からはじめるなら、じきに、完全な孤立もしくは異国人を取り扱うのに二重の基準のいずれかを持つようになるであろう。モーセの英知と呼ばれうるものをもって、パウンドは後者の解決法へと至る。すなわち「国家は国内使用のために一通貨を、そして国内と外国使用にもうひとつ別の通貨を持つことができる」）。

（5）高利貸しを実施する修正許可の系統化に際して、改革者たちはモーセの律令を復活させた。この意味で彼らはユダヤ人を教会へ入れたのだ。少なくともそれがパウンドの見解であった。たとえば、彼はカルヴィンが本当はユダヤ人であったという意見を持っていた「あの異教の悪党カルヴァン（高利貸しの友、カウインまたはコーヘンの偽名）」。

（6）パウンド最後の著作のひとつは、ある解明である。「高利貸しについて。私は勘ちがいをしてしまい、症状を原因だと思い込んでいた。原因は貪欲である」。

訳注

（一）エレウシスの概念　エレウシスの秘儀についてのことを指す。古代ギリシアのエレウシスで行なわれたデメテルの祭典。デメテルとはギリシア神話の豊作と豊穣、特に小麦をつかさどる女神。このデメテルを祭る秘儀。

（二）銀河系内の変動する電波の電波源物質の称。現在では水酸基と確認されている。しかし、ここではパウンドは「神秘なもの」という意味で用いているのではあるまいか。mysterium＝〔myster(y)〕（神秘）＋〔-ium〕

（化学用語で元素をつくるときに用いられる接尾辞）

（三）　ヌース　古代哲学以来しばしば非物質的、英知的で理性的な万物の原理、精神の至高の能力等として考えられてきたもの。心、もしくは知性。究極的な「一者から放射された最初のもので、また最も純粋なもの」をいう。宇宙に関する自己観照の秩序であると考えられた。

（四）　オヴィディウス（四三BC－一七ADころ）ローマの詩人。恋愛エレジーの完成者。『メタモルフォーセス』。

（五）　イマジズム　ロマン派に対抗して一九一二年頃起こった。T・E・ヒューム、エズラ・パウンドなど。映像の色彩と律動の重要性を主張した文学運動。

（六）　アッシジのフランチェスコ（一一八一－一二二六）　イタリアの修道士。アッシジの富裕な商人の子として生まれたが、清貧と素朴、潤達な心、自然への愛を特徴とする。フランシスコ会の創始者。

（七）　ウィリアムズ（一八八三－一九六三）　米国の詩人。

（八）　ケルアック（一九二二－六九）　米国の作家。

（九）　バップ　一九四〇年代に始まった革新的なジャズスタイル。

（一〇）　プラズマ　電離気体。

（一一）　ゲゼル（一八六三－一九三〇）　ドイツの商人、経済学者。貨幣問題を研究。主著『貨幣の国有化』（九一）。

（一二）　義和団の乱　北清事変（一九〇〇）のこと。日清戦争後中国に起こった排外結社による反乱。

（一三）　ロビンソン（一八六九－一九三五）　米国の詩人。

（一四）　マラテスタ　十三－十六世紀にイタリア北部を支配した一家。同地方のグエルフ党を率いた。

（一五）　エステ　イタリアの貴族。十三－十六世紀にはフェラッラを、中世後期から十八世紀まではモデーナとレッジオを支配した。

（一六）　メディチ家　十四－十六世紀のイタリア・フィレンツェの名家で、文芸、美術を保護した。

（一七）　ジェファーソン（一七四三－一八二六）　米国第三代の大統領（一八〇一－〇九）、リパブリカン党。

（一八）　長いうず巻型のホルン。末端は円錐形。

（一九）　ロートパゴス人　『オデュッセイア』でロータスの実を食べて暮らしていた民族。安逸をむさぼる人。

（二〇） キルケー 『オデュッセイア』に出てくる魔術で男を豚に変えたという魔女。
（二一） アダムズ（一七六七―一八四八） 米国第六代大統領（一八二五―二九）。
（二二） ケンタウロス ギリシア神話の半人半馬の怪物。
（二三） ズコフスキー（一九〇四―七八） アメリカのユダヤ系詩人。ニューヨーク出身。ウィリアム・カルロス・ウィリアムズの影響を受けてイマジズムを発展させた。
（二四） モンロー（一八六〇―一九三六） 米国の女性編集者、詩人、批評家。『ポエトリイ』誌主宰。
（二五） ブルーフロック T・S・エリオットの詩の主人公の名。自分の人生が無意味でむなしいことを漠然と感じているごく普通の男。それを乗り超えようとするがいまひとつ本気で取り組めない。
（二六） ヘミングウェイ（一八九九―一九六一） 米国の小説家。ノーベル文学賞（一九五四）。
（二七） オルディングトン（一八九二―一九六二） イギリスのイマジズムの詩人、小説家。
（二八） ジョイス（一八八二―一九四一） アイルランドの小説家、詩人。
（二九） ウィーバー（一八七六―一九六一） イギリスの女性編集者。ジョイスのパトロンとして知られている。
（三〇） クアノス（一八八一―一九六六） ロシア生まれの米国の小説家。十歳の時アメリカに渡り雑多な仕事に就き、三十代になって作家生活に入った。
（三一） ギニー 現通貨制度（一九七一）以前の二十一シリングにあたる英国の通貨単位。
（三二） ゴンザーガ（一五六八―九一） ローマのイエズス会士。病人を看病中に疫病に感染し死亡。宗教的純潔と英雄的な行為により聖人の列に加えられた。
（三三） ロンバルド（一四三五頃―一五一五） イタリアの彫刻家、建築家。主作品はサンタ・マリア・デミラユーリ聖堂（八八九）。
（三四） ネルーダ 八章訳注（一四）参照。
（三五） ベロー（一九一五― ） カナダ生まれの米国の作家。ノーベル文学賞（七六）。
（三六） ベリマン（一九一四―七二） 米国の詩人、批評家。
（三七） ジギスムント（一三六八―一四三七） 神聖ローマ帝国皇帝（一四一一―三七）、ハンガリー国王（一三八七―一四三七)、ボヘミア王(一四二〇―三七)。
(三八) ヘルメス 八章訳注(八)参照。
(三九) 板タバコ 甘味を加えて圧縮した(かみ)タバコ。
(四〇) ケルン ピラミッド形に積み上げた石塚。道程標。
(四一) ヘルメス柱像 古代ギリシアの石の角柱を台座とした男子胸像。この形式のヘルメスの像を道標として用いたことに由来する。
(四二) ヘーファイストス ギリシア神話のゼウスとヘラの子。火と鍛冶仕事の神。
(四三) アレース ギリシア神話の軍《いくさ》の神。
(四四) ディアスポラ バビロン捕囚後、ユダヤ人が異邦人の間に四散したこと。
(四五) フェリーニ (一九二〇―九三) イタリアの映画監督。数々の映画賞を受け、世界文化賞(九〇)も受賞。
(四六) ダカット 昔ヨーロッパで使用されたダカット金貨(銀貨)。
(四七) コジモ コジモ一世(一五一九―七四) メディチ家のコジモ。フィレンツェ共和国の政治を左右し、ギルド商人や手工業の親方を支配して巨万の富を蓄積しただけでなく、隣国シエナ、ルッカにもその勢力を及ぼした。
(四八) ミル(一八〇六―七三) イギリスの経済学者、哲学者。
(四九) 化体説《かたい》 聖餐のパンとぶどう酒はキリストの肉と血との全き実体と化するとする説。
(五〇) ウェルギリウス(七〇―一九BC) ローマの詩人。
(五一) アイネイアース ギリシア・ローマ神話のトロイの勇士。
(五二) ディードー ギリシア伝説でカルタゴを建設したといわれる女王。アイネイアースをもてなして恋するようになったが、捨てられて自殺した。
(五三) ディラン(一九四一―) 米国のフォークシンガーソングライター。
(五四) バクティ ヒンドゥー教の神に対する献身的愛。

結論

これまで贈与交換と市場経済の間に和解できない矛盾があり、結果として、近代社会での芸術家は彼の作品が関係する贈与の領域と彼のかかわる商業市場との間に不断の緊張を経験しなくてはならないということを、この本の中でたびたびほのめかしてきた。それが少なくとも書きはじめたときの私の仮定だった。私は創造的な生全体を贈与経済の中においただけではなく、永続的な贈与をもつ芸術家とは、彼の天職を商品化する誘惑に対して自身を懸命に護ろうとする人であろうことをも当然のこととして想定した。

私の見解はそれから幾分変化した。しかし私は芸術の主要な交易は贈与交換であるといまだに信じており、作品が芸術家の贈与《ギフト》の実現でない限り、そしてまた、その作品が伝える贈与をわれわれ鑑賞者が感じることができないなら芸術は存在しない、と思っている。贈与は商業市場によって破壊されうる、と私はいまだに信じている。しかしながらこの贈与交換と商業市場とを私はそれほど強く対抗して分化する二極としてはもはや感じていない。とりわけ、高利貸しについての章の細部を吟味していくうちに、私は贈与交換と商業市場とがまったくかけ離れたものである必要がないことを理解するようになった。贈与と商業市場とが和解する方法があるかもしれない。もし、旧約聖書のユダヤ教徒のように、われわれが異邦人とかかわる共同体であるなら、あるいはもしエズラ・パウンドのように、われわれが市場社会に生きる芸術家であるのなら、われわれが求めなくてはならないのはそれらの調和の方法である。確かに、パウンドの人生の教えの一つは、市場を大規模に攻撃しても得られるものはほとんどない、ということである。時折その影響の範囲を制限することができても、その本質を変えることはできない。市場はロゴスの産物であるが、エロスと同じくらいロゴスも人間の精神の一部である。パウンドがヘルメスを──己の念頭やヨーロッパから切り離しておくことができなかったと同様に、われわれはもはや市場を廃止することはできない。

高利貸しの考えを導入するために、そのまわりに境界をめぐらせたある部族を私が想定したのを読者は思い出すであろう。種族の中心では、品物がギフトとして循環し、交換はとても肯定的である。部族の外では、品物は購入と販売を通じて移動し、その価値は比較されて計算され、交換は否定的である。私は、最初、高利貸しの許可をギフト交換の環の外側の境界をはっきりさせるためにこれらの二領域の間に境界線を設けることを許すものとして述べてきた。そして前のより議論的な章の論点の中で、その境界線を強めようとした。(パウンドが主張したように) 創造的な精神は、異邦人との交易がもたらす精神から慎重に守られないなら、傷つけられよう、と主張してきた。

けれども私が近代社会の中にこの論理をもちこんだときに、私自身の考えがわずかに再‐構成された。私は高利貸しを許すことは、あの二つの領域の間の交易を許すことでもあると理解しはじめたのだ。その境界線は〔行き来できる〕透過性のものでありうる。贈与の増殖(計算不能で、肯定的な交換)が市場の増殖(計算された、否定的な交換)へと換えられるかもしれない。その逆もまた同様である。異邦人が支払うローンの利子が、中心へもたらされ、贈与に変えられるかもしれない。ある範囲内で、贈与の富は合理化され市場の富はエロス化されるかもしれない。

十六世紀に、プロテスタントの聖職者がこれらの「ある範囲」を定義するという、いまだに未完成の仕事を始めた。宗教革命は交換の程度を明瞭にすることにより二つの領域の間の和解の条件を精緻にした。旧約聖書は（コーランや、大部分の部族、そしてエズラ・パウンドと同様に）、否定的交換の程度を区別するのに十分ではない。あらゆるものが、高利貸しということになる。けれども宗教革命後の道徳は、それらを区別する。高利貸しは存在する、しかも利子もまたあるのだ。問題は「贈与と商品は共存できるのか？」ではない、「どの程度まで一方は他方から、その物を破壊することなしに引き出すことができるのか」である。市場の見地から見ると、資本を投資することを拒否するインディアンについて白人男性が言うことには一理ある。もしあらゆる富が贈与に変えられると言うのなら、市場などあり得ない。そして他の側面からいうと、インディアンが、あらゆる贈与が商品へと変換されることに抵抗するとき、それにも一理ある。共同体それ自体を破壊するほどの商業化というものもあるからである。だがこれらの二つの両極端の間に、時には、エロスとロゴスが共存する妥協点が存在するかもしれない。

私はこの著書の初めに、あるジレンマを提言した。もし芸術が本質的に贈与であるなら、芸術家は市場によって支配された社会でどのようにしたら生き残れるのか、というものであった。現代の芸術家がいくつかの異なった方法により、このジレンマを解決してきた。そのいずれの方法も、二つの特徴を持っているように私には思われる。一つは、芸術家が彼の作品の主要な交易である贈与経済の外へ出て市場となんらかの仲直りをすることである。家には祭壇をもちながら、見知らぬ人を扱う門の法律ももつ旧約聖書のユダヤ教徒のように、己のギフトを失うことも、餓死することも望まない芸術家は、彼の作品が創造される保護された贈与の領域を留保し、しかも作品が完成した途端に、市場とかかわりあうことを自身に許すという方法である。そしてそれから——不可欠な二番目の局面は——芸術家が商業市場で成功したならば、市場の富を贈与の富に換えるということだ。彼は収益を、彼の芸術を支えるものへと捧げるのである。

さらに一層具体的に述べると、現代の芸術家が彼らの生計の問題を解決した三つの方法がある。すなわち芸術家が副業を持ったこと。彼らが自分たちを支持する後援者を見つけたこと。あるいは彼らはなんとか市場に自分の作品を出し、その代金と印税で家賃を支払ったのだということ。これらのすべてに共通の根本的な構造は、二重経済と、市場の富を贈与の富へと変換するというものだ。この構造は多少なりとも芸術に関係していない副業——たとえば、夜間警備員、商船船員、語学《ベルリッツ》教師、医者あるいは保険監視プログラム員など——を持った芸術家の場合にもっとも容易に見うけられるだろう。副業は彼の芸術を財政的責任という重荷から解放してくれるので、彼が創作をするときには市場価値の問題に背を向け、保護された贈与の領域で労働をすることができる。

後援者（今日では補助金）を持つ場合は、もう少し微妙である。副業を持つ芸術家は、ある意味で、彼自身の後援者になる。彼は彼の仕事が、ちょうど後援者がするように、支援に値すると決定する。しかし彼はそれから彼自身が外に出て現金をかせがなくてはならない。実際の後援者を引き付けることに成功する芸術家は、市場とのかかわりは、前者より低いと思われる。後援者の支援は、奉仕に対する賃金や料金ではなく、芸術家自身の才能が認められて与えられた贈り物である。後援者を持つことにより、芸術家の生計は作品が作られる贈与の領域の中に完全にあるように思われる。

けれどもここでわれわれに市場が見えないとしたら、それはわれわれが芸術家だけを見ているからである。芸術家が副業をするとき、一人の人間が両方の経済の中で動く。しかし後援者の支援を得た場合は、労働の分割が生じる。すなわち市場に入って、そしてその富を贈与へと換えたのは後援者なのだ。一度その手順が打ち立てられたら、ほとんど仕上げの必要はない。ジェイムズ・ジョイス(一)を支持した親切なクエーカー教徒の婦人であるハリエット・ショー・ウィーバー（一）は、神から彼女の金を得はしなかった。グッゲンハイム（二）もだ。全国芸術基金も。誰かが、どこかの市場で労働を売ったのだ。あるいは財をなしたか、自然の豊饒を搾取した。そして後援者は才能あるものを食べさせるためにその富を贈与に換えるのだ。

　副業に従事する芸術家と後援者を見いだす芸術家とは、ある意味で彼らの芸術と市場の間に境界線を引く構造的な方法を持っている。詩を書くことと病院で夜勤をすることとを区別することは難しくはない。さらに詩人が自分をグッゲンハイムではないと知るのは、より一層容易なことである。しかしながら自身の創作品を売る芸術家は、この二つの経済に対するよりいっそう主観的な感覚と、これらを分離した状態に保ったり、結びあわせたりする独自の祭儀を開発しなければならない。彼は、一方では、作品から離れてそれを商品であると考えることができなければならない。彼は時代に合ったやり方でその価値を計算し、市場が耐えうる価値の限度を理解し、公正な価格をつけ、そして、その価格を支払う者があらわれたときには、作品を手放すことができなければならない。他方、彼は、こうしたことすべてを忘れて、才能《ギフト》の導くままに自身の才能《ギフト》に仕えるよう心を向けねばならない。もし彼が作品を商品と考え手放すことができないなら、彼は彼の芸術作品を売りたいと願ってはならない。またもし彼が自分の贈与に心を向け仕えることができないなら、売るべき作品は持つことはできないかもしれない。あるいは、贈与の要請に応えるのではなく、市場の要求に応えて作られた作品である商業芸術のみを持つこととなる。贈与の実現である作品を売り込みたい芸術家は、市場から始めることはできない。彼は作品がその範疇で作られる贈与の領域を自身のために作らねばならない。そして、完成した作品が彼の保有する贈与の忠実な実現であると知ってはじめて、それが他の経済において通用するかどうか、心をくだくべきなのである。市場で通用する作品であることもあれば、そうでないこともあるのである。[1]

一つの例がこれらいくつかの点について例証しよう。画家としての己を確立させる前の数年間、エドワード・ホッパー[四]は『ホテル・マネージメント』のような名称を持つ雑誌に商業芸術家として雇われたものであった。ホッパーは、卓越した素描画家《ドラフトマン》であり、この間に彼が描いたイラストと雑誌のカバーはとても巧みなものだ。けれどもそれらは芸術ではない。それらはたとえばホッパー特有の才能や、きらめく光が夜のアメリカの都市を形づくる様子を洞察する力を確かに持っていない。あるいはまた次のように、それを表現できるであろう。失業中の画家修業者なら誰でも本質的に同じ素描を描くことができたはずであると。ホッパーの雑誌カバー——黄色の帆船内の幸せなカップルとゴルフコースをまわっている実業家——これらすべてが割り当て仕事、雇われ仕事という雰囲気を持っている。保証つきの定則に従って小説のたぐいを書く小説家、あるいはテレビ・コマーシャルのために曲をつくる作曲家、あるいはハリウッドの脚本にみがきをかけるため飛び込んできた劇作家のように、ホッパーの雑誌のための仕事は市場の要求に応えたものであった。そしてその結果は商業芸術であったということである。

商業画家としての年月の間、ホッパーは、雑誌の仕事に週三〜四日費やすだけで、残りの時間は家で絵を描くことに使い、私が「保護された贈与の領域」と呼んできたものを自分自身のために創りだしていた。彼は、もちろん、自分の贈与領域に属する作品を売りたかったであろう。しかし買い手はいなかった。一九一三年、彼が三十一歳の時、彼は絵を二百五十ドルで売った。しかし続く十年間、彼の絵は一枚も売れなかった。それから一九二五年から一九三〇年の間に、彼は芸術だけで生計を立てられるようになりはじめた。

ある意味で、雑誌のためのホッパーの作品は彼の芸術の一部ではないから、彼の本当の労働を支援する副業にすぎないと考えられるべきである。しかし大切なことは、彼の本当の芸術に対する市場要求が生じたときにさえ、ホッパーがいぜんとして彼の贈与の完全性を維持していたということである。芸術家が自分の贈与を純粋に維持している時と、市場に左右されている時を見分ける黄金のルールを作ることは難しいかもしれない。しかしその区別が確かにあることをわれわれは知っている。ホッパーは商業画家として快適な生活をすることができたはずである。しかし彼はそうはしなかった。彼は何度でも繰り返して彼の最もポピュラーな作品を描くことができたはずである。あるいは作品を写真に撮らせて、サルバドール・ダリのように、金粉をふりかけた署名入りの複製を売ることもできたはずである。けれども彼はそうはしなかった。

芸術家が生計の問題を解決したさまざまな方法が持つ微妙さと問題点についてここで論じるのは私の意図ではない。精神を鈍らせる副業がある。後援者に恩義を感じる芸術家もいる。気質的に作品を売ることをまったく阻む芸術家もいる。しかし、芸術家の生計に関するこういった収入と支出は本著とは別の種類の本に関する主題である。芸術の方針についての問題を扱い、働く芸術家に助言を与える本の主題である。私がここで加えたい唯一の大切な点は、一般的なものだ。つまり私が示した方法のいずれもがたいてい生活を切り抜ける方法であり金持ちになる方法ではないということである。芸術家が生計問題のどのような解決方法を選択するにしろ、あるいは選択の余地はないにしろ、彼は貧しい可能性が高い。ホイットマンとパウンドの両者が良い例であろう。両者ともに芸術により生計を立てられなかった。ホイットマンは南北戦争中のワシントンでの生活を、「ドイツ人またはパリっ子の学生生活のようなもの」と表現したが、それはロンドンとパリで暮らした年月におけるパウンドにほとんど一字一句そのままあてはめることができる。狭い貸室に住んで、派手だが古着を着こみ、朝、布でコーヒーを漉《こ》し、自分で家具を作ったりする生活（パウンド自身の評価によると、ヨーロッパの魅力の一つは、芸術家の貧しい財力を受け入れてくれることである。ハリエット・モンローにあてたパウンドの手紙を思い出してほしい。「ここヨーロッパでは貧乏はつつましく高潔である。アメリカでは貧乏な人にあらゆる面で絶え間のない侮辱を与える」）。

ホイットマンとパウンドの両者とも、人生のある時期に、なんらかの副業についていた。ホイットマンは『草の葉』の初期の草稿を書いていた時、新聞を編集し、自由契約で新聞や雑誌に記事を書き、印刷所や文房具店を経営し、そしてまた家大工としても働いていた。同じくパウンドもジャーナリストとして雇われていた。第一次世界大戦の間ずっと彼は社会的信用説(五)〔を標榜する〕新聞である『ニューエイジ』に何年にもわたり週に二本の割合で記事を濫作し月四ギニーもらっていた。しかし、両者にとって、こうしたことは本質的に生計のための仕事であって、必要にかられてしていたのであり、その必要がなくなった時、両者ともやめたのだった。

また、非常な助けとなる協定によるいかなる後援も、少なくとも当時アメリカには存在しなかった。一八八五年にホイットマンの崇拝者のグループが、彼が家に閉じこもりきりにならないようにと、当時足が不自由であった詩人に、馬と二頭立ての四輪馬車を買い与えた。また大体同じ時期に、近くのハアレイ共同墓地が土地をホイットマンに寄贈した。その土地に詩人は墓をたてたのだった。これでアメリカがその最も初期の詩人に提供したお返しのギフトの品々のリストがほぼ完了する。パウンドの暮らしは少しましなだけだった。パウンドが老齢となり聖エリザベス病院に閉じこめられる以前に彼が受けた唯一の意義のある報酬は、ダイアル賞(六)二千ドルだけであった。ずっと後になって、他の賞も受けた——たとえば一九六三年にアカデミーオヴアメリカンポエッツから受けた五千ドルの給付金——しかし繰り返すが、われわれは後援者の力で豊かになった芸術家について述べているわけではない。最終的には、ホイットマンとパウンドの両者は、晩年に作品を売って適度な収入を実現したが、彼らが若く、最も困窮していたときには何の報酬もなかったのだ。ホイットマンは『草の葉』の初版で金を失い、パウンドの典型的な年——一九一五年——におけるアメリカでの印税はたった一ドル八十五セントであった。

要するに、ここに二人の詩人がいる。両者共に、あきらかに彼の生きた時代の大詩人であり、生前人々に知られ読まれていた。また両者共にある時期、自分の芸術を支えるため副業に手を染めた。また両者共に申し出られたちょっとした後援を喜んで受け入れ、自分の創造物に対する熱心な事業主でもあった。そして最後に、両者共に晩年まで本質的に貧乏であった。

もしわれわれが芸術家の貧乏について十分に話すなら、現実の赤貧と、「贈与の貧困」とを区別するためにここで中断し、思案しなくてはならない。この最後の段階になって、私は内的欠乏、すなわち霊的な欠乏に言及するつもりであるが、これは贈与の与えられた状態に関係がある。そこでは、贈与でないものは価値を持たないと判断され、贈与とされるものは、一時的な所有物にすぎないと理解される。私が感謝の労働という章で示したように、われわれの贈与はそれらを人に与えてはじめて完全にわれわれのものとなる。したがって彼の影響力が及ばぬ遥かかなたの領域から現われる富に仕える召使いとなるまで、贈与を与えられた人は彼自身とならない。贈与が彼のところにやってきたら、彼は常に贈与を他に分配しつづけねばならない。旧約聖書のレビ記(七)にしるされている主のモーセへの指示は次のようだ。「土地を永久に売り払ってはならない。土地は私のものであるから。あなたたちは見知らぬ新来者であり、私の土地に寄留し、一時的に滞在する者にすぎない」。同様に、われわれは贈与の所有者ではなく、寄留者である。われわれの創造物さえ――特にわれわれの創造物は――われわれのものではない。ゲーリー・スナイダーが言うように、「あなたは良い詩を手に入れる。しかもあなたにはそれがどこから来たのかわからない。『私がそんなことをいったの?』。だから、あなたが感じるすべては謙虚さと感謝の念である」。精神的には、あなたは贈与を与えられた人よりもそれほど貧しいはずがない。

みずから進んでこのような内的困窮を受け入れた芸術家は、外的生活における一種の簡素さに耐えることができる。私は寒さや飢えを意味しているのではない。しかし、確かに部屋の大きさやワインの品質は、キャンバスに想像上の色彩を伝達することができる男にとって、あまり重要ではないように思われる。自分自身の歌が何ページにもわたり一度にあふれでている時、屋根裏部屋と溲瓶《しびん》は魂を侮辱しはしない。また、若い詩人は、もし彼がイタリア徒歩旅行中で美に陶酔しているなら夜ごと大麦スープとパンという同じ夕食に耐えることができる。その持つ贈与が強く、受け入れやすく、作品の中に流入する、そのような芸術家は、マーシャル・サーリンズ(八)がハンターと採集民について言っているように、「絶対的な貧乏にもかかわらず、豊かな経済性を持つ」かもしれない。

私は芸術家の貧乏をロマン化するつもりもなければ、この精神状態と「事実」とのあまりにも強いつながりを主張するつもりもない。人は金持ちに生まれ、しかも彼の贈与に忠実であるかもしれない。彼は儲かる副業を偶然見つけ、彼の作品は需要が多く、彼の代理人は抜け目のないセールスマンであるかもしれない。実際の貧乏と内的困窮とは必ずしも関連がない。それにもかかわらず、皆が承知しているように、またホイットマンとパウンドの生涯が証明しているように、その関連もまた知られていないわけではない。一つには自己の才能《ギフト》に対する忠誠が人々がそれによって金持ちになる活動からエネルギーを引き離してしまうからである。もう一つには、もし芸術家が交換取引に支配されているだけでなく、市場の富を贈与の富へと変換する制度を持たない文化、したがって、それが負う負債をギフトの実現に生涯を捧げた人たちに支払うことのできない文化の中に住んでいるのであれば、その場合芸術家は精神的にと同様、事実上も貧しくなるであろうからである。それが、ホイットマンとパウンドが生まれおちた文化の公正《フェア》な記述だと、私は思う。彼らの時代は、私の短いお返しの贈与のリストが示すように、ほとんど後援のない時代だった。また彼らの時代はトロブリアンド諸島の社会規範、「所有することは与えること」であることを理解したとは思われない時代であった。彼らの——そしてわれわれの時代は独占資本主義の時代でその規範は贈与の富を市場の富に変換することを期待し、それに報いる経済形態をもつ（新世界〔アメリカ〕の自然からの贈与、とりわけ——森林、野生生物、化石燃料——などは「永久に売られて」、個人の富に代わった）。自然に対して相互関係を感じない国や、金持ちが独力で成功したと想像する時代においては、贈与が与えられている状況の内的貧窮が、贈与を与えられた人の実際の貧窮に繰り返し複製されるのを見いだしても驚くべきではない。また、創造的な精神にもっと優しい世界を創造しようとする預言者の声でわれわれに話しかけようと努めるホイットマンとパウンドのような芸術家を見いだしても驚くべきではない。

英単語「mystery《神秘》」の語源はギリシア語の動詞 muein で、口を閉じるという意味である。辞書は古代の秘儀について伝授を受けた者は沈黙を誓ったことを指摘して語源を説明する傾向がある。しかし私にはその語源が奥義を伝授された者が知ったことがらは、とても語ることができないということをも示しているように思われる。それは示され、証され、顕わにされうるが、説明はできないものである。

私がこの本を書きはじめたとき、私は逸話とおとぎ話を通して贈与について話そうとした。なぜなら、贈与——特に内的な贈与、才能——は奥義であるように思われるからである。われわれは贈与が与えられてきたから、あるいは贈与が与えられている男女を知っているから、贈与が与えられた状態《ギフテッドネス》が何であるか知っている。われわれは芸術の経験を持ったから、芸術が贈与であると知っている。しかし経済理論や心理学の理論、あるいは美学の理論を使ってこれらのことを知ることはできない。内的な贈与が一体どこから来るのか、それとともにどのような交換の義務がもたらされるのか、一体どのようにそして誰に感謝の念を向けるべきであるのか、どの程度贈与をそのままにしておくべきで、またどの程度それを鍛錬すべきなのか、どのように贈与の霊を育て、その生気を保持するのか——等の贈与により生じる疑問は、なぜなぜ物語《ジャストソウストーリーズ》を語ることによってのみ答えることができる〔ただそうなったとしか言えない〕。ホイットマンが言うように、「話を語る話し手たち」はこれらのことを説明することができない。われわれは「かすかな手がかりと遠回しの表現」によって学びとるしかないのだ。

かくして、贈与と芸術の最終の物語となる。

「幼年時代と詩歌」と呼ばれているエッセイで、パブロ・ネルーダ（一一）は彼の作品の起源についてかつていろいろと思索した。ネルーダはテムコという、チリ南部の国境の町で育った。一九〇四年にテムコに生まれることは、百年前にオレゴンで生まれることに少しばかり似ていたに違いない。雨の多い、山地の「テムコは南の領土のチリの生活で最も遠い辺境の居留地であった」、とネルーダは彼の思い出の記の中で語る。その地方の居住者は字を読むことができないので、人目を引く絵看板が掛かった金物店がずらりと並んだ大通りを彼は思い出す。「巨大なのこぎり、巨大な料理ポット、一つ目の巨人キュークロープスが使うような南京錠、ばかでかいスプーン。通りの遠くにある靴店——どでかいブーツ」。ネルーダの父親は鉄道で働いていた。他の家と同じように、彼らの家も、植民者の一時的なキャンプのような雰囲気がどこかにあった。つまり釘、道具、鞍などの入った小さな樽が未完成の部屋や、半分仕上がった階段の下のあちこちに置かれていた。

彼がまだ小さい少年であったある日、家の裏の空き地で遊んでいたとき、ネルーダは木製の柵根にあいた穴を発見した。「私が穴をのぞき込むと、私たちの家の裏と同じ手入れが行き届かぬ、荒れ果てた光景が見えた。私は何歩か退いた。なぜなら私は漠然と何かが起きようとしていることに気が付いたから。突然手が現われた——私自身と同じくらいの年齢の少年の小さな手であった。私がさらに近づいたときには、その手は消えていた。そしてその場所に素晴らしい白いおもちゃの羊があった」。

「羊の毛は色あせていた。その車輪はとれてしまっていた。こうしたことすべてがただそのことをいっそう本当のことのようにした。私はこのような素晴らしい羊をかつて一度も見たことがなかった。私は穴を通してもう一度覗いてみたが、少年はすでに消えていた。私は家に入り、自分の宝物を持ち出した。香り高い松やにに満ちた開いた松かさ、私の大好きなものだ。私は同じ場所にそれを置いて、白いおもちゃの羊を抱いて立ち去った」。

「私は決してあの手もあの少年も二度と見ることはなかった。あのような羊もいまだに見たことがない。その羊のおもちゃは、最終的には、火事でなくしてしまった。けれども、今でも……玩具店の前を通るときはいつでも、私はショーウィンドウの中をそっとのぞき込むが、無駄である。あのような羊はもう作られてはいないのだ」。

ネルーダは数回この出来事について述べている。「この贈与交換——神秘的な——は、沈澱性の堆積物のように、私の内面に深く定着した」と、彼はかつてインタビューで述べた。そして彼はその交換を彼の詩歌と結びつける。「私はずっと幸運な男であった。仲間の親密さを感じることは人生において素晴らしいものだ。愛する人々の愛を感じることは、われわれの命を養う炎である。だが、私たちが知らない、私たちに知られていない、われわれの眠りや孤独、危険や弱さなどを見守ってくれているところのものから生じる愛情を感じること――それはさらに一層偉大で美しい。なぜなら、それはわれわれの存在の境界を広げ、あらゆる生命あるものを結びつけるからだ」。

「あの交換は、貴重な認識を私にはじめて痛切に感じさせた。それはすべての人間はなんらかの形で結ばれている、ということだ。……ということであれば、人類愛のお返しに、樹脂質の、土のような、香り高いものを私が与えようとしたということに、あなたは驚かないであろう……」。

「これは寂しい家の裏庭で私が幼年期に学んだ偉大な教えだ。それはお互いを知らないが、生命の何か素敵なものを他に伝えたいと望んだ二人の少年がしたゲームにすぎなかったかもしれない。そうではあってもなお、このささやかで神秘的な贈与交換は、私の内面にもまた、深く、不滅のものとしてとどまり続け、私の詩歌に光を投げ与えているのであろう」。

原注

(1) 自分の作品を売る芸術家は、二重経済を操るひとつの方策として通常代理人を雇う。つまり芸術家はギフトと共に労働をし、彼の代理人は市場と共に働くのだ。

訳注

(一) ジョイス　十章訳注(二八)参照。
(二) ウィーバー　十章訳注(二九)参照。
(三) グッゲンハイム（一八六七―一九四一）　米国の財閥の一人。夭折した一人息子を記念して一九二五年にグッゲンハイム財団を創立。研究奨励金で毎年五十人前後の芸術家や学術研究者がその恩恵に浴する。
(四)　ホッパー(一八八二—一九六七)　米国の画家。『夜のレストラン』(四二)など市街や建物を好んで描いた。
(五)　社会的信用説　資本主義社会では購買力の分配が不適当なので国民配当を消費者に支給し購買力を増加する必要があるとするC・H・ダグラスの説。
(六)　ダイアル　一八八〇年にシカゴで創刊された隔週刊雑誌。後にニューヨークに移され、月刊となった。一時政治、経済に主力を注いだが、一九二〇年以来は代表的な前衛文芸雑誌として、アメリカの新文芸の確立とヨーロッパの新思潮導入とに努めた。
(七)　レビ記　聖書の第三の書。
(八)　サーリンズ　序論訳注(一〇)参照。
(九)　トロブリアンド諸島　一章訳注(三)参照。
(一〇)　古代の秘儀　秘法伝授の古代宗教。秘法を受けた信者にしか理解できない意味を、秘密の慣例および儀式によって志願者に伝授する古代宗教。
(一一)　ネルーダ　八章訳注(一四)参照。

訳者あとがき

本書はLewis Hyde ; The Gift : Imagination and the Erotic Life of Property (New York : Vintage Books, a division of Random House, Inc., 1979, 1980, 1983) の全訳である。

ルイス・ハイドは一九四五年にボストンで生まれ、ミネソタ大学とアイオア大学で教育をうけた。人々に広く読まれた評論「アルコールと詩――ジョン・ベリマンと酒盛り談話」(一九七九) は、アルコール中毒症を扱うカウンセラー (一九七四―七六) としての彼の経験から生まれた。彼はアイオア大学(一九六九―七一) やハーヴァード大学 (一九八三―八九) で教鞭をとり、一九八九年からケニヨンカレッジの教授であるが、電気技師、教師、大工として生計をたてながら執筆活動を続けたこともある。彼は全国芸術基金、全国人文科学基金などの助成金をうけて、ノーベル文学賞を受賞したスペインの詩人ビセンテ・アレイクサンドレの選詩集『光へのあこがれ』や『ワールド・アローン』などをスペイン語から翻訳出版したり、有名なビート詩人アレン・ギンズバーグに関する批評集を編集したりと多彩な活動を続けている。また彼の詩や翻訳、評論は数多くのジャーナルやアンソロジーにのったが、その中には『ケニヨンレヴュー』『アメリカンポエトリーレヴュー』『ネーション』といったものが含まれている。

本書の序文でハイドは「この本の前半はギフトの理論を、後半はこの理論の術語を芸術家の生涯にあてはめる試みを扱っている。明らかに後半の問題への関心から、私は前半の解釈や理論づけをおこなったのである」と述べている。たんなる批評家ではなく『過ちは愛の印』（一九八八）という詩集などもあるハイドの議論はなによりも資本主義社会に生きなければならない芸術家としての実体験に裏打ちされており説得力に富む。本書の後半のウォルト・ホイットマンとエズラ・パウンド論はもっともすぐれて独創的であり、世の商業主義に流されない真摯な芸術家たちへのエールである。

　ハイドは芸術作品はギフトであり商品ではないという前提から出発しているが、それは言い換えると、芸術家は市場価値を意識して知的に計算して売れる作品をつくるのではなく、心を空《くう》にしてインスピレーションを受け入れて創作する、芸術愛好家もそれをインスピレーションで受け取る、ということではないだろうか。けれども、ハイドがあえてギフトという言葉をもちいたのは人間がよりよく生きるためには「創造的精神《ギフト》の交易」が芸術の世界にとどまらず、人生や社会、文化全般にわたっていかに重要かつ不可欠のものであるかを実証したかったからにほかならない。そのために彼は人類学・文学・経済学・心理学の豊富な知識を駆使してみせる。そこには芸術家は芸術を仕事としてするのではなく、芸術家にとって人生と芸術は切り離せないものであり、人生が芸術そのものであるという信念が一貫して流れているように思われる。そして、その底流には私たちは生きているのではなく生かされているのだ、私たちは私たちに与えられたもの（ギフト）を育て、次の世代へギフトとして渡さなければならないとの西洋キリスト教社会の思想があるように思われる。その意味でこの本はたんなる「文芸批評」の本ではなく、私たちがいかに人生を生きるべきかについての愛の本でありギフトではないだろうか。殺伐とした現代にこそこのような本は読まれてしかるべきであろう。

　『ギフト』を訳出するにあたっては第一部を林が、第二部を井上が担当した。その結果、訳語や文体に差異が生じてしまった。諸氏のご教示ご叱責をお願いする次第である。また、校正の際に、井上が大妻女子大学在外研究員として英国ケンブリッジ大学での海外研修中であったため、最終的な校正の責任は林が負うものであることを付記しておく。

また、本書で引用されている詩については、『ホイットマン詩集』(福田陸太郎訳、三笠書房、一九六八)、『ウォルト・ホイットマン』(アメリカ古典文庫5、研究社、一九七六)、『エズラ・パウンド詩集』(新倉俊一訳、角川書店、一九七六)をはじめ、これまでに刊行されたすぐれた先行訳や研究書を参考にさせて頂いた。記して感謝の意を表したい。

最後に法政大学出版局の秋田公士氏に大変お世話になったことを深謝したい。氏は原稿に鋭い目を通され、適切な助言で未熟な訳者たちを終始励まし続けてくださった。氏のお力添えなしにはこの訳書は日の目を見ることはなかったであろう。

二〇〇一年　十二月

井上美沙子
林　ひろみ

Edited by William White. New York: New York University Press, 1978.
———. *Leaves of Grass*. Brooklyn, N.Y.: 1855.
———. *Leaves of Grass*. "Comprehensive Reader's Edition." Edited by Harold W. Blodgett and Sculley Bradley. New York: New York University Press, 1965.
———. *Prose Works 1892*. 2 vols. (paginated consecutively). Edited by Floyd Stovall. New York: New York University Press, 1963.
———. *The Uncollected Poetry and Prose*. 2 vols. Edited by Emory Holloway. Garden City, N.Y.: Doubleday, Page & Co., 1921.

Kenner, Hugh. *The Pound Era.* Berkeley and Los Angeles: University of California Press, 1971.
Lawrence, D. H. *Studies in Classic American Literature.* New York: Viking, 1964.
Lopez-Pedraza, Rafael. *Hermes and His Children.* Zurich: Spring Publications, 1977.
Neruda, Pablo. *Memoirs.* Translated by Hardie St. Martin. New York: Farrar, Straus & Giroux, 1977.
Neruda, Pablo. *Twenty Poems.* Translated by James Wright and Robert Bly. Madison, Minn.: Sixties Press, 1967.
Norman, Charles. *Ezra Pound.* New York: The Macmillan Company, 1960.
O'Connor, Flannery. *Mystery and Manners.* New York: Farrar, Straus & Giroux, 1969.
Pound, Ezra. *ABC of Reading.* New York: New Directions, 1960.
———. *America, Roosevelt and the Causes of the Present War.* Translated by John Drummond. London: Peter Russell, 1951. (First published in Venice in 1944.)
———. *The Cantos.* New York: New Directions, 1972.
———. *Guide to Kulchur.* New York: New Directions, 1970.
———. *Jefferson and/or Mussolini.* London: Stanley Nott, 1935.
———. *The Letters of Ezra Pound, 1907–1941.* Edited by D. D. Paige. New York: Harcourt, Brace & Company, 1950.
———. *Literary Essays of Ezra Pound.* Edited by T. S. Eliot. New York: New Directions, 1964.
———. *Make it New.* New Haven: Yale University Press, 1935.
———. *Pavannes and Divagations.* New York: New Directions, 1958.
———. *Personae.* New York: New Directions, 1971.
———. *Selected Prose 1909–1965.* Edited by William Cookson. New York: New Directions, 1973.
———. *Social Credit: An Impact.* London: Peter Russell, 1951. (First published in 1935.)
Rosellini, Ippolito. *I Monumenti Dell' Egitto e Della Nubia.* Vol. 3, *Monumenti del Culto.* Pisa: 1844.
Shell, Marc. *The Economy of Literature.* Baltimore: Johns Hopkins University Press, 1978.
Shephard, Esther. "Possible Sources of Some of Whitman's Ideas and Symbols in 'Hermes Mercurius Trismegistus' and Other Works." *Modern Language Quarterly* 14, no. 1 (March 1953): 60–81.
Snyder, Gary. *The Real Work: Interviews and Talks 1964–1979.* New York: New Directions, 1980.
Whitman, Walt. *The Correspondence.* 6 vols. Edited by Edwin Haviland Miller. New York: New York University Press, 1961–1977.
———. *Daybooks and Notebooks.* 3 vols. (paginated consecutively).

The Gift of Life: The Social and Psychological Impact of Organ Transplantation. New York: John Wiley & Sons, 1977.
Smelser, Neil. "A Comparative View of Exchange Systems." *Economic Development and Cultural Change* 7 (1959), pp. 173–82.
Stack, Carol B. *All Our Kin: Strategies for Survival in a Black Community*. New York: Harper & Row, 1974.
Titmuss, Richard. *The Gift Relationship: From Human Blood to Social Policy*. New York: Pantheon, 1971.
Tournier, Paul. *The Meaning of Gifts*. Translated by John S. Gilmour. Richmond, Va.: John Knox Press, 1963.
Usury Laws: Their Nature, Expediency and Influence. Economic Tract Number IV. New York: The Society for Political Education, 1881.
Van Baal, J. *Reciprocity and the Position of Women*. Amsterdam: Van Gorcum, Assen, 1975.
Van Gennep, Arnold. *The Rites of Passage*. Translated by M. B. Vizedom and G. L. Caffee. Chicago: University of Chicago Press, 1960.
Weiner, Annette B. *Women of Value, Men of Renown: New Perspectives in Trobiand Exchange*. Austin: University of Texas Press, 1976.
Yaron, Reuven. *Gifts in Contemplation of Death in Jewish and Roman Law*. London: Oxford University Press, 1960.

第二部

Asselineau, Roger. *The Evolution of Walt Whitman*. 2 vols. Cambridge, Mass.: Harvard University Press, 1962.
Budge, E. A. Wallis. *The Gods of the Egyptians, or Studies in Egyptian Mythology*. Vol. 2. London: Methuen & Co., 1904.
———. *Osiris and the Egyptian Resurrection*. Vol. 1. New York: G. P. Putnam's Sons, 1911.
Chauncy, Charles. *A Caveat Against Enthusiasm*. Boston: J. Draper, 1742.
Doob, Leonard W., ed. *"Ezra Pound Speaking": Radio Speeches of World War II*. Westport, Conn.: Greenwood Press, 1979.
Emery, Clark. *Ideas Into Action: A Study of Pound's Cantos*. Coral Gables: University of Miami Press, 1958.
Ginsberg, Allen. "Encounters with Ezra Pound," *City Lights Anthology*. San Francisco: City Lights Books, 1974.
Hall, Donald. *Remembering Poets*. New York: Harper & Row, 1978.
Heymann, C. David. *Ezra Pound: The Last Rower*. New York: Viking, 1976.
Kaplan, Justin. *Walt Whitman: A Life*. New York: Simon & Schuster, 1980.

Joll, James. *The Anarchists*. Boston: Little, Brown & Co., 1964.

Lévi-Strauss, Claude. *The Elementary Structures of Kinship*. Translated by James Bell et al. Boston: Beacon Press, 1969.

Malinowski, Bronislaw. *Argonauts of the Western Pacific*. London: George Routledge & Sons, 1922.

Marshall, Lorna. "Sharing, Talking, and Giving: Relief of Social Tensions Among !Kung Bushmen." *Africa* (journal of the International African Institute) 31, no. 3 (July 1961): 231–49.

Marx, Karl. *Capital*. Translated by Eden and Cedar Paul. New York: E. P. Dutton, 1930.

Mauss, Marcel. "Essai sur le don: Forme et raison de l'échange dans les sociétés archaïques," *L'Année Sociologique* 1 (1923–24), pp. 30–186. Available in English as *The Gift: Forms and Functions of Exchange in Archaic Societies*. Translated by Ian Cunnison. New York: Norton, 1967.

Meister Eckhart by Franz Pfeiffer. Translated by C. de B. Evans. London: John M. Watkins, 1924.

Nelson, Benjamin. *The Idea of Usury: From Tribal Brotherhood to Universal Otherhood*. 2nd rev. ed. Chicago: University of Chicago Press, 1969.

Nestrick, William. "George Herbert—the Giver and the Gift." *Ploughshares* 2, no. 4 (Fall 1975), pp. 187–205.

Onians, Richard Broxton. *The Origins of European Thought*. Cambridge: Cambridge University Press, 1951.

Rubin, Gayle. "The Traffic in Women: Notes on the 'Political Economy' of Sex." In *Toward an Anthropology of Women*. Edited by Rayna R. Reiter. New York: Monthly Review Press, 1975, pp. 157–210.

Sahlins, Marshall. *Stone Age Economics*. Chicago: Aldine Publishing Company, 1972.

Schumaker, Millard. *Accepting the Gift of God*. Kingston, Ontario: Queen's Theological College, 1980.

———. "Duty." *Journal of Medical Ethics* 5 (1979): 83–85.

———. "Loving as Freely Giving." In *Philosophy and the Human Condition*, edited by Thomas Beauchamp, William Blackston, and Joel Feinberg. Englewood Cliffs, N.J.: Prentice-Hall, 1980.

———. *Moral Poise: Toward a Christian Ethic Without Resentment*. Edmonton, Alberta: St. Stephen's College, 1977.

Schürmann, Reiner. *Meister Eckhart, Mystic and Philosopher*. Bloomington: Indiana University Press, 1978.

Scott, Russel. *The Body as Property*. New York: Viking, 1981.

Shell, Marc. *The Economy of Literature*. Baltimore: Johns Hopkins University Press, 1978.

Simmel, Georg. "Faithfulness and Gratitude." In *The Sociology of Georg Simmel*, edited by Kurt H. Wolff. Glencoe, Ill.: Free Press, 1950, pp. 379–95.

Simmons, Roberta G.; Klein, Susan D.; and Simmons, Richard L.

参考文献

第一部

Bailey, F. G., ed. *Gifts and Poison: The Politics of Reputation*. New York: Schocken, 1971.

Barnett, H. G. "The Nature of the Potlatch." *American Anthropologist* 40, no. 3 (July–September 1938): 349–58.

Benveniste, Emile. *Indo-European Language and Society*. Translated by Elizabeth Palmer. Coral Gables: University of Miami Press, 1973.

Blau, Peter. *Exchange and Power in Social Life*. New York: Wiley, 1964.

Boas, Franz. "The Social Organization and the Secret Societies of the Kwakiutl Indians." *U.S. National Museum, Annual Report, 1894–1895*. Washington, 1897, pp. 311–738.

Drucker, Philip. *Cultures of the North Pacific*. Scranton, Pa.: Chandler Publishing Co., 1965.

Fox, Renée C., and Swazey, Judith P. *The Courage to Fail: A Social View of Organ Transplants and Dialysis*. Chicago: University of Chicago Press, 1974.

Goody, Jack, and Tambiah, S. J. *Bridewealth and Dowry*. London: Cambridge University Press, 1973.

Goody, Jack, ed. *The Character of Kinship*. London: Cambridge University Press, 1973.

Grimms' German Folk Tales, The. Translated by Francis P. Magoun, Jr., and Alexander H. Krappe. Carbondale: Southern Illinois University Press, 1960.

Hagstrom, Warren O. *The Scientific Community*. New York: Basic Books, 1965.

Hardin, Garrett. *The Limits of Altruism: An Ecologist's View of Survival*. Bloomington: Indiana University Press, 1977.

———. "The Tragedy of the Commons." *Science* 162 (1968): 1243–48.

James, Wendy R. "Sister-Exchange Marriage." *Scientific American*, December 1975, pp. 84–94.

———. "Why the Uduk Won't Pay Bridewealth." *Sudan Notes and Records* 51 (1970): 75–84.

ギフト――エロスの交易

2002年2月12日　初版第1刷発行

ルイス・ハイド
井上美沙子／林ひろみ 訳

発行所　財団法人　法政大学出版局
〒102-0073 東京都千代田区九段北3-2-7
電話03(5214)5540／振替00160-6-95814
製版，印刷　三和印刷／鈴木製本所

Printed in Japan

ISBN4-588-49020-6

著　者

ルイス・ハイド（Lewis Hyde）

1945年ボストンに生まれ，ミネソタ大学とアイオア大学に学ぶ．アイオア大学（1969-71）やハーヴァード大学（1983-89）で教鞭をとり，1989年よりケニヨンカレッジ教授．著書『トリックスター』（邦訳・法政大学出版局刊行予定），詩集『過ちは愛の印』に加え，「アルコールと詩――ジョン・ベリマンと酒盛り談話」等の評論，翻訳，ギンズバーグに関する批評集の編纂など，多彩な活動を続けている．

訳　者

井上美沙子（いのうえ みさこ）

大妻女子大学助教授．19世紀英文学専攻．著書に『ロマン主義の射程』（2001），共著に『1990年代のイギリス小説』（1999），『ヴィジョンと現実』（1997），『現代イギリス文学と同性愛』（1996），『ミルトンとその光芒』（1992），『日本ハウスマン研究』（1990），共訳に，ライケン『聖書の視座から人間の経験を読む』（1998），『ラフカディオ・ハーン著作集』（1987）などがある．

林　ひろみ（はやし ひろみ）

大妻女子大学非常勤講師．16世紀英文学専攻．著書に『蛇』（2001），『極楽猫』（2000），『レペタン踊り』（1998），『死の時計』（1997），共著に『新しいイヴたちの視線』（2002），『反戦の声』（1995），『愛の航海者たち』（1994），共訳に，ライケン『聖書の視座から人間の経験を読む』（1998）などがある．

スミス，マルクスおよび現代	R.L.ミーク／時永淑訳	¥3500
愛と真実〈現象学的精神療法への道〉	P.ローマス／鈴木二郎訳	¥1600
弁証法的唯物論と医学	ゲ・ツァレゴロドツェフ／木下，仲本訳	¥3800
イラン〈独裁と経済発展〉	F.ハリデー／岩永，菊地，伏見訳	¥2800
競争と集中〈経済・環境・科学〉	T.プラーガー／島田稔夫訳	¥2500
抽象芸術と不条理文学	L.コフラー／石井扶桑雄訳	¥2400
プルードンの社会学	P.アンサール／斉藤悦則訳	¥2500
ウィトゲンシュタイン	A.ケニー／野本和幸訳	¥3200
ヘーゲルとプロイセン国家	R.ホッチェヴァール／寿福真美訳	¥2500
労働の社会心理	M.アージル／白水，奥山訳	¥1900
マルクスのマルクス主義	J.ルイス／玉井，渡辺，堀場訳	¥2900
人間の復権をもとめて	M.デュフレンヌ／山縣熙訳	¥2800
映画の言語	R.ホイッタカー／池田，横川訳	¥1600
食料獲得の技術誌	W.H.オズワルド／加藤，禿訳	¥2500
モーツァルトとフリーメーソン	K.トムソン／湯川，田口訳	¥3000
音楽と中産階級〈演奏会の社会史〉	W.ウェーバー／城戸朋子訳	¥3300
書物の哲学	P.クローデル／三嶋睦子訳	¥1600
ベルリンのヘーゲル	J.ドント／花田圭介監訳，杉山吉弘訳	¥2900
福祉国家への歩み	M.ブルース／秋田成就訳	¥4800
ロボット症人間	L.ヤブロンスキー／北川，樋口訳	¥1800
合理的思考のすすめ	P.T.ギーチ／西勝忠男訳	¥2000
カフカ=コロキウム	C.ダヴィッド編／円子修平，他訳	¥2500
図形と文化	D.ペドウ／磯田浩訳	¥2800
映画と現実	R.アーメス／瓜生忠夫，他訳／清水晶監修	¥3000
資本論と現代資本主義（I・II）	A.カトラー，他／岡崎，塩谷，時永訳	I 品切 II ¥3500
資本論体系成立史	W.シュヴァルツ／時永，大山訳	¥4500
ソ連の本質〈全体主義的複合体と新たな帝国〉	E.モラン／田中正人訳	¥2400
ブレヒトの思い出	ベンヤミン他／中村，神崎，越部，大島訳	¥2800
ジラールと悪の問題	ドゥギー，デュピュイ編／古田，秋枝，小池訳	¥3800
ジェノサイド〈20世紀におけるその現実〉	L.クーパー／高尾利数訳	¥2900
シングル・レンズ〈単式顕微鏡の歴史〉	B.J.フォード／伊藤智夫訳	¥2400
希望の心理学〈そのパラドキシカルアプローチ〉	P.ワツラウィック／長谷川啓三訳	¥1600
フロイト	R.ジャカール／福本修訳	¥1400
社会学思想の系譜	J.H.アブラハム／安江，小林，樋口訳	¥2000
生物学における ランダムウォーク	H.C.バーグ／寺本，佐藤訳	¥1600
フランス文学とスポーツ〈1870〜1970〉	P.シャールトン／三好郁朗訳	¥2800
アイロニーの効用〈『資本論』の文学的構造〉	R.P.ウルフ／竹田茂夫訳	¥1600
社会の労働者階級の状態	J.バートン／真実一男訳	¥2000
資本論を理解する〈マルクスの経済理論〉	D.K.フォーリー／竹田，原訳	¥2800
買い物の社会史	M.ハリスン／工藤政司訳	¥2000
中世社会の構造	C.ブルック／松田隆美訳	¥1800
ジャズ〈熱い混血の音楽〉	W.サージェント／湯川新訳	¥2800
地球の誕生	D.E.フィッシャー／中島竜三訳	¥2900
トプカプ宮殿の光と影	N.M.ペンザー／岩永博訳	¥3800
テレビ視聴の構造〈多メディア時代の「受け手」像〉	P.バーワイズ他／田中，伊藤，小林訳	¥3300
夫婦関係の精神分析	J.ヴィリィ／中野，奥村訳	¥3300
夫婦関係の治療	J.ヴィリィ／奥村満佐子訳	¥4000
ラディカル・ユートピア〈価値をめぐる議論の思想と方法〉	A.ヘラー／小箕俊介訳	¥2400

十九世紀パリの売春	パラン=デュシャトレ／A.コルバン編 小杉隆芳訳	¥2500
変化の原理〈問題の形成と解決〉	P.ワツラウィック他／長谷川啓三訳	¥2200
デザイン論〈ミッシャ・ブラックの世界〉	A.ブレイク編／中山修一訳	¥2900
時間の文化史〈時間と空間の文化／上巻〉	S.カーン／浅野敏夫訳	¥2300
空間の文化史〈時間と空間の文化／下巻〉	S.カーン／浅野，久郷訳	¥3400
小独裁者たち〈両大戦間期の東欧における民主主義体制の崩壊〉	A.ポロンスキ／羽場久浘子監訳	¥2900
狼狽する資本主義	A.コッタ／斉藤日出治訳	¥1400
バベルの塔〈ドイツ民主共和国の思い出〉	H.マイヤー／宇京早苗訳	¥2700
音楽祭の社会史〈ザルツブルク・フェスティヴァル〉	S.ギャラップ／城戸朋子，小木曾俊夫訳	¥3800
時間 その性質	G.J.ウィットロウ／柳瀬睦男，熊倉功二訳	¥1900
差異の文化のために	L.イリガライ／浜名優美訳	¥1600
よいは悪い	P.ワツラウィック／佐藤愛監修，小岡礼子訳	¥1600
チャーチル	R.ペイン／佐藤亮一訳	¥2900
シュミットとシュトラウス	H.マイアー／栗原，滝口訳	¥2000
結社の時代〈19世紀アメリカの秘密儀礼〉	M.C.カーンズ／野﨑嘉信訳	¥3800
数奇なる奴隷の半生	F.ダグラス／岡田誠一訳	¥1900
チャーティストたちの肖像	G.D.H.コール／古賀，岡本，増島訳	¥5800
カンザス・シティ・ジャズ〈ビバップの由来〉	R.ラッセル／湯川新訳	¥4700
台所の文化史	M.ハリスン／小林祐子訳	¥2900
コペルニクスも変えなかったこと	H.ラボリ／川中子，並木訳	¥2000
祖父チャーチルと私〈若き冒険の日々〉	W.S.チャーチル／佐藤佐智子訳	¥3800
エロスと精気《エネルギー》〈性愛術指南〉	J.N.パウエル／浅野敏夫訳	¥1900
有閑階級の女性たち	B.G.スミス／井上，飯泉訳	¥3500
秘境アラビア探検史（上・下）	R.H.キールナン／岩永博訳	上¥2800 下¥2900
動物への配慮	J.ターナー／斎藤九一訳	¥2900
年齢意識の社会学	H.P.チュダコフ／工藤，藤田訳	¥3400
観光のまなざし	J.アーリ／加太宏邦訳	¥3200
同性愛の百年間〈ギリシア的愛について〉	D.M.ハルプリン／石塚浩司訳	¥3800
古代エジプトの遊びとスポーツ	W.デッカー／津山拓也訳	¥2700
エイジズム〈優遇と偏見・差別〉	E.B.パルモア／奥山，秋葉，片多，松村訳	¥3200
人生の意味〈価値の創造〉	I.シンガー／工藤政司訳	¥1700
愛の知恵	A.フィンケルクロート／磯本，中嶋訳	¥1800
魔女・産婆・看護婦	B.エーレンライク，他／長瀬久子訳	¥2200
子どもの描画心理学	G.V.トーマス，A.M.J.シルク／中川作一監訳	¥2400
中国との再会〈1954—1994年の経験〉	H.マイヤー／青木隆嘉訳	¥1500
初期のジャズ〈その根源と音楽的発展〉	G.シューラー／湯川新訳	¥5800
歴史を変えた病	F.F.カートライト／倉俣，小林訳	¥2900
オリエント漂泊〈ヘスター・スタノップの生涯〉	J.ハズリップ／田隅恒生訳	¥3800
明治日本とイギリス	O.チェックランド／杉山・玉置訳	¥4300
母の刻印〈イオカステーの子供たち〉	C.オリヴィエ／大谷尚文訳	¥2700
ホモセクシュアルとは	L.ベルサーニ／船倉正憲訳	¥2300
自己意識とイロニー	M.ヴァルザー／洲崎惠三訳	¥2800
アルコール中毒の歴史	J.-C.スールニア／本多文彦監訳	¥3800
音楽と病	J.オシエー／菅野弘久訳	¥3400
中世のカリスマたち	N.F.キャンター／藤田永祐訳	¥2900
幻想の起源	J.ラプランシュ，J.-B.ポンタリス／福本修訳	¥1300
人種差別	A.メンミ／菊地，白井訳	¥2300
ヴァイキング・サガ	R.プェルトナー／木村寿夫訳	¥3300